鲁兆股市预测与实战操作系统

鲁　兆　著

地 震 出 版 社
Seismological Press

图书在版编目（CIP）数据

鲁兆股市预测与实战操作系统/鲁兆著.—北京：地震出版社，2014.12（2016.4 重印）
ISBN 978-7-5028-4480-6

Ⅰ.①鲁… Ⅱ.①鲁… Ⅲ.①股票市场－市场分析－中国
Ⅳ.①F832.51

中国版本图书馆 CIP 数据核字（2014）第 247274 号

地震版 XM3801

鲁兆股市预测与实战操作系统
鲁　兆　著
责任编辑：薛广盈
责任校对：孔景宽

出版发行：地震出版社
北京市海淀区民族大学南路 9 号　　邮编：100081
发行部：68423031　68467993　　传真：88421706
门市部：68467991　　传真：68467991
总编室：68462709　68423029　　传真：68455221
证券图书事业部：68426052　68470332
http://www.dzpress.com.cn
E-mail：zqbj68426052@163.com
经销：全国各地新华书店
印刷：廊坊市华北石油华星印务有限公司

版（印）次：2014 年 12 月第一版　2016 年 4 月第二次印刷
开本：787×1092　1/16
字数：543 千字
印张：25.5
书号：ISBN 978-7-5028-4480-6/F（5171）
定价：68.00 元

目　录

下篇　BG 均线系统实战篇

推荐序

能够为鲁兆老先生的新书作序，是一件令我感到十分荣幸和诚惶诚恐的事情。

初识鲁老先生，还是在2007年。我进入《股市动态分析》杂志社工作后，开始拜读先生的稿件。先生在证券分析界早已是声名显赫，被证券界公认为中国股市预测第一人。而当时，正值A股市场最疯狂的年代，也是所谓的价值投资理念最被追捧和误读的时期。街头巷尾大谈股票涨升，人人相见必称投资理念。先生的文章依旧是一板一眼，用坚持不懈的技术分析理念和融会贯通的技术分析方法对市场走势进行分析和预测。当时曾有一丝感觉，先生的文章是不是已经过时了？

此后的2008年，A股市场上演惨烈的一幕，股市跌去七成有余，中途抢反弹者狼狈不堪，而先生在2008年初便断言，股市将进入长期熊市。不曾想，一语成谶。看来“姜还是老的辣”。

于是，我开始更加深入地关注和学习先生的股市分析理论。传统的股票分析方法分为基本面分析和技术分析，鲁老先生则属于百分之百的技术派。一直以来，先生长期深入研究世界各国股市，精通周易八卦、江恩理论、波浪理论、趋势理论，并融会贯通形成一套预测绝学，应用“天人合一”的和谐理论、生物基因的遗传理论以及宇宙四大规律——太极中心律、螺旋律、对偶律和周期律，对股市加以分析和预测，形成一套独特的分析理论体系。不管是对于初入股市的投资者还是专业的证券分析师，系统学习先生的理论体系都会从中获得不菲的收获。

回顾先生的证券分析生涯，每每在市场拐点来临之际做出准确的判断，令市场中人拍案称奇。其中，最为经典的案例莫过于“5·19”行情。

15年以上股龄的老股民都会有“5·19”情结，那是因为始自1999年5月19日的行情成就了A股市场一轮波澜壮阔的牛市，而“5·19”的由来正是鲁老先生的预测。

早在“5·19”行情启动之前的一个月，先生即撰文预测，“在5月小满附近，会完成调整。”

而在1999年5月15日出版的《股市动态分析》中，先生写道：“……更为重要的市场转折点将发生在5月19日收市之前或翌日的早市收市之前……”文章有如神助，准确言中了行情的拐点。

《一个操盘手的自白》中曾这样描写，“‘5·19’行情来得很突然，在一个沉闷的初夏午后，阿里巴巴之门就这样悄然开启。两个星期前，一个叫鲁兆的老人，已经提前预见并向我们告知了这个日子，甚至精确到了分钟。这个市场让我们热爱的一个重要的原因，就是在不经意间，你就会和奇迹擦肩而过，并支撑你继续走下去。那种天外青天、云谲波诡的情景，让我们认识到自身的局限，并继续追求更高的境界……”

正因为鲁兆先生对这一轮行情精准的预测，市场将这轮行情命名为“5·19”行情，也称“鲁兆”行情。此后，鲁老先生声名鹊起，成为国内技术分析派的领军人物。

时至今日，活跃在资本市场中的投资家和主流机构掌门人，依然对老先生的分析功力赞叹不已。同创伟业董事长郑伟鹤、金鹰基金总经理殷克胜、原华商基金总经理余路明、招商证券首席分析师鲁信文等投资界知名人士就曾不约而同地通过作者表达对先生的敬意和问候。

先生从1995年开始每周为《股市动态分析》撰写专栏，十多年如一日，从未间断，也深受广大读者的喜爱。如今，先生以73岁的高龄再度著书立说，出版《鲁兆股市预测与实战操作系统》一书，书中毫无保留地浓缩了先生20年沉浮股海的经验总结。体系完整，内容丰富，在国内证券分析界独树一帜。无论是对现代证券分析理论的完善与发展，还是对广大投资者的学习与实践，都是一笔宝贵的财富。

最后，以一首小诗作为本文的结束：

梦萦股海自徘徊，多少精勤苦寒来；
研判转折留妙论，预言大势定去来。
每和市场同步调，尽与股民共情怀；
求索毕生著新作，股坛从此无空白。

祝愿鲁老先生健康长寿，生活愉快！祝读者朋友技术进步，财源滚滚！

赵 迪
《股市动态分析》杂志社主编
2014年10月于深圳

自 述

鲁兆，祖籍广东南海，1941年3月出生于香港。因日本侵华，香港沦陷，随父母逃难回家乡，在家乡读书、长大。1980年因工作调动移居深圳，常年来坚持自学，并于1988年毕业于中山大学汉语言专业，1995年7月因身体原因办理病退。

人生坎坷，1954年因家贫辍学于南海石门中学，失学后回家乡独自一人生活，时年才13岁，19岁入厂当工人，做过的工种有水泥煅烧之高温粉尘作业、码头搬运、矿山开采管理员以及职工子弟学校教师等，几十年艰涩生涯练就了倔强好胜的性格，抱着“书中自有黄金屋”的信念，在困境中读书不倦，冀盼通过自学积累知识，改变人生。

1990年，随潮流卷入“炒股”浪潮，下班后背上一挎包人民币在深圳红荔路边林荫下与有股票的人交易，现数现买纸质的股票。此时对于股票，其实不知所以，只知人家买了就有钱赚，作者也赚了些小钱，成为中国内地最早的一批股民。

个性之好强决定了不愿做股市的盲虫，也得益于几十年养成的自学习惯，1993年夏天始自学股市ABC，逐步接触了道琼斯、艾略特、江恩等股市大师的著作，此后10年，工余时读书不辍，熬夜至凌晨是常事。

深沪股市自1993年2月见顶之后，节节败退，股评舆论一片看空之声，对于深圳综指，多数人认为要跌至60点，此时作者边实践边学习理论已有3年，自觉得对股市略懂一二。1994年6月面对舆论一致看空，作者却觉得股市快要见底了。心有不同之见，不吐不快，于是，遂有《大B浪的界定与大C浪底部初试》一文，投稿于深圳市的《投资导报》，此文乃作者的处女作。文中预测，深综指会在1994年7月29日前后，在94点附近见底。

当时作者尚无电脑，稿件的文字、图表都是手写、手绘的，见底指数和见底时间用一个小方框框定在图表上。幸运的是，该文一箭中的，预测几乎100%准确。霎时好评如潮，各种捧场的、好奇的、咨询的、约稿的等电话从深圳、广州、四川、北京等地蜂拥而至，自学有成的感觉十分的好。由于作者是从社会最低层滚打历练出来的，虽有点儿虚荣心之外，但尚算有自知之明，觉得虚名在外，其实难符。

股市上涉天文，下及地理，中间联系着人间万事万物，天道、地道、人道，道法玄奥。作者深知自己的学问基础实在太薄弱了，唯有拼着老命读书、读书、再读书！

一边读书一边应各报刊写作，并应邀担任深圳市万信信息台《鲁兆每日股评》专栏作者，据信息反馈，颇得信息台用户好评。

1996年12月，深沪股市升势汹涌，管理层曾以“十二道金牌”令市场降温，但投资者却不予理会，指数仍旧直线攀升。在这样的市场背景下，作者在12月上旬发表于《股市动态分析》之《波浪理论的实践应用》一文中指出：“深综指将在465～476点区间见顶，时间是1996年12月10～12日。”

很幸运，这次预测又对了。1996年12月12日，深综指高见476点之后，急速回落，狂跌9个交易日至270点，9天下跌幅度就达到43.27%，是中国股市历史上最惨烈的杀跌。见底前一天，深综指以跌停板收市于285点，作者在当日收市后的《鲁兆每日股评》中做了简单展望：“从476点跌下以来，明天是第9个交易日了，时间上终于9；空间上，距离9的30倍之270点只有15点差距，有望明天股市的时间与空间在9及其倍数中交融共振，从而在270点见底。”

写得很简单。因为当日我正住在深圳市人民医院留医部，做骸切除手术，稿子是躺在病床上用手提电脑写成的，这次预测又被蒙对了。此事本已忘记，但后来在一次讲课中，有一比我年长的老者掏出他的笔记本，一字一句地念我当日的股评。老者说他每天在声讯台听我的《鲁兆每日股评》都要记录下来，真难得如此捧场。

大约是1997年1月，深圳有线电视台的一位台长，通过万信台老总邀我吃饭谈股。席间，该领导问及我是否与北京高层有关系？是否早就知道压制股市狂涨的《人民日报》社论要发表？作者答曰：“一介草民，一名普通的退休干部，没有官方关系。”并戏言《人民日报》社论只是为技术分析的预测捧场而已！

此后两周，深沪股市一片低迷，一跌再跌，市场弥漫着极度悲观的气氛。作者提出的“后市中期向好”的预测，受到严峻考验。思考再三，作者认为此前预测并没有错，市场正按预测的轨迹步步推进——下降楔形的（4）浪之C已经接近尾声。有介于此，在股市跌跌不休，投资者极度迷茫的时候，作者在后续文章中写道：“5月之跌，早在意料之中，因为这是下降楔形最后的一个下跌小波，2年多的熊市都熬过来了，再忍耐一下吧，转机将快要呈现。当下降楔形运行完毕，市场趋势会发生‘戏剧性’的逆转。”

稍后在《又到周期敏感时》一文中指出：“（C）浪正以下降楔形5波形态运行，目前正在（C）浪之5，亦即最后一个下跌波，如果这个首选浪成立，那么，在5月小满附近，结束5波下跌。”

此文发表之时，距离“5·19”尚有一个多月。后来的事实是，在预测的小满节前两天，即1999年5月19日，深综指在309点见大底（对应上证指数的1047点）。为此《股市动态分析》1999年第21期的网页上做了特别推荐：“连续跌市，人心惶惶！5月18日之前，有谁能言之凿凿地预测5月19日的转折——本刊5月15日第20期刊登的鲁兆先生的文章，有如神助，‘不幸言中’。”

虚名在外，约稿之电来自八方。当时在《股市动态分析》之“技术经纬”写专栏之外，还有北京的《证券投资》之“技术导航”，广州的《股市导报》之“技术论坛”，《南方财经导报》等周刊、报刊充当专栏撰稿人。作者愚拙，不会一稿多投，而是一家写一稿，其忙碌劳累可想而知。每日伏案超10小时，日吸香烟两包，长期劳累，已经将身体搞垮了而不自知，大病将发。现在回想起来，真是愚昧之极啊！

太繁重的写作任务把身心都累垮了。2004年初，突发心肌硬塞，差点儿丢了老命。获得的是虚名，坏了的是自己的身体。有点儿悔，今日与药物长期为伴，方知健康之宝贵啊！

旧作《股市预测宝典》出版12年之后，机缘巧合，又有《鲁兆股市预测与实战操作系统》新书与读者见面了，应了一个12地支轮回。

有道是10年世事几沧桑，股海浮沉多少事，有人发了大财，有人沉沦不再。老读者想必感慨万千，新朋友正当踌躇满志。愿本书能成为老少咸宜的股市读物，能助读者在股海中快乐畅游，不知不觉中游达财富的彼岸，则作者幸甚。

引 言

第一节 股市的天人合一

一、人与天地相参

《黄帝内经》上说："人生于地，悬命于天，天地合气，命之曰人。"人类生命来源于天，生存于地。天者，太极也，阴阳冲气之统一自然场也。所以，人的生命"悬命于天"，受托于地。人类要生存，要繁衍，就要适应天地，否则就要被淘汰。《黄帝内经》上还说："人以天地之气生，四时之法成。"自然界不但以"阴阳"交合赋予人类以生命，同时亦以"阴阳四时"传输给人，所谓"阴阳四时"，天地循环的周期规律也。比如一年的周期有春、夏、秋、冬四季，十二朔望月，二十四节气，七十二候等。"阴阳四时"的气化表现，则是春生、夏长、秋收、冬藏，人类也必须与之相适应，万物必须与之相适应。春天来了，大地回春，万物生机盎然；秋天来了，大地萧索，草木枯黄；冬天来了，许多动物进入冬眠，直到来年惊蛰，春雷炸响，冬眠动物才又活动。这种年周期节律，周而复始，永无休止。

人体的生命结构与天体统一自然场亦有诸多吻合。生命基因（DNA）之四对碱基（8 个）、64 个遗传密码和 384 个阴阳键与《周易》八卦一一对应，故而可见《周易》是一部"易与天地准，故能弥纶天地之道"的"天书"。

众所周知，《黄帝内经》是一部最古老、也最权威的中国医学经典，它从大自然天象物候及万物生化具有多种节律周期的角度出发，系统地论述了人体生命的时、日、候、旬、月的周期现象，进而以“五运六气”说揭示了生命现象的30年、60年周期节律，并认为人体营气运行节律与太阳、太阴运行节律是同步的，人的脉气若能经常保持这种恰到好处的同步，达到天人协调的境界，就能颐养天年，安度健康百岁之乐。

年轻时因为时运坎坷，年少失学而过早踏入社会，为求一技之长，读过很多中医刊物，拜过当地名中医。读书时常常见到著名中医诊断某人某病，或可于某日某时见愈，或会在某日某时死亡的医案，其准确性常常令人拍案惊奇。这些名中医的诊断，凭借的是“望闻问切”的全息手段。诊病时运用天、地、人三要素的全息性信息，认为病人之所以患病，与天时地候的变化有着密切的关系，在某种特定的天时地候条件下，某种病会广泛流行，某种病会逐渐好转，某种病会因天时而加重，甚至死亡。一言以蔽之，中医理论是全息理论，中医理论的核心就是“天人合一”。

武侠小说中有大量“点脉”和“通脉”的故事，被“点脉”之人，立刻会失去知觉，被“通脉”之人，则又脉通病除。别以为这些全都是无稽之谈，其故事的背后，是中医著名的“子午流注”理论。

“子午流注”理论认为，人体气血昼夜十二时辰运行于十二经络，气血的运行有条不紊，每个时辰流注到特定的经络中去。这种按严格时序的气血循环，是生命健康的保证。经络不畅，气血不通，运行节奏紊乱，病则生矣。谙熟此法的武林中人，能准确地在流注的经络上施以不同的点脉手法，即可达到“封穴”或“通脉”的作用，也能达到治病的效果，亦能置人于“暂时失觉”的状态。气血一个时辰流注一经，十二个时辰则流经全身十二经络。翌日又开始循环流注，往复无穷。依照“子午流注”所指示的气血流通时点，结合经络所对应的五脏六腑及所患之病，指导病人最佳的服药时间及服药方法，可以达到增强疗效的效果。

“子午流注”理论被世界誉为“中国式的生物钟”，这是当之无愧的。当然，“子午流注”的内涵要比现代生物钟学说丰富得多，它是天、地、人三合为一的全息性载体。

二、月周期节律

月周期节律与人体生理、心理、病理有着密切关系。月相朔、望、弦、晦所造成的相位差，使人体脏腑机能、经络气脉也随之出现规律性的变化。

《灵枢·岁露》云："人与天地相参也，与日月相应也。"认为满月时，人的血气积旺，人的情绪处于兴奋状态；晦月时，人的气血虚薄，情绪亦处于相对低潮。

为什么月亮周期对人体生理、心理的影响会如此明显？学者认为，太阳系中月亮是距地球最近的一个星球，由于距离最近，其在天体运行中所发生的重合与离散、朔与望等现象对地球产生的影响也就最大。月亮对人体生理过程的影响是复杂的，人体生物场与月亮周期处于动态平衡之中，月相朔、望、弦、晦时，太阳、地球、月亮的相对位置有所不同，彼此之间的引力、斥力、场力会发生相应的变化，当三者的位置处于一条直线时，即月食或日食，其引力、斥力、场力会达到最大或最小，并由此影响人体生命自然场发生变化，出现心理、生理的紊乱现象。

据有关报道，月亮周期与飞机失事、工伤事故、犯罪率等有关，在满月前后发生的概率最高。而且在满月时，精神病人的行为紊乱会加剧，嗜药者和吸毒者的嗜瘾性会更强烈。唐代大诗人李白流浪西安，在满月之夜写下千古名句："床前明月光，疑是地上霜，举头望明月，低头思故乡。"因为月光床前照诱发的思乡之情，跃然纸上！

美国人嘉路兰发明的螺旋历法，能解释股市循环周期，甚至能得出1929年股灾是由58年前的螺旋射点引发的骇人结论，颇为业界认可。螺旋历法的常数就是朔望月长度29.53日，常数乘以某一老子－斐波那契数的方根，得出历法的时间长度。由此可见，螺旋历法的实质是"月亮历法"，在我们国家的股市上，一些重要的市场转向点多发生于朔月、满月或望月。可以举几例：

（1）325点底部产生于上弦月，512点底部伴随着下弦月（初一），998点则产生于下弦月（廿七），1664点大底发生于下弦月（三十）。

（2）1558点大顶出现在下弦月（廿五），1510点大顶发生于上弦月（初六），2245点大顶出现于下弦月（廿三），6124点历史大顶发生于上弦月（初六）。

由此可见，"弦月"不分上下，多会诱发市场逆转。325～6124点运行159个月见历史大顶，而运行时间159是螺旋历法的一个螺旋射点——卢卡斯数29的方根乘以29.53＝159，这是我们国家股市最为典型的螺旋历法的市场印证。

前面我们讨论了大自然与人的"天人合一"关系，大自然节律与人的生命周期节律（包括生理、情绪节律）是一种同构式，而人的生命周期节律是受制于天的。美国人嘉路兰的螺旋历法理论，核心就是中国的朔望月太阴历法，数学模式是与老子－斐波那契数相对应的模式。说到底，股市循环周期实质上就是大自然节律与人的生命周期和谐共振的结果。

三、太阳周期与太阳黑子

太阳，是另一个对地球影响巨大的星球，太阳系九大行星皆以太阳为中心，各自在其轨道上高速旋转，万古不息。古人很早就观察到太阳对地球的巨大影响。

太阳回归年周期测定：五日为一候，三候为一气，六候为一月，三月为一时，四时为十二月，十二月为一年。全年二十四节气、七十二候的太阳回归年历法，与以月亮周期制订的太阴历法综合应用，成为独步千古的阴阳合历，这就是中国历法。正是这种独特的顺应天时的历法，2000多年来指导着祖先们的农业耕作和社会活动，使得中华民族繁荣昌盛，万古长青。

我国古代的阴阳合历，至今仍然是世界上最科学的历法。

太阳黑子对地球气候、人类健康、人类群体情绪的影响也很大。对太阳黑子周期的研究，已有180年的历史。有关数据显示，太阳黑子平均11年产生一次相对数极大或极小的周期性变化。太阳黑子具有极性，即N极和S极。如果前导周期的黑子是N极，则后随的黑子是S极，若按极性转换周期计算，则太阳黑子周期平均为22.2年。太阳黑子由最多至最少的时间约为6.5年，由最小到最多的时间约为4.6年，因此完成一次循环约11年。但实际上，11年周期只是一个近似平均值，据1700～1977年的统计，最短周期为9年，最长周期为13.6年；峰值也不稳定，最低为48.7，而最高为200.8。由低点至高点，或由高点至低点的时间也不确定。太阳黑子的变化或其相对数的振动，既不同于有序的、准确的周期振动，也不同于无序的随机振动，而是一种带扰动的隐周期振动。

太阳黑子处于活动高峰期，地球气候异常，疾病流行，特别是流行一些莫名其妙的传染性疾病。金融、期货、股市也常在太阳黑子活动高峰期产生重要的市场大顶，究其原因是因为在太阳黑子活动高峰期，宇宙天体相互作用所产生的四种力量——引力、磁电力、强作用力和弱作用力发生明显的变化。例如，太阳耀斑辐射的增强和电磁极性的变化作用于人的大脑，会使人处于一种莫名其妙的躁动之中。

“太阳磁性说”是近年来发展起来的理论，太阳磁场被称为“日球”，

1972年3月2日，美国发射“先锋”10号宇宙飞船，在探测“日球”方面取得重大成果，发现“日球”是包围太阳系的一个呈泪珠状的巨大磁瓶，其同星际气体分界区域到太阳的距离约为50~100天文单位，超过了冥王星的轨道。太阳磁场（即日球）像一个巨大的“宇宙肺”，以11年为周期一张一缩，包括地球在内的诸行星，是在此宇宙肺中运动着的磁体。太阳黑子、耀斑、日珥等活动现象，直接受太阳磁场（日球）的支配。这是对股市“占星术”的更深层次的理解。

下边的例子恐怕会有不容置疑的说服力了。2007年前后，太阳黑子进入活跃高峰期，当年的环球股市表现如下：

（1）中国股市在2007年10月见6124点历史大顶。

（2）美国道琼斯指数在2007年10月见14198点大顶。

（3）标准普尔500指数在2007年10月见1576点大顶。

（4）金融时报指数在2007年10月见6751点大顶。

（5）法兰克福指数在2007年10月见8053点大顶。

（6）恒生指数在2007年10月见31958点大顶。

（7）海峡时报指数在2007年10月见3906点大顶。

（8）日经225指数在2007年10月见18297点反弹之顶。

美国道琼斯指数见14198点大顶之后，惨跌至2008年10月6995点，跌去61.76%，在黄金分割位上反弹，并在中国出台4万亿经济刺激政策下，持续上涨至目前的历史最高位16400多点。

世界各国政经大环境不同，特别是直接影响股市的金融环境、货币政策不同、GDP发展水平不同，然而，却都如此不约而同地在2007年10月前后造出了股市大顶。鲁兆认为，是地球人受到太阳黑子活跃高峰期的影响有关。环球投资群体受太阳耀斑影响，处于极度亢奋状态，并进而作用于股市，使世界股市齐齐刷刷地在2007年10月前后造历史大顶，是“天人合一”的鬼斧神工之作。

江恩说：“我们拥有一切天文学及数学上的证明，以决定市场的几何角度为什么及如何影响市场的走势。”

第二节　股市是可以预测的理论和实践依据

古人云：凡事预则立，不预则废。今人有俚语：人无远虑，必有近忧。都说的是对事物发展要有前瞻性。参与股票买卖，更应对股市的波动趋势、循环周期有一个大致的预测，为制定操作策略提供依据。

当然，预测与操作是两个完全不同的概念，只有预测系统而缺操作系统，犹如一个人断了一手一脚。预测为操作提供依据，在操作实践中，执行买卖纪律是获利的基本保证。从这个角度来看，操作系统是应变的系统、纠错的系统。预测一旦发生失误，操作系统可以纠错，用止损、止盈的买卖纪律纠正之，让获利合理，损失减少到最低。

本书内容涉及预测与操作两个方面，故起名为《鲁兆股市预测与实战操作系统》。

一、股市预测是可能的事吗?

本书在“自述”一节中给出了很多成功的预测案例，所以答案当然是肯定的。现代的预测范围相当广泛，虽然某些预测项目还未达到完善的程度，却也达到了一定的水准。比如，天气预报，准确率就已经达到了相对较高的水平；地震预测，关系到众多生命财产的大事，现阶段地震预测尚存在很多未攻克的难点，科学家们正在前赴后继地努力着。

预测的应用范围很广，包括社会预测，如人口预算、信息预测、政经发展趋势预测等，股市预测属于经济金融类的趋势性和周期性预测。我们认为，股市波动从短线上看，如每日每时的波动，是随机的，但是，从股市波动较长的角度上看，如每周、每月、每年等，却是有序的。长期波动的必然性寓于短期波动的随机性之中。从哲学的角度上看，前因诱发后果；从形式逻辑的角度上看，前提推导结论。我们可以从股市的过去（前因），推演股市的未来（后果），当然，这种推导需要一个规则、一套方法。从股市波动趋势的角度上看，上升与下跌是相互联系的一个整体，其两者之间存在着特定的数学联系，通过对数的推导，股市就变成是可以预测的了。比如，在一个对称三角形中，有两个波呈 0.618 关系，出现了一个波（已知）就可以推算另一个波（未知）。再比如，应用对偶律原则，我们可以推算出三角形、头肩顶、头肩底等形态的升跌幅度（求得未知）。

二、预测的基础建立在统计学之上

预测系统是一个数学模型，具体方法是从股市波动的大量历史数据中进行归纳，再从归纳中提升为规律，然后以规律去推演未来。

我们首先看看几位大师级人物对于股市预测的看法。在金融股票市场上，最伟大的炒家、理论家、预测家，当属美国人道琼斯、艾略特和江恩了。艾略特和江恩尤其长于预测。

道氏理论最杰出的贡献在于指出股市波动呈趋势性运行。当波动形成一种趋势时，市场会沿着这个趋势发展下去，直至这个趋势完结为止。道氏的另一贡献是指出股市的趋势运动是有周期性的。趋势的转换依某种周期循环。遗憾的是，如何界定趋势的临界点，如何确立周期的具体时间，道氏理论是有所缺失的，最大的缺憾是事后确认而少见事前预测。

艾略特的波浪理论实质上是在道氏理论的基础上发展起来的。比如，一种上升趋势必须是5波推动的，一次升跌的周期循环必须包含上升5个波和下跌3个波，这就为周期的时间长度提供了一把尺子——5+3=8，是“周期尺”的刻度，这比之道琼斯要明朗多了。艾略特的8浪循环是投资群体心理变化的循环理论，贪婪与恐惧，极度悲观与极度疯狂的周而复始是按照5—3—8这个节律点推演的。已知运行了5波上升浪，我们就知道接着的是3波调整浪；已知运行了上升5浪和下跌3浪，我们就知道市场已经完成了一次循环，新的上升趋势立马要展开了。由此可见，波浪理论是一门循环的理论，同时又是一门预测的理论。

1994年6月中旬，作者在报刊发表《大B浪的界定与C浪底部初探》一文，应用波浪理论成功预测了当年7月深圳综合指数的94点重要底部。

1996年12月深综指476点顶部是作者稍前之《与田牧先生商榷》一文所准确预测的，见顶后发生史上罕有的暴跌。

1999年5月的“5·19”行情，是作者众多成功预测案例中颇为得意的一例。见《又到周期敏感时》一文。

2011年4月，作者在《股市动态分析》周刊上，以《谨防向下运行（c）浪》为标题发文，重申了关于C波属性的阐述：“C浪是一个5波下跌的推动浪，C浪的市场背景反映了投资人极度悲观、极度恐惧的心态。因此，投资人不要期望在惨烈的C浪下跌中赚钱，最稳妥的做法是清仓离场，不要参与下边的C浪炒作。”实际走势是，2011年4月在3067点展开C浪下跌，以清晰的5波形态下跌至2012年12月的1949点。其后在5~6月的拙作中，不下三次反复向读者提出了相同的警告，指出C浪是主跌浪，其跌势不可阻挡。当时的上证指数还在2800点上下，若听从鲁兆的预测性警告，当即清仓，钱在袋中，任它怎么狂跌，其不是很美妙吗（图0.2.1）?!

图0.2.1　波浪理论的预测功能

这一实例又一次证明了股市是可以预测的命题，也无可辩驳地证明了股市预测的实用性。

2012年1月，鲁兆发表预测性的系列文章《2000点保卫战的得与失》《从波浪理论看龙年走势》等，文章为未来12个月的股市走势定调：认为2000点保卫战是一定要打响的。原文如下：

“本栏预料，2000点如此重要的支撑不应一跌即破，在此附近有反弹，并反复争持是可以预期的。要警惕的是，反弹能否收复大型下降三角形颈线2319点？能！则次选画浪可继续期待，最起码2012年的股市大有可为；否则是首选画浪成立，并确认大下降三角形向下突破有效，其最小跌幅目标可达1160点！这是不可掉以轻心的，2012年只会有修复性的区间震荡行情，参与者宜小试即收，短线操作。”

后市实际走势是，2012年只有1月2132点至3月2478点的一次“修复性的区间震荡行情”，2319 点三角形颈线得而复失，至 2012 年 12 月见 1949 点，并在这里打响“2000 点保卫战”。

这应该算得上是又一次成功预测吧？至于大下降三角形最小跌幅 1160 点目标是否为真，那是以后的事，不在这里讨论。可以毫不夸张地说，作者自问世以来，曾多次应用波浪理论，对市场做出过精确的预测。

江恩理论与波浪理论相比较，江恩尤其善于预测。江恩的预测以统计学为基础，以波动法则为尺度，预测股市与期货市场。江恩经历了 1930 年股市大崩溃和经济衰退，其后又是第二次世界大战爆发，在如此动荡的年代中，在金融市场的极度不景气中，江恩一枝独秀，获取了骄人的炒作业绩。这期间，江恩有着很多神奇的成功预测故事。有关江恩生平及其著作，不是本书的重点，点到为止。本书中设有江恩角度线与卦位数时空的综合应用专门章节，相信能帮助读者从中领悟股市预测的真谛。

综上所述，我们可以得出股市是可以预测的这一结论。其实，股市预测是建立在如下三大假定之上：①图表涵盖了全部市场行为和市场信息。图表即周易的“象”，“象”由“数”生。形而上则为“数”，形而下则为“象”，见“象”可以推“数”，用“数”可以预测股市。②股票价格呈趋势运动。当一个趋势形成之后，没有内因加外力的合力，趋势是不会中途停止的。这里的内因指升得太多了（即“阳极”）或跌得太多了（即“阴极”），正所谓“阴极阳生，阳极阴生”。外力是指基本面、政策面，比如货币政策，股市供求关系的变化等，而外因的形成及变化，源自内因。比如，股市升得太疯狂了，政府会出台平抑政策和措施；反之，股市跌得太多了，政府会出台利好政策和措施，如放松货币政策、控制扩容速度等。③股市波动呈周期性。周期性波动的本质是“历史会重演”，历史会去而复生，这就是“生生不息之谓易”的道理，也是“周而复始”的 360 度圆循环，周期的临界点可以用“数”去推算、演绎和寻觅。

基于上述三点，“股市是可以预测的”命题成立，而这个命题成立的根本性要素是“万物皆为数”。

上篇

股市预测系统

股市预测是建立在如下三大假定之上：①图表涵盖了全部市场行为和市场信息。图表即周易的“象”，“象”由“数”生。形而上则为“数”，形而下则为“象”，见“象”可以推“数”，用“数”可以预测股市。②股票价格呈趋势运动。当一个趋势形成之后，没有内因加外力的合力，趋势是不会中途停止的。③股市波动呈周期性。周期性波动的本质是“历史会重演”，历史会去而复生，这就是“生生不息之谓易”的道理，也是“周而复始”的360度圆循环，周期的临界点可以用“数”去推算、演绎和寻觅。

基于上述三点，“股市是可以预测的”命题成立，而这个命题成立的根本性要素是“万物皆为数”。

第一章
万物皆为数

第一节　数论概说

希腊古代哲学中的数论派认为，宇宙间的一切存在并不是什么物质，而是抽象的数。这一学派的创建人毕达哥拉斯提出“凡物皆数”的理论，他认为数是事物的原型，奇偶相生而成数，例如，奇数加奇数成偶数（奇奇得偶），奇数加偶数成奇数（奇偶得奇）。印度古代哲学中的数论派与毕达哥拉斯持相同的观点。

中国古代圣贤亦用数来阐释宇宙，解释世界。“是有太极，太极生两仪，两仪生四象。四象生八卦”是《周易》的宇宙生成数学式，用0、1、2、4、8、16、32、64，即2的倍数来推演宇宙万事万物的产生、发展、变化，乃至衰亡。现代科学发现，生命基因有64种遗传密码，这64种遗传密码和八卦生成的数学式完全吻合。

《系辞》中讲道：“天数五，地数五，五位相得而各有合。天数二十五，地数三十，凡天地之数五十有五。此所以成变化而行鬼神也。”也是以数的组合来说明宇宙的起源及其发展变化的。

《河图》与《洛书》更是用数字组成的“魔方图”，通过魔阵的直线、横线、斜线的联系和数字的内外组合，来说明宇宙的形成和发展。《河图》与《洛书》中的数字组合，都以“五”居中。《洛书》无论把数字横加竖加还是斜线加，得数都是十五，全图合之，其数四十有五，又恰是“五”的九倍数，而《河图》的总数是五十有五，《河图》与《洛书》合之正好为一百之数。朱熹据此绘制了一个10×10的方图，并切一斜线把方图变为两个三角形，左三角形填满45个实心黑点，右切三角图填满55个空心圆圈，45个实心黑点、55个空心圆圈合之为100。朱子称之为“河洛未分未变方图”，意为100是大周期的限数，数至100，事物发展到了一个周期临界点就要发生分裂、变化。这就是“大限之数”的来源。

一、大限之数

现代历法以百年为一个世纪，恐怕与“大限之数”有某种关联。纵观世界历史，其人类发展、社会变化，乃至科学进步，亦大约以百年为分界。比如清朝大约统治了300年，清朝灭亡于19世纪之初。有意思的是，中国股市短短的20多年历史中，“大限之数”的月周期有10多次印证案例，这些“大限之数”月周期以四种方式出现：①由大顶至大顶；②由大底至大底；③由大顶至大底；④由大底到大顶。无论是哪一种模式都有一个共同的特征，这就是“大限之数”周期的始点和终点，都一定是市场最为重要的转向点。道理非常简单，“大限之数”月周期是大（长）周期，周期之内的市场波动趋势是中长级别的趋势，它的周期点对应的是股市中、长期的市场转向点。下面以图1.1.1上证指数大限之数的月周期来剖析之。

（1）大限之数100个月周期，大顶至大顶。1993年2月1558点大顶至2001年6月2245点大顶，前一个大顶是95点以来上升趋势的终点，其后下跌17个月至325点；后一个大顶是325点底部以来上升趋势的终点，其后下跌25个月至998点。

（2）大限之数101个月周期，大底至大底。始点是1994年7月325点大底，终点是2002年12月1348点底部，见1348点底后以ABC三波反弹至2004年4月点1783点。

（3）大限之数100个月周期，大顶至大顶。1999年月1756点大顶至2007年10月6124点历史大顶，始点与终点的意义一目了然，都是中长期趋势的转折点。

（4）大限之数100个月周期，大底至大底（大顶）。始点是1999年12月1341点大底，终点是2008年4月6124点下跌以来的一个中途歇脚站，探底2990点反弹后收3705点阳锤头。过后又狂跌至1664点，彰显此大限之数周期不同凡响的市场转折意义。

（5）大限之数101个月周期，大顶至大顶。2002年6月至2010年11月1748点大顶至3186点大顶，后再下跌25个月。

（6）大限之数202个月（两个大限之数）。始点是1996年1月512点大底，终点是2012年11月1959点大底。

以上6例足以见证“大限之数”周期常见于中国股市的奇特现象，要么是大顶至大顶，要么是大底至大底，这就提示我们，当出现由顶至顶的大限之数周期时，或出现由底至底的大限之数周期时，你就该准备好后市做多或做空的长期策略了。

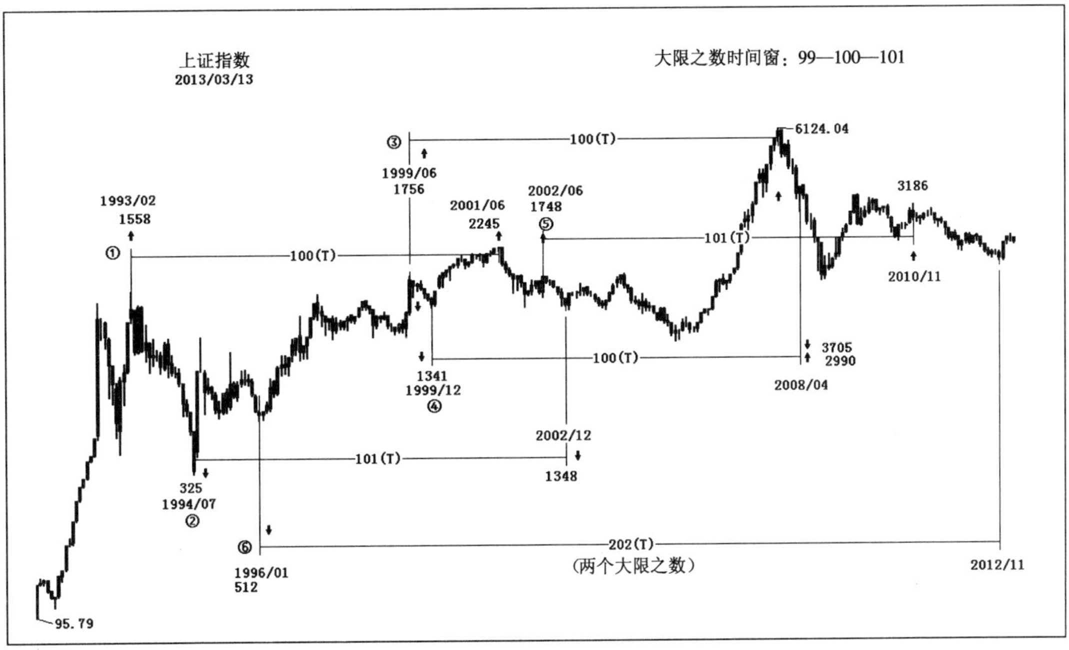

图1.1.1　上证指数大限之数的月周期6例

二、格与集合

《系辞》上说：“易有太极，是生两仪，两仪生四象，四象生八卦，八卦定吉凶，吉凶生大业。”这是《周易》解释世界的数学模式。太极一分为二，即“阴仪”和“阳仪”，“阴仪”和“阳仪”又各包含一阴一阳，所以“两仪生四象”。按照这个数学模式，不断地“一分为二”，就可以生成四→八→十六→三十二→六十四卦，这就是《周易》由乾、坤至既济、未济整个卦系的完整过程，写成数学式为：$2^3=2\times2\times2=8$，即$1\times2=2$（两仪）、$2\times2=4$（四象）、$2\times2\times2=8$（八卦）。这是第一层次的两两组合，第二层次的组合是八卦变成六十四卦，即有三种组合式：按一分为二组合为$2^6=2\times2\times2\times2\times2\times2=64$，按四象组合为$2^6=4\times4\times4=64$，按八

卦组合为 $2^6=8\times8=64$。《周易》认为，六十四卦“可究天人之际”，“近取诸身，远取诸物……范围天地之化而不过，曲成万物而不遗”，而且能够涵盖天、地、人间阐释万事万物“曲成”的过程。

八卦是以“数”和“象”的方式去演绎“万物曲成”过程的，八卦中蕴涵着极为丰富的数学内涵。欧阳维诚先生在《周易的数学原理》一书中有如下概括：

第一是抽象化。高度的抽象化是数学思维的一大特色，古人把宇宙人生的各种矛盾对立抽象为阴阳的概念，即“一阴一阳之谓道”，这一高度概括不但是哲学的也是数学的抽象，其对科学研究的指导意义是不言而喻的。卦象说研究“八卦”与8种自然物的对应，反复地运用了从具体到抽象、从抽象到具体、从特殊到一般、从一般到特殊的思维方式，象数之学的抽象方法，不在于这种抽象本身产生了什么具体的科学内容，而在于对科学研究的方法论上的意义。

作者认为，“一阴一阳之谓道”，其理即一跌一升之谓股市也。

第二是模型化。建立研究对象的数学模型，不仅是数学思维的重要方法，也是现代科学研究的重要方法。易卦可以说是人类在研究复杂系统中建立最早的数学模型，“象”“数”学派力图把宇宙、人生的无穷变化，通过易卦数学模型的阴阳交错、爻位高低、往来消息等变化以及各种易数的对应来描述。特别是，我们证明了易卦本身的符合系统具有完美的数学结构。例如，经适当地处理后，它可以是布尔代数、群、概率空间等，这些都是现代科学中最常用的数学模型。古人虽然不可能掌握这些现代数学的概念，但却不自觉而又实实在在地构造出了这样的数学模型。

艾略特先生为股市构建了完美的数学模型——波浪理论，艾略特称股市的波动是以一升一跌为一次循环，这对应着《系辞》的“一阴一阳之谓道”。艾略特又把这“一升”划分为五个上升推动浪，“一跌”划分为三个调整浪，即“五升三跌一循环”，而三五交错是《周易》的又一数学定式，波浪理论无疑是这种数学定式的应用。五个上升推动浪中，第二浪和第四浪是向下修正的，体现了“阳中有阴”的易理；三个调整浪中，a浪和c浪向下，b浪则向上修正其下跌走势，这又是“阴中有阳”的易理体现。正是这种“阴阳互错”、“阳极生阴，阴极生阳”的宇宙大理，推动着股市的前行。

艾略特的“八浪一循环”之次序排列为：上升浪1、2、3、4、5，调整浪a、b、c，换为数字则是：1、2、3、4、5、6（a）、7（b）、8（c），其中，奇数为1、3、5、7（b），偶数为2、4、6（a）、8（c）。奇数为升浪，为阳；偶数为跌浪，为阴。这是精确的“四阳四阴”组合配对，对应

“四象”，艾略特的八浪则对应“四象生八卦”，“八卦演尽天下事”，于是，艾略特的八浪也就演尽了股市升跌之事。

第三是公理化。爱因斯坦有一句名言：“西方科学的发展是以两个伟大的成就为基础的，那就是希腊哲学家发明的形式逻辑体系（在欧几米德几何中），以及通过系统的实验发现有可能找出的因果关系（在文艺复兴时期）。”中国的贤哲没有走上这两步，那是用不着惊奇的，令人惊奇的倒是这些在中国全部都做出来了。比如八卦，通过爻的阴阳组合，构建成某一特定的数学模型，从而推导出一个特定的结果，不需要形式逻辑的推理，也不需要实验室里的不断分拆、解剖，只是运用了东方哲学之《周易》的理论体系。孔子说“易与天地准”，“准”——标准也，法则也，说的就是“易”为天地万物的公理、法则。可称为法则的，都具有数学上的公理性，或叫普适性。比如，万物皆为数，可以从万物中找到数的身影；再比如，宇宙有太极中心律、螺旋律、对偶律和周期律，因为这四大规律具有数学公理化，因而普适于股市。在太极中心的主宰下，以螺旋方式展开市场波动，并以升跌对称、阴阳循环的模式体现对偶律和周期律。

第四是模糊化。人们的思维比较习惯于二值逻辑，但二值逻辑在研究复杂系统时（如股市系统），有明显的不足之处。在《周易》中，虽然易卦反映的也是二值逻辑系统：“八卦定吉凶，吉凶生大业”，但《周易》并不完全使用二值逻辑，并不总是认为“非吉即凶，非凶即吉”（不认为非升即跌，非跌即升——作者注），在吉与凶之间使用了“元吉”、“大吉”、“吉”、“利”、“亨”、“无咎”、“悔”、“吝”、“厉”、“凶”等表示吉凶程度的概念，类似于模糊集合的隶属度。

在股市中，市场运行周期有大（长期）、中（中期）、小（短期）的级别之分；在上升趋势中，有超级上升浪、长期上升浪、中级上升浪、短期上升浪之分；调整浪中，有普通平台、强势平台、扩张平台之分，以区别调整力度的大、中、小。

欧阳维诚在其书中还做了这样的总结：《周易》与现代数学的联系，主要表现在两个方面：一个是易卦集本身是一个优美的代数结构，易卦集是一个格、一个布尔代数、一个交换群，无论是格论、布尔代数还是群论，今天都已发展成为一个重要的数学分支，因此，易卦集就具有极为丰富的数学内容；另一个是与揲蓍成卦有关的一些数学内容，它与整数论中同余分析和某些古典概率的计算有关，其中需要一定的数学技巧，应用这些数学知识，在对某些易学课题乃至整个易学的研究中，是大有用武之地的。

作者并不具备高等数学知识，只是从常识的、哲理的角度上去思考，赞同欧阳先生的观点，并认为运用这些数学知识，在对股市理论的研究以及炒作实践的指导方面是大有用武之地的。比如“格”，江恩所称的“第一个”，就可以理解为数学上的“格”。再比如，《周易》体系中常常提到的一些与天文历法有关的数字：“天地之数五十有五”、“大衍之数五十，其用四十九”，“三五其数”，“年有四时十二月”“五候”，“一节”（三个五候），“七十二候廿四节气”，“出地三十六，入地三十六”，“七日复得”，“六十四卦三百八十四爻”，“乾之策二百一十六，坤之策一百四十四”，“朔望月”（约三十日），“大限之数”（一百），“九九归一”等，我们可以把这些数看成一个“格”，或看成一个“集合”，在满足交换律、结合律和吸收律的前提下，以最简易的加法（1+1，1+1+1，1+1+1+1，…）和乘法（一个“格”或一个“集合”乘某数）来解释和预测股市，运用这两个简易的数学方法常常能取得神奇的效果。

又比如，101、121、131、141、151、161、181，等等，是数学上的对称性“集合”，作者发现，这些“集合”具有神奇的周期效应。下面举几个市场实例，“格”或“集合”，用生物学术语来说，叫作基因核数（DNA），在中国股市有很多DNA核数，比如17、34、55、65、77、90、100等，用某一DNA核数乘以某一老子－斐波纳契数比率，如0.191、0.236、0.62、0.764、0.809等，及其乘积，在深圳、上海股市生命周期上常有神奇的循环周期效应，成为市场的重要转向点。如图1.1.2至图1.1.4所示。

图1.1.2　对称性集合周期（周线）

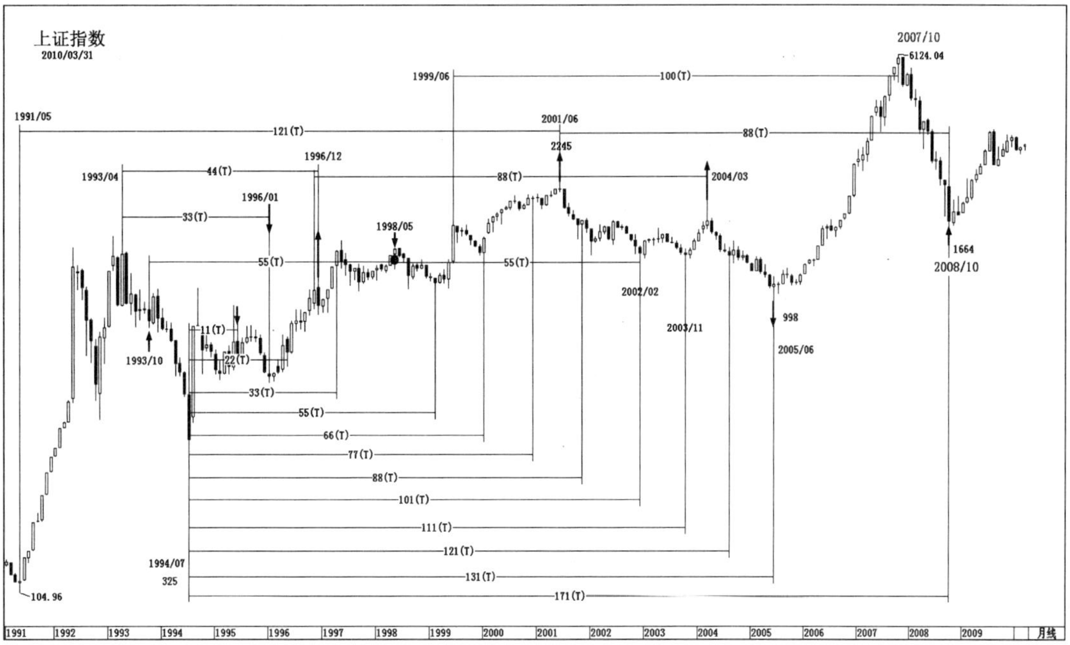

图 1.1.3　对称性集合周期（月线）

图 1.1.4　“格”×老子－斐波纳契数比率

在作者的股市数据库中，有“老子－斐波纳契数”、“卢卡斯数”、“螺旋历法数”、“后天八卦方圆图卦位数”，还有一批股市生命的 DNA 核数，包括鲜为人知的“对称性集合数”。作者不但建立了数据库，还用典型实用的一批图表建立了图表库。

这个世界没有新鲜事（当然是指事的本质属性），这个股市更没有新鲜事，都只是规律的重复和历史的重现。所以，写文章，做预测，炒股，都离不开这些数和图。

第二节　太玄数

西汉大儒杨雄以《周易》三爻成卦之天、地、人三才为理念，以阴阳五行对立统一的辩证思想为核心，又吸收了前人在天文历法自然科学方面的成果，并以3为基数的数学模式，构建了一个可与《周易》相媲美；同样具有“究天人之际”功能（包括天道、地道、人道——即解释宇宙万事万物生成与发展的全息性、公理性）的理论体系。

古代圣哲对《太玄》的评价是很高的。东汉著名的天文学家张衡说：“吾观太玄，方知子云妙极道数，乃与五经相拟……”北宋易家邵雍则评价《太玄》说：“杨雄作《玄》，可谓天地之心者也。五星之说，自甘公石公始也。历不能无差，今之学者但知历法，不知历理。能布算者，洛下闳也；能推步者，甘公石公也。洛下闳但知历法，杨雄知历法又知历理。”

《太玄》与《周易》一样，强调阴阳、天人、时空的和谐，其不同之处，在于数学手段的推演运用。周易的数学模式主要是以2为基数，《太玄》的数学模式主线是以3为基数。

《太玄》以“一玄”为万物生命之根，道理如“易”的“太极”为生命之源一样。所以，“玄”只是两个不同学派对于生命之源的另一个称谓而已，“玄”即“太极”。

《太玄》解释宇宙的数学模型是：一玄→三方→九州→二十七部→八十一家→二百四十三表→七百二十九赞（1→3→9→27→81→243→729），是独树一帜的哲学理论体系。《汉书·杨雄传》云：“故观‘易’者，见其卦而明之；观‘玄’者，数其画而定之。‘玄’首四重者，非卦也，数也。”所谓“四重”指的是方、州、部、家等四重结构，家也可称为首，八十一首分为九个阶段，称为“九天”，用以计算历法。《太玄》把一年季节变化以九划分，称为“九天”，每“天”分为九首，一年合周天360°，以“九”

分之，每首为40°。若太阳年365日以九划分，则每首40.5日。每首又可分下、中、上三个分阶段，每个分阶段又分三赞，三三合九赞，这实质上是一分为三、合三而一的数学式。于是，一玄三方九州二十七部八十一家二百四十三表七百二十九赞就形成了《太玄》体系的世界图，并用以解释物质世界的发展和运动。《太玄》之“九营周流，终始贞也”与《系辞》之“天下之动，贞夫一者也”是一个意思，都说事物的变化发展是从“一”开始的，“一”即“玄”、“太极”的意思。

作者曾运用《太玄》一分为三的数学模式，以40.5°为斜线，以市场的重要底部为“玄”（即太极），绘制了“上证指数太玄通道图”，此图可以用“妙不可言”四个字来形容，多年来一直“控制”着上证指数的走势。市场的重要顶部和底部，都限定在“太玄通道”的时空之内。如图1.2.1所示。

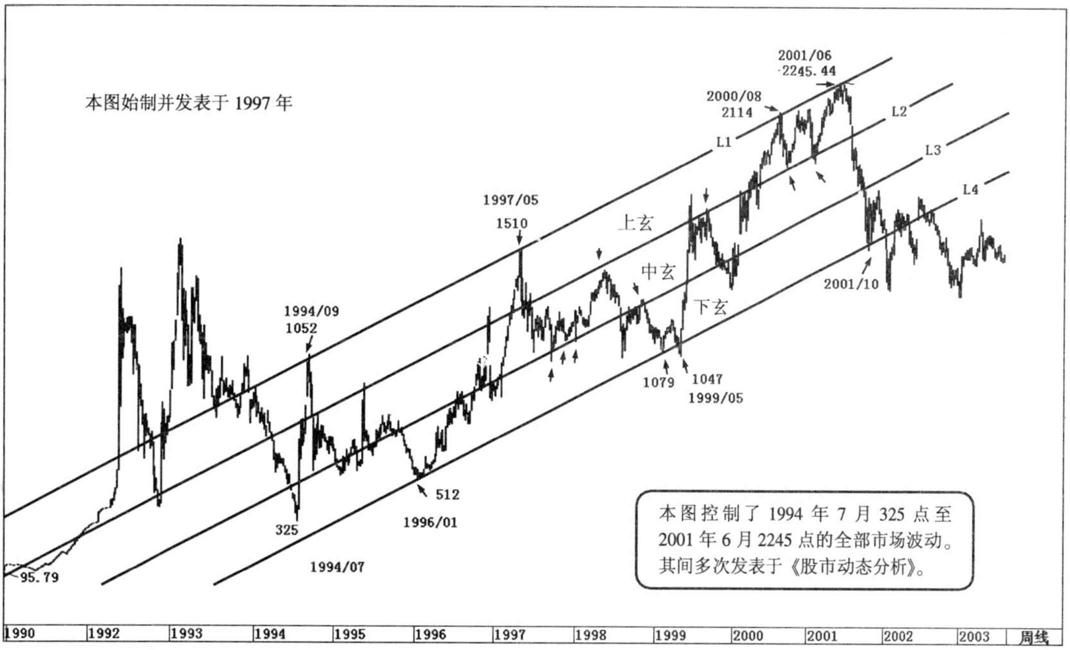

图1.2.1　上证指数太玄通道

图1.2.1显示，1994年9月顶点（1052点）、1997年5月顶部（1510点）、2000年8月顶部（2114点）等都受阻于L1线，1996年1月底部（512点）、1999年5月底部（1047点）均受到L4的有效支撑。1999年6月最后一周，虽然曾上攻L2线，触高1756点，但迅速回落，最低至1532点，几日内狂跌224点，周收市报1613点，落在L2线下方，可见L2线

（即中玄区上轨）的神奇阻力作用。此后10周，上证指数一直试图上攻L2线，但三攻而不克，最终在9月10日再触L2线时引发C浪大调整，从1695点下跌至1341点，跌去354点，足足跌了三个月，再现L2线的神奇阻力。受到L2线阻力而发生显著回调的，还有1995年5月顶部、1996年12月顶部、1998年6月顶部等。

2000年5月，上证指数成功向上突破L2线，8月22日到达2114点，短暂穿越太玄通道L1线（即上玄上轨），冒犯了属于天意的“太玄权威”，市场当日发生小崩盘，6周后下跌至1874点，又在L2线的支撑作用下，再收升途。

2001年6月14日，上证指数再造2245点历史新高，此点位正好触及L1线，中级调整将在这里展开（图1.2.1）。

由此可见，“太玄通道”就是“天之常道”，此道为指引上海股市而设，明其道可以知其市。

《太玄》的数学原理其实与《周易》的数学原理一样，也有一个“格”、一个“集合”的属性。如：3+3+3=9，9+9+9=27，9+9+9+9=36，27+27=54，27+27+27=81，36+36=72，72+72=144，144+144=288，288+288=576。

9、27、36、54、72、81、144、288、576等数字，都可看作一个“格”或一个“集合”，可运用任意两个数的相加，如：54+9=63，81+9=90，36+9=45，90+9=99，144+36=180，180+9=189，144+72=216，216+9=225……这些数可以日、周、月、年等为时间单位，也可以用小时、分钟等，常常都是市场的重要循环周期的蜂位或谷位。

《周易》认为：“数生于一，成于五，极于九……一者五也，九者四十五也。”这与杨雄的《太玄》以“九”为极数同出一辙。所谓极数，即一个数列循环的终点。

天圆地方是《周易》《太玄》对天地的共同看法。天地循环一次即为周天360°，也是两家学说的共同点。《周易》把周天360°等分为8极，每极为45°，45°乘以8，还原为360°；《太玄》把周天360°进行9等份，称作“九天”，每一个“九天”为40°，运行九个“九天”即绕圆形360°，还原之数亦为360°。

将“格”数9与“格”数81做加法，则9+81=90，9+90=99，9+99=108，9+108=117，9+117=126，9+126=135，9+135=144，9+144=153，9+153=162，9+162=171，9+171=180，9+180=189，9+189=198，9+198=207，9+207=216，9+216=225，9+225=234，9+

234 = 243，9 + 243 = 252，9 + 252 = 261，9 + 261 = 270，9 + 270 = 279，9 + 279 = 288，9 + 288 = 297，9 + 297 = 306，9 + 306 = 315，9 + 315 = 324，9 + 324 = 333，9 + 333 = 342，9 + 342 = 351，9 + 351 = 360，这些数都是重要的循环周期数，上海、深圳指数就有大量的印证案例，读者可以自行查对。

9 的整倍数和 9 的三分点，即 9 的 0.666 或 0.333 倍，组成一个“格”，这个“格”也是《太玄》特指的数，具有循环周期意义，都适用于股市。《太玄》的“九天”之数，不但具有一个“格”、一个“集合”的加法属性，并且具有乘法特征。如图 1.2.2 所示。

图 1.2.2　9 的三分倍数图

图 1.2.2 中的太极为 1994 年 7 月 325 点底部，读数时太极可用为 1，也可用为 0。以下是 9 的整倍数后加 0.333 或 0.666 的周期数：

（1）42 周，1992 年 6 月底部（9 × 4.666）。

（2）48 周，1992 年 8 月底部（9 × 5.333）。

（3）75 周，1993 年 2 月顶部（9 × 8.333）。

（4）141 周，1997 年 5 月顶部（9 × 15.666）。

（5）240 周，1999 年 5 月顶部（9 × 26.666）。

（6）258 周，1999 年 9 月顶部（9 × 28.666）。

（7）274 周，1999 年 12 月底部（9 × 30.333，差误 1 周）。

上述7例对应的都是期内最重要的市场转折点，是中期或长期的周期转向点，足见《太玄》数的市场实战意义，其他较次要的转折点也都大量存在于《太玄》数中，为了图表简洁醒目这里省略了。

以月为单位的中长周期，更显《太玄》数的神奇。从1990年12月95点历史大底以来，以9个月为DNA核数，顺序展开其倍数：18、27、36、45、54、63、72、81、90、91、99、108、112、126……几乎全部准确地对应着市场中级或中级以上的转向点，你不得不惊服《太玄》和《周易》“终于九”的神奇。读者朋友记住两点，应用起来会更得心应手：一是可以移动太极读周期时间。图1.2.2例中只用了95点底部一个固定的太极，效果已经十分卓越。事实上，太极衡动，我们可以与时俱进，向前移动太极，这样读取的《太玄》数周期就会更多，更具有实战意义。二是读数时太极可用为1，也可用为0。周期时间窗是允许正负1的，特别是超“大限”数的长周期时。

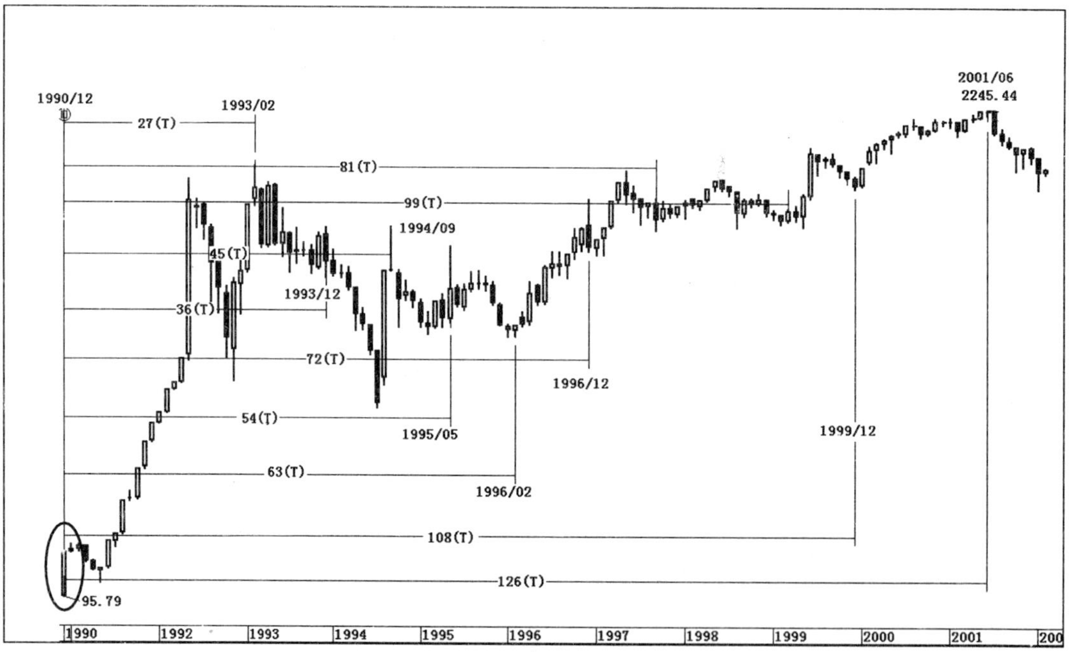

图1.2.3　上证指数月K线9的倍数周期

图1.2.3为上证指数月K线DNA9的倍数周期图，图中太玄设在1990年12月95点底部，截止时间为2001年6月2245点顶部，统计时间长度为126个月。

（1）27个月，1993年2月1558点顶部。

（2）36个月，1993年12月1044点顶部。

（3）45个月，1994年9月1052点顶部。

（4）54个月，1995年5月926点井喷之顶。

（5）63个月，1996年2月518点底部。

（6）72个月，1996年12月1258点至855点先顶后底。

（7）81个月，1997年9月1025点底部。

（8）98个月，1999年2月1064点底部，与99差误1个月。

（9）108个月，1999年12月1341点底部。

（10）126个月，2001年6月2245点大顶。

上述10例，都是11年内最重要的顶部或底部，足够典型了吧？后面还有大量的9的倍数周期，这里省略不讨论了。

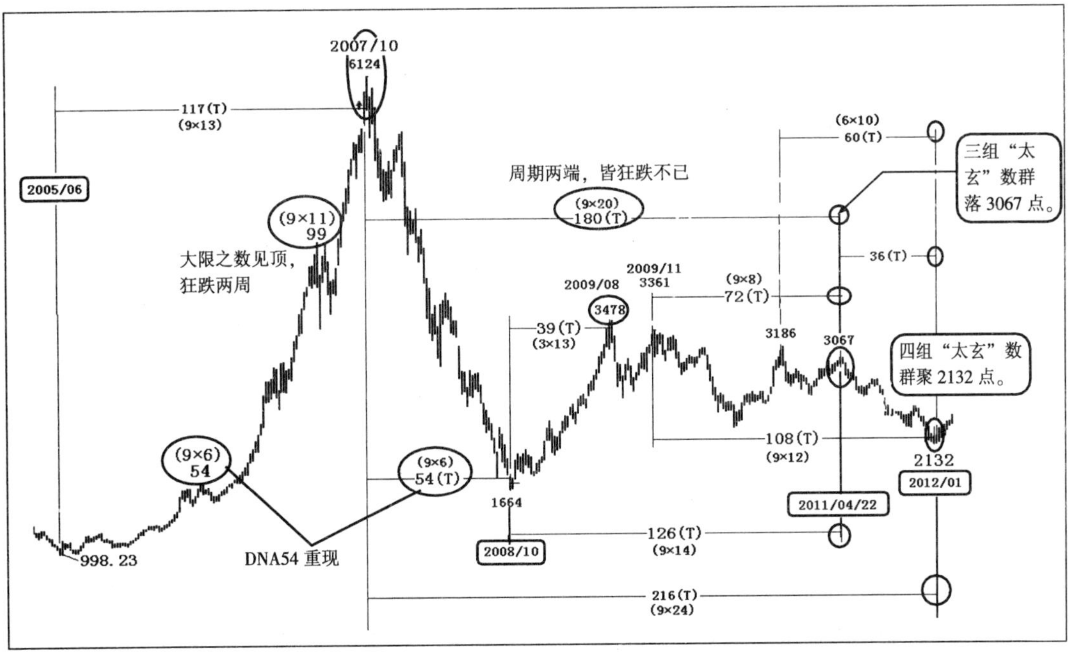

图1.2.4　上证指数周K线《太玄》数3、6、9倍数周期

图1.2.4是上证指数周K线《太玄》数3、6、9倍数周期图，时间为2005年6月至2012年1月。

（1）从998点太极出发，运行117周，9的13倍数，到达历史大顶6124点。阅读本书就知道，“13”是一个无处不在的DNA核数，一直贯穿于中国股市的周期中。此处以DNA13的终了数见大顶，偶然中的必然也。

（2）在大的升势中，连续上升后稍做一周调整就再续升途，显示超强升势，可到了99周，此种强势就中断了，连续两周收长阴K线，从4335点跌至3404点，两周内跌了931点，很是吓人，大有玩完了的意味。事实上，此次调整共进行了6周，在3563点再展升途。为什么会如此大跌？大限之数的周期，《太玄》数9的终了数。

(3) 6124点大顶至3067点大顶，运行180周，180是9的20倍，该周期内共有72周和126周等3个“9”倍数周期群聚，显然3067点是一个重要顶部。事实上，见顶后又跌了36周（又是9的倍数），至1949点止跌，又跌了1118点，或36.45%。《太玄》数的周期作用在此彰显无遗。

(4) 2012年1月2132点是重要底部，这里再演4组《太玄》数群聚的周期故事。从这里反弹到2478点是2012年全年行情之所在，4组周期最长的是216周，216是乾之策数，也是《太玄》数9的24倍；最短的是36周，中间的是108周和60周，统统都是9的倍数。

(5) 从6124点狂跌至1664点，运行54周，$6\times9=54$，《太玄》倍数也。事实上，这个下跌周期是DNA54的重现，998点至6124点上升过程中就出现过54周的周期。

换言之，1664点大底产生于54的倍数周期，彰显“代代相传自相似”的生命模式。

综上5例分析，读者应当能领略到《太玄》数的精要所在。

第三节　老子数列

“道生一，一生二，二生三，三生万物。万物负阴而抱阳，冲气以为和。”这是老子在《道德经》中解释宇宙生命起源及其变化发展的经典名句，同时也是一道生命运动数学式的极其明了的文字表述。

真正弄懂老子这段话，首先要认识“道”是什么？老子自己对“道”并无清楚明白的说法。他说：“道可道，非常道。”意思是，能说得清的道，就不是真正的道了。由此可见，道与太极一样，是一种无形体、无气味、无颜色的“三炁”，但却又是实实在在的客观存在。道是以“气态”、“气场”的形式而存在的，正所谓“负阴而抱阳”也。“道生一，一生二，二生三，三生万物”的过程，是以“负阴而抱阳，冲气以为和”的对立统一形式发展变化的。

老子对于道的描述与《周易》对太极的诠释如出一辙。太极是一个阴阳未分的混沌气场，“太极图”上是两条紧抱不分的阴阳鱼，正是阴阳鱼的互抱，“冲气以为和”（阴阳二气相冲），促成了“太极生两仪，两仪生四象”的事物发展。

我们曾说过，杨雄的《太玄》以及老子的道，都是对一种“阴阳两气，混沌未分”状态的称谓，故太极、太玄、道三个名称一种意义，只是“诸子百家”不同学派对同一事物的不同称谓而已。名虽不一，理却相同，三家学派都认为宇宙之初是混沌未分的阴阳二气，不同点主要表现在其变化发展的数学模式上。

老子认为，宇宙生命的起源是道，道是阴阳二气混沌未分的一种物质状态。是看不见、摸不着的“道”。代入数字，“道”就是“0”。“0”，并非虚无缥缈，什么也不是。而是一个数学单位。老子清楚明白地告诉我们，这个“0”（道）包含两个相互紧抱的阴因子（阴气）和阳因子（阳气）。“0”是数之始，数列的展开从“0”而非从“1”开始。

将老子对宇宙生成的文字描述代入数学式，则得到：

道生一 =0 +1 =1；一生二 =1 +1 =2；二生三 =2 +1 =3；三生万物 = 3 +2 =5。换言之，万物成于五，《易·系辞》中“五为成数”。

把这个数学式有序地无限扩展，则是 0→1→2→3→5→8→13→21→34→55→89→144……

老子的《道德经》惜墨如金，绝不虚用一个字。他为什么不把数学式的递进写为“一生二，二生三，三生万物”，而偏偏要在这个数学式的前头加上“道生一”呢？老子的用意是显而易见的，他在这里强调的是：一由道生，没有道，就没有一，没有一切。换言之，道是阴阳混沌未开时的气场状态。“一”，是太极。

老子数学式体现了生命基因的“自核组织和自相似”功能（遗传特性）。所谓“自核组织”，举例来说，2 是由 1 +1 而来，3 是由 1 +2 而来，5 是由 3 +2 而来，再往后推，无穷无尽。显而易见，前后两数相加得新数，这前后两个数，就是“新数”的两个“核”（或说是数的因子）。可见，“新数”是由两个“核”自组织相加而成。换言之，生命繁衍过程中的“新数”，是“自核相加”的生命结晶。用现代语表述，叫作“基因合成”。DNA3 = DNA2 + DNA1，DNA5 = DNA2 + DNA3，DNA8 = DNA5 + DNA3，……按此模式无限地写下去，即是生命的生生不息。

我们发现，任何一个新合成的 DNA，皆包含其父系（奇数）和母系

（偶数）两个 DAN 数核。换言之，任何一个 DNA，都由阴阳二气互抱，冲气为和而形成。阳气为父，阴气为母，其“和”，就是阴阳二气的生命结晶。这就可以从阴阳大理，从数的解剖上对 DNA 遗传功能做出最合理的、最科学的解释。

老子把三以后的数的推演，高度概括为一句话：“三生万物。”他认为这种生命的延续形式是“独立而不改，周行而不殆”的，再多说就成为废话，特别是数学式，如果无限地写下去，就一点儿意思也没了。

由此可见，老子《道德经》的宇宙生命生成式，其实质是最基础的、最简单的加法。

一、加法是股市生命繁衍的基本数学式

我们开篇就说，“股市是一个生命体”，那么股市生命繁衍的展开，其最基础的数学式也就是“基因核数的加法”。是否如此，请看以下剖析（图 1.3.1）。

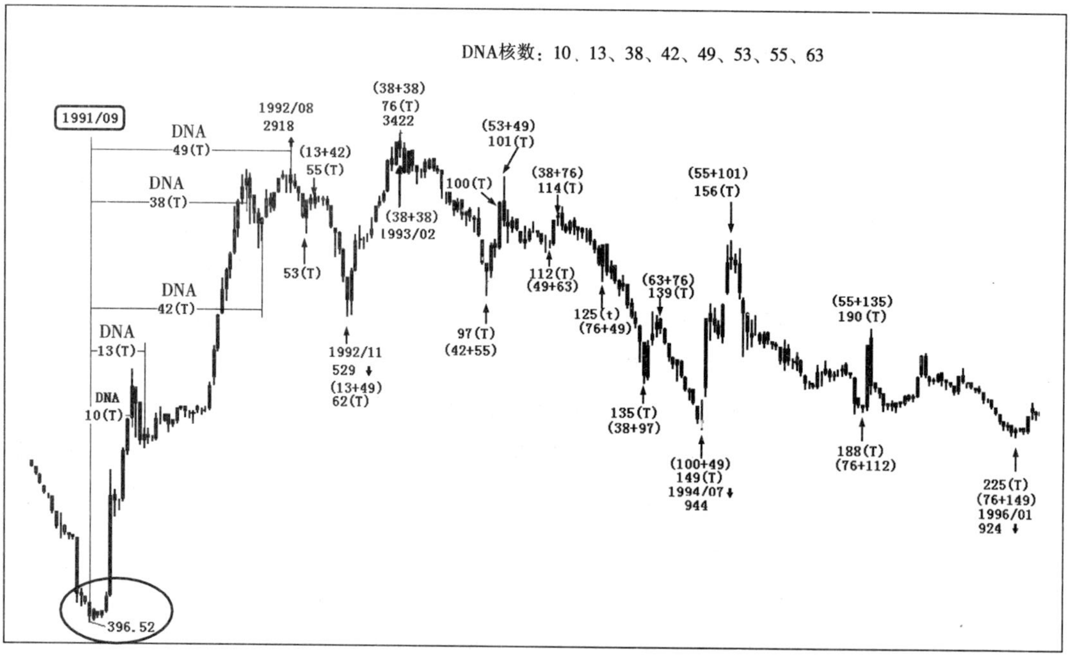

图 1.3.1　加法是股市生命繁衍的基本数学式

图 1.3.1 是深证成指周 K 线图，太极设在 1991 年 9 月 396 点底部，从太极出发，以 5 浪推动的形式运行 49 周至 1992 年 8 月的 2918 点见顶，其后发

生大崩盘，跌至529点。这些数据很有趣，5浪上升运行时间49周，49是生命繁衍的用数——“大衍之数五十，其用四十九”。在5浪上升的过程中，依据市场显著转向点的运行时间，转录为DNA核数，即：DNA10、DNA13、DNA38、DNA42、DNA49共5个。我们发现后市中，市场的显示转向点全部由上述DNA核数加法形成。比如，下跌过程中有3个显示转折点，依次为53周底部、55周顶部和63周大底（1992年11月529点大底）：

53（T）=DNA10+DNA42（差误1）；55（T）=DNA13+DNA42；63=DNA13+DNA49（差误1）

事实上，更大、更重要的顶部出现于第76周，1993年2月的3422点，76周=DNA38+DNA38，这是生命基因的“自核、自组织、自相似”功能所形成的重要大顶。由此可见，股市生命繁衍的基本数式是加法，而加法的进阶是乘法——38×2=76。

图1.3.1中标示了97周、101周、112周、114周、125周、135周、139周、149周、156周、188周、190周和225周等等市场的显示转向点，其运行周数全部由DNA核数相加而来。计算公式就省略了，我们只需看看最典型的例子：（38+38）=DNA76产生大顶；（100+49）=DNA149是1994年7月944点大底（第100周大长阳）；第225周产生1996年1月924点大底，此大底由此前的DNA76大顶和DNA149大底相加而形成。

由此可见，加法是股市生命繁衍的基本数学式，新的DNA由此前的两个或两个以上的DNA相加为和而成，这既体现了基因的“自核、自组织”功能，亦秉承基因的遗传特性。

《道德经》之老子数列，既然具有加法属性，也就必然具有乘数的内涵。比如，DNA乘以倍数或特殊比率会衍生出新的、具有特殊市场意义的DNA。如，DNA38×2=76，是1993年2月重要顶部；DNA38×5=190，是1995年5月“井喷”顶部，等等。这些例子是股市生命繁衍过程中最为常见的“倍数生成”模式，股市生命链的展开是呈螺旋线性的，因此，乘法及一些老子-斐波纳契数比率亦常见于股市的运行周期中，后面的章节将会展开股市生命螺旋线的乘法内容。

二、股市生命周期的乘法属性

上面介绍了16世纪意大利数学家斐波纳契名震世界的“神奇数”：1、2、3、5、8、13、34、55、89、144……其实这个数列早在2000多年前我国圣贤老子的《道德经》中就出现了，比之意大利人的“神奇数”要早500~600

年。两套数列完全一致，作者将老子数与斐波纳契数并列，称之为“老子－斐波纳契数”一点儿不潜越，一点儿也不过分。作者非常不满于现代学人只认意大利人的“神奇数”，不知老子的《道德经》，数祖忘宗，悲哀乎。

老子－斐波纳契数列是极为重要的生命周期之数，数的本身以及数的倍数、数的开方根、数的平方、数的黄金分割率，都有可能成为市场的重要转向点。

在螺旋历法中，美国人嘉路兰以朔望月周期 29.53 为基数，乘以老子－斐波纳契数的开方根，其积就是螺旋历法的时间长度，螺旋历法还直接用老子－斐波纳契数及其数的开方、数的平方直接为时间长度。

生命线的展开服从螺旋律，其计算公式为加法和乘法，用到数学上的“集合”与“格”（DNA 核数就有“集合”与“格”的属性）。乘法中不但有整数乘，还有整数带小数的乘，这些小数取用老子－斐波纳契数比率 0.191、0.236、0.382、0.618、0.764、0.809。还有就是取用《周易》的八分法（0、0.25、0.5、0.75、1.0）和《太玄》数的三分法（0、0.333、0.666、1.0），具体应用在实例中展开详述。

老子－斐波纳契数列既然是“生命繁衍之数”，解释的是宇宙万物的生命繁衍方式，当然会对股市生命繁衍起作用。事实上，市场波动的节律、波峰与波谷的比率，甚至市场顶部或底部所出现的绝对价格（指数）都与老子－斐波纳契数列有着紧密的关系，或与数列中的某些数精确对应。一个主流趋势与另一个主流趋势之间的时间比例，一个波段与另一个波段的涨跌幅度，又常常与老子－斐波纳契数列数与数之间的比率相对应。被称之为“黄金分割率”的 0.618 倍和 1.618 倍，常常主宰着市场的重要波动。另外，0.191、0.236、0.382、0.5、0.618、0.809 等也是股市的重要比率。所以，研究股市离不开老子－斐波纳契数列。如图 1.3.2 所示，数字解读见表 1.3.1。

表 1.3.1 上证指数走势中主宰数字 13 的统计结果

DNA13	DNA18	DNA24	DNA39	DNA49	DNA57	DNA73	DNA88	DNA122	DNA140	DNA156	DNA169	DNA198
乘数	1.382	18×1.333	3	3.764	4.382	5.618	6.764	9.382	10.764	13×12	13×13	15.236
对应时间	1992/10 底部	1993/04 顶部	1994/07 底部	1995/05 顶部	1996/01 底部	1997/05 顶部	1998/07 底部	2001/06 顶部	2002/12 底部	2004/04 顶部	2005/05 底部	2007/10 顶部
点数备注	447 点	1392 点 大顶	325 点 大底	926 点	512 点	1510 点 大顶	1043 点	2245 点 大顶	1348 点	1783 点	1043 点 大底	6124 点 历史顶

注：表中没有标示的乘数，全部为主宰数字 DNA13。12 项 DNA 中，只有一项的乘数不是 DNA13，可见其主宰力量何其强大。

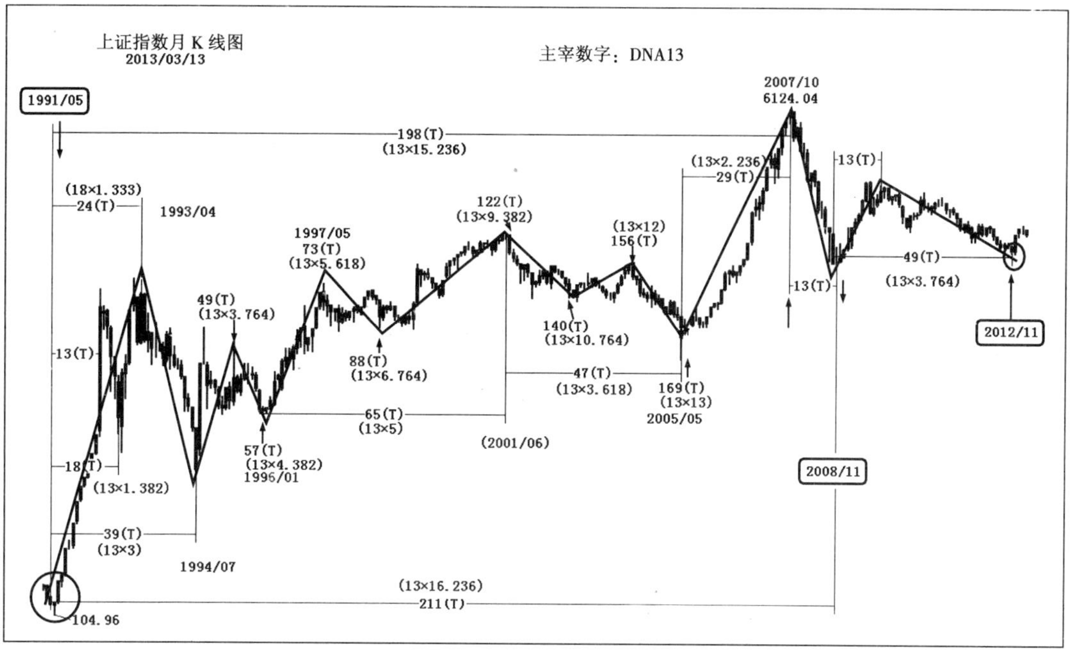

图 1.3.2　上证指数生命线的乘法展开图

图 1.3.2 是上证指数月 K 线图，起止时间从 1991 年 5 月至 2012 年 12 月。时间长度 21 年半。1991 年 5 月，产生了 104 点底部，作为太极，13 个月后出顶部，18 个月后出底部。记录为 DNA13 和 DNA18。

从太极出发，21 年半以来，出现了多个重要的市场顶部和底部，而这些市场转向点，全部受到 DNA13 的精确控制，或是 DNA13 的整倍数，或是整倍数后带老子 - 斐波纳契数比率的乘数，如 0.236，0.382，0.618，0.764 等。

作者在此告诉大家，DNA13 就是如假包换的主宰数字，DNA13 作为主宰数字，“独立而不改，周行而不殆”。21 年半以来，演绎的是 DNA13 悲欢离合的股市故事，唱的是 DNA13 波折起伏的“曲成”之歌，真的是“曲成万物而不遗”。

所谓物物各有太极，物物各有所好。中国股市这个太极就特别喜爱 DNA13，在太极中心的主导下，21 年来“独立而不改”，21 年来依然故我，这就是“天道自然”。古人有云：“人法地，地法天，天道自然。”对应于股市，是股道自然。人若想在股市有所成就，就要法天效地，顺应股道自然，与之和谐共处。善用天道给予的主宰数字 DNA13，将制胜于股林。

第四节　数字简说

宇宙间的数，不外乎由0、1、2、3、4、5、6、7、8、9这10个数字组成，孕育于0，始于1，成于5，极于9，又回复至0，循环往复，井然有序。研究由0~9这10个数，可以执一于万，化繁就简。

一、宇宙万物孕育于“0”

0，从数量看，是无；从数质上看，是有。0包含着混沌未开的阴阳两个气场，阴阳相拥相激，冲气为和，生成太极，太极是宇宙生命的起源。《道德经》说的“道生一，一生二，二生三”之“道”，就是0。

宇宙万物孕育于0，成形于5，终了于9，如此0→9→0循环往复，是宇宙万物生命繁衍的循环周期。0为生命之本始，亦为生命之终了，始与终的无尽循环，演奏着大自然万千变化之歌，正所谓“生生不息之谓易”。由此可见，表示时间空间的、尾数为9或为0的数，都是事物发展变化的周期节律数。

由0~3，是孕育、发展、变化的阶段。犹豫构成八卦的三个爻，代表着天道、地道和人道。天地人的和谐共处，激发宇宙万物的生机，故《道德经》有“三生万物”之说。

4，是事物生变后的第一个最小的节律数。自然界中，很多以4为发展变化节律的现象，地球每4分钟自转1°，这是最小的大自然天体运行节律。一天有1440分钟，是4的360倍，一天有24小时，是4的6倍，一年有春、夏、秋、冬四季等，皆以4为节律单位。八卦圆图有四正四偶、八大八风之位，所指示的是东、西、南、北及东南、东北、西南、西北等八个空间方位，方位的8等分源于4等分，这就说明4不但是时间的最小节律单位，也是空间的划分单位，更是天候变化春暖、夏热、秋凉、冬冷的周期节律单位。

江恩的“9方图”、“6角图”等著名测市工具，皆强调图中处在十字线、斜切线上的数字具有强大的支撑或阻力作用，江恩所说的十字线、斜切线，实际就是作者后天八卦方圆图中的子午线、卯酉线、乾巽线（斜切线）和坤艮线（斜切线），其对应八卦方圆图的四正四偶、八极八风的连线。

理所当然，股市也有以4为节律单位的循环周期点，4的倍数（含尾数带0.5）亦常常作用于股市。如，8、12、16、20、24、28、32、36、40、44、52、56、60、64、68、72、76、80、84、88、92、96、100等。如图1.4.1所示，图中太极设在2005年3月3.58元底部，空间至2007年11月37.29元顶部，时间长度为坤卦数130个月。

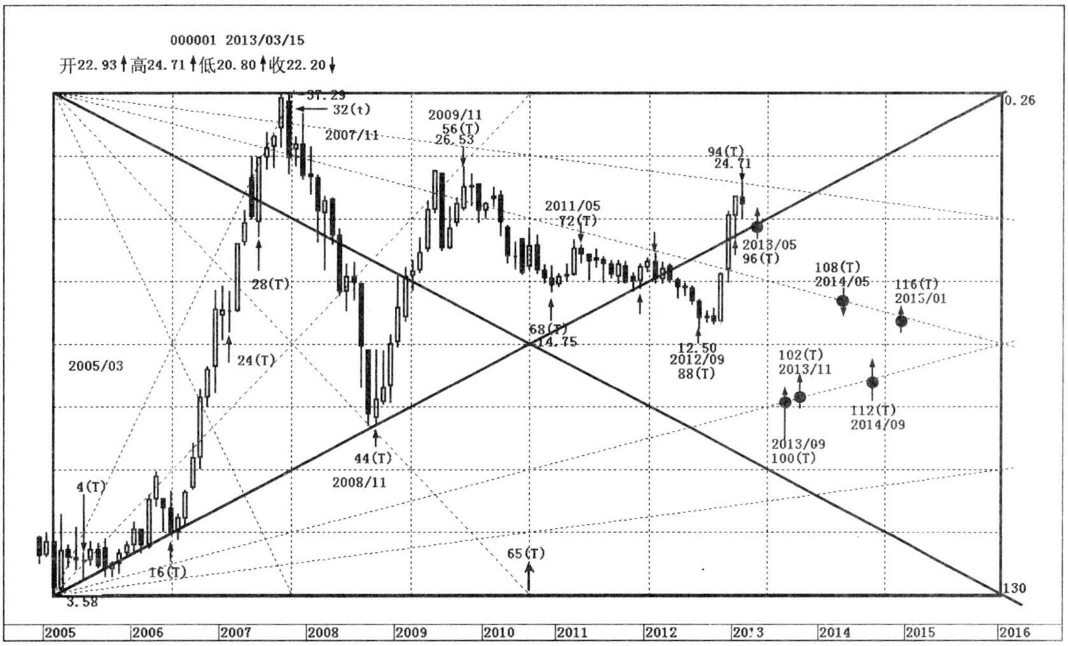

图1.4.1　平安银行4的月K线节点图

（1）平安银行从太极之底到史上大顶37.29元运行32个月，32是节点数4的8倍。事实上在这段上升走势中，市场多次出现以4为节律点的市场转向，如第4个月、第8个月、第16个月等，第16个月出底部，在上升1×1线支撑下发动主浪，其中第24个月、第28个月等4的节点上，均发生中途转向。

（2）32个月见顶后狂跌，至第44个月，即2008年11月7.94元在1×1线的有效支撑下展开中级反弹，44是4的11倍。

（3）第56个月，即2009年11月26.53元触上升1×2线后见顶，56乃是4的14倍。

（4）第68个月在14.75元见下跌中的底部，后反弹3个月，68是4的

17倍。

(5) 第72个月，2011年5月结束前3个月反弹，在节律点4的倍数上再走下跌之途，连跌17个月。

(6) 第88个月，2012年9月12.50元见底反弹，88是4的22倍。

(7) 第94个月，2013年3月24.71元触及下降4×1线后回落，94是4的23.5倍。

后边要关注的节点有：96 (T) 2013年5月，100 (T) 2013年9月，102 (T) 2013年11月，104 (T) 2014年1月，108 (T) 2014年5月，112 (T) 2014年9月，116 (T) 2015年1月。

可以肯定，上述这些4的周期节律点，即便不发生中级市场转向，也要发生小级别的转向，至少是小级别的市场波动。

应用上列周期数时，允许正负1个月。比如，关注节点有2013年5月，后来的事实是，6月大崩盘。上证指数狂跌至1849点，应视为预测有效周期。

二、节律数5

数行至5，事物成形。故《易・系辞》有“五为成数”，“五为数母”之说。5内含两个因子，即2和3，2是偶数为阴，3是奇数为阳，“一阴一阳”合之为5，可见5是一个阴阳合抱的生成之数。数5不但包含着阴因子和阳因子，还代表5种特质属性的基本元素：即金、木、水、火、土，5这数蕴涵着阴阳五行的玄理。数列0、1、2、3、4、5、6、7、8、9、0，“5”居于中间，有太极中心的内涵。古人对数5有特殊的评述，如“五为中”、“五为数母”、“叁五其数”，等等，都以数5为演化万物的中心，用以解释宇宙的生成、发展和变化。

《河图》与《洛书》都把数5放在图的中心，《河图》用线条把5个空心圆圈联结起来，组成一个集合体，形成“数之母”，“5为数母”由此而得，这是一个数学上的集合体，如上所述，这个集合体蕴藏着阴阳大理，五行物质。5既是“数母”，又是宇宙之母，宇宙生命的繁衍变化，皆从此生，这个集合体就是太极，太极又叫太一，《周易》云“一者五也”，说的就是这个意思。

从现代数学来看，《洛书》是一个简单的三阶幻方，其数学组合是：

横排一：4+9+2=15；横排二：3+5+7=15；横排三：8+1+6=15。

竖排一：2+7+6=15；竖排二：9+5+1=15；竖排三：4+3+8=15。

斜线一：2 +5 +8 =15；斜线二：4 +5 +6 =15。

无论怎么加得数都是15，获得这个数学效果的条件有两点：一是应用了全部自然数1、2、3、4、5、6、7、8、9；二是在9个自然数中以5为中心，如果中心换为另外任何一个数，都不能取得和数为15的效果。由此可见，“5数居中”是数学上的一种特定安排，5的地位、作用是别的数所替代不了的。

《洛书》中奇数和为25，偶数和为20，奇偶合之为45，也属于“终于九”，这是《易·系辞》：“一者五也，九者四十五也”的由来。

《洛书》是三阶幻方，三个竖排的得数相加是45，三个横排的得数相加也是45。两条斜线的得数相加，是30，15→30→45，三个数存在倍数关系，或者说，是1 +1的结果：15 +15 =30、15 +15 +15 =45。中国历法有24节气，每一个节气为15日。一年共12个月，朔望月与太阳月的平均时间约为30日。一年运行360°，八极分之，每等份为45°。由此可见：5→15→30→45→60→75→90→105……是构建大宇宙和谐稳定结构的数学式。

以5为太极中心，则又构成上下、左右皆为15的数学对称，体现的是大自然无处不在的对偶规律，横排三的数字排序是6、1、8，如果把整个《洛书》看作一个宇宙，把横排三看作这个宇宙的收缩形态，则0.618是其收缩倍数，宇宙扩张时则在0.618加上1，即1.618，2.618，3.618，4.618……是其扩张比率，宇宙生成的螺旋线性运动规律及其周期性的黄金分割率，已经蕴含在《洛书》之中。

三、关于数6

6作为周期数，最著名的莫过于“六十甲子”和康狄耶天的“六十年大周期”了。其实对于数6有系统的阐述应是宋代大儒杨雄的《太玄》数。《太玄》数认为，3、6、9是数列展开的三个重要折点。3生变化，6为中转，9是终了。三个节律数中的6位居于中，与5一样，享有中心的地位，承前启后，展示未来。

圆形360°，是6的倍数，以6分之，每份为60°，2/6 =120°，3/6 =180°，4/6 =240°，5/6 =300°。120°、240°是圆形中四方形的角度，是江恩指称的转向角度；60°可代入六十甲子，60年、60月（5年周期）常是市场发生转向的角度，是重要周期数。下面用图1.4.2和图1.4.3来详细说明。

（1）第12个月，1992年7月，7.51元顶部；第55个月，1996年7

图 1.4.2　中国宝安 5、6 倍数节点图

月，1.68 元底部，运行了 43 个月，艮卦数。在这段时间内，25 个月见顶（5×5），36 个月为底（6×6），38 个月见顶（5×7.6），48 个月为底（6×8）。

（2）第 65 个月见顶（5×13），第 78 个月见底（6×13），第 81 个月见顶（6×13.5），第 95 个月见底（5×19），第 102 个月见底（6×17），即 2000 年 1 月 2.55 元，运行了 37 个月，巽卦数。

（3）第 114 个月为顶（6×19）。分析到此，应该觉得很烦了，不如将图 1.4.2 简化为图 1.4.3，一目了然，可以省却很多文字。

图 1.4.3 中标示了最重要的市场转向点皆发生在 5 或 6 的倍数上，其中以《太玄》数 3、6、9 的中间节点“6”的倍数为最多。

（1）第 12 个月，1992 年 7 月，7.51 元顶部。

（2）第 36 个月、48 个月底部，78 个月底部，102 个月底部，114 个月顶部，126 个月底部，168 个月大底，192 个月底部，198 个月顶部。

（3）第 234 个月，即 2011 年 2 月，25.43 元大顶，等等。

据不完全统计共有 11 次，完全可以与《周易》数的 5 比美。由此可见，《周易》数、《太玄》数是两套宇宙万物的生成、发展、变化之数，特别适用于股市的生命周期的界定。

9 与尾数为 0 的数是周期终了之数，《太玄》数之“九天”、“九事”、

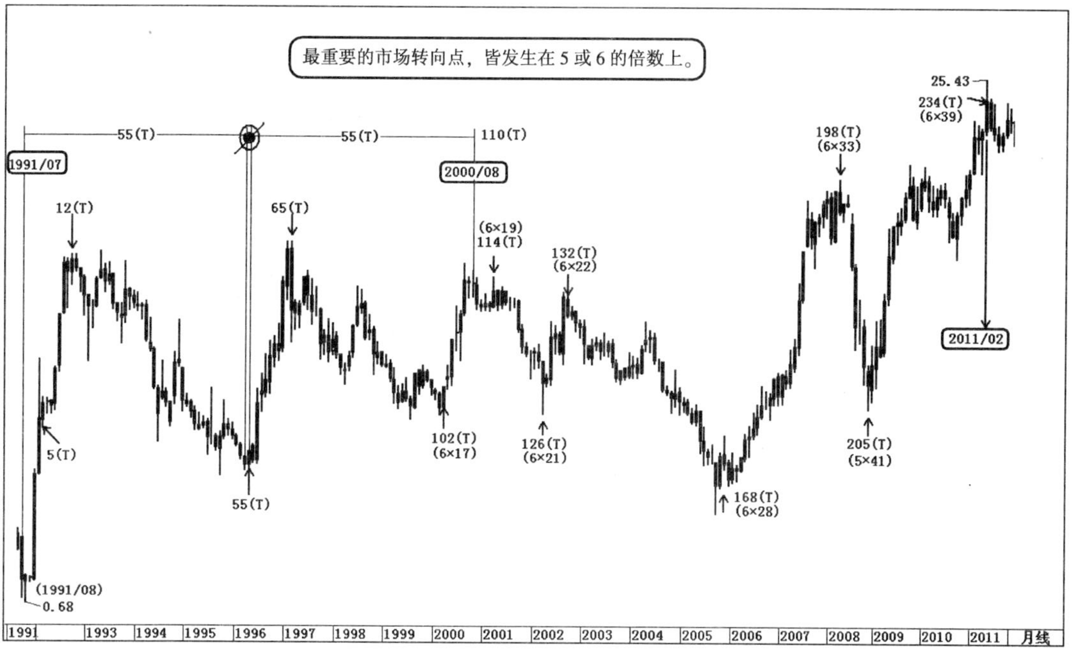

图 1.4.3 中国宝安周期节点图

“九州”等已有详述，不再重复。至于9的倍数周期，尾数带0的周期，市场上的例子实在太多了，我们不打算在本章中讨论，而是在全书的各章节中详述。

四、充满神奇色彩的数7

7是充满神学色彩的数。色彩中就有“七彩”。《圣经》上说，上帝用了7天时间创造了人类，西方就以7天为一个礼拜，逢礼拜日要向上帝忏悔自己的罪过，祈求上帝的原谅。《佛经》上说，斋醮七七四十九日，引渡七级浮屠，才能把亡魂超度到西方极乐世界。东西方两种并不关联的宗教文化，都对7这个数赋予了神秘的色彩，西方以7为新生，东方以7为涅槃。

江恩大师是个虔诚的基督教徒，对7数情有独钟，认为7及其倍数，特别是21、42、49、56、63、77是重要的股市周期数。为此江恩还专门为360°圆图绘制了7分图。事实上360°的7分度亦常是沪深指数市场转向的重要角度。

7的倍数成为重要的股市循环周期就更为普遍了。《复卦》上说：“复享，朋来无咎，反复其道，七日来复。”《震卦六二》上说：“勿逐，七日得。”《既济六二》上说：“勿逐，七日得。”《象传·复》上说：“七日来复，天行也。”这些语句是从天体运行现象得出的，如“七日来复，天行也”，即以7日往来反复（循环）是天的运行规律。

郑军的《太极太玄体系》一书中介绍，一年有53个月亮单位，每个月亮单位为6.89天，这与7天相差不大。因而，认为西方的7日制星期来源于近点月，7天为一礼拜，是人类进化过程中保留下来的天文节律特征，正所谓“天人感应，天人合一”。股市常在7及其倍数的周期发生变化，实在是人类群体情绪受到天文周期影响的结果。下面用图1.4.4上证指数7的倍数周期图来说明。

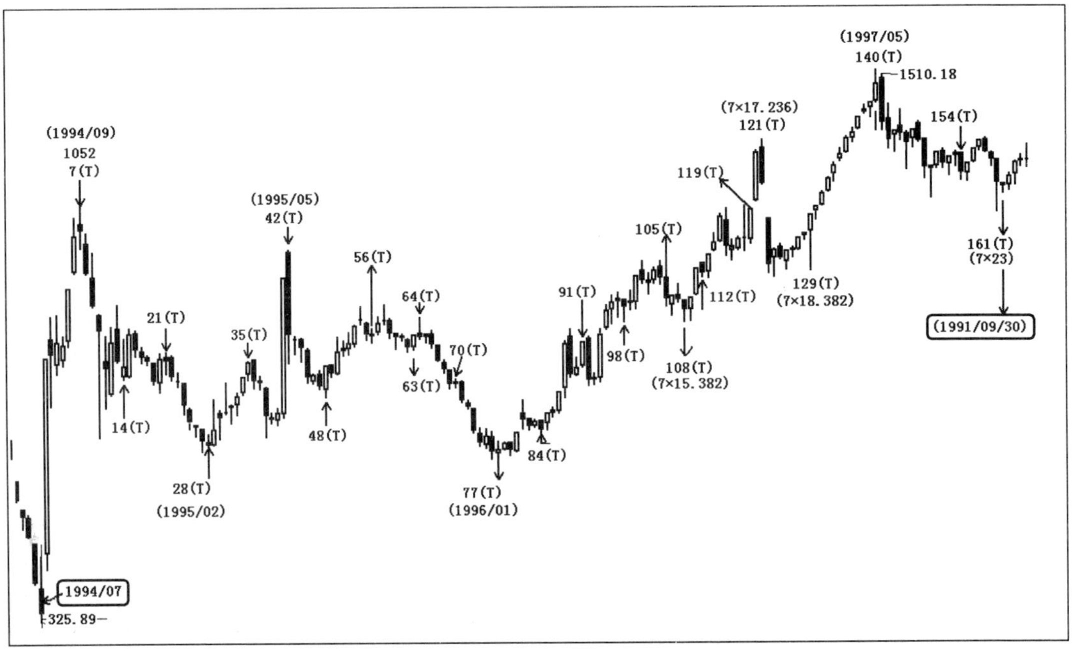

图1.4.4　上证指数周K线7的倍数周期图

上证指数从1558点大跌至1994年7月的325点，成为极重要的中期底部。7周后，产生1052点顶部，记录为DNA7，这是一个影响力巨大的基因核数。325点底部至1996年1月512点底部运行77周，是DNA7的11倍数。在这个时段内，一些具有特殊意义的市场转向点，皆发生在DNA7的倍数周期上，如从325底部运行28周，到达1995年2月17日的532点，产生次中级底部，这个底部是从1052点顶部跌了21周下来的，无论28或21，都是DNA7的倍数。

1995年5月26日这一周，产生史上著名的“井喷”之顶926点，此顶是因为关闭期货市场而在股市极度低迷的背景下引发的，仅用了一周多一点儿的时间，就从564点飙升至926点，升幅为64.18%，所以行内称之为“井喷”！此“井喷”早不来迟不到，恰恰就发生在DNA7的6倍数上。从325点底部运行至此为42周，从532点次级底部运行至此是14周。从一个中级底部到下一个中级底部，其间最重要的市场转向点，皆发生在DNA7及其倍数上，彰显7的神奇。

事实上，7的神奇故事还在继续上演。1997年5月16日这一周，出现1510点大顶。从325点底部算来，运行140周，从1996年1月512点底部算来，运行周63周，无论140或是63，都是DNA7的整倍数。以DNA7（周）为节律点的上升周期一直延续到2001年6月的2245点大顶，从325点底部太极起算，共运行了343周。343这个数不寻常，它是后天八卦方圆图上的艮卦最大数，坐落在图的左下方，艮山止升，结束了一轮始自325点的大升势；343又是“大衍之数五十，其用四十九”的重要生命繁衍周期：7×49=343（周）。

2245点见顶于如此特殊的7之倍数大周期，后市下跌了102周，直到2005年6月的998点才见底。

7是重要的周期节律点，是个充满神奇色彩的玄数，可以置人生，也可以置人死；大顶成于7，大底也成于7。不可忘记，不可掉以轻心。

五、关于数8

8是《周易》最重要的数。卦有八，可推演宇宙万事万物。八卦代表了天、地、雷、风、水、火、山、土等8种自然现象，八卦对应着一年中8个重要节气，即乾为立冬、坤为立秋、震为春分、巽为立夏、坎为冬至、离为夏至、艮为立春、兑为立秋（上述为后天卦序）。此8个节气是一年中天候变化最为显著的转折点。

周天360°做8等分又叫作八极、八风，对应45°、90°、135°、180°、225°、270°、315°和360°。这些角度常常成为深证综指、上证指数重要的市场转向点。预测股市转向最为著名的当属艾略特的波浪理论，艾略特明确指出“8”是一个股市升跌（阴阳）循环的“终了之数”，市场运行了5个上升浪加3个下跌浪，即完成了一次股市循环。艾略特强调这是“自然法则”。

江恩的循环周期规定一个周期做8等分，是“波动法则”，比如一次圆循环做8等分，每等分是45°，即是说，8分法是市场的“波动法则”。

数8在时间方面的印证实在太多了，不要忽视；在空间方面也有精彩的印证。以深证综指为例，有史以来无论是最重要的还是次要的顶部和底部，其绝对指数全部与8结有不解之缘，要么是8的整倍数，要么是8的百分比数，如1/8、2/8、3/8、5/8、4/8、6/8、7/8（表1.4.1）。

表1.4.1　深证综指历史顶（底）与8的倍数关系

序号	到达时间	顶/底	指数	8的倍数	序号	到达时间	顶/底	指数	8的倍数
1	1991.9	↓	45	5.625	19	1996.8	↓	230	28
2	1991.11	↑	136	17	20	1996.12	↑	476	59
3	1992.5	↑	312	39	21	1996.12	↓	270	33
4	1992.6	↓	226	28	22	1997.5	↑	520	65
5	1992.8	↑	312	39	23	1997.9	↓	309	38.625
6	1992.11	↓	160	20	24	1997.11	↑	406	50
7	1993.2	↑	368	46	25	1998.6	↑	442	55
8	1993.7	↓	194	24	26	1998.8	↓	310	38
9	1993.8	↑	334	41	27	1998.11	↑	397	49.625
10	1993.10	↓	228	28	28	1999.2	↓	316	39
11	1993.11	↑	280	35	29	1999.5	↓	308	38
12	1994.2	↓	196	24	30	1999.6	↑	528	66
13	1994.4	↓	128	16	31	1999.12	↓	394	49
14	1994.7	↓	94	11	32	2000.5	↑	590	73
15	1994.9	↑	234	29	33	2000.5	↓	518	64
16	1995.4	↓	112	14	34	2000.8	↑	645	80.625
17	1996.1	↓	104	13	35	2000.11	↑	656	82
18	1996.7	↑	272	34					

表1.4.1中精确的8倍数的指数有：136点，17倍；312点，39倍（两次312点）；160点，20倍；368点，46倍；280点，35倍；128点，16倍；112点，14倍；104点，13倍；272点，34倍；520点，65倍；528点，66倍；656点，82倍。其他更多市场案例散见于各章节中。

总而言之，数8的时间印证和空间印证是“自然法则”，是“天道、地道、人道”和谐的产物。这个结论的依据可以追溯到我国远古的《易经》，可以寻源于近代金融股市大师江恩与艾略特的名著。关于数8的知识应用，将绝对有助于你确认顶部（底部），提供划浪参考，确定市场转点，把握最佳战机。

其实，8、9、10 这 3 个数都是“终了之数”，更确切地说，8、9、10 是“终了之数”的时间之窗。这句话给你的启示就是，研究循环周期其时间读数可以在“时间之窗”内允许正负 1 的。

美国经济学家贝纳就有著名的 8、9、10 年（系列）商业周期，本书的周期律一章中有详细的介绍。

图 1. 4. 5 是上证指数月 K 线图 8 的倍数周期特征图（允许 ±1 个月），6124 点大顶之后的 6 个最重要的市场转向点，全部皆为 8 的整倍数！

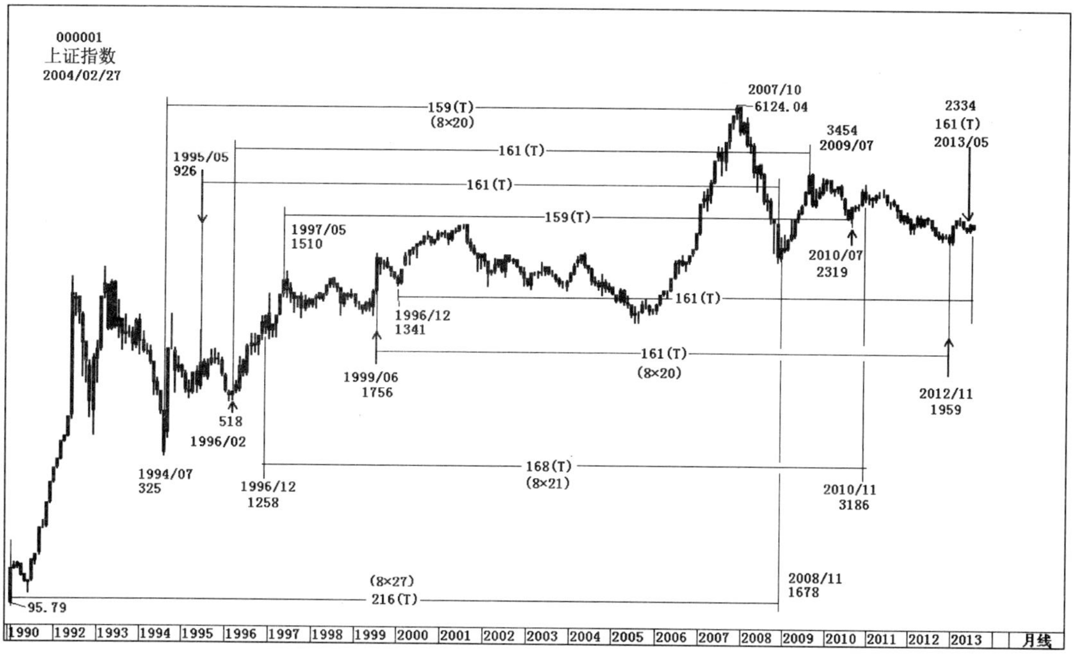

图 1. 4. 5　8 的倍数周期图

2007 年 10 月 6124 点历史大顶，始于 1994 年 7 月 325 点底部的 159 个月周期（160 个月 -1）。

2008 年 11 月 1678 点底部，始于 1990 年 12 月 95 点底部的 216 个月周期（8 ×27，正时点）。

2009 年 7 月 3454 点顶部，始于 1996 年 2 月 518 点底部的 161 个月周期（160 个月 +1）。

2010 年 7 月 2139 点底部，始于 1997 年 5 月 1510 点顶部的 159 个月周期（160 个月 -1）。

2010年11月3186点顶部，始于1996年12月1258点顶部的168个月周期（8×21，时点）。

2012年11月1959点底部，始于1996年6月1756点顶部的161个月周期（160个月+1）。

第五节　后天八卦方圆图

一、后天八卦方圆图的缘起

作者从1994年开始研究股市并发表文章，至今19年。19年来，在《股市动态分析》及多种刊物上写专栏文章，除了出国1年多时间外，基本上没有停过笔。单就在《股市动态分析》上发表的文章以每年50篇，每篇平均3000字计，1年有15万字，18年下来是270万字。文如珠玑也好，文如粪便也罢，任由世人评说。早年与作者活跃于股坛的作者，早已销声匿迹了。在业界能混这么多年的，还未被读者的口水淹没，作者很以为有点儿得意。

2001年，作者有《股市预测宝典》一书问世，宝典之称并非作者之意，实不敢当，是天津人民出版社自定的，此书确立了多个天马行空的观点：

（1）股市升跌遵循《周易》的阴阳大理，股市循环周而复始，循圆形运动，生生不息。

（2）指出现代两位大师江恩的循环周期理论，艾略特的波浪理论，其理论之根出自古老的中国。

两位大师的立论可以在我国古代的《周易》《太玄》《道德经》《八卦》等哲学著作中找到注脚，或者说，两位大师的理论完全融通于上述的中国古典。

（3）股市是一个生命体，股市生命具有基因遗传特性，股市生命繁衍有三种形式。

（4）后天八卦方圆图主宰股市时空。

2013年作者要出新著了，这本新作是《股市预测宝典》中上述各论点的进一步充实。12年过去了，更多的、更典型的市场案例与时俱进，对作者12年前提出的论点做了进一步证明，作者觉得这很好，旧作中的观点不但适用于12年前的中国股市，12年后的今天仍然是适用的。换言之，作者所立论的观点，所采用的具体测市方法，适用于中国股市近20年的历史，作者觉得这一点很重要，也是作者年老多病、精力不济仍然孜孜不倦的巨大动力。

在近年的研究、写作中作者发现，股市显著转向点的市场案例85%以上皆出于后天八卦方圆图卦位数，不但在本书上篇中的情况是这样，在本书下篇个股实际操作的案例中也是如此。基于这个发现，后天八卦方圆图成为作者案头上的唯一周期表，在查核市场的运行时间时，把“螺旋历法”表、老子－斐波纳契数列都扔到了一边，唯有后天八卦方圆图卦位数是最有用的，很有点儿“独尊儒术”。

其实，细心查对就可发现，后天八卦方圆图上的卦位数，很多个数涵盖着“老子－斐波纳契数”。比如，34，既是子午线离卦数，也是老子－斐波纳契数；比如，艮卦数21、坤卦数13等，都是一数两属。这种现象表明，“老子－斐波纳契数”源出于后天八卦方圆图，因此在实际应用时，案头上掛着后天八卦方圆图就足够了，只偶尔用上螺旋历法数和卢卡斯数。作者认为，这不影响对股市循环周期的判断，倒是更一目了然。

因为上述缘故，这里我们对后天八卦方圆图卦位数进行专门论述，其他的内容散见于各章节文字中。

二、后天八卦方圆图简述

八卦图的外观是正八方形，每个边上用一个符号代表宇宙的8种物质，即乾、坤、震、巽、坎、离、艮、兑。八卦图有“先天”与“后天”之分，先天八卦又称伏羲八卦图，以乾坤代表天地定位，形成中轴经线，以离坎代表水火分界，作为横轴纬线，相对的二卦阴阳相反，形成错纵卦。后天八卦图又称文王八卦图，即震卦为起始点，位列正东，按顺时针方向依次为巽、离、坤、兑、乾、坎、艮，其中震与兑东西相向，离与坎南北相对。据学者的研究认为，先天八卦图是理论的支撑，后天八卦图是实际的应用，诸如天干、地支、五行生克等配置，均以后天八卦图为准。

八卦是由太极推演出来的，《易·系辞上传》上说：“易有太极，是生两仪，两仪生四象。四象生八卦。八卦定吉凶。吉凶生大业。”意思是说，生生不息的太极在运转中生成阴阳两种物质，两种物质的不断组合、分化，产生了四象、八卦。八卦指的是宇宙8种物质，即天为乾，地为坤，震为雷，风为巽，水为坎，离为火，山为艮，泽为兑。八卦所反映的内涵包括天道、地道和人道。天道所反映的是宇宙万物的产生、发展、变化乃至灭亡的规律，阴阳互补是这种规律的主要特征，如季节变化，日月圆缺，等等。先天八卦图是这些现象的模拟和高度概括。地道反映的是地面万事万物之间相互依存、克制、促进的规律，如江河奔流、生态平衡等。后天八卦是它们的模拟和高度概括。人道反映的是人与自然之间的关系，人是自然生态中的一元，人应该遵循“天道自然”，即遵循宇宙的自然规律，不能逆天行事，否则会遭天谴。

邵雍在他的《皇极经世・天象数第二》中说：“天地定位一节，明伏羲八卦也。八卦者，明交相错，而成六十四卦。数往者顺，若顺天而行，是左旋也，皆已生之卦也，故云数往也。知来者逆，若逆天而行，皆未生之卦也。”古代大易家邵雍将先天、后天八卦融会贯通，用先天图解释后天图，并突显后天八卦方圆图的实际应用，颇得后世学者的推崇。作者学着用后天八卦方圆图测算股市，收益良多。

八卦图还有一起趣事。现代电子计算机二进制的创始人莱布尼茨收到了他的朋友从北京寄来的伏羲六十四卦次序图和方位图后发现，八卦由乾卦到坤卦，正是由0~7这8个自然数所组成，是完整的二进制层数形，受到八卦图的启发，他发明了二进制。

1930年，当时在法国留学的中国人刘子华发现太阳系的各星体与八卦的卦位有对应的关系，依据这个关系，利用天文参数进行计算，推算出当时未知的第十颗行星的速度、密度等引起了轰动。在现代生物学中，人类基因的六十四种基因细胞，恰好对应着六十四卦。

以上这些皆为八卦的神奇，而后天八卦方圆图亦同样演绎着股市的神奇——市场显著转向点，皆发生在卦位数上。

三、后天八卦方圆图的应用

后天八卦方圆图为宋朝天文学家、八卦大师邵康节作。邵大师进行预测事物变化时用的是后天八卦图、先天八卦数，两套八卦系统“象”与“数”并用（象即是图）。后天八卦方圆图的中心点为太极，太极向左循圆形逆时针运动，步长为1°，后天八卦图的运转从太极展开，阴阳交替，相生相克，推演万事万物的万千变化。

后天八卦方圆图的卦位是从震卦开始的，正所谓“帝出东方”（帝，指太阳，意谓太阳从东方升起），震卦处在卯酉线上，方位属东方。从震起步，顺时针旋转读数，八卦的排序顺次为：0°——震卦，45°——巽卦，90°——离卦，135°——坤卦，180°——兑卦，225°——乾卦，270°——坎卦，315°——艮卦，360°——震卦，至此完成一次360°圆循环。

先天八卦图的运行方向从太极中心顺时针启动，与后天八卦图的运转呈反向状态，两者构成“时空错对”。顺时针运行是取其理，逆时针运行是为其用。

后天八卦方圆图展开过程中，90°的离卦和270°的坎卦，对应地支子和午，故称为子午线；南方为离火，北方为坎水，亦称为水火线。其相冲极易诱发股市趋势的变化（即图中竖线）。

0°的震卦和180°的兑卦，对应地支卯和酉，故称卯酉线。东方为震卦，西方为兑卦（即图中的水平线），卯木酉金，其金木相克亦极易诱发股市趋势的逆转。卯酉线和子午线是两条重要的天文线，因为股市波动受天体运行影响，当股市运行至这两条线所对应的某一数字时，多会诱发市场转向，可以找到很多市场实例。下面列举深证综指、上证指数各一例，分别从空间和时间两方面论述。

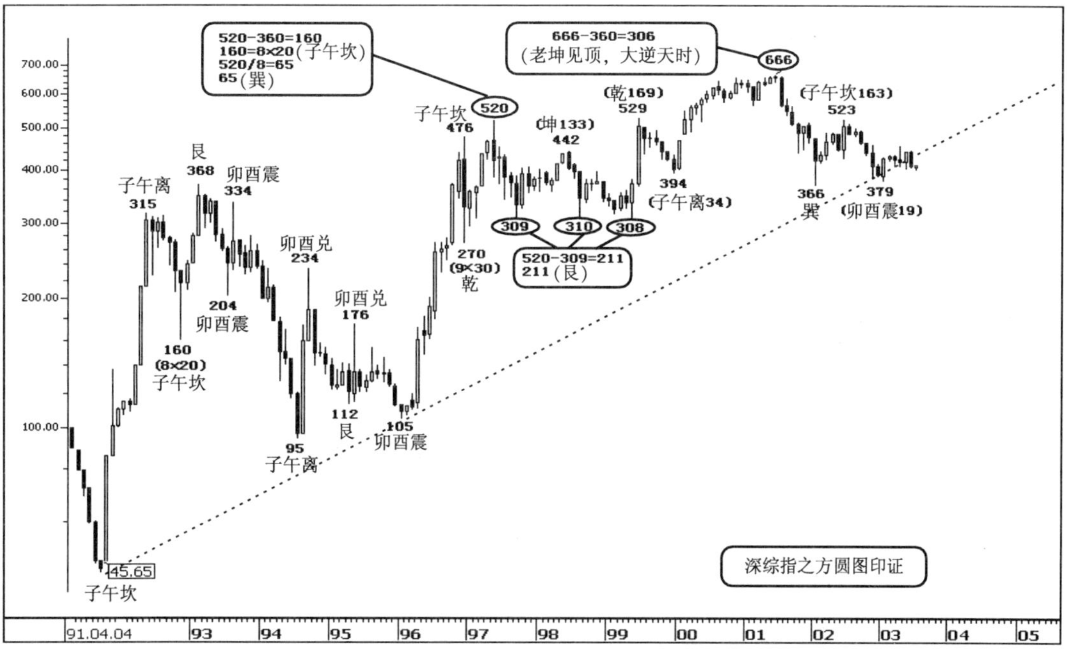

图 1.5.1 深证综指在卯酉线和子午线上的空间印证

图1.5.1的太极中心设在1991年9月的45.65点历史底部，应用时将图中标示的指数对应后天八卦方圆图上子午线和卯酉线上的读数，读数时允许差误1%。

（1）1991年9月，46点底部——子午线坎卦时空。

（2）1992年5月，315点顶部——子午线离卦，底部指数46点为坎，顶部指数316点为离，

时间与空间都同时处在子午线上，离火与坎水相冲而成大顶，后调整至160点。

（3）1992年11月，160点底部——在子午线8的20倍数成底，后升至368点。

（4）1993年2月，369点顶部——在子午线9的41倍成顶，9是乾卦数，3的平方数，具强烈的生命周期意义，“九为终了数”，大顶成焉，后调整至94点。

（5）1993年7月，204点中级底部——卯酉线震卦，反弹至334点。

（6）1993年8月，334点顶部——卯酉线震卦，后调整至94.77点。

（7）1994年7月，95点——子午线离卦（96），子午相冲而成为历史上的第二大底。

（8）1994年9月，234点——卯酉线兑卦（233），其后辗转调整至1996年1月的104点。

（9）1995年4月，112点——坤艮线艮卦（111），见底后在5月爆发井喷行情。

（10）1995年5月，井喷行情顶部176点——卯酉线兑卦。

（11）1996年1月，105点——卯酉线震卦（106），历史上的第三底部。“震出东方”，万物生焉！史上第二次大牛市在此诞生。

（12）1996年12月，476点——子午线坎卦116的41倍，子午相冲，大崩盘开始，用9日时间跌至270点。

（13）1996年12月，270点——乾卦数9的30倍，空间上“终于九”。45点太极运行至此为270周，时间上亦“终于九”。时空（价）共振，力挽狂澜，后市升至520点。一顶一底，大有玄机。

（14）1997年5月，520点——520是坎8、巽65的乘积，子午相冲又成大顶！巽为风，大顶如风吹去，后调整2年。

以上将深证综指从45点底部至1997年5月大顶过程中所有重要的底部、顶部解说完毕，无一遗漏。世界上找不到第二套数字系列能对长达10多年的市场峰谷位做出连续的、精确完美的解释。14例代表空间的指数在

子午线、卯酉线上的印证，已经足以证明后天八卦方圆图不但适用于时间周期，亦适用于股市空间位置，这显示了后天八卦圆方圆的高度普适性，涵盖万事万物的实用性。

图 1.5.2　上证指数在后天八卦方圆图上的周期印证

图 1.5.2 是上证指数在后天八卦方圆图上的周期特征，时间为 1989 年 12 月至 2012 年 4 月，图中标记的数字为运行月数，太极起点设在 1989 年 12 月，用太极读数为 1，全图标记了 29 个周期数，这些数对应的都是历史上最重要的市场转向点。

（1）1992 年 5 月 1429 点顶部，运行震卦数 19 个月。

（2）1992 年 11 月 386 点底部，运行乾卦数 25 个月。

（3）1993 年 2 月 1558 点顶部，运行兑卦数 28 个月。1558 点见顶的故事发生在卯酉线兑卦周期数上，其后调整巽卦数 17 个月至 325 点见底。

（4）1994 年 7 月 325 点底部，运行 45 个月。这里是圆循环的第一个 45°，下跌趋势终了，一轮上升大浪从此展开。

（5）1995 年 5 月 926 点顶部，运行 55 个月。55 是天地之数，老子 - 斐波纳契数，因为关闭国债期货引发的“井喷”之顶。

（6）1996 年 1 月 512 点底部，运行 63 个月。63 是 9 与 7 的积数，“终于九”之数逢节律数 7，终止了一轮长达 17 个月的下跌趋势，大升浪在此再次升起。

（7）1994 年 5 月 1510 点顶部，运行坎卦数 77 个月。由此展开长达 25 个月的调整。注意，这是发生在子午线坎卦周期 77 个月之后的股市故事。

（8）1999 年 2 月 1064 点底部，运行大限之数 100 个月。当月是 1510 点调整以来的月线收市指数最低的一个月份。

（9）2001 年 6 月 2245 点，当时的历史最高指数，运行 128 个月，将太极移至上述的 1064 点底部，则运行 28 个月兑卦数。另外，将太极移位至 1996 年 1 月的 512 点底部，至 2245 点顶部运行巽卦数 65 个月。

（10）2005 年 6 月 998 点底部，运行兑卦数 176 个月。在卯酉线的 176 月时空上，启动史上最后一次大升浪，至 6124 点。

（11）2007 年 10 月 6124 点顶部，运行震卦数 204 个月。中国 A 股史上的第一循环第 5 大浪在卯酉线的震卦时空上见顶。204（T）－176（T）=28（T），换言之，从 998 点底部至 6124 点顶部，运行了兑卦数 28 个月，演的也是卯酉线上的故事。

（12）2008 年 10 月 1664 点底部，运行乾之策数 216 个月（注：乾之策数 216；坤之策数 144。乾坤一转，360 策）。

（13）2009 年 7 月产生 1664 点反弹以来的最后一根月阳 K 线，至此运行乾卦数 225 个月。8 月 4 日，触高 3478 点见中期大顶。225 是一个很特殊的数字，其数的内涵十分丰富，它既是 15 的平方，又是 9 的 25 倍数。从数理上说，凡平方数都是自我分裂兑变的数，皆具有强烈的“自组织、自相似”生命繁衍功能，而其又在生命的重要节点上“终于九”（9×25＝225）。从此上证指数在 3478 点见顶之后，陷入了漫漫熊途，反复下跌至 2012 年 12 月见 1949 点！

（14）2012 年 12 月，由太极至此运行 265 个月，产生 1949 点重要底部，265 是卯酉线上震卦之数。演的同样是卯酉线上的故事！

从图 1.5.2 的原始太极底部至 998 点大底运行 176 个月兑卦数，从 1558 点大顶至 6124 点历史之顶也运行 176 个月。从上述这些例子中，我们多次看到了在子午线和卯酉线上发生的股市故事，如此的神奇。再次证明了“水火相冲”和“酉金克卯木”极易诱发市场趋势的逆转，反映了天体运行节律的子午线和卯酉线影响股市运行这样一个命题。一言以蔽之，后天八卦方圆图主宰股市波动，卦位数的时空控制力无处不在。另有八卦的太极中心对股市时间空间的精确控制放在后面的太极中心律一章。

八卦是代表宇宙 8 种物质的符号，八卦内涵“象”与“数”是股市的模拟图，是股市规律的高度概括。万物皆为数！用好后天八卦方圆图的

"象"与"数"，在股市将战无不胜。

附录：几种周期数表

老子－斐波纳契数列

数字	1	2	3	5	8	13	21	34	55	89	144	233	377
平方	1	4	9	25	64	169	441	1156	3025	7921	20736	54289	14219
开方	1	1.414	1.732	2.236	2.828	3.605	4.582	5.830	7.416	9.433	12	15.264	19.416

卢卡斯数列

数字	3	4	7	11	18	29	47	76	123	199	322	521	843
平方	9	16	49	121	324	841	2209	5776	15129	×	×	×	×
开方	1.732	2	2.645	3.316	4.242	5.385	6.855	8.717	11.09	14.106	17.944	22.825	29.034

老子－斐波纳契数螺旋历法

数字	开方	月亮周期×29.53	太阳周期×30.43	时间之窗
1	1	29.53	30.43	29/31
2	1.4142	41.76	43.03	41/44
3	1.732	51.14	52.70	51/53
5	2.236	66.03	68.04	66/69
8	2.8284	83.52	86.06	83/86
13	3.6053	106.47	109.70	106/110
21	4.5825	135.32	139.44	135/140
34	5.830	172.18	177.4	172/178
55	7.416	219.0	225.66	219/226
89	9.4339	278.58	288.01	278/289
144	12	354.36	366.36	354/367
233	15.264	450.75	466	450/466
377	19.416	573.35	596.83	573/597

注：数字越大，时间之窗长度越长，原则上不取超过377的数，应用时可采用太极前移的方法。

卢卡斯数螺旋历法

数字	开方	月亮周期×29.53	太阳周期×30.43	时间之窗
3	1.732	51.147	52.70	51/53
4	2	59.06	60.86	59/61
7	2.645	78.129	80.48	78/81
11	3.3166	97.939	100.92	97/101
18	4.2426	125.28	129.10	125/130
29	5.385	159.02	163.86	159/164
47	6.8556	202.44	208.61	202/209
76	8.7177	257.43	265.27	257/266
123	11.09	327.50	337.46	327/338
199	14.106	416.57	429.24	416/730
322	17.9443	529.89	546.04	529/547
521	22.8254	674.03	694.57	674/695
843	29.0344	857.38	883.51	857/884

注：周期统计共29项，其中后天八卦方圆图卦位数为26项，占比约89.66%，卦位数是无可置疑的周期主脉。

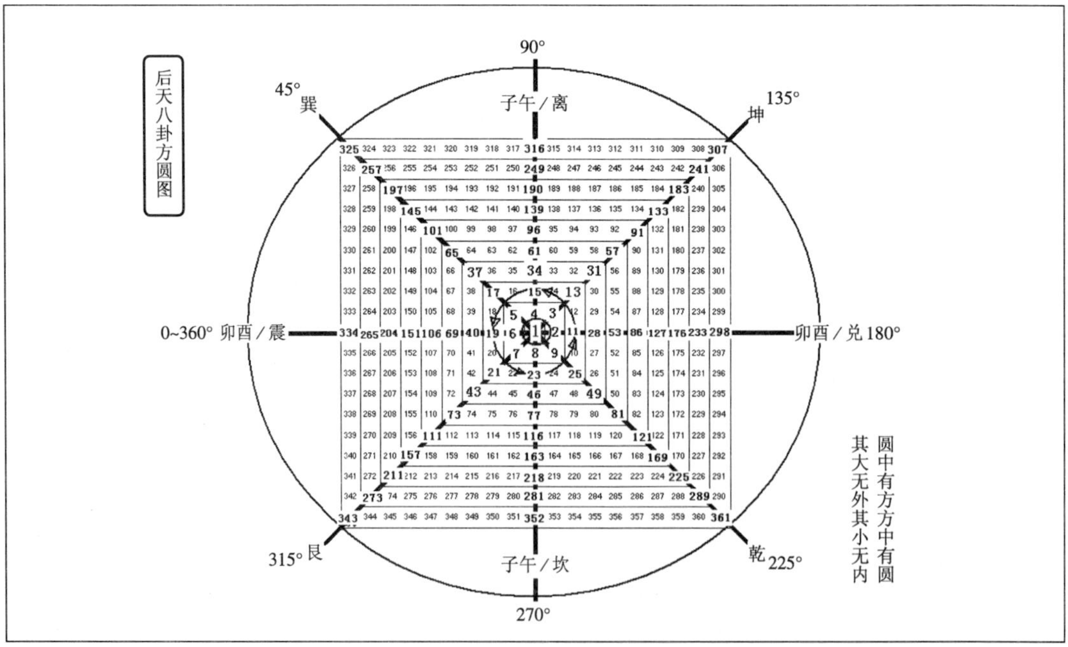

图1.5.3　后天八卦方圆图

第二章
股市生命繁衍的三种模式

第一节　股市生命繁衍三种模式全览图

股市生命繁衍可归纳为三种模式：代代相传的自相似模式、隔代相传的自相似模式和交叠相传的自相似模式。它们在股市中的存在有其符合自然规律的属性，详细的含义我们将在图例的解说中进行具体阐述。下面先来看图2.1.1所展示的规律。

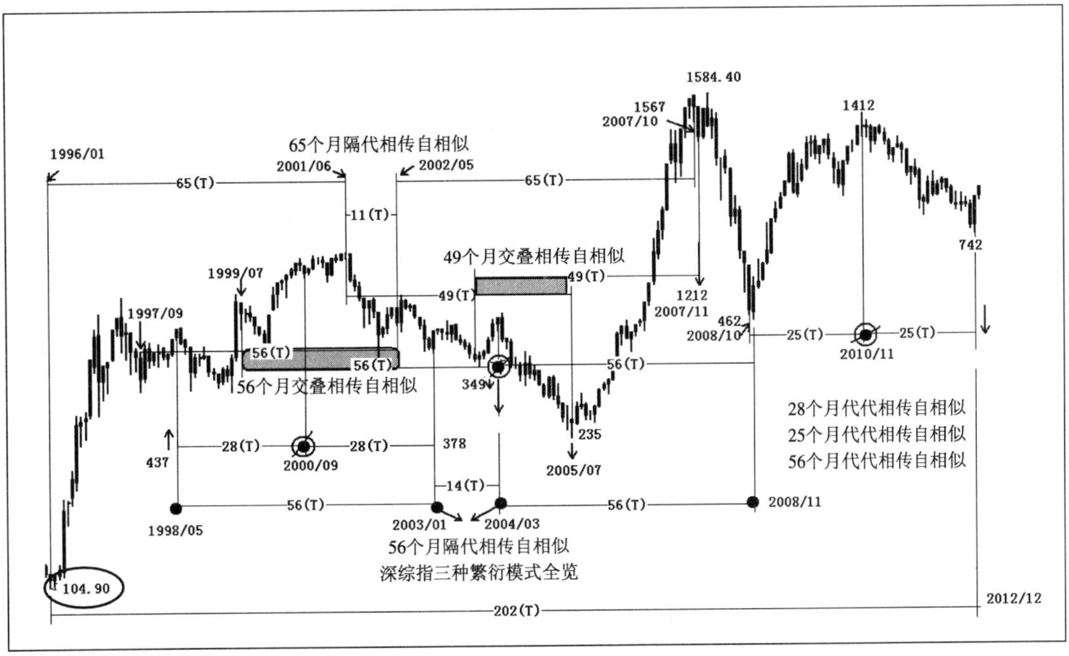

图2.1.1　深证综指DNA的三种繁衍模式全览图

图2.1.1是深证综指月K线走势图，时间为1996年1月104.90点底部至2012年11月740点底部，共运行16年（202个月）。从图中可以看出，所有市场中、长期转向点，一定是在后天八卦方圆图上的卦位数中发生，深证综指本图例的周期长度就是巽卦数101的倍数生成，循环周期中规中矩，总结起来有如下几个特点：

（1）从1996~2012年的16年间，深圳股市生命繁衍的三种模式全部呈现，无一遗漏。如65个月隔代相传的自相似；28个月和25个月两个代代相传的自相似；49个月交叠相传的自相似等，多次反复重演。在202个月的运行中代代相传的自相似出现了三例，隔代相传的自相似出现两例，交叠相传自相似也出现了两例。这些数据无可置疑地证明了“股市是一个生命体”的命题。

（2）16年间所有市场显著转向点皆出现于后天八卦方圆图的卦位数时空上。比如，65个月转向，65是巽卦时空数，是始自104点太极的第一个DAN核数，65的因子有13和5，13为坤数，5为巽数。可以预料，股市生命基因的遗传功能决定了5、13、65这些数的本身及其倍数，将会在深证综指的长期后市中不断重现，而且可以断定，这些DNA核数（含因子）的重现方式也离不开作者确立的上述三种模式。深证综指的正统大顶之2007年10月1567点，就出现于65个月隔代相传自相似的周期中。至于因子“5”的倍数周期，可谓不胜枚举。因为5是成数，5的倍数具有强烈的周期含义。

（3）49个月转向。《系辞》上说：“大衍之数五十，其用四十九。”49是大衍的用数，同时，49是7的平方，“7”，是个充满神奇色彩的数字。《系辞》有“七日复得”之说，西方则以7天为一个礼拜，都源于“7”是天体运行的节律数，天体运行对股市有重大影响是不争的事实。因此，“7”是全世界金融股市的一个共有节律数。

图2.1.1中标示了28个月代代相传的自相似性，28是7的4倍；49个月交叠相传自相似，49是7的7倍；56月隔代相传自相似，56是7的8倍。实际上，14、21、28、35、42、49、56、63、70、77、84、91、98、105、112、119、126、133、140等7的倍数，在中国股市的日、周、月乃至年的周期中，有着大量的市场印证。有兴趣的读者可以自己去核对。

下面用图2.1.2来说明股市生命周期中另一重要的数“5”。

（1）50个月乘以2等于100个月，100是大限之数，股市周期的重要转向点，也正好是1997年5月顶部至2005年7月底部的时间，太极中心取2001年6月665点，这是当时的历史大顶，而2005年7月之底235点是史上最后一个大升浪的启动点，后升至1584点，升幅约为6.764倍。

图 2.1.2　深证综指“5”的倍数周期图

（2）1996 年 1 月 104 点是深证综指历史上的第二个大底部，由此运行 115 个月到达另一个重要底部，即 2005 年 7 月的 235 点，这是深证综指历史上的第三个大底。此底形成于 5 的 23 倍数（5×23=115），23 是后天八卦方圆图子午线坎卦数，坎卦数 23 与成数 5 的积所形成的底部具有不寻常的周期含义，成为大升浪的启动点。

（3）25 个月乘以 2 等于 50 个月，50 是大衍之数，股市周期的转向点，时间段是 2008 年 11 月底部至 2012 年 12 月底部，太极中心是 2010 年 10 月 1412 点大顶。

以上 3 例循环周期所对应的点，囊括了深证综指从 1996 年 1 月至 2012 年 12 月共 16 年中最重要的市场顶部和底部，每一次成顶或为底，皆出自成数“5”的倍数。图 2.1.2 中还标示了 20 个月、30 个月、40 个月等 5 倍数的周期，充分彰显《洛书》以 5 居中、“三五其数”的成数作用。

股市生命繁衍的三种模式在上海股市中也是清晰可见，如图 2.1.3 所示。

图 2.1.3 是上证指数 1991 年 5 月 105 点为太极（精确为 104.95 点），至 2013 年 1 月的月 K 线图。在 22 年的时间内，上证指数的生命繁衍不断地重复着上面介绍的三种模式。

（1）3 组代代相传自相似。其中的 38 个月乘以 3，68 个月乘以 2 是历史

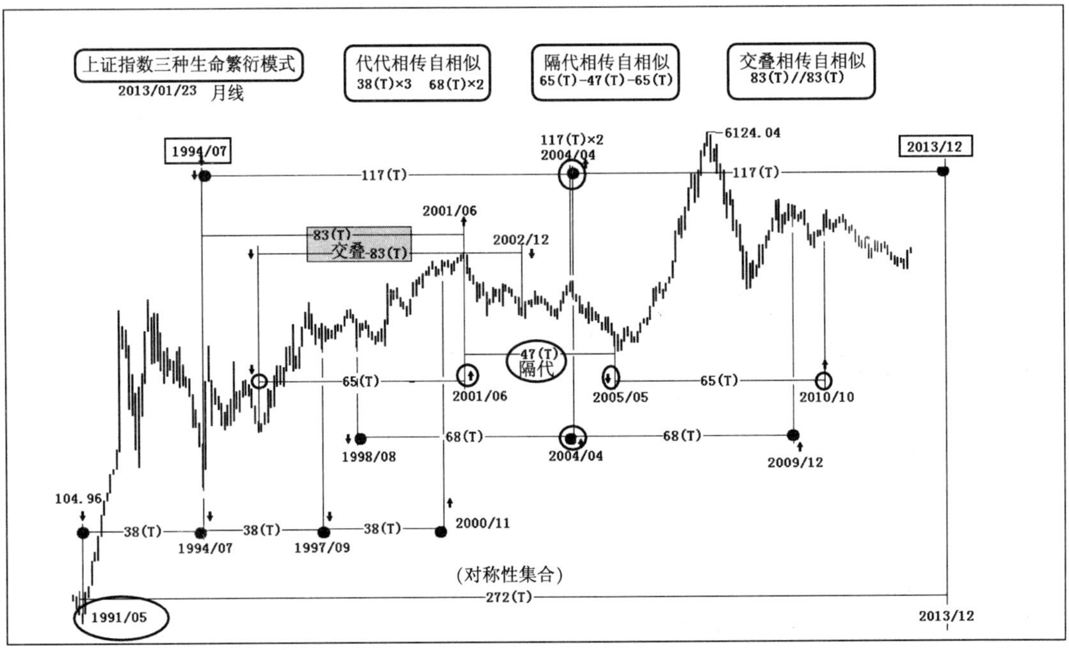

图 2.1.3 上证指数对称性集合图

上已有记录，而 117 个月乘以 2 的对称点指向 2013 年 12 月。所以作者认为，届时会发生重要的市场转向（实际走势是在 2013 年 12 月 4 日见顶，应该算是翘尾了吧），这个周期点的玄妙之处在于，117 是终了之数，117 还是史上记录在案的 DNA 核数。同时，从 1991 年 5 月 104 点太极运行至此为 272 个月，而 272 是一组对称性集合。对称性集合的周期点常会诱发市场的中期转向。还可以参考第四章第三节的“对偶律之时间的对称性集合”。

2013 年是蛇年，作者年初股评，两篇股评的标题为《抬头翘尾话蛇年》。在 117 个月乘以 2，272 对称性集合的周期点上，蛇尾翘得起来吗？拭目以待（行文至此为 2013 年 1 月）。

（2）65 个月隔代相传自相似。65 个月周期是上证指数连续出现多次的重要周期，是 DNA 核数。65 之所以重要，因为它是沪深股市“第一个”基因核数 DNA13 的 5 倍数，核数的 5 倍生成，周期意义不同凡响。此隔代相传自相似的太极点在 1996 年 1 月的 512 点底部，运行 65 个月到达 2001 年 6 月的 2245 点大顶，形成 65 个月周期的“第一代”。见顶后下跌 47 个月至 2005 年 5 月底部，这是“第二代”。第三代运行 29 个月出现史上大顶 6124 点，运行 65 月到达 2009 年 12 月顶部。至此完成 65 个月的隔代相传自相似。见顶之后下跌 26 个月，至 2012 年 12 月 1949 点。再次彰显 65 个月周期的重要性。

（3）83 个月交叠相传自相似。83 个月可读为 84 个月 7 年周期（太极点读为 1）。7 的神奇色彩更充满“玄”味。历史上，83 个月周期亦曾多次出现，也是重要的 DNA 核数。图 2.1.3 中 83 个月交叠相传自相似的太极为 1994 年 7 月 325 点底部，运行 83 个月到达 2001 年 6 月的 2245 点历史大顶（当时的），足见 83 个月 7 年周期的玄妙。第二个 83 个月周期的太极在 1996 年 1 月 512 点底部，运行 83 个月到达 2002 年 12 月底部。翌月，即第 84 个月 7 年周期（2003 年 1 月），出现 1311 点底部。在长期调整的弱市中，诱发为期 5 个月的强反弹，实属难能可贵（此次长期调整为时 25 个月，起始 1510 点，终止 1047 点）。

至此，上证指数生命繁衍的三种模式介绍完毕。莫道股市变幻无踪，可万变不离其宗，孙悟空七十二变逃不脱如来佛祖的五指掌。股市纵有千变万化，可其生命延展的方式就那么三种，当你具备了一定的技术功底，寻找或者说发现中期级别的市场转向点实在并不困难。

不会预测不重要，重要的是你会“发现”。第一时间发现了，这是右侧交易的最佳买入点（底部转向），或者是最佳卖出点（顶部转向）。学会发现并不困难，根据万变不离其宗的普遍原则，根据 DNA 遗传功能，根据“历史会重演”的股市故事，在你的资料库中，你得记住一批 DNA 核数。比如，DNA13、DNA34、DNA49/50、DN161/62、DNA65/66、DNA76/77、DNA80/81、DNA90/91、DNA100（正左负 1），等等。你还要记住一批对称性集合。比如，101、111、121、131、141、151、161、171、181、191 等。

所有这些循环周期数都是卦位数、DNA 核数，它们出现的方式无外乎就这三种：代代相传自相似、隔代相传自相似和交叠相传自相似。

还要记住：设置好太极点，这是准确捕捉市场转向点的第一步，是预测成功的前提条件。太极点的设置是否正确，可以用“试错”的方法解决。一般地说，凡是市场的显著转向点都可试用，合者采用，不合者弃之。太极点选好后，记得太极可用为 1，也可用为 0。即，量度周期数的时间可允许正负 1。不要固执，不要作茧自缚。

第二节　DNA 核数隐藏着看不见的因子

股市是一个生命体。准确地说，股市是一个人类群体生命的集合体。

人类群体情绪的喜怒与哀乐，抑郁与亢奋，在股市中得到了最充分的表现。因为人类品性共有的弱点——恐惧与贪婪的群体情绪作用于股市的投资行为，使得股市时而上升，时而下跌，时而狂升，时而暴跌，这就是股市的常态。股市的主导力量是市场群体所集合的“情绪潮”，在作者看来，什么估值，什么题材概念，统统不过是造市的借口而已。

就当年的发展银行（现在的平安银行）来说，历史上曾有过每股120多元和每股6元多的悬殊记录，是因为业绩的异常变化引发股价的狂升与暴跌吗？非也。是平安银行的收益发生了巨大变化吗？没有。银行的收益一直都是相对平稳的，也没有什么突发性的不可控风险，唯一能解释的是，投资群体处在极度亢奋状态时，认为顶上还有顶，股价还会向上推高，120多元就是这样出来的。投资群体处在极度的恐惧与抑郁状态时，认为底下还有底，于是每股6元多还不够低，还会跌下去。

平安银行狂升暴跌的故事并非孤例，市场上俯拾皆是。大盘多次出现V形或倒V形反转就是很多个股集体表演贪婪与恐惧的“情绪闹剧”！集体情绪潮的力量是摧枯拉朽的。当集体都疯了，股市也就疯了，疯得毫无理性，这就证明了股市的投机力量远大投资力量。有鉴于此，作者认为，艾略特的波浪理论实质上是投资群体情绪潮贪婪与恐惧交替出现的循环理论。艾略特认为，投资群体情绪在亢奋状态时，以5个波浪推动股价上升。投资群体情绪低落乃至抑郁恐惧时，会以3个波浪的形式向下修正，如此5升3跌“周而复始”做圆形循环运动，这是股市的自然法则。

江恩大师则认为，人的思维呈圆形周期性波动，股票市场是人类的投资行为，也随人的思维做圆形波动。江恩更认为，在股市的一轮趋势中，其时间与空间的8分法则是“波动法则”。8个分割点都是引发市场逆转的敏感时点，至少是会引发市场剧烈的波动，江恩称这是“波动法则”。本书所有案例对两位大师的论点做出了雄辩的证明。

股市既然是一个生命体，那么这个生命体就必然具有生命的特征。人的生命基因（DNA）的遗传性在股市的生命繁衍中得到很好的体现，股市DNA的不断重复再现，其实质就是基因的遗传性。在股市的生命基因中，“第一个”最为重要，第一个基因细胞的“自核、自组织、自相似”功能将主宰着后市的市场波动。例如，在“上证指数4次循环周期”一节中的第一次循环周期，其第一个DNA核数是27，27是9与3的积。换言之，3与9是这个DNA核数的因子，这些隐藏着的因子都具有基因的遗传功能，使得其倍数如18、27、36、45、54、63、72、81、90、99等，将以“倍数生成”方式在后市反复出现。第一循环周期的时间总长为44个月，记为DNA44，其因子是11和4，那么11的倍数，如11、22、33、44、55、66、77、88、99、110、121等，亦必然地在股市生命繁衍过程中反复重现。

循环周期二的核数有DNA83和DNA130。根据古代数字学，83的个位数与十位数的和为11，130的个位数与十位数的和为4。所以，83和130内含着11和4的核数因子。由此可见，第二次循环的DNA核数隐藏着第一次循环的DNA核数。换言之，第二次循环是第一循环生命基因的延续，这种现象彰显了股市生命基因的遗传功能，有力地证明了股市是个生命体。

另外，DNA130的因子有5、13和65。在我们股市的走势中，以5的倍数以及13的倍数为周期的市场案例，可谓数不胜数，以因子65为周期的案例也很多，在本章以下的内容详细介绍。DNA核数的“重现”（包含其因子）主要以三种不同的方式出现。

第一种方式：代代相传自相似，即核数连续不间断出现，构成DNA核数的对称性排列。它遵循的是股市生命的对偶律（对称），见图2.2.1至图2.2.5。

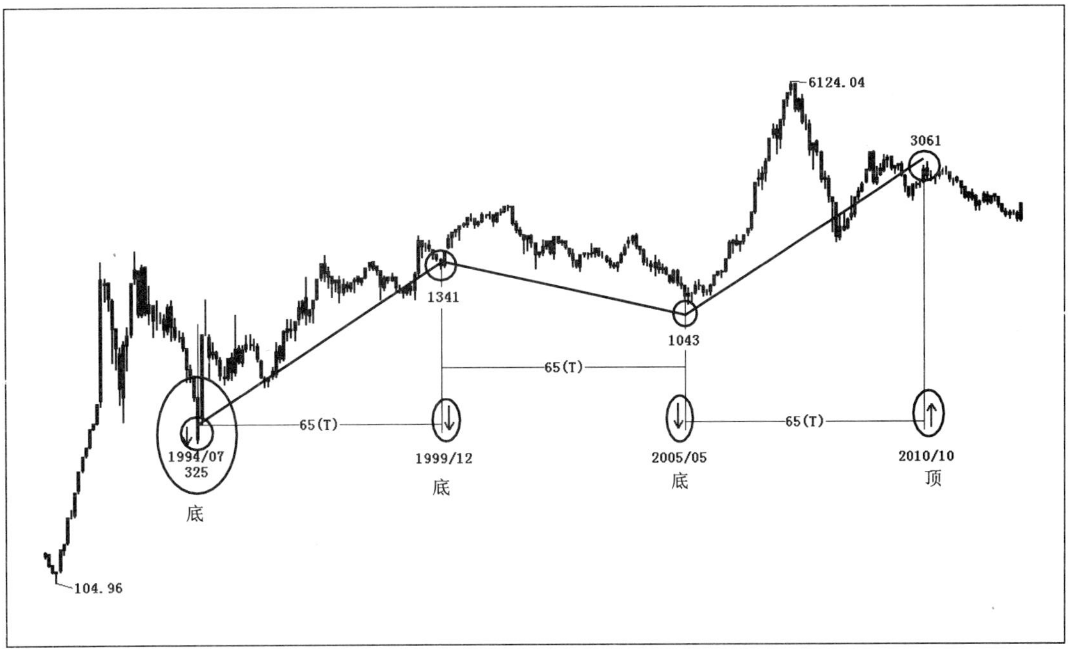

图2.2.1　上证指数月K线65个月三代相传自相似

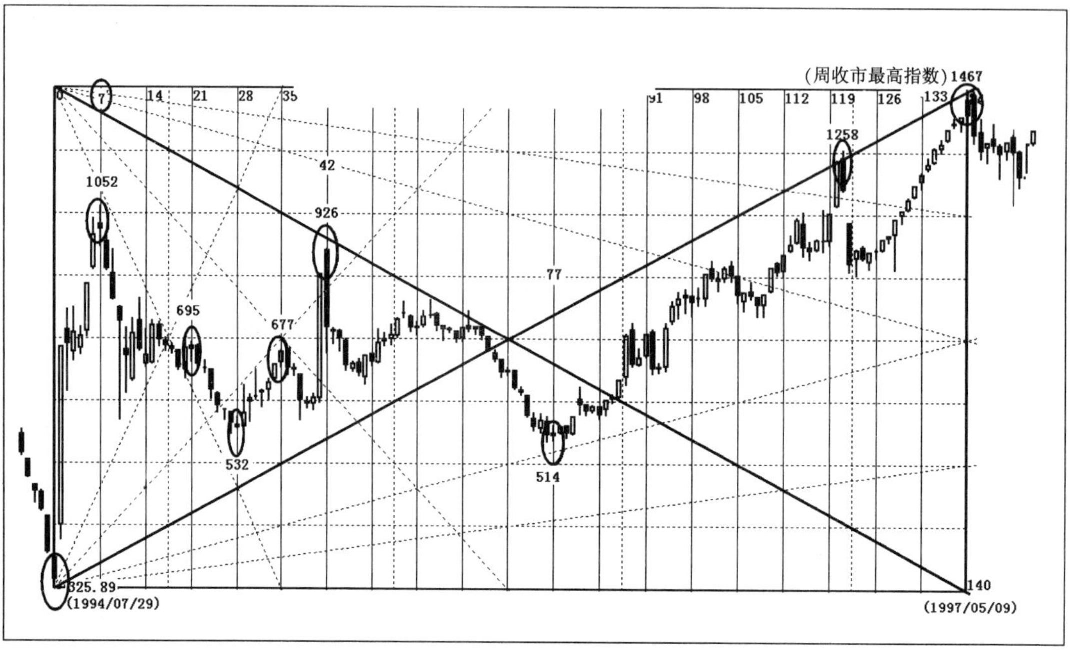

图 2.2.2　上证指数 20 次 7 周连续的代代相传自相似

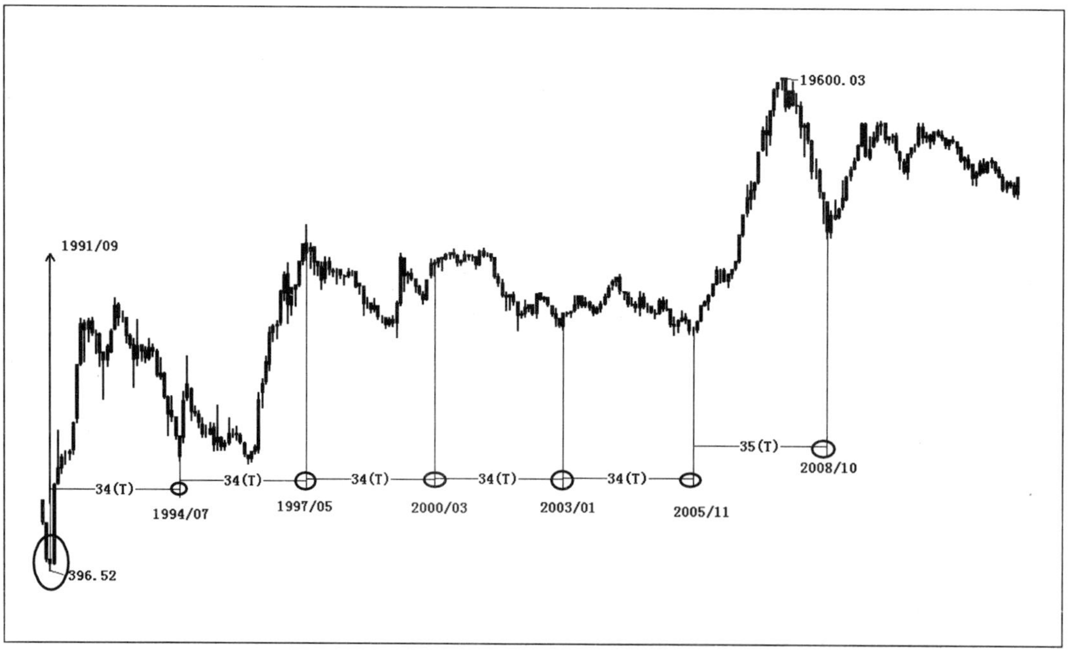

图 2.2.3　深证成指 34 个月代代相传自相似

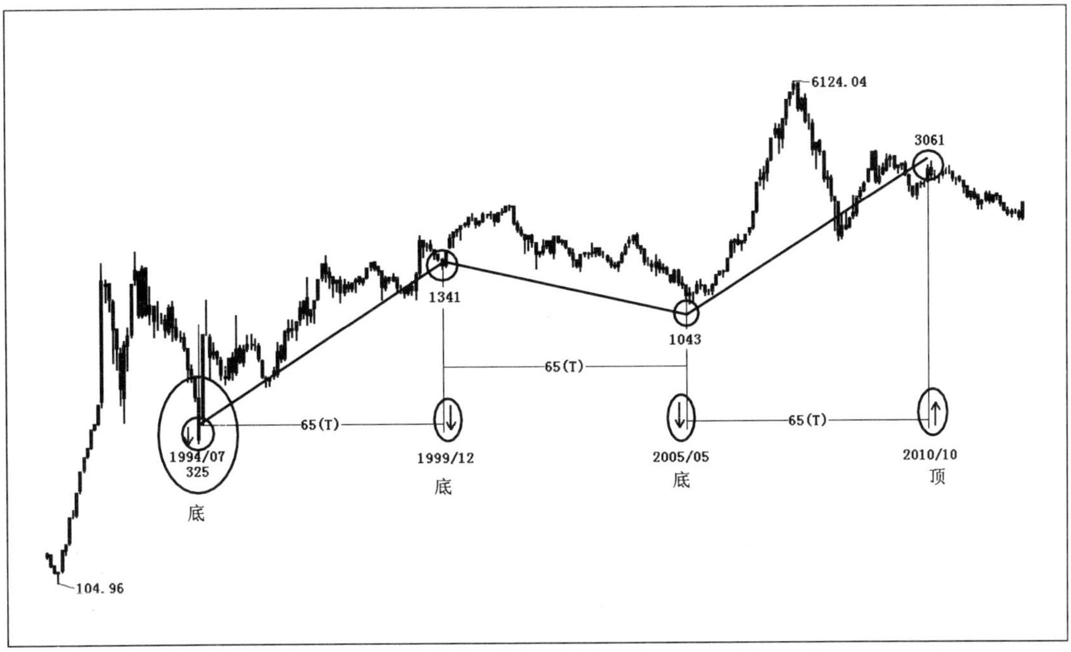

图 2.2.4　上证指数月 K 线 65 个月代代相传自相似

图 2.2.5　深证综指 65 个月隔代相传自相似

第二种方式：隔代相传自相似。以某一波段为第一代，接下来的波段为第二代，再接下来的波段为第三代。假定第一代 DNA 核数为 xx，第二代出现DNA核数为yy，则第三代出现的DNA核数仍然是第一代的xx，即DNA核数隔代重现。这样的DNA核数排列，其实质仍然是遵循对偶律（对称）。见图2.2.6至图2.2.8。

图2.2.6　上证指数83个月隔代相传自相似

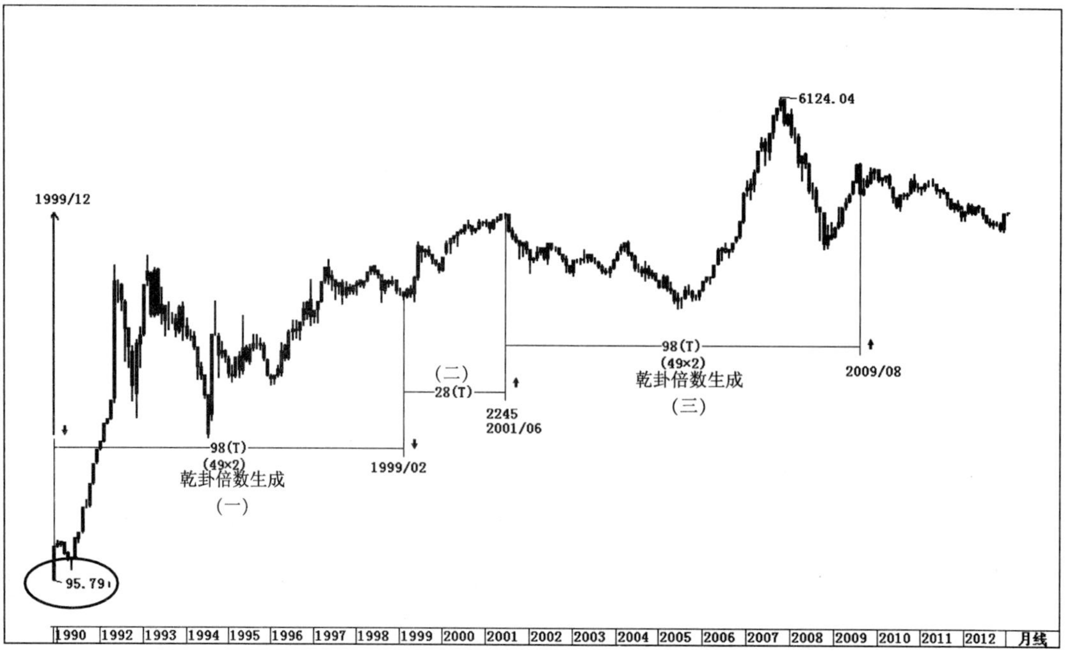

图2.2.7　上证指数98个月隔代相传自相似

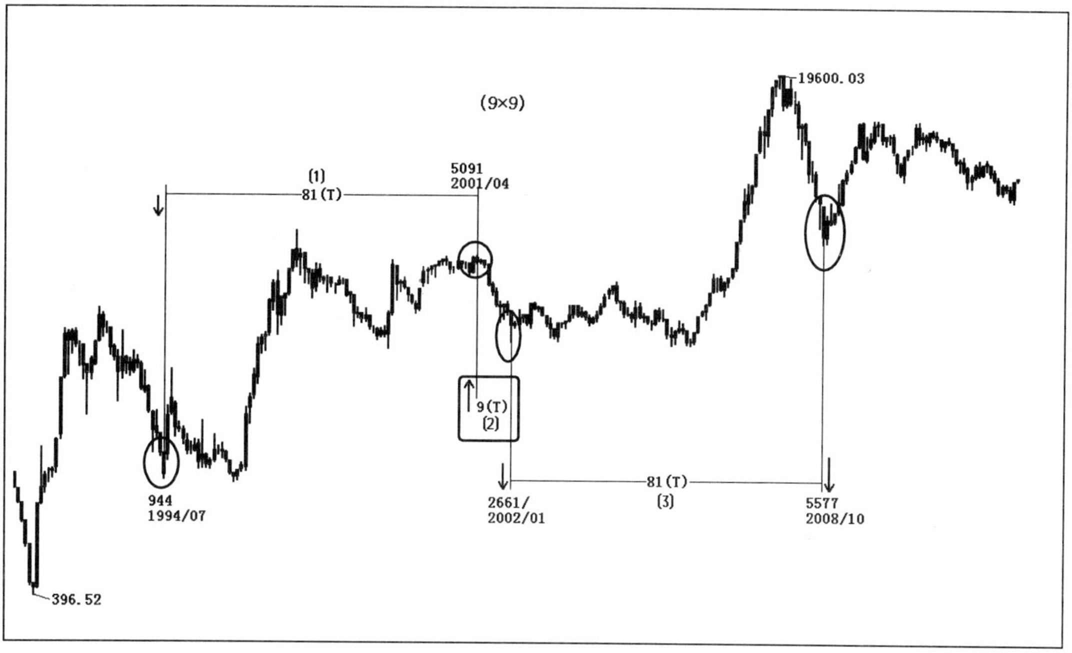

图 2.2.8　深证成指 81 个月隔代相传自相似

第三种方式：交叠相传自相似。假定某一波段的 DNA 核数为 a，在这个波段中的某一显著高点或低点起算周期数，则又重现前边的 DNA 核数 a。前后两个核数 a 呈“交叠”状态。这实质上也是一种对称，只是这种对称以“错纵”的形式出现而已，它所遵循的依然是对偶律。见图 2.2.9 至图 2.2.12。

综上所述，股市生命繁衍的三种模式，其所依存的是宇宙四律中的对偶律。图 2.2.1 至图 2.2.12 的标示十分清晰，读者可自行审阅，最好是打开电脑对照，则印象会更加深刻。本章用了 15 幅图例展示了股市生命繁衍的三种模式，包含了中国股市生命的全部历史。这些数据和图示表明，股市基因凭借其 DNA 核数的“自核组织、自相似”功能，使生命周期反复重现，历史不断重演。周期重现粗看没有既定章法，似乎难以捉摸，但细细品味则会发现，股市周期看似变幻莫测，实际上万变不离其宗，变来变去，离不开“DNA 核数”的数据库。变来复去，亦就这么三种生命繁衍模式而已。因此，建立 DNA 核数数据库，存档不同时期的循环周期图表，熟悉股市生命繁衍的三种模式，抓住 DNA 核数的遗传显现点，将会帮助你轻松地捕捉到循环周期点，即市场的转向点，成功就是自然的事情。

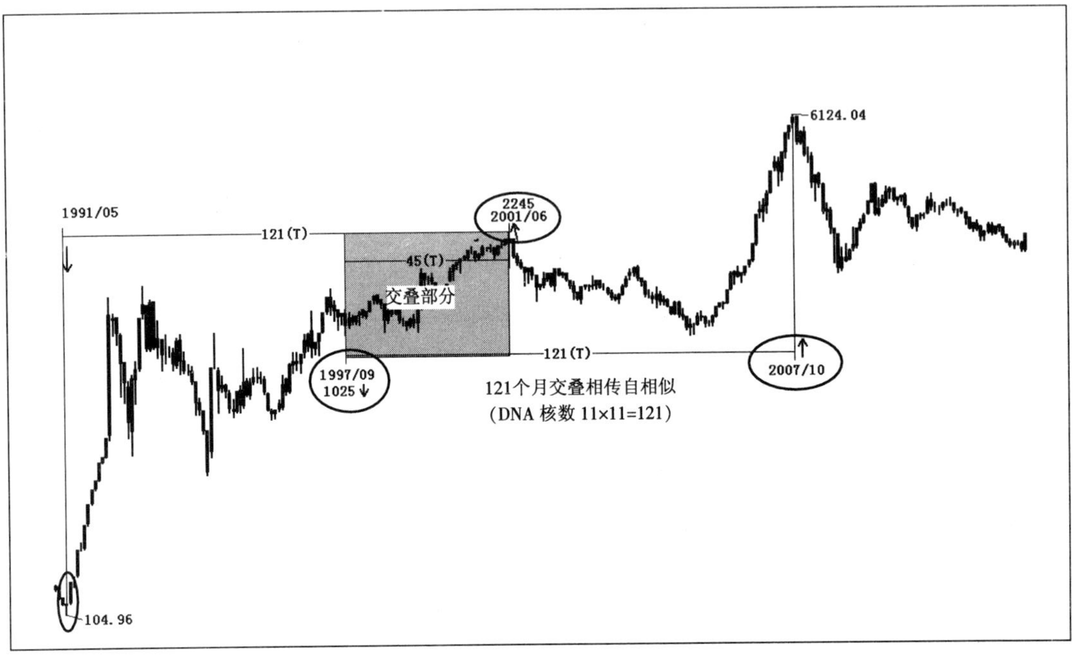

图 2.2.9　上证指数 121 个月交叠相传自相似

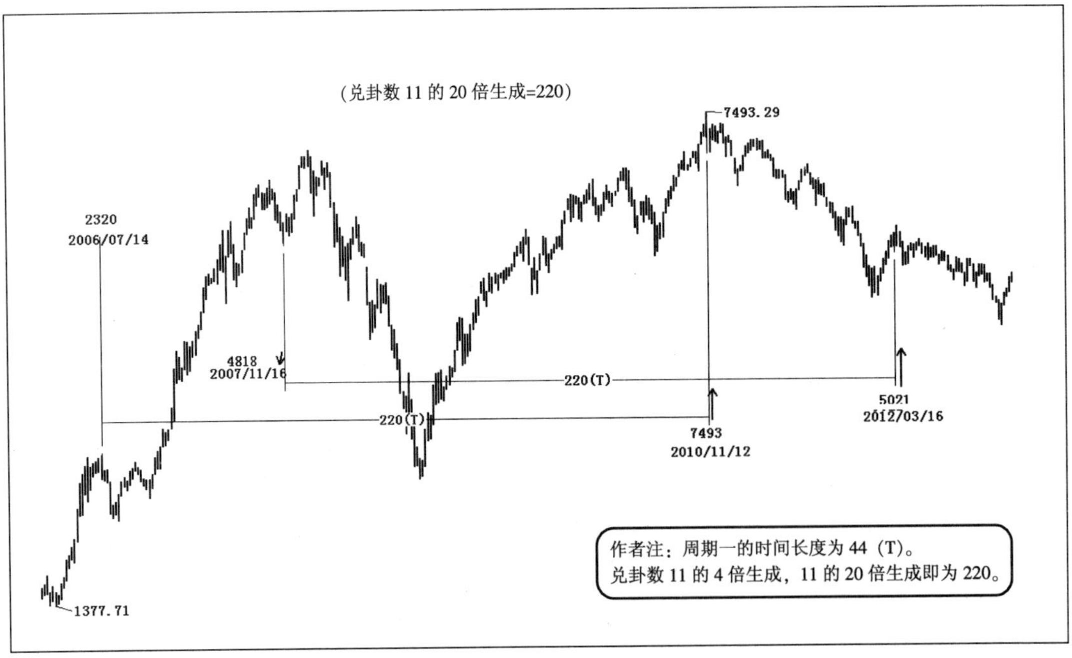

图 2.2.10　中小板指周 K 线 220 个月交叠相传自相似

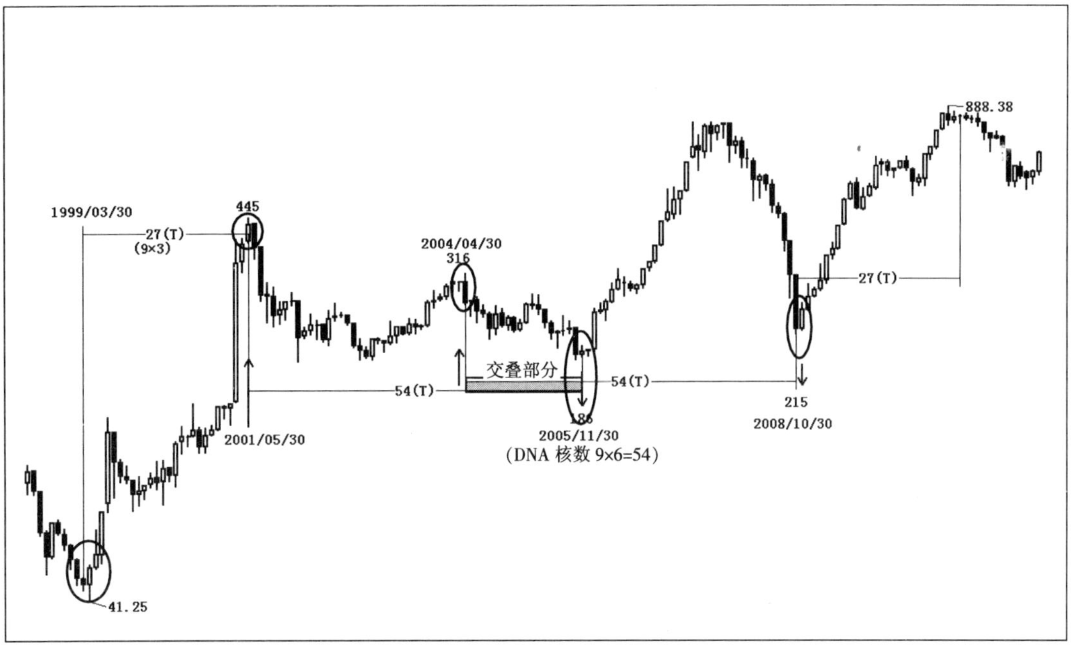

图 2.2.11　深证 B 指月 K 线 54 个月交叠相传自相似

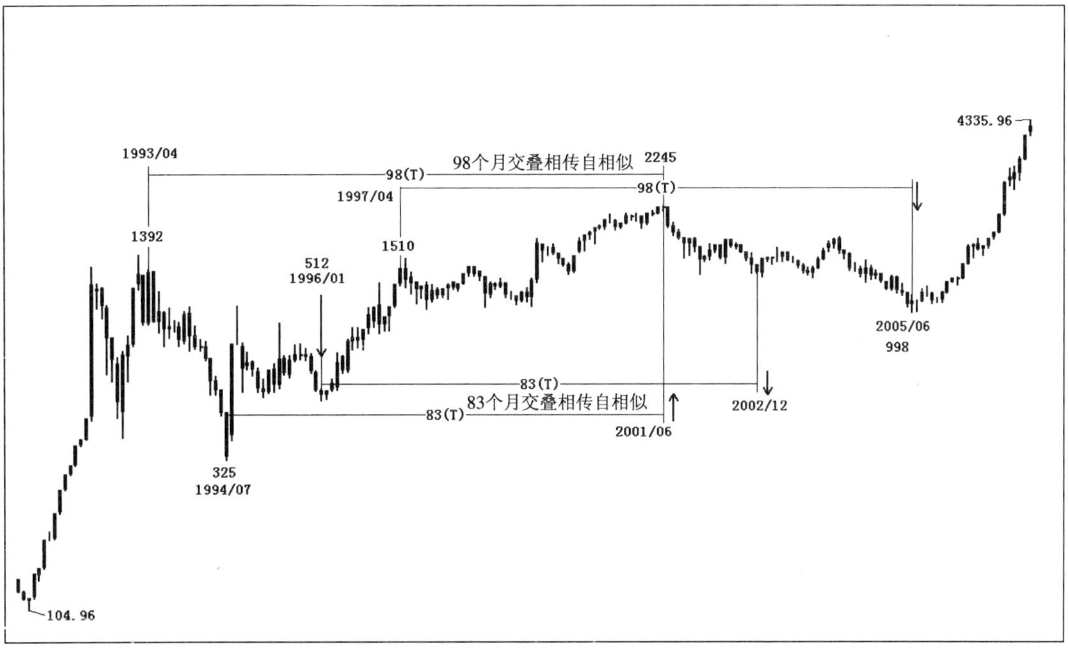

图 2.2.12　上证指数 83 个月、98 个月交叠相传自相似

第三章 股市太极中心律

第一节 股市的自然法则

现代科学认为，宇宙有四大定律，即太极中心律、螺旋律、对偶律和周期律，此四大定律主宰宇宙万事万物的生成、发展和变化。理所当然，这四大定律也主宰着股市的生成与变化发展。四大定律中太极中心律为四律之首，在太极中心律的控制下，其他三大定律有序展开。

生命之源来自太极的阴阳二气。《系辞》有云："万物之动，贞夫一者也。"翻译成现代语就是，一切事物的启动从太极开始，以太极为中心。

《周易》认为，太极是一个阴阳二气紧密相抱、混沌未分的大气场。因为气场的相激相荡，于是"是有太极"。《系辞》关于宇宙生成是这样描述的："是有太极，太极生两仪，两仪生四象，四象成八卦。"八八六十四卦的演化，演绎世间万象。

宋代的朱熹、邵雍等大易学家认为：太极即气，太极即心，太极即理。心、理、气皆在太极中，"理"，即自然法则，"心"与"气"，则是太极的功能及内涵的物质。宋代两位大儒、大易学家都强调太极是宇宙万物的主宰者。

张载《正蒙·参两》说："一物两体，气也。一故神，两故化，此天之所以参也。""一物"就是太极，故太极又名为"太一"；"两体"就是"阴阳两气"；"一故神"，意谓这"太一"神秘不测，是空虚（神）之气。所以"太极"又有别名叫作"太虚"，"两故化"，意谓"阴阳两气"化合（交合）而产生了有生命力的"太极"。

大圣人孔子更是言简意赅，一语中的。他认为：“易与天地准，故可弥沦天下之事。”翻译成现代语就是，太极是天地之间的自然法则（天地准），因此可以涵盖主宰（弥沦）天下万事万物的发展变化。

几位古代大儒对太极的本质、太极的形成、太极的中心作用做了极为明了的阐述，太极是一切生命之源。古人认为太极的概念无大无小，无里无外（原话是“其大无外，其小无内”），这与现代物理学的认识一致，什么是最大的，什么是最小的，说不清楚。只有更大，没有最大；只有更小，没有最小。分子够小的了，还有微子、中子、量子等。按照这个逻辑推论，人类是大宇宙中的一个小宇宙，股市是一个更小的宇宙，一只股票是一个更小更小的宇宙。

然而宇宙无论大小，都有各自不同的太极中心，这个太极中心管辖着自己的小天地。我们发现有些股票脱离大市趋势，特立独行，这就是因为这些股票各有自己的太极中心，它们太极中心有别于大市的太极中心，所以就会表现为不同于大市的波动势态，因此这些个股就会逆大市而动。

当然，众多股票都生长在同一片天空下，它们都呼吸着同一样的空气，吸收着同一样的养分，换言之，都生长在同一的政经大环境之中。所以，它们太极生命中的DNA会有着很多共性的、相似的“核”，在数以千计的股票中多数是随大市波动的。据有人统计，占80%以上的投资者会选择随大市趋势买卖股票，就是这个道理。

读者朋友会问，股市的太极在哪里？某只股票的太极在哪里？要回答这个问题，其实很简单。股市（股票）的太极在波动中产生，显著顶部或者显著底部，都可以设定为太极。股市之初的“第一个”太极最为重要，比如上证指数的第一个太极95点底部，它与后市存在着某种特定的数学联系，制约着市场的波动。

太极是动态的。除了“第一个”太极之外，随股市的发展变化向前移动太极，比如1558点顶部、325点底部，等等，都可以设定为太极。但是，太极所蕴含的DNA核数却是恒定不变的，只不过是时而隐蔽，时而显现而已。

股市是一个生命体。股市太极蕴含着DNA核数，DNA核数有空间核数和时间核数两种。从太极出发，至该轮趋势的顶部或底部，其运行时间就是太极的时间DNA核数。从太极出发，至该轮趋势的顶部或底部，其上升或下跌幅度，就是太极的空间DNA核数。这两个时空DNA核数，将主宰着后市的市场波动。

太极是一个具体存在的物质，太极又是一个虚无缥缈的概念，看不见摸不着，甚至说不清楚。正所谓“道可道，非常道”。从这个角度上说，太极是信者有，不信者无。佛谒有谓：佛在你心中。作者说，太极就在人的心中，心有太极，心有诚信，太极就会为你所用。如果你不相信太极的存在，不相信太极是天地大理，那么，趁早掩卷，免得糟蹋你宝贵的时间。

作者依据自己10多年的学习与研究，坚信太极的存在，坚信太极是“理”，坚信太极是自然法则。尤其相信，股市是大宇宙中的小宇宙，因此股市也有太极，股市太极蕴含着股市的自然法则。股市中的圆形运动、螺旋线展开、时间与空间的对称性分布，完全受到太极中心的支配与制约。一句话，太极中心支配着股市的全部波动。

20多年的股市研究发现，股市太极中心确确实实蕴藏着一个“主宰”数字，只要你有一颗超然于市场的平常心，打下了坚实的知识基础，积累了足够的经验与技巧，你就能抓准这个主宰数字。应用这个数字，你就能通过系列的技术手段推算出股市将会怎样波动，何时何价见顶，何时何价见底。

江恩有一句居高临下的话，“如果证明你是一个可教诲的人，他将赐予你一个‘主宰’数字”。然而，江恩理论是一种“道可道，非常道”的东西，江恩从来就没有给出过具体的主宰数字。但是，这并不意味着主宰数字并不存在，作者不自量力，希望在本书中让读者学会如何捕捉主宰数字。作者深知自己的渺小，学问的空虚，但这并不妨碍作者对真理的上下求索。比如，从1994年6月写下《大C浪底部初探》起（文章发表在深圳市的《投资导报》上，成功预测当年7月深证综指94点底部）至今已有19年，其间除因出国探亲停笔一年外，10多年来可谓笔耕不辍，真所谓“路漫漫其修远兮，吾将上下而求索”。今值蛇年，吾已七十有二矣，家庭经济殷实，不愁吃不愁穿，只因为喜好及停不下的本性，还又在写这本小书。虽然已显得力不从心，可还是要完成这个自己给自己定下的任务。其中有一个愿望，是将学习心得或者说是经验，存之世上，或对后来者研究股市起到抛砖引玉的作用。特别是希望本书能帮助弱小的中小投资者，掌握一种可以立足于股市的赚钱技法。本书中有不少是作者原创的、世上独一无二的观点或提法，作者自认这些新观点、新提法是规律性的，是有用的。真的是否如此，读者自会评价。总之，对错与否不重要，嬉笑怒骂任由之。

《周易》的宇宙生成式是这样的：太极→两仪→四象→八卦，是2的倍数的数学模式，代入数学式：

DNA0→DNA1 = 太极

DNA1 + DNA1 = DNA2 = 太极生两仪

DNA2 + DNA2 = DNA4 = 两仪生四象

DNA4 + DNA4 = DNA8 = 四象生八卦

下面我们来看深证成指从无到有的生命之始是如何展开的。图 3.1.1 数据表明，深证成指的生命繁衍方式完全按《易经》的宇宙生成式展开，即：太极生两仪，两仪生四象，四象生八卦。详述如下，因为数据的不完整，只能把深证成指之 1991 年 9 月 396 点底部设为原始太极——生命的起算点。

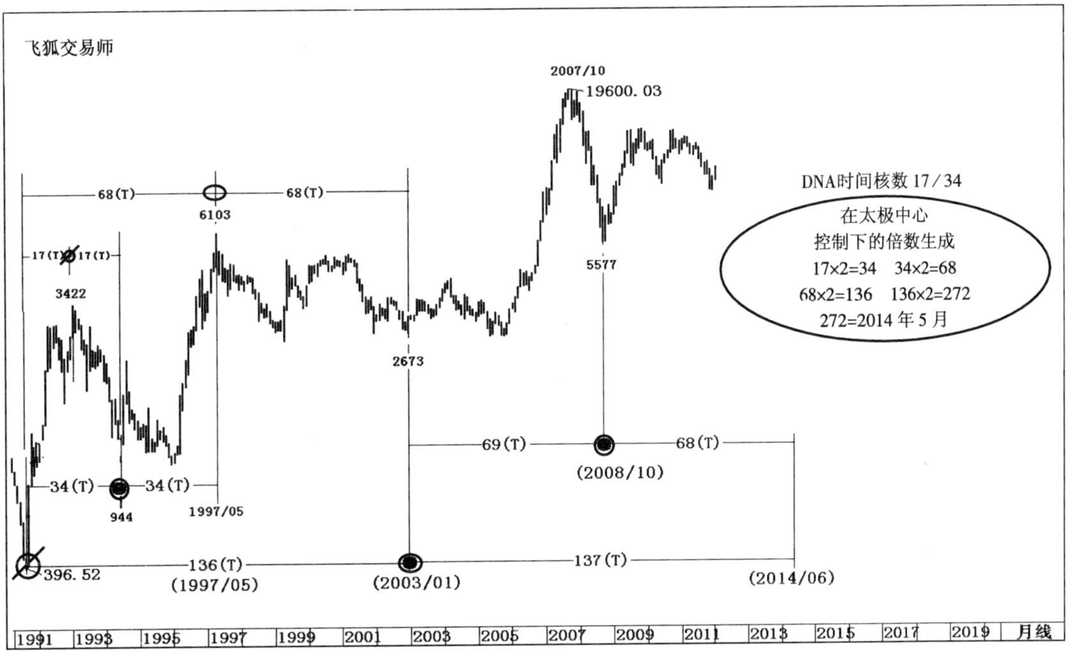

图 3.1.1 由深证成指的周期现象看股市宇宙生成式

从 386 点到 3422 点顶部运行 17 个月，从 3422 点调整至 944 点见底，又运行了 17 个月。由底部到底部，为 34 个月，并构成 17 × 2 的时间对称，完成了第一次升跌循环。因此“第一个”太极的时间基因就是 DNA17 和 DNA34。

从 944 点底部运行 34 个月到达 6103 点大顶。显而易见，这是“第一个”主宰数字 34 的倍数生成。深证成指的生命繁衍至此，又录得一个 DNA 核数 68 个月（34 + 34，倍数生成）。

从 6103 点顶部太极出发，运行 68 个月到达 2673 点底部，显然这又是 DNA68 的倍数生成。代入《周易》的宇宙生成式是：太极（396 点底部）其中含一升一跌之阴阳二气（17 + 17），两仪左边 34 是阴仪，右边 34 是阳仪，时间总长度为68个月×2。至此已完成了“两仪生四象，四象生八卦”的繁衍过程，代入数学式为：

DNA0→DNA1 = 太极（396点底部）

DNA17 + DNA17 = DNA34 = 太极生两仪

DNA34 + DNA34 = DNA68 = 两仪生四象

DNA68 + DNA68 = DNA136 = 四象生八卦

从396点到3422点，再到944点，完成了深证综指的第一次升跌循环，其运行时间34个月，成为重要的时间核数。可以预料，在今后相当长的时段内，DNA34都将主宰着深证综指的市场波动。特别提醒，34是老子－斐波纳契数，也是后天八卦方圆图子午线上的离火之数，特别容易因水火相冲而诱发市场波动趋势的逆转。

DNA34包含了一个阳因子（升市/阳仪）和一个阴因子（跌市/阴仪），体现的是“是有太极，太极生两仪”的过程。从原始太极出发，第68个月在1997年5月产生6103点当时的历史大顶。记住了，这里是太极中心DNA17、DNA34控制下的倍数生成。从34个月到68个月，其间也经历了升市（阳仪）和跌市（阴仪）。换言之，深证综指至此完成了“是有太极，太极生两仪，两仪生四象”的生命历程。

特别指出的是，深证综指的历史大顶6103点产生于1997年5月，上证指数的历史大顶6124点产生于2007年10月，前后相差近10年，真是10年世事几沧桑。“过去有过的，现在还会有”；“此处出现过的，别处也会出现”。这种现象体现了两点：一是物物各有太极。深证综指太极不同于上证指数太极。二是“同一天空下，没有新鲜事”，此时此地出现过的，彼时彼地也会出现。

上述数据精确地呈现太极中心的控制力，体现宇宙生成式即是股市生命生成式这样一个命题。世界上，这个命题是作者的原创。当然，要郑重指出的是，如此准确地以“倍数生成”的形式呈现股市生命的宇宙模式，可能并不多见，更多的例子是以“螺旋线的扩张与收缩运动”展现其生命的繁衍过程。我们在下一节的“股市的螺旋律”中展开讨论。

深证综指不可能17、34、68、136、272、544……这样永恒不变地演绎下去，我们要知道，太极在不断运动，太极在不断前移，太极在不断变化。《系辞》上说：“周流六虚，唯适以变。”周易的哲学核心思想，就在于“变化”二字。尽管深证综指的运行周期不可能一成不变，但是，我们可以肯定，基于生命基因的遗传特性，上述DNA17、DNA34、DNA68、DNA136等几个太极生成演化过程中的DNA时间核数，必将会在深证综指的后续市场波动中以三种生命繁衍的模式反复重现。

关于股市生命繁衍的三种模式，我们在前一章中阐述过了。股市生命的三种生命繁衍模式亦是作者的发明，在中国没有，在世界也不见。作者认为，此三种股市生命繁衍模式，绝对是股市的内在规律，不但应验于中国股市，亦普适于世界各国的股市中，所谓大理至简，大理趋同是也。

空间方面，深证综指的第一个上升浪之比率是 8.641 倍（396/3422），换言之，深证综指的第一个顶部出现于螺旋线运动的扩张点上，可谓中规中矩。8.641 是空间方面的“第一个”基因核数，这个黄金分割率核数将主宰后市的波动空间。

深证综指的历史大顶是 6103 点（指数本身约是 0.618 的倍数，$0.618\times10000=6180$）这个顶部是从 1996 年 1 月 924 点升上来的，升幅为 5.605 倍，与上边的 8.641 倍同处在黄金分割率上（注：在股市比率数据中，0.60/0.66 属黄金分割率范畴，看整倍数后边的小数），明显地，后者比率是前者的历史重演。换言之，前者的比率支配着后者的波幅。

第 1 浪从 396 点上升到 3422 点，升 3026 点，3026 是“第一个”空间核数。第 5 浪从 2593 点上升至 19600 点，升 17007 点，17007 是“第三个”空间核数。两个波段的核数之比率关系呈 5.62 倍（$17007/3026=5.62$），这是不折不扣的黄金比率关系！换言之，19600 点历史大顶产生于一个很重要的黄金分割率——螺旋扩张点上！实质上，此比率亦受影响于“第一个”的 8.641 核数，又与第二个比率 5.605 极为相近。凡此几例，都彰显空间核数对其后市波动的精确控制力，更彰显 0.618 黄金比率的普适性。在波与波之间，较多的存在黄金比率的数学关系。

读者朋友请注意，上面三个波浪的上升比率用了不一样的计算方法，而这些计算方法在业内是允许的，或者叫作“法无定法”吧。事物在不断变化，然而，万变不离其宗，黄金比率一直控制着深证综指长达 16 年零 1 个月的市场波动，作者相信这种控制力还会延续下去。

深证综指的历史大顶是 19600 点，这里是第 5 大浪的末端，时间与比率都发生了变异，19600 点是从 2005 年 6 月的 2593 点升上来的，运行时间只有 24 个月，比之第一上升浪的 34 个月为短，升幅比率则为 7.558 倍，也比上述第 1 浪和第 3 浪升幅为短，一个大的上升趋势之末段，其运行时间与波幅比率发生变异，或缩短，或延伸，是股市的固有规律。这是我们考核股市时空时所必须注意到的。

第二节　太极的主宰数字

我们在本章第一节中，用中国股市的市场实例论证了太极中心律的存在，其对市场波动的控制与支配是通过其主宰数字起作用的，股市空间的主宰数字有两个：一是价格（指数）；二是波动的比率。股市时间的主宰数字只有一个，这就是一轮趋势的运行时间。

我们要强调的是，太极运动是永恒的运动，股市太极的运动也是永恒的。即随着时间的推延，股市太极也随着不断向前移动。比如，上证指数的原始太极在1990年12月9.79点底部，随着时间推移，就有1991年5月104点的底部太极，1992年11月386点的底部太极，1994年325点的底部太极，等等。本节从不同角度，用翔实的数据，再次论证移动中的太极中心对中国股市的支配和制约作用。

一、应用主宰数字推算循环周期

如图3.2.1所示，原始太极设在1990年12月的95点的底部，由95点至325点完成史上第1次8浪组循环，此次循环的时间长度为44个月，其中在第27个月产生1558点顶部。在1558点顶部出现之后，如果假定这里是0.618黄金分割点，则运行时间27个月即为主宰数字，记为DNA27，由此就可以推算出本次循环的终点（循环周期的底部）将在17个月后出现，计算公式为：

27/0.618＝43.689（月）

43.689－27＝16.689（约17个月）

第2次循环的太极随着时间前移，设在1994年7月的325点底部，由325点底部至998点底部，完成史上第2次升跌循环，时间长度为131个月。在第83个月产生2245点顶部，运行时间为83个月即为太极前移之后新的主宰数字，记为DNA83。同理，将DNA83设定为本次循环的0.618。则本次循环的时间总长度为134.30个月，其对应的时间为2005年10月的1067点底部，而非131个月的2005年6月998点底部。2005年6～10月，是“磨底”时间，事实上，大升浪在11月的1074点启动（注：如果按周

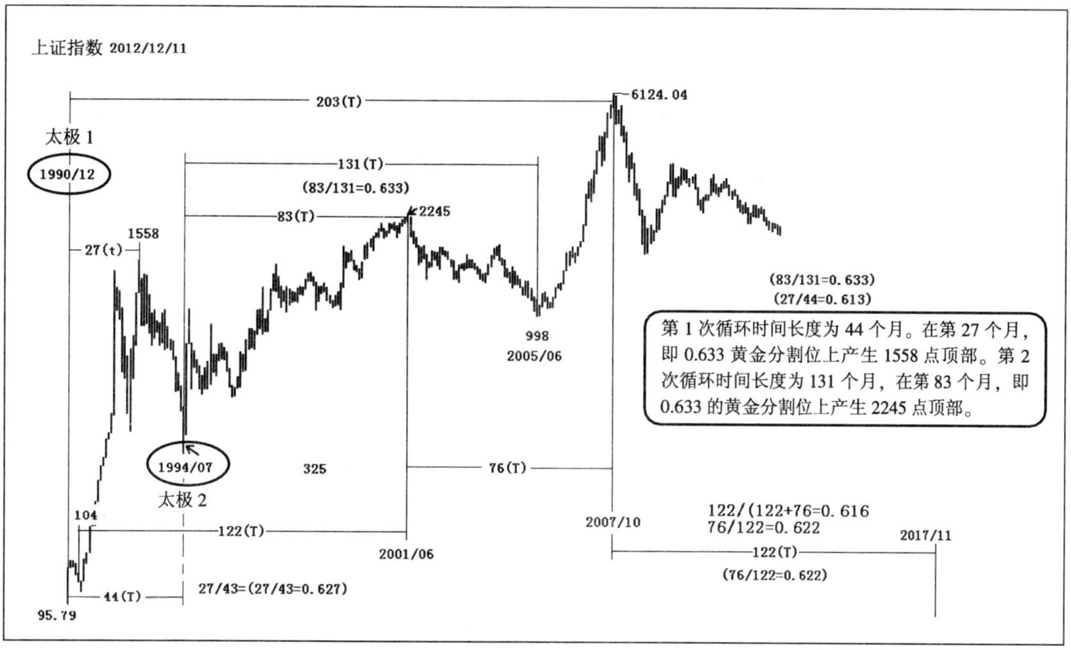

图 3.2.1　上证指数太极中心控制下的循环周期

期长度为 131 个月，即 998 点为循环周期终点计算，则上升 83 个月占比为 0.633。在计算股市循环周期时，从 0.6～0.66，皆属于黄金分割率范围，大致为 6∶4，即黄金分割)。

同理，已知第 1 次循环 5 个推动浪从 95 点至 6124 点运行了 203～204 个月，假定其为 8 浪循环的 0.618，主宰数字为 204 个月，记为 DNA204，则我们可以推算出这个 8 浪循环的终点长度为 330～331 个月，其对应的时间为 2018 年 3～4 月间。

二、太极移动之后的主宰数字 DNA122

122 个月周期是投资人较少注意的，而 DNA122 是太极前移至 1991 年 5 月 104 点底部之后的主宰数字，这个主宰数字曾多次重现于市场的显著转向点上。我们先来剖析 122 的数理玄机。122，各位数的和为 1+2+2=5，《易·系辞》上说：“五为成数。”在股市，数行至“5”，可以“成顶于 5”，也可“成底于 5”，视当时的市场趋势而有不同之“成”。122 又是后天八卦方圆图子午线上离卦数 61 的倍数，离属火，122 具有双离火的特大力量。其所形成的顶部，或者底部，皆为中期大顶或大底，这个经验有助于指导操作，是应该记取的。

将太极移动至1991年5月104点底部，由104点太极出发，运行122个月，到达2001年6月2245点顶部，因双离火相冲而成大顶，其后调整48个月产生998点大底。请记住，122是上证指数重要的DNA核数。如图3.2.2所示。

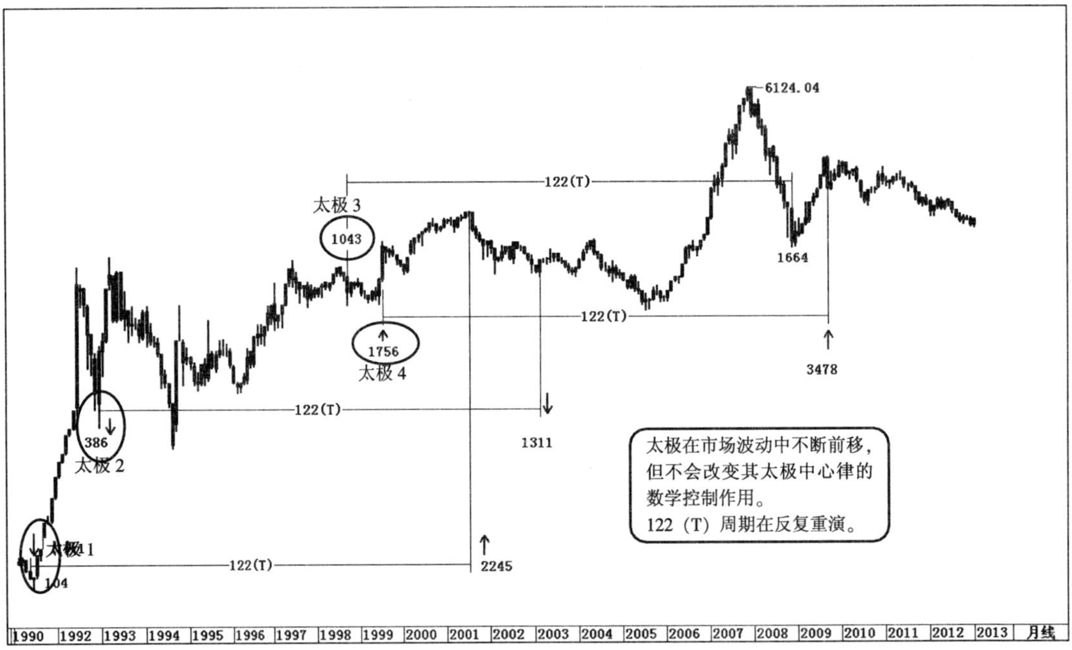

图3.2.2　上证指数太极中心控制下的122（T）周期反复重现

以下三例是太极中心移动之后的案例。

（1）1992年11月386点底部至2003年1月1311点底部，是122（T）周期的重演，之后启动B浪反弹，运行15个月，至2004年4月1783点顶部。

（2）1998年8月1043点底部至2008年10月1664点底部，是122（T）周期的重演，之后启动B浪反弹，运行9个月，至2009年8月3478点顶部。

（3）1996年6月1756点顶部至2009年8月3478点顶部，是一次122（T）周期的重演，其后陷入漫漫熊途！

上述122（T）周期中对应6个点，每一个点都是市场极为重要的转向点，或底部转向，或顶部转向，后市都有点儿不寻常。其实，如果细心寻找，122（T）周期重演还不只上述这三例。不要忘记，这些重要的市场转向点，都是在太极中心的数字控制下产生的。

在图3.2.2中，从太极1出发，运行122个月到达2001年6月2245点顶部，之后下跌了48个月，至2005年6月的998点底部，跌幅-55.54%。

从太极4出发，运行122个月到达2009年8月3478点顶部之后，至本文行文的截止时间2012年12月1949点底部，已经下跌了41个月，还不知底在何方（图3.2.2）？假定3478点后也跌48个月，构成“交叠相传自相似”模式，则2013年7月会出现一个中期底部，即2013年7~9月进入重要的底部时间之窗。见图3.2.3。

图3.2.3　2013年7~9月进入极重要的底部时间之窗

（注，2013年6月上证指数产生3478点调整新低——1849点。这是49个月周期，在本文指出的允许差误之周期内，7月启动反弹，至2270点。）

我们曾介绍过，子午线和卯酉线是两条重要的天文线，投资群体因受天体运动的影响，群体情绪形成或亢奋、或低沉的集合性力量，作者称这种力量为“群体性情绪潮”。这种情绪潮的力量是巨大的，它伴以趋势的惯性力作用于股市，从而引发市场出现峰位或谷位（顶部或底部）。作者认为，艾略特波浪理论的本质就是投资群体情绪潮的循环周期理论，它描述的是群体情绪潮从低沉—平静—亢奋（贪婪）的周期性活动。

股市没有新鲜事。太极在市场波动中不断前移，但不会改变其太极中心的控制作用。在不断前移的太极点上，122周期还会反复重演。如图

3.2.4 所示，还有其他数字组合很耐人寻味。如 104 点至 6124 点，运行 198 个月，198 是 99×2。换言之，104 点到 6124 点是一个“大限之数”的周期，在 198 个月大限之数周期中，其 122 个月顶部的所在位置为 0.616（122/198）。再比如：

122/76 = 1.605，76/122 = 0.625，122 + 76 = 198，

122/198 = 0.616，76/198 = 0.383，198/2 = 99。

6 组计算结果彰显黄金分割的普遍存在，以及揭示 122 + 76 = 198 组合的数理玄机——一轮长期上升趋势“终于 9”。

万物皆为数啊！黄金分割无处不在，就等我们去发现、去掌握、去应用。

三、95 点太极的时空控制

1. 95 点太极之时间控制

以 95 点为太极中心的时间周期，如图 3.2.4 和表 3.2.1 所示。

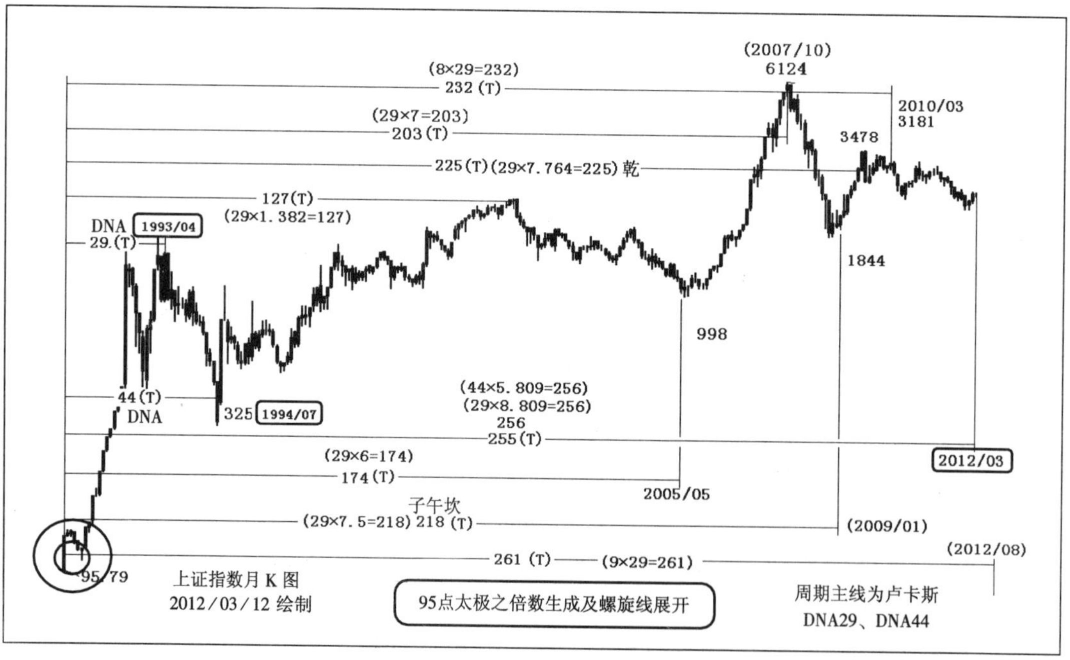

图 3.2.4　95 点太极之时间控制

表 3.2.1 95 点太极之时间控制

序号	运行时间（月）	到达时间（年.月）	指数 顶/底	适用比率（倍）	差误
1	29	1993.04	1392 顶	太极 DNA1	0
2	36	1993.11	1011 顶	1.236	0.15 个月
3	44	1994.07	325 底	1.50	0.5 个月
4	127	2001.06	2245 顶	4.382	0
5	174	2005.05	1043 底	6.00	0
6	203	2007.10	61240 顶	7.00	0
7	214	2008.10	1664 底	7.382	0
8	225	2009.08	3478 顶	7.764	0.15 个月
9	232	2010.03	3186 顶	8.00	0
10	254	2012.01	2132 底	8.764	0.15 个月
11	256	2012.03	2476 顶	8.809	0.5 个月
12	261	2012.08	2176 顶 2032 底	9.00	0
13	268	2013.03	1849 底	9.236	0.15 个月
14	279	2014.02	2177 顶	9.50/9.618	0
15	290	2015.01	××××	9.66	0.14 个月

（1）从太极出发，运行至 1993 年 4 月为 29 个月，29 是卢卡斯数。当月产生自 95 点以来的月收市最高指数 1358 点，之后展开大 B 浪调整，至 325 点，用 44 个月时间完成了上证指数的第一次循环，44 是卢卡斯数 11 的倍数。由此可见，上证指数第 1 次循环周期的螺旋线展开，是以卢卡斯数为主线的。

（2）从 95 点太极出发，运行 36 个月，到达 1993 年 12 月 1103 点的 B 浪大顶，其后展开惨烈的大 C 浪下跌，至 325 点。

（3）从太极出发运行 127 个月，到达 2001 年 6 月 2245 点见顶部，127 是卯酉线上的兑卦时空数。

（4）从 95 点太极出发运行 174 个月，到达 2005 年 5 月 1043 点底部，6 月 3 日在 998 点启动大升浪。

以上时间周期说明，市场运行最重要的时间周期依次为：29、36、44、127 和 174 个月，它们与 DNA29 的数学关系分别为：29 是 DNA 的时间核数，即“第一个”，也就是原始太极；36 是 DNA29 的约 1.236 倍数；44 与 DNA29 约成 1.50 倍数关系；127 与 DNA29 成 4.382 倍数关系；174 与 DNA29 成 6.00 倍数关系。大底产生于 6 倍整数，彰显倍数生成的普遍原则。

3、6、9 是杨雄《太玄》数的核数。在 DNA 核数的 6 倍数产生大底，之后启动史上最强劲的上升浪，彰显太极中心的支配作用。将太极移动到 2005 年 5 月底部，运行 29 个月在 2007 年 10 月到达 6124 点历史上的大顶。

读者朋友还记得吗？历史上第一次大升浪从 95 点底部至 1993 年 4 月顶部运行 29 个月，因而成为上证指数“第一个”DNA 核数。998 点至 6124 点大升浪也同样运行 29 个月，是 DNA29 的遗传重现，或者说，这是历史的重演。

“遗传重现”是在股市太极中心的支配下发生的，两个运行周期完全“自相似”。读者朋友请记住了，太极中心除了以老子－斐波纳契数比率、倍数比率支配和制约之外，“自相似”的遗传功能也是太极中心支配股市的另一种重要方式，这种自相似形式在股市最为常见。

从 95 点太极出发运行到 2007 年 10 月 6124 点顶部，时间为 203 个月，203 个月与 DNA29 成 7.00 倍数关系。换个角度看，这个历史大顶产生于 DNA 核数 29 的 7 倍数。7，是一个充满神奇色彩的数字，自然现象、天体运行节律、中西方之的不同文化及不同宗教，都对“7”之数情有独钟。7，有着很多神奇的故事，前面的内容已经详述过了，这里我们再看图 3.2.4 和表 3.2.1 中的 DAN 核数与 7 的神奇之处。

（1）从太极运行 214 个月到达 2008 年 10 月的 1664 点底部，214 与 DNA29 呈 7.382 倍关系。

（2）你注意到了吗？从 95 点到 2245 点，运行 127 个月，是 DNA29 的 4.382 倍。

（3）从太极运行 225 个月到达 2009 年 8 月的 3478 点顶部，225 与 DNA29 呈 7.764 倍关系。

（4）从太极运行 232 个月到达 2010 年 3 月的 3186 点顶部，232 与 DNA29 呈 8.00 倍关系。3186 点产生于第一个 DNA29 的 8 倍数处，因此，作者的首选划浪 A 方案将 3186 点设为 B 浪顶部，之后展开 C 浪下跌。

（5）从太极运行 254 个月到达 2012 年 1 月的 2132 点底部，254 与 DNA29 呈 8.764 倍关系。

表 3.2.1 中第 15 项，是 290 个月周期，DNA29 的 10 倍，指向 2015 年 1 月。作者预料届时会发生市场的中级或次中级显著转向，灵验否，让市场去验证吧。

2. 95 点太极之空间控制

下面以图 3. 2. 5 和表 3. 2. 2 剖析太极中心对股市空间的控制，第一个太极的空间核数为 DNA95。

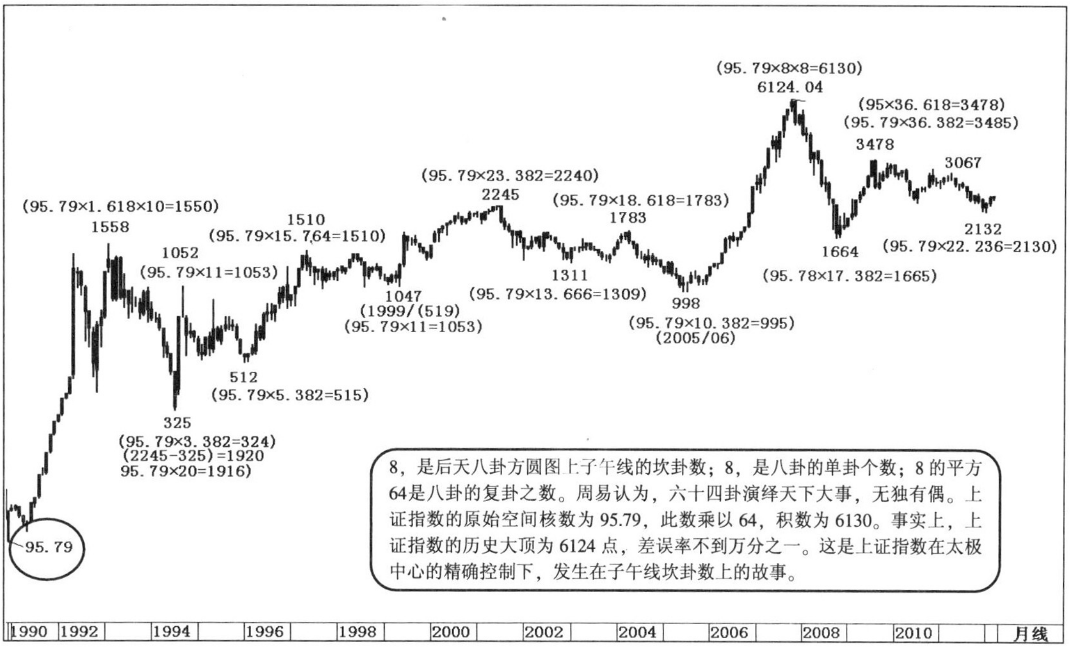

图 3. 2. 5　95 点太极之空间控制

表 3. 2. 2　95 点太极之空间控制

序号	空间（指数）	顶/底	到达时间（年．月）	适用比率	备注（误差）
1	1558	顶	1993/02	1. 618	+8 点
2	325	底	1994/07	3. 382	+1 点
3	1052	顶	1994/09	11. 00	+1 点
4	512	底	1996/01	5. 382	+3 点
5	1510	顶	1997/05	15. 764	+0 点
6	1047	底	1999/05	11. 00	+5 点
7	2245	顶	2001/06	23. 382	+5 点
8	1311	底	2003/01	13. 666	+8 点
9	1783	顶	2004/04	18. 618	+0 点
10	998	底	2005/06	10. 382	+3 点

续表

序号	空间（指数）	顶/底	到达时间（年．月）	适用比率	备注（误差）
11	6124	顶	2007/10	82	+6 点
12	1664	底	2008/10	17.382	+1 点
13	3478	顶	2009/08	36.382	+7 点
14	2132	底	2012/01	22.236	+2 点

图 3.2.5 和表 3.2.2 中的数据表明，太极中心以其极为准确的比率关系，控制着股市生命的螺旋线展开，要么是倍数生成，要么是黄金分割点上。统计的结果共 14 项，其中 2 项没有差误，即 1510 点顶部和 1783 点顶部；3 项差误只有 1 个指数点，分别为 325 点底部、1052 点顶部和 1664 点底部。最大差误 8 个指数点，最大差误率只有 5‰，总体平均差误率不足 1‰。14 项中，整倍数及黄金分割点上发生市场转向的有 5 项，占 35.71%；整数后面带 .382 倍的有 6 项，占 42.85%。这两类比率共 11 项，占 78.57%。这是一个很重要的发现，即，如果一个疑似顶部或疑似底部出现在你的眼前，不妨计算一下，其指数是否落入上述的比率中，如果是，那么就有八成机会是见顶或见底了。

综上所述，关于太极中心对股市时空的控制，我们可以将太极中心的时间控制与空间控制放在一个"点"上来看，这时你就会发现此"点"乃时空的交融点，在这个点上形态成熟，即发生三维交融，因交融而引发共振，其共振的强大力量将使市场发生重要逆转。这就是股市的自然法则。

比如，998 点底部的时间比率是 DNA29 的 6 倍，空间比率是 10.382 倍，形态上从 2245 点跌下来可以非常清晰地数出 ABC 三个调整浪。6 倍、10.382 倍与 ABC 三个波，即时间、空间、形态交融在一个点上，势必诱发共振，市场波动趋势就发生了重大逆转。

比如，6124 点顶部的时间比率是 DNA29 的 7 倍，空间比率是 64 倍（82），形态上从 998 点升上来可以非常清晰地数出 5 个上升推动浪，这就是三维交融点，市场波动趋势发生重大逆转是必然的事了。

太极是心，太极是理。无论是时间比率、空间比率，抑或是形态的成熟，一切都是从太极延展出来的，一切都受到太极的支配与制约，太极的功能可谓"范围天地而不过，曲成万物而不遗"。

在股市研究中，抓准太极，抓准主宰数字，就能够用好太极，用好了太极就已经可以解决绝大部分问题了。记住这个定理：太极中心律是宇宙的第一大律，股市中的螺旋率、周期律、对偶律全部都是在太极中心律的精确控制下展开。

四、上证指数325点太极之主宰数字DNA13及副主宰数字DNA18

在表3.2.3和图3.2.6中，我们可以很清楚地看到主宰数字DAN13和DAN18的控制作用。

表3.2.3 上证指数DNA13和DAN18的控制力

DNA核数	核数的倍数	乘 积	指向时间（年．月）	指数 顶/底	备 注
DNA13	乘1.382	18	1996/01	325 底	
DNA13	乘2.618	34	1997/05	1510 顶	螺旋扩张点上产生历史大顶
DNA13	乘4.236	55	1999/02	1064 底	
DNA13	乘5.00	65	1999/12	1341 底	
DNA13	乘4.618	83	2001/06	2245 顶	螺旋扩张点上产生历史大顶
DNA13	乘8.618	112	2003/11	1307 底	
DNA13	乘9.00	117	2004/04	1783 顶	倍数生成之顶很重要，其后下跌至998点
DNA13	乘10.00	130	2005/05	998点大底（翌月3日）	倍数生成之底很重要，其后展开史上最强劲的升浪
DNA13	乘12.236	159	2007/10	6124历史顶	此顶更多地受到第一个太极中心DNA29的控制
DNA13	乘13.236	172	2008/11	1664 大底	
DNA18	乘5.00	90	2002/01	1339 底	
DNA18	乘10.00	180	2009/08	3478 大顶	

图3.2.6中的太极设在1994年7月的325点底部，其主宰数字为DNA13，副主宰数字为DNA18，有效时间为221周，即325点底部至2012年12月1949点底部。

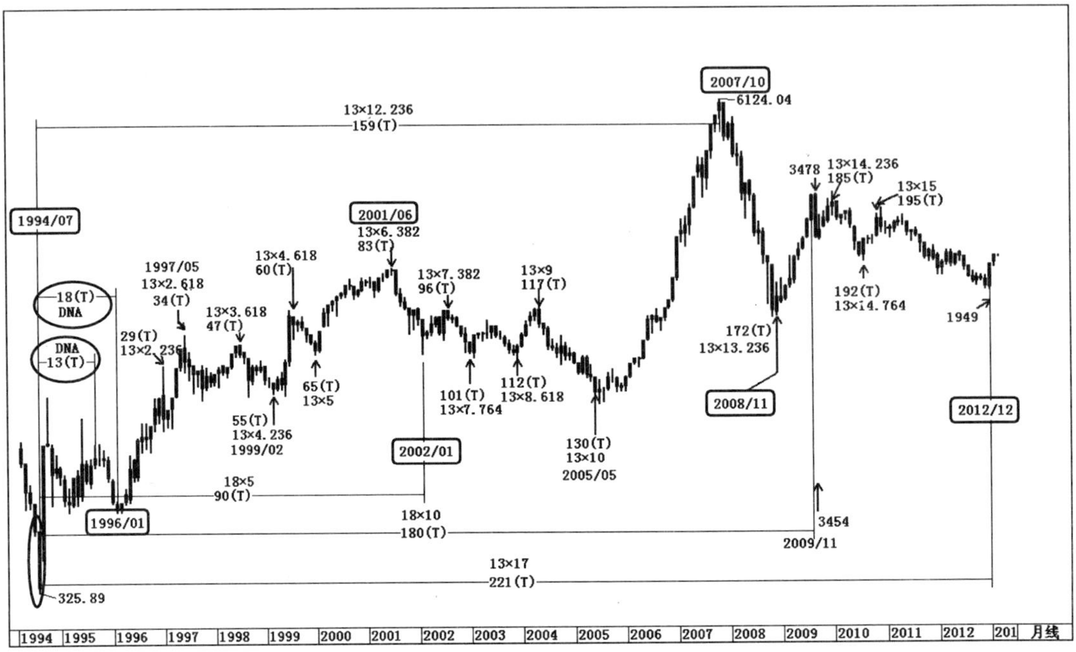

图 3.2.6　325 点太极之 DNA13 的主宰特征

1. 期内市场转向点与 DNA13 成整倍数关系

（1）65（13×5），1999 年 12 月，1341 点底部。

（2）90（18×5），2002 年 1 月，1339 点底部。

（3）117（13×9），2004 年 4 月，1783 点顶部。

（4）130（13×10），2005 年 5 月，1043 点底部。

（5）180（18×10），2009 年 7 月，3478 点顶部。

（6）195（13×15），2010 年 10 月，3073 点顶部。

（7）221（13×17），2012 年 12 月，1949 点底部。

此 7 例对应的都是期内重要市场转向点，彰显“倍数生成”是股市生命繁衍的最重要形式，也是出现频率最高的繁衍形式。

2. 期内比率的尾数为 .618 倍的转向点

（1）34，DNA13 的 2.618 倍，1999 年 5 月 1510 点顶部转向，其后陷入长达 25 个月的调整至 1047 点。

（2）83，DNA18 的 4.618 倍，2001 年 6 月 2245 点顶部，其后陷入长达 47 个月的调整，至 998 点。

（3）112，DNA13 的 8.618 倍，2003 年 11 月 1307 点底部，其后反弹 5

个月至1783点。

3. 期内比率的尾数为.236倍的转向点

（1）55，DNA13的4.236倍，1999年2月1064点底部。

（2）159，DNA13的12.236倍，2007年10月6124点历史大顶。

（3）172，DNA13的13.236倍，2008年11月1678点底部，从这里启动强反弹，至3478点。

（4）185（T），DNA13的14.236倍，2009年12月3334点顶部。

比率尾数带.764的也有2例，见图3.2.6中的标示。

以上共14例，整倍数的有7例，占比为43.75%，充分彰显了DNA13对后市波动的主宰作用。若加上.236的4例，共11例，则占比为68.75%，两种比率占了半数以上，用好这两个比率，就已经很不错了。同时，90和180所对应的市场转向点也十分重要，表明作为副主宰数字的DNA18，亦不容忽略。

图3.2.6和表3.2.3以及上证指数的历史数据，充分论证了“太极是股市生命之源，股市受太极中心控制”，“太极中心蕴藏着一个主宰数字，这个主宰数字实实在在地支配和制约着全部市场波动”这样一个命题。

第三节　主宰数字DNA29的控制作用

作者想用“奇图共赏”四个字去赞美DNA29个月周期10次重现的历史。关于DNA核数主宰市场波动这个命题，图3.3.1有着极强的说服力，更确切地说应该是震撼力。

在图3.3.1中，由股市数据开始建立的1990年12月95点底部起，至写作本节内容的2013年6月止，共录得10次直接的DNA29，在此我不想详写哪年哪月到哪年哪月为29个月周期，读者朋友只要浏览一下图3.3.1就清楚了。10例中只有1例以“代代相传自相似”的生命繁衍模式出现，其余9例皆为“交叠相传自相似”。也就是说，DNA29喜欢以较隐蔽的方式出现，但只要认真观察，还是可以抓住它的。

从95点底部至1993年4月1392点顶部运行29个月，当月是一根长阳月K线。真正的下跌从翌月开始，这里才是真正意义的顶部。运行周期29

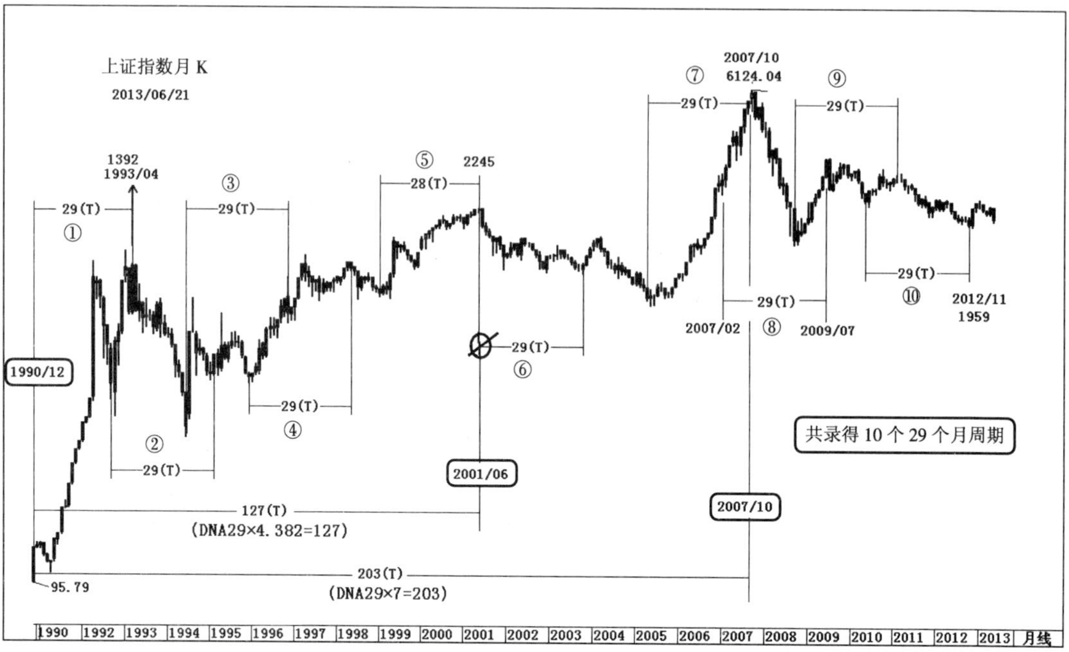

图 3.3.1　上证指数月 K 线 DNA29 的 10 次重现

个月是著名的卢卡斯数，实际的见顶时间接近于月亮周期 29.53，这个周期可谓“天人合一”（详见“月亮周期”一节）。

从 95 点太极至 6124 点历史大顶，运行 203 个月。真是无巧不成书，DNA29 ×7 = 203，正好是 29 的 7 倍！6124 点大顶成于“七日复得，天行健”。6124 点之前的最重要大顶是 2001 年 6 月 2245 点，查看时间是从 95 太极至此运行 127 个月，127 是后天八卦方圆图上卯酉线的兑卦之数。无独有偶，DNA29 ×4.382，其积就是 127！凡此等等，皆证明太极中心控制下的主宰数字（这里指 DNA29），牢牢地控制着股市的市场波动。

再看图 3.3.2，上证指数第一次循环周期都是以卢卡斯数为主展开其螺旋线的。

（1）从太极出发，运行至 1993 年 4 月为 29 个月，29 是卢卡斯数。

（2）从太极出发，运行 36 个月，到达 1993 年 12 月 1103 点 B 浪之顶，其后展开惨烈的大 C 浪下跌，至 325 点。

（3）从太极出发，运行 44 个月，到达 1994 年 7 月 325 点底部，用 44 个月时间完成了上证指数的第一次循环，44 是卢卡斯数 11 的倍数。此后用 2 个月上升至 1052 点。

（4）从太极出发运行 127 个月，到达 2001 年 6 月 2245 点见顶部，127 是卯酉线上的兑卦时空数。

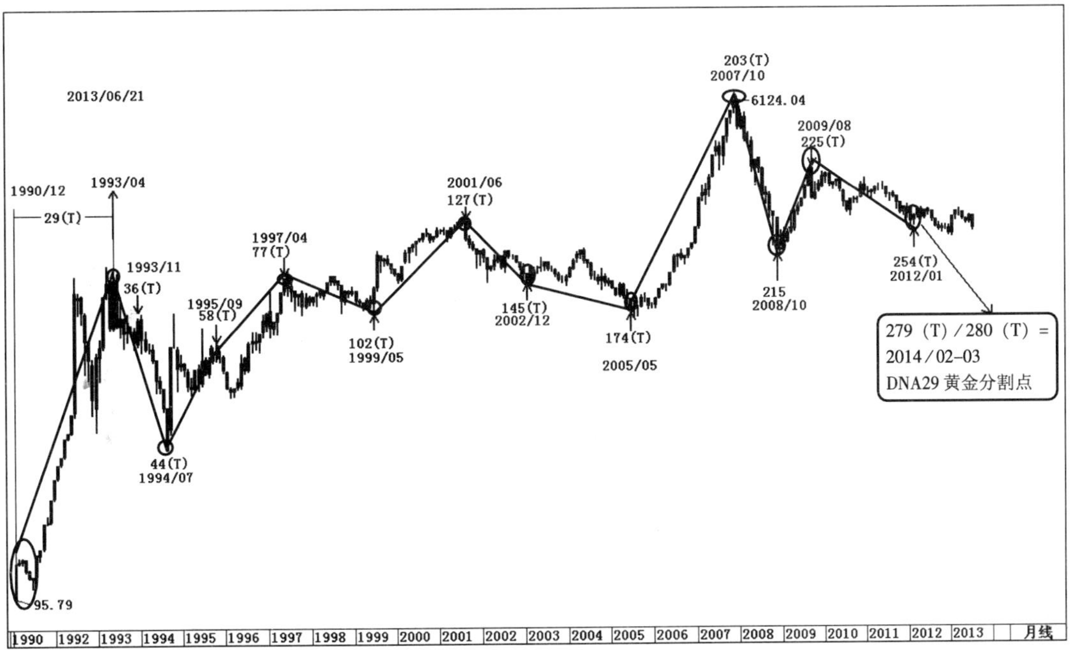

图 3.3.2　上证指数 DNA29 之螺旋线

（5）从太极出发运行 174 个月，到达 2005 年 5 月 1043 点底部，6 月 3 日在 998 点启动大升浪。

（6）从太极出发运行 203 个月，到达 2007 年 10 月 6124 点见顶部。

（7）从太极出发运行 232 个月，到达 2010 年 3 月的 3132 点顶部，232 与 DNA29 呈 8 倍关系。

上述 7 个市场的显著转向点的运行周期依次为：29、36、44、127、174、203、232 个月，这些运行周期与 DNA29 的数学关系分别为：①36 个月是 DNA29 的约 1.236 倍数；②44 个月与 DNA29 约成 1.5 倍数关系；③127 个月与 DNA29 成 4.382 倍数关系；④174 个月与 DNA29 成 6 倍数关系，这个大底产生于 6 倍整数，彰显倍数生成的普遍原则；⑤203 个月是 DNA29 的 7 倍数，在 DNA 核数 29 的 7 倍数上产生历史大顶 6124 点，彰显太极中心支配下的倍数生成模式之普遍存在。

若将太极移动到 2005 年 5 月的 998 点底部，则是运行 29 个月在 2007 年 10 月到达 6124 点历史上的大顶。读者朋友还记得吗？历史上第一次大升浪从 95 点底部至 1993 年 4 月顶部运行了 29 个月，因而成为上证指数第一个 DNA 核数。998 点至 6124 点，是本次大循环的最后一个上升浪，也同样运行了 29 个月，由头至尾，都贯穿着主宰数字之 DNA29。

DNA29 的“遗传重现”是在股市太极中心的支配下发生的，如同图

3.3.1 所显示的那样，DNA29 在太极中心的支配下，反复地以“代代相传自相似”和“交叠相传自相似”的繁衍模式出现于市场转向点上，这是股市生命功能的体现，或者说，这是股市的内在规律。

换一个角度看，以 DNA29 的 7 倍数完成史上的第 5 浪 6124 点顶部，真的很有点儿“玄”。我们在“数字简说”一节中介绍，“7”，是一个充满神奇色彩的数字，颜色是七彩的，地球有七大洲，自然现象，天体运行节律皆与“7”有关。中西方不同文化传统，不同宗教信仰，可用“风马牛不相干”来形容，可是，却都对“7”之数情有独钟。7，有着很多神奇的故事，比如，西方人 7 日为一礼拜，基督信徒要在礼拜日向上帝祈祷，检讨自己灵魂深处肮脏的东西，忏悔自己犯下的罪行，祈求上帝的宽恕。中国的宗教则认为，阴府路上，有七级浮屠。人死了，要做七七四十九日斋醮，以超度亡灵到西方极乐世界，等等。

周易认为，“7”是最小的一个天体运行的节律单位。《系辞》有云：“七日复得，君行健。”在股市的短线波动中，7 日是一个最常见的节律单位。7，可以是一个具体的节律数，也可以是一个泛指的概念，即指一切与 7 有关的数，比如整倍数的 7、14、21、28、35、42、49、56、63、70、77、84、91、98、105、112、119、126、133，等等，如果你够细心，就会发现这些数字常常是市场转向的周期数。

关于 DNA29，不但其整倍数会成为市场的重要转向点，整倍数后边带老子 - 斐波纳契数比率的数亦不容忽视。如：

（1）从 95 点到 2245 点，运行 127 个月，127 是 DNA29 的 4.382 倍。

（2）从太极运行 214 个月到达 2008 年 10 月之 1664 点底部，214 与 DNA29 呈 7.382 倍关系。

（3）从太极运行 225 个月到达 2009 年 8 月之 3478 点顶部，225 与 DNA29 呈 7.764 倍关系。

（4）从太极运行 254 个月到达 2012 年 1 月之 2132 点底部，254 与 DNA29 呈 8.764 倍关系。

（5）从 3478 点顶部到 2132 点底部运行 29 个月，DNA 比率关系为 1 倍。

图 3.3.2 标示出第 279 个月至 280 个月对应 2014 年 2 月和 3 月，这里是 DAN29 的黄金分割位，是否有市场转向发生，让市场去验证吧。这些数字比率关系见表 3.2.1。

卢卡斯数 29 个月约等长于朔望月长度 29.53。所以，29/30 是周期的基本单位，常影响着股市的波动。上证指数从历史之底到历史之顶（95—6124）（1990 年 12 月至 2007 年 10 月）共录得 7 个连续的 29 个月周期。

第四节　上证指数 325 点太极的 DNA13

如图 3.4.1 所示，太极设在 1994 年 7 月 325 点底部，其主宰数字为 DNA13，副主宰数字 DNA18。

本图标示的有效时间段为 221 周，即 325 点底部至 2012 年 12 月底部。

1. 期内市场转向点与 DNA13 成整倍数关系

（1）65（13×5），1999 年 12 月，1341 点底部。

（2）90（18×5），2002 年 1 月，1339 点底部。

（3）117（T）（13×9），2004 年 4 月，1783 点顶部。

（4）130（13×10），2005 年 5 月，1043 点底部。

（5）180（18×10），2009 年 7 月，3454 点顶部。

（6）195（13×15），2010 年 10 月，3073 点顶部。

（7）221（13×17），2012 年 12 月，1949 点底部。

以上 7 例对应的都是期内重要的市场转向点，彰显“倍数生成”是股市生命繁衍的最重要形式，出现的频率也最高。

2. 期内比率的尾数为 0.618 黄金分割率

（1）34 个月，DNA13 的 2.618 倍。1999 年 5 月 1510 点顶部转向，其后陷入长期调整，时间长达 25 个月，低至 1047 点。

（2）83 个月，DNA18 的 4.618 倍。2001 年 6 月 2245 点顶部，其后陷入长期调整达 47 个月，低至 998 点。

（3）112 个月，DNA13 的 8.618 倍。2003 年 11 月 1307 点底部，其后反弹 5 个月至 1783 点。

3. 期内比率的尾数带 0.236

（1）55 个月，DNA13 的 4.236 倍。1999 年 2 月 1064 点底部。

（2）159 个月，DNA13 的 12.236 倍。2007 年 10 月 6124 点历史大顶。

（3）172 个月，DNA13 的 13.236 倍。2008 年 11 月 1678 点底部，从这里启动强反弹至 3478 点。

(4) 185 个月，DNA13 的 14.236 倍。2009 年 12 月 3334 点顶部。

而比率尾数带 0.764 的也有 2 例，见图 3.4.1 中的标示。

以上共 14 例，整倍数的有 7 例，占比为 43.75%，充分彰显了 DNA13 对后市波动的主宰作用。若加上 0.236 的 4 例，共 11 例，则占比为 68.75%，两种比率占了半数以上。用好此两个比率，已经很不错了。同时，90 和 180 所对应的市场转向点十分重要，也表明了作为副主宰数字的 DNA18，亦不容忽略。其实，在 360°圆循环中，90°是 1/4 周期，处在后天八卦方圆图的子午线离卦数上。180°是 1/2 周期，处在后天八卦方圆图的卯酉线兑卦数上。作者多次介绍过，地球人类受天体运行的影响，当股市运行到上述子午、卯酉天文线时，因为“天人合一”的缘故，多会诱发市场趋势的逆转。比如在图 3.4.1 中，第 180°（月 = 度）是 2009 年 7 月之顶，翌月 4 日即在 3478 点发生趋势大逆转。至本节内容行文截止，已见到 2012 年 12 月的 1949 点。从原始太极 325 点至此运行了 221 个月，是 DNA13 的 17 倍数，DNA 整倍数周期恰好又出现在后天八卦方圆图的 180°上，诱发了长达 4 年的调整，至今调整还未完成。

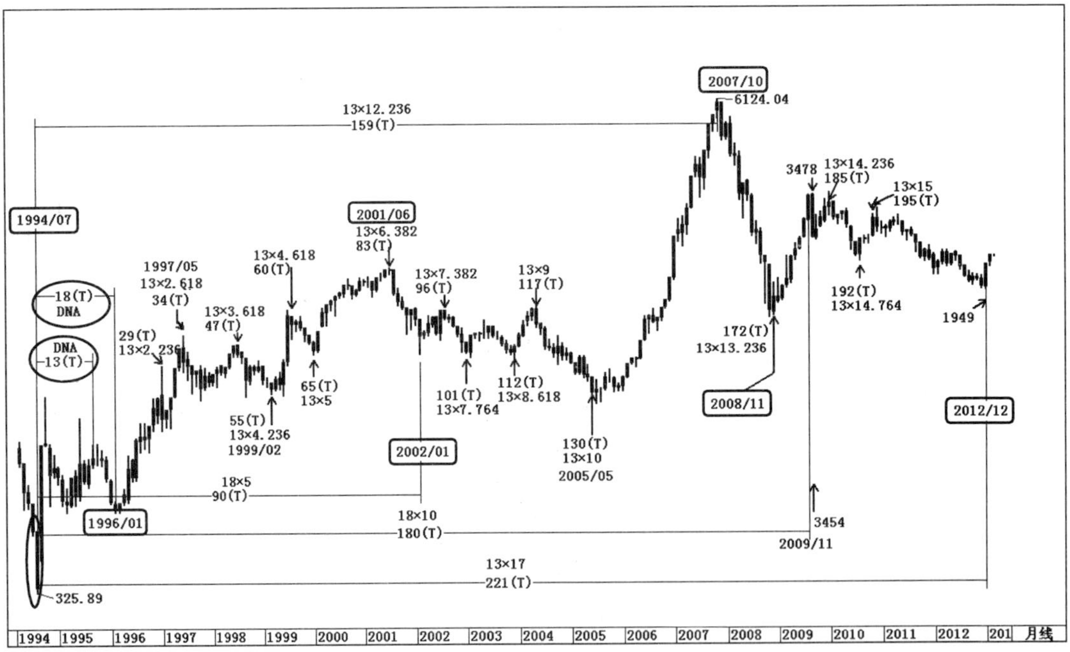

图 3.4.1 上证指数 325 点太极之 DNA13 的主宰作用

图 3.4.1、图 3.4.2 和表 3.4.1 展示了上证指数的历史数据，充分地论证了“太极是股市生命之源，股市受太极中心控制”，“太极中心蕴藏着一

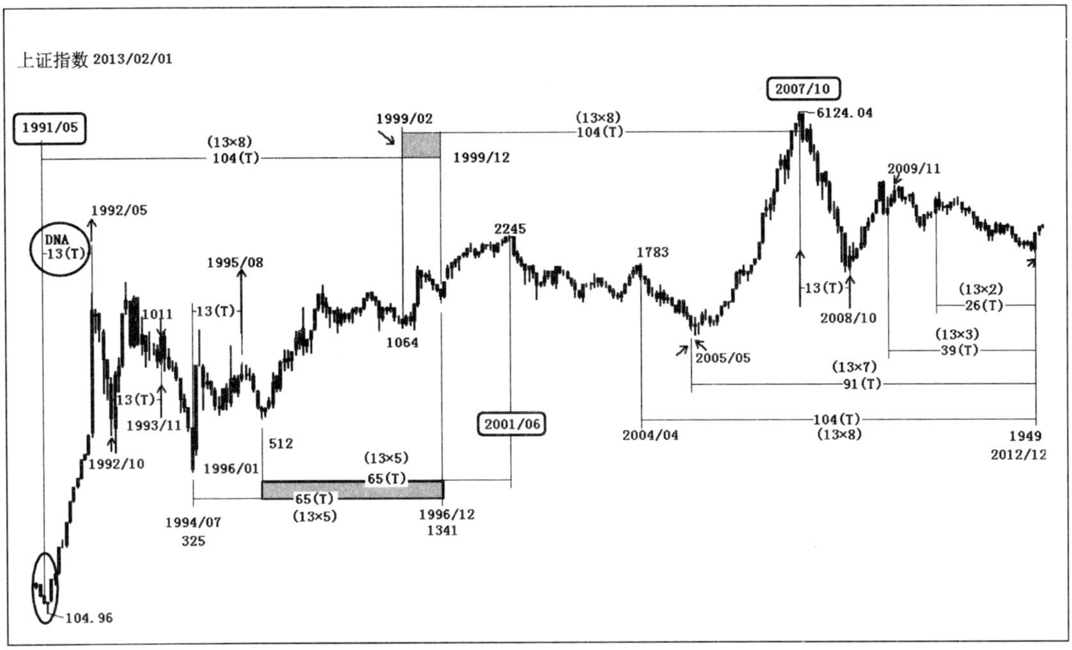

图 3.4.2　太极恒动核数恒常之 DNA13

个主宰数字，这个主宰数字支配和制约着全部市场波动”这样一个命题，它们揭开了江恩大师不愿意示人的主宰数字的神秘面纱。我们掌握了这些主宰数字，就已经解决了抓住市场转向点的大问题，中级以上转向的最佳买点和最佳卖点就如同囊中取物一样。

表 3.4.1　上证指数 325 点太极之 DNA13 的控制力

DNA 核数	核数的倍数	乘　积	指向时间（年．月）	指数　顶/底	备　注
DNA13	乘 1.382	18	1996/01	325　底	
DNA13	乘 2.618	34	1997/05	1510　顶	螺旋扩张点上产生历史大顶
DNA13	乘 4.236	55	1999/02	1064　底	
DNA13	乘 5.00	65	1999/12	1341　底	
DNA13	乘 4.618	83	2001/06	2245　顶	螺旋扩张点上产生历史大顶
DNA18	乘 5.0	90	2002/01	1339　底	
DNA13	乘 7.382	96	2002/07	1741　顶	
DNA13	乘 7.764	101	2002/12	1348　底	
DNA13	乘 8.618	112	2003/11	1307　底	

续表

DNA 核数	核数的倍数	乘　积	指向时间（年．月）	指数　顶/底	备　注
DNA13	乘 9.00	117	2004/04	1783　顶	倍数生成之顶很重要，其后下跌至 998 点
DNA13	乘 10.00	130	2005/05	翌月 3 日 998 点大底	倍数生成之底很重要，其后展开史上最强劲的升浪
DNA13	乘 12.236	159	2007/10	6124 历史顶	此顶更多地受到第一个太极中心 DNA29 的控制
DNA13	乘 13.236	172	2008/11	1664　大底	
DNA18	乘 10.00	180	2009/08	3478　大顶	此顶更多地受到第一个太极中心 DNA29 的控制
DNA13	乘 14.764	192	2010/07	2319　底	
DNA13	乘 15.00	195	2010/10	3073　顶	
DNA13	乘 17.00	221	2012/12	1949　底	

太极虽然可以不断向前移动，但是，作为股市生命的“第一个”时间基因，如 DNA13、DNA18 和 DNA29，却永恒地主宰着市场波动。太极有多个量度运行时间，可以从多个太极点起算。比如，习惯上取长期、中期、短期三个太极点，寻找与 DNA 核数有关联的数，然后寻找后天八卦方圆图上的卦位数，再寻找这些数的聚合点，这样你就可以计算出循环周期和市场转向点。

第五节　95 点太极中心的空间控制

在股市三要素中，时间第一，空间第二，形态（比率）第三。此三要素不可或缺，通常股评家多将注意力放在股市的运行时间上而忽略了对空间的研究。其实，时间与空间两者不可缺一，它是一个载体的两个方面，缺了一个，另一个也就失去了存在的意义。时间记录空间，空间充实时间，它们是相互依存的关系。这里我们专门研究股市太极的空间关系。

股市空间是通过股价（指数）呈现的，换言之，指数（股价）即股市的空间。上证指数的原始太极在1990年12月的95点底部，其太极的空间核数第一个就是95，记录为DNA95。原始太极的第一个上升浪的升幅，也就得先从空间核数DNA95说起，这个核数主宰了有史以来22年的市场波动空间。

从1990年12月95点太极开始，至2012年12月1949点，共22年时间，期间录得最重要的市场顶部和底部共18例，这18例指数皆与95点空间核数存在特定的老子-斐波纳契数比率关系，无差误的有2例，差误率不足1‰的有8例，加上2例无差误，共10例，占全部统计项的55.55%，差误率最大的是5.8‰，见表3.5.1。

表3.5.1中的数据表明，上证指数的"第一个"空间核数主宰着其有史以来22年的波动空间。这也否意味着，第一个DNA核数对于上证指数的波动空间具有永恒的主宰作用。理由在于，基因细胞（DNA核数）的"自组织、自相似"遗传功能是永恒存在的，无论如何"变种"，都是万变不离其宗，与人类的基因一样，如果正常细胞变异为癌细胞，就离死亡不远了。

22年股市生命的第一个空间核数生生不息，一直主宰着上证指数的生命空间。其实，何止一个上证指数，引论之一的深证综指，其第一个空间DNA核数（396和3026,），何尝不是也一直主宰着它自己的生命空间——深证综指的波动范围。

如果说中国股市只有22年的生命史不足以证明第一个基因的永恒存在，那么外国较长历史的股市因作者手中数据不全，难以全证，但作者知道，道琼斯指数有一个低点为45点，于是45点就成为空间基因核数。道琼斯指数2007年10月有一个大顶14198点，两者的比率关系为315.5，差误半个小指数点，差误率微不足道。

股市DNA有何妙用？当市场出现一个疑似顶部或疑似底部时，如何能证明其为"真"，检查一下DNA就可以了。

表3.5.1　1990年12月95点太极之空间控制

序号	空间（指数）	顶/底	到达时间（年.月）	适用比率	备　注
1	1558	顶	1993/02	16.26	无差误
2	325	底	1994/07	3.382	+1点　或3‰
3	1052	顶	1994/09	11.00	+1点　或不足1‰
4	512	底	1996/01	5.382	+3点　或5.8‰

续表

序号	空间（指数）	顶/底	到达时间（年.月）	适用比率	备　注
5	1510	顶	1997/05	15.764	+0点　无差误
6	1047	底	1999/05	11.00	+5点　或4.7‰
7	2245	顶	2001/06	23.382	+5点　或2.2‰
8	1311	底	2003/01	13.666	+2点　或1.5‰
9	1783	顶	2004/04	18.618	+0点　无差误
10	998	底	2005/06	10.382	+3点　或3‰
11	6124	顶	2007/10	82	+6点　或1‰
12	1664	底	2008/10	17.382	+1点　或1‰
13	3478	顶	2009/08	36.382	+6点　或2‰
14	2319	底	2010/07	24.236	+2点　或1‰
15	3186	顶	2010/11	33.236	-2点　或1‰
16	3067	顶	2011/04	32.0	-1点　或1‰
17	2132	底	2012/01	22.236	+2点　或不足1‰
18	1949	底	2012/12	20.382	-3点　或1.5‰

对照表3.5.1，我们来耐心阅读下列数据：

（1）95×1.618=1550点。实际见顶指数为1558点，差误率为5‰，顶部产生于.618的螺旋线扩张点上。

（2）95×3.382=321点。实际见底指数为325点，差误率为1%多，底部产生于.382的螺旋线收缩点上。

（3）95×11=1053点。实际见顶指数为1052点，差误率不足1‰，整倍数比率见顶。

（4）95×5.382=515点。实际见底指数为512点，差误率为5‰，底部产生于.382的螺旋线收缩点上。

（5）95.75×15.764=1510点。实际见顶指数为1510点，分毫不差，见顶于老子－斐波纳契数比率之0.764上。

（6）95×11.00=1053点。实际见底指数为1047点，差误率为5‰。

（7）95×23.382=2240点。实际见顶指数为2242点，差误率不足1‰，顶部产生于0.382的螺旋线收缩点上。错位见顶，让成长时间调整25个月。

（8）95 ×10.382 =995 点。实际见底指数为998 点，差误率为3‰。

（9）95 ×82 =6130 点。实际见顶指数为6124 点，差误率不足1‰，在8 的平方64 倍见历史大顶。

（10）95 ×17.382 = 1665 点。实际见底指数为 1664 点，差误率不足1‰，底部产生于.382 的螺旋线收缩点上，后市强劲反弹。

（11）95 ×36.382 =3485 点。实际见顶指数为3478 点，差误率为2‰，顶部产生于.382 的螺旋线收缩点上。错位见顶，惹来后市陷入长期调整。

（12）95 ×20.382 =1956 点。实际见底指数为1949 点，差误率为3‰，底部产生于.382 的螺旋线收缩点上。

以上12 例囊括了上证指数1990 年12 月至2012 年12 月的22 年全部历史，其中1 例完全对应，4 例差误率不足1‰，2 例达到5‰，其余5 例均在3‰或以下。由此可见，上证指数的原始空间核数95，在22 年的全部市场波动中，准确地控制着市场最为重要的顶部或底部转向。

请记住，也可以用移动太极的方法，去测量某一指数（股价）与太极中心核数的数学关系，以确定其顶部或底部的真或假。

将“1”这个数作为黄金分割，如果0.618 是扩张点，则0.382 就是终点。对于“1”段空间而言，0.618 如果是“顶部”，0.382 则是“底部”。考核上证指数历史上的几个重要底部皆与.382 存在数学联系，如图3.5.1 所示。

（1）325 点底部 = 核数 ×3.382 =324 点，－1 点。

（2）512 点底部 = 核数 ×5.382 =515 点，+3 点。

（3）998 点底部 = 核数 ×10.382 =995 点，－3 点。

（4）1664 点底部 = 核数 ×17.382 = =1665 点，+1 点。

（5）1949 点底部 = 核数 ×20.382 =1952 点，+3 点。

相反的，若在0.382 比率见顶的，后市则堪虞。如2245 点顶部、3478 点顶部，等等，后市都陷入长期调整。如图3.5.1 所示。

上述数据充分证明了太极中心对股市空间的扩张与收缩，具有极强的支配作用和极为精确的控制力。太极中心以其极为准确的比率关系，控制着股市生命的螺旋线展开，要么是倍数生成，要么是在黄金分割点上。共18 项记录，其中3 项没有差误，即1558 点顶部、1510 点顶部和1783 点顶部；4 项差误只有1 个指数点，十分接近无差误，分别为325 点底部、1052 点顶部、1664 点底部和2132 点底部；最大差误8 个指数点，差误率亦只有5‰，平均差误率不足1‰，18 项中，整倍数及黄金分割点上发生市场转向的有5 项，无差误及接近无差误的有7 项，5 +7 =12，占全部的66.67%；

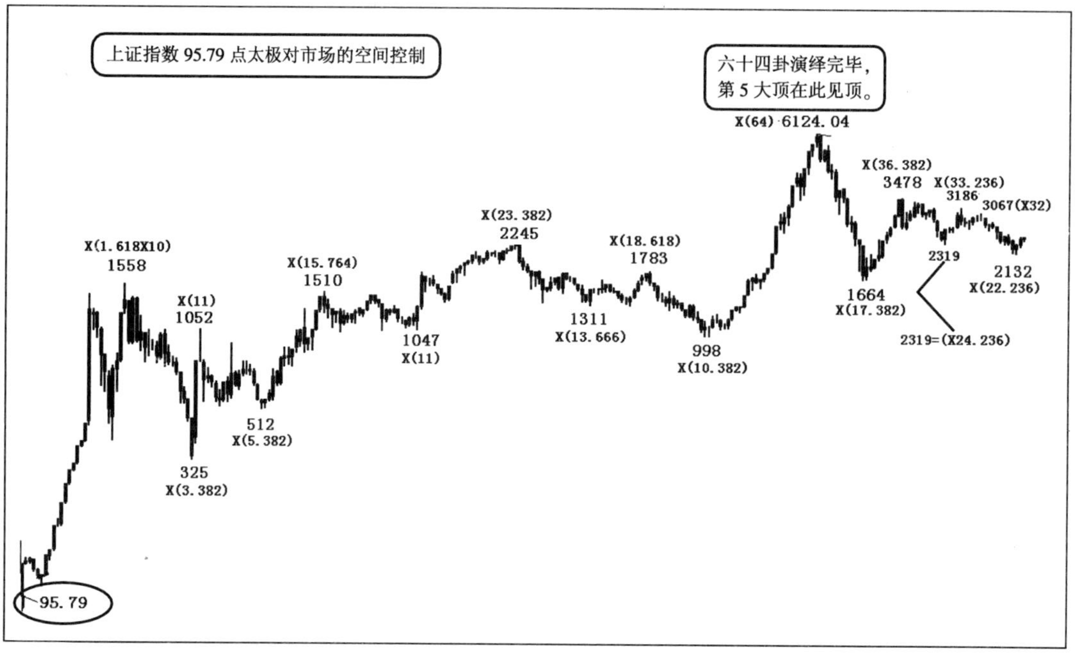

图 3. 5. 1　95 点太极对市场的空间控制

整数后边带 . 382 倍的有 7 项，占 38. 88%。这些比率十分有趣，太极中心控制下的主宰数字，似乎很喜欢玩黄金分割的比率游戏。

第六节　太极中心对股市时空控制之总结

太极中心所控制的时间与空间，实乃时空的交融点，或者说趋势的临界点。股市因交融而引发共振，其共振的强大力量将市场趋势推向极致，进而发生重大逆转，这就是股市的自然法则。

比如，998 点底部的时间比率是 DNA29 的 6 倍（从 95 点太极起算，运行 174 个月）；空间比率是 10. 382 倍。998 点底部是从 2245 点跌下来的，形态上可以非常清楚地数出 ABC 三个调整浪。由此发生时间、空间、价格（含形态与比率）三维交融，因交融而共振，诱发市场波动趋势发生重大逆转。

又比如，6124 点顶部的时间比率是 DNA29 的 7 倍，空间比率是 64 倍（82）——空间核数之 DNA95 × 64 = 6130 点，与实际见顶指数 6124 点的误差不足1‰。64是个特殊的数字——八八六十四卦演绎世间万物万事，DNA核数的64倍数演绎了中国股市的5个上升推动浪，从第4浪底部998点起算，其升幅是6.13倍，约是黄金分割的万倍之数；时间上第4浪运行29个月（998～6124点）。读者现在也该熟悉了吧？29个月就是“第一个”DNA核数——股市波动的主宰数字。

我们在本书开篇时说，股市是一个生命体，其生命来源于太极。换言之，太极主宰着股市生命的繁衍，太极的功用及其重要性有如宋代大儒朱熹、邵雍等先贤所说的“太极是心”，“太极是理”。大圣人孔夫子也说，“易与天地准，故可弥沦世间万事万物”。无论是时间比率，还是空间比率，抑或形态的形成，一切都是从太极延展出来的。“万物之动，贞夫一者也”。股市的一切，包括股市三要素都受到太极的支配与制约，太极的功能可谓“范围天地而不过，曲成万物而不遗”，就是“涵盖股市的一切，并主宰其螺旋线的扩张与收缩运动过程”。

股市太极是通过它的生命基因对市场波动发挥控制和支配作用的。生命基因又称为DNA核数，比如已经在前边亮相了的上证指数的空间基因核数DNA95，比率基因DNA3.236（1052/325＝3.236）、DNA1.764（1757/998）、（926/524）以及整倍数（1558/386约为4倍）等，时间基因核数DNA13、DNA18、DNA29等，这些DNA核数将会永远地在不同的时间段，不同的波浪位置上对市场波动起着控制和支配作用。

在股市研究中，抓住太极，包括移动中的太极之应用，抓准每一时段的太极所呈现的新的主宰数字（不要把原有的主宰数字给丢了，因为DNA核数已经永远潜藏在股市的生命体中）就能够用好太极，用好了太极，就已经可以解决绝大部分问题了，起码能够抓住市场大的转向点。

记住这个定理：太极中心律是宇宙的第一大律。股市中的螺旋律、周期律、对偶律全部都是在太极中心的精确控制下展开的。

记住股市生命的三种繁衍模式：一是“代代相传自相似”；二是“隔代相传自相似”；三是“交叠相传自相似”。万变不离其宗，这三种模式就是股市生命展开的三种模式，没有第四，只有此“三板斧”。

同一片天空下，没有新鲜事。过去发生过的，以后还会发生。

第四章
股市螺旋律

第一节 螺旋律的数学基础及上证指数的市场印证

一、螺旋线的起源及其数学基础

“太极中心律”一章介绍说，太极图由两条S形阴阳鱼合抱而成，阴鱼S曲线代表阴性螺旋，阳鱼S曲线代表阳性螺旋，两条并列的螺旋线代表了阴阳二气相互依存、相激相荡的运动轨迹。螺旋线向外扩时，以其起点的1.618倍为其临界度；螺旋线向内收缩时，则以0.618为其临界度，一伸一缩的最大张度是2.618倍（1.618÷0.618）。螺旋线的收缩运动就像宇宙肺的收缩运动，循环往复，生生不息。

《系辞》中说：“（太极）范围天地之化而不过，曲成万物而不遗。”这话的意思是，两仪生四象，四象生八卦的“天地之化”通通在太极的“范围”之内。还高度概括了“易与天地准，可究天人之际”的功能。

“曲成万物而不遗”还特别强调了万物生成生化的过程是“曲线”的，即以螺旋线性展开的。螺旋线即是万事万物的生命线，这是螺旋线的起源。现代人称“螺旋线”，我国古代圣贤叫“曲成”之线。

自然现象、生命现象中大量地呈现螺旋形态。例如，闪电、飓风、波浪、太阳系的彗星尾巴、细菌繁殖的加速形态、陨石在地球表面所形成的陨石坑等，都呈螺旋状。又比如，松果、向日葵、羊齿等植物，以及海马、蜗牛、贝类动物、动物的角等，也都呈螺旋状。是什么力量使将这些事物无一例外地呈现螺旋状态？我们认为这是自然界中存在一种“自然法则”，这种法则就是，宇宙中普遍地呈现数学上的0.618黄金分割和物理上的螺旋线展开。人体的肢体分置亦呈黄金分割，肚脐处在人体高度的0.618位置上，头肩部位则占人体高度的0.236等，这是“天”赐予健康人的标准结构。这是天地之准则，换成现代语，就是“自然法则”。

我们试着把一粒石掷落水中，石子击向水面的重力作用使得水面出现波纹，这些波纹也是以螺旋形状一圈一圈地向外扩散的。这个简单的实验表明，螺旋线性展开是重力作用所造成的物理现象，是自然界的普遍法则之一。

我们是万物皆为数的数论者。数消亡了，宇宙变得虚无缥缈，或者说，宇宙也消亡了。其实，自然界中诸多螺旋形状，表面上是重力作用所造成，骨子里是数的作用。黄金螺旋形只是自然界的表征形态，生命现象则无休止地扩张和收缩。无论向内或向外，均维持0.618和1.618的比率，正因为0.618和1.618的神奇作用，被世人誉为黄金分割率。

螺旋线、黄金分割率，不仅是自然界物理现象的普遍法则，而且是宇宙结构几何形态的普遍法则。螺旋线的计算方式，主要有三种几何形式：黄金三角形、黄金矩形和黄金五角形，这三种形式都以黄金比率发展出无穷无尽的分式结构。

黄金三角形尖角为36°、两个锐角为72°的等腰三角形，在这个三角形中，底部与两腰的长度比例是1.618倍。以图4.1.1为例：$BC=1.618$，$AC=1+1.618$，$AB=2+1\div1.618$。

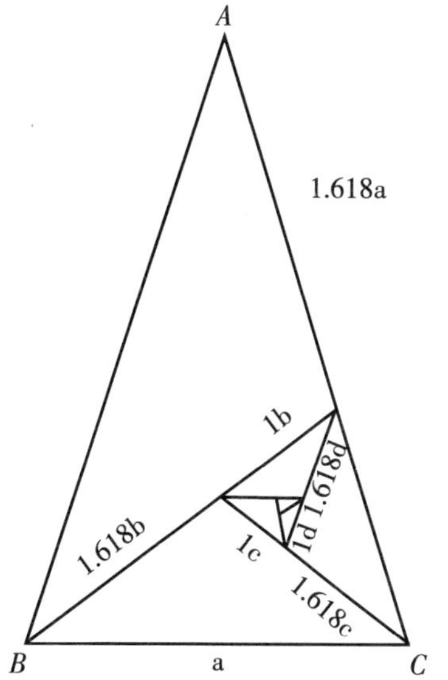

图4.1.1　黄金三角形

黄金三角形的特点是，若将 B 角或者 C 角分为两半，并将分角线延伸至对腰线，则对腰线便会按0.618倍分割，所分割出来的小三角形本身也是一个黄金三角形。按此法将黄金三角形连续分割，便能得到无限小的黄金三角形。将黄金三角形的底部增长1.618倍，并与尖角用直线相连，便又可得到一个较大的黄金三角形，而较大的黄金三角形是较小的黄金三角形的2.618倍。以36°尖角为基础，向外增加36°，再以黄金三角形的底线向外延伸，上述两条直线相交之处，便形成另外一个较大的黄金三角形。按此法不断推演，可使黄金三角形无限向外扩张。

正如宋代大易学家邵雍在描述宇宙时所说："其大无外，其小无内。"意思是说，无论向外扩大或者向内缩小，其最佳的力学结构都是三角形。三角形缩小或扩大的最佳力学比率是0.618和1.618，三角形是一个力学上的稳定性形态。比如我们日常用的单车，其承重部分就是一个三角形结构，三角形的"黄金"称谓，道理皆在于此。

上述黄金三角形的扩展形式，与大自然的扩展形式极为接近。我们应用圆弧将每一个由小至大的黄金三角形的尖角相连，便可得到一条扩展的黄金螺旋线。通过对黄金三角形的几何剖析，我们知道了螺旋线实际上是黄金三角形向外扩张时，尖角的圆弧形连线，其圆弧的半径以1.618倍比率增长。将 B 角或 C 角分为两半（倍数缩小），并将这条分角线延伸至腰，则腰会按0.618倍比率分割，分割出来的较小的黄金三角形缩小一倍，在这个较小黄金三角形的尖角上画圆弧，则形成收缩的螺旋线。这说明，较大三角形是以倍数增长的，较小三角形是以倍数缩小的。符合"太极生两仪，两仪生四象"的倍数增长模式，倍数增长是结果，1.618→0.618的运动是过程，两者不可或缺。黄道称："出地36°，入地36°，出入地合之72°。"这恰好是黄金三角形的角度，黄金三角形角度之和为180°。

螺旋线是宇宙存在的一种普遍形式，螺旋线是太极之理、气、数三者合一的线性展现。太极是支配宇宙的绝对中心，螺旋线则是使宇宙结构和谐、稳定而有序运动的连轴线。

天文学家摩尔在《天与宇宙》一书中有"太阳系起源论略图"。图中以两种螺旋线表示云的两个分支，如果在第一螺旋线上产生某星球，则在第二螺旋线上对应地产生星球（对偶律）。摩尔所指出的天体星球分布状况，不仅符合螺旋律，而且符合对偶律。股市峰、谷位的分布状况，也同样受螺旋律和对偶律的支配。

螺旋线圆弧半径的展开秩序，符合老子－斐波纳契数列（方根），其螺旋线向外扩张时，由小到大依次为$\sqrt{5}$、$\sqrt{8}$、$\sqrt{13}$、$\sqrt{21}$、$\sqrt{34}$、$\sqrt{55}$、$\sqrt{89}$……这就表明，螺旋线的数学基础是老子－斐波纳契数列，螺旋线是生命延展的连轴线。

如上所述，则得出两点启示：

（1）螺旋率的数学基数是黄金三角形，螺旋线运动是黄金三角形以0.618为数学框架的扩张与收缩展开的圆弧线运动。

（2）螺旋线的扩张与收缩运动呈周期性和重复性，扩张与收缩不断循环，形成周而复始的圆形运动。

二、上证指数螺旋线的扩张与收缩展示

本节以中国A股上证指数为例，展示其大盘的螺旋线之扩张与收缩运动。

图4.1.2是上证指数月K线循环周期图，图中记录了上证指数有史以来的四次循环周期，下面分析其最早的头两次循环周期，观察其螺旋线向外扩张和向内收缩时的螺旋线展开轨迹。

第一次循环周期的太极在1990年12月95点底部，由95点太极出发，运行44个月到达1994年7月的325点底部，44个月即本次循环的时间长度。图中标示在第27个月，即1993年2月产生1558点当时的历史大顶。计算得知，这个顶部出现在螺旋线黄金分割0.613的扩张点上，27/44＝0.613，本次循环周期的终点325点底部产生于螺旋的收缩点上。

第二次循环周期的太极前移到1994年7月之325点底部，从325点太极出发，运行131个月至2005年6月的998点底部。131个月即本次循环的时间总长度，期内的2245点是第5浪顶部，产生于第83个月（1994年8月至2001年6月）。计算得知，这个顶部出现在螺旋线黄金分割0.633率的扩张点上，即83/131＝0.633。不言而喻，998点产生于螺旋的收缩收点上（注：黄金分割率允许在0.60～0.66之间。上面提到两例的0.613及0.633，皆在黄金分割率的允许差误范围之内。反之，螺旋线收缩点约在0.4～0.34的范畴内）。

上证指数历史上的两次循环，皆中规中矩地在太极中心的制约下，在螺旋线的扩张点上产生螺旋线峰位（顶部），在螺旋线的收缩点上产生螺旋线谷位（底部），表明市场波动的实质是螺旋的扩张与收缩运动。

请读者留意：图4.1.2中标示的周期一和周期二是可以定案了的，甚

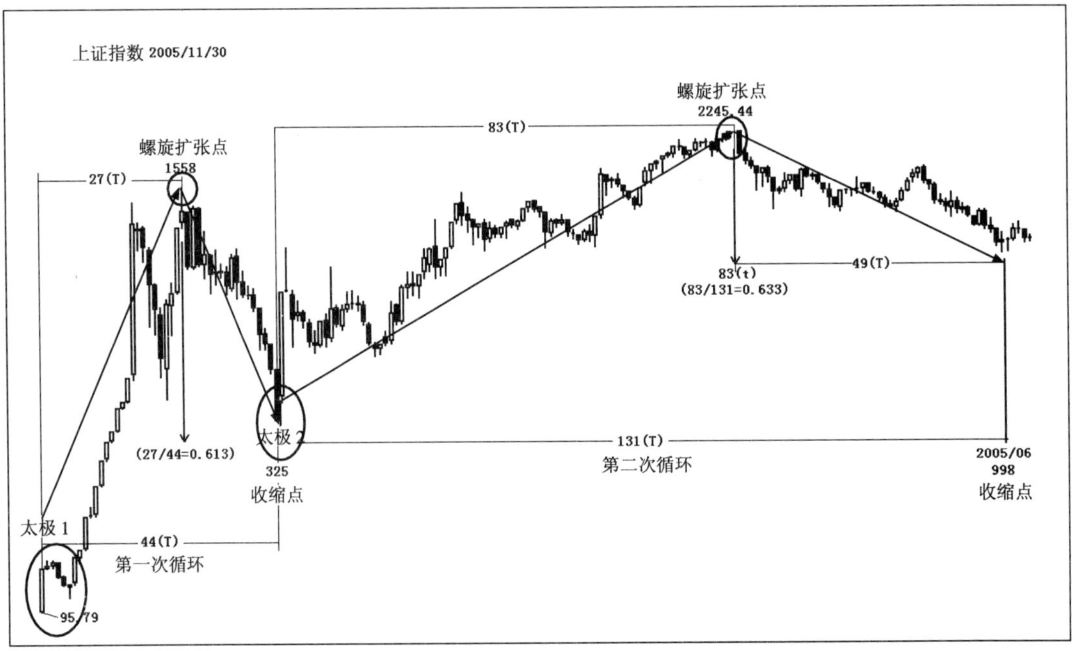

图 4.1.2　上证指数螺旋线的扩张与收缩（2005 年 11 月）

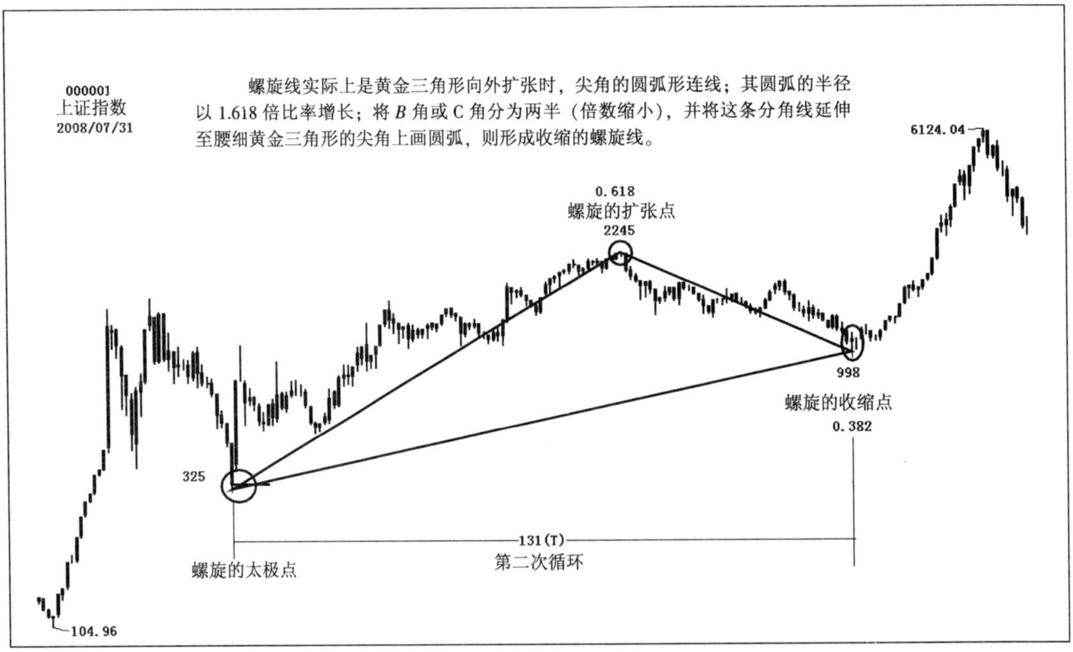

图 4.1.3　上证指数螺旋线的扩张与收缩（2008 年 7 月）

至可以作为教科书的教材。

周期三和周期四（图 4.1.3 中未标示）是未有最后定案的探讨性划分，

也可以将周期三和周期四合并为一个周期，即周期三。周期总长度为 90～91 个月（2005 年 6 月至 2012 年 11 月），这样，仍然可以在黄金分割的范围内找到螺旋扩张点，即 2009 年 12 月 3334 点（运行老子－斐波纳契数 55 个月），而 2012 年 11 月底部就是螺旋收缩点了。如果 2012 年 12 月的 1949 点近期被跌穿了（行文至此为 2013 年 6 月 24 日），那么上述的周期划分就被否定了，则周期的划分点就要后延。

第二节　螺旋线运动的市场印证

图 4.2.1 是超声电子周线图，该股从 2008 年 10 月 3.58 元底部至 2012 年 1 月 6.85 元底部，是一次时长为 165 周的巽卦数循环周期，期内顶部在 2010 年 11 月 19.71 元出现，其上升时间为 108 周。108 是 9 的 12 倍，终了之数周期。108 周占时长 165 周的 0.65。换言之，此轮周期之顶出现在螺旋线的扩张点上，而底部则出现在螺旋线的收缩点上。

图 4.2.1　在黄金分割率的范围内产生螺旋峰位

图4.2.1看点有二：一是重要转向皆出在卦位数或其倍数中；二是中规中矩在螺旋线的扩张点上产生峰位（即顶部），其底部则出现在螺旋线的收缩点上。

图4.2.2是国农科技月线图，国农科技从1991年9月0.94元底部至2006年4月2.58元底部，运行了175个月，这是一次乾卦数25的7倍数周期。从0.94元太极出发运行艮卦数111个月，到达2000年12月26.38元顶部，上升时间为周期总长的0.634（111/175=0.634）倍。换言之，本次循环周期在0.634黄金分割之螺旋线扩张点上产生峰位，对应地，在螺旋线的收缩点上产生谷位（底部）。国农科技的周期特点如超声电子一样，市场的重要转向点皆出在卦位数或其倍数上，并在螺旋线的扩张与收缩点产生顶部和底部。

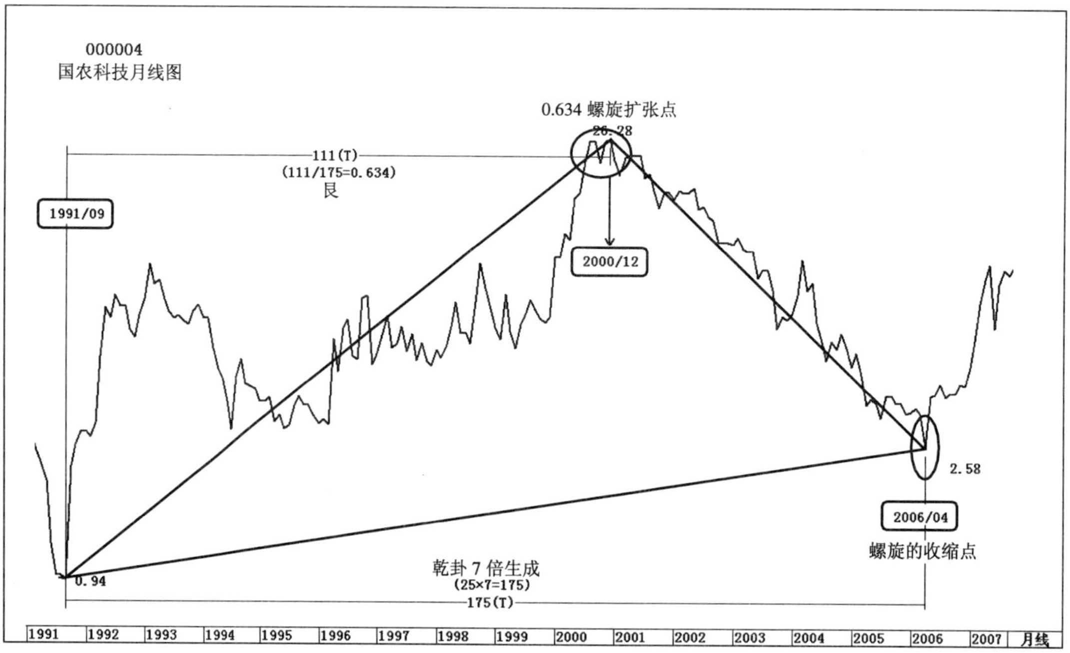

图4.2.2　在黄金分割的螺旋线扩张点上产生顶部

图4.2.3是东方宾馆月K线图，太极为1994年7月1.26元底部，时间总长度为132个月（11年）。在2005年7月产生1.43元底部，从太极运行84个月（7年），于2001年6月产生9.24元顶部，84/132（或7/11）=0.636。换言之，在黄金分割的螺旋扩张点产生峰位（9.24元顶部），相对应地，在螺旋的收缩点出现谷位1.43元底部，非常准确地在螺旋线的轨迹上波动。本例中的另一个技术特征点是，循环周期的时间总长为11年（卢

卡斯数/卯酉线兑卦数)，上升时间为7年（艮卦数/周易的重要节律数)，7与11（年)，成为中国股市的重要DNA核数。

7年周期与11年周期将在长期后市中反复重现，这是股市生命基因的遗传功能决定了的。

以上三例循环周期特点是共性的，即在太极中心的主宰下，市场波动以S形螺旋线展开，并在黄金分割的扩张点上出现顶部，在螺旋的收缩点上出现底部。第二个共性是，凡市场的显著转向点，皆出现在后天八卦方圆图卦位数上。这两个共性，是股市波动的内在规律，当然亦是循环周期的规律。

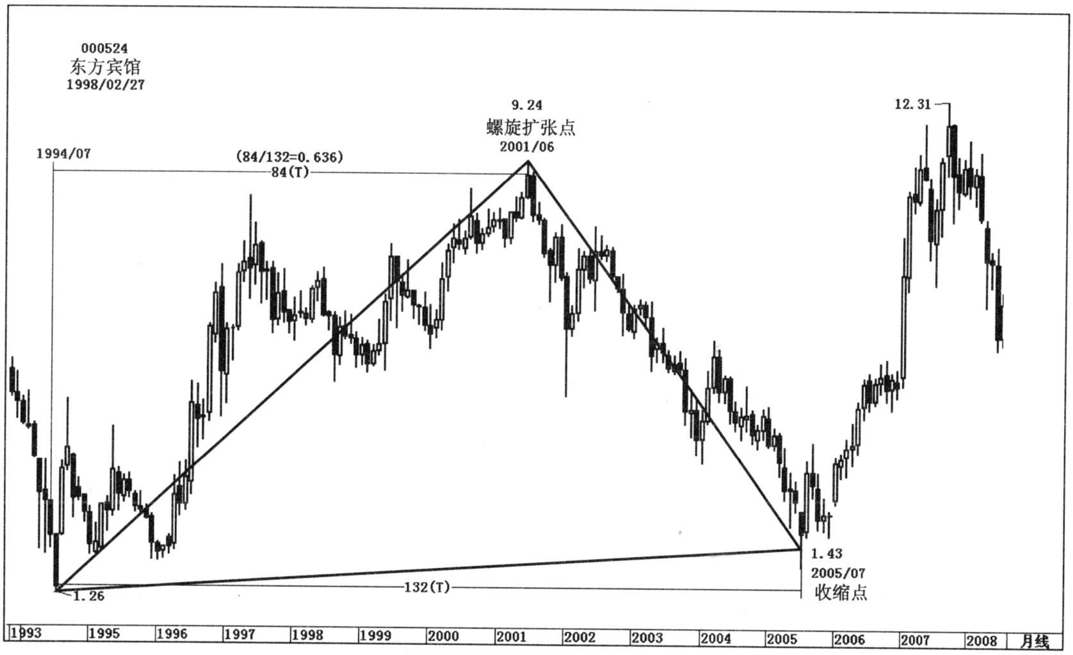

图4.2.3 东方宾馆月K线图

第三节 底部至顶部螺旋线3例

图4.3.1是上证指数月K线图。太极设在1991年5月的104点底部，从太极出发运行13个月，在1992年5月产生1429点顶部，这是当时的史

上最高指数，见顶后急跌至1992年11月386点。由此可见，13个月是“第一个”极为重要的周期数，记录为DNA13。可以预料，DNA13作为主宰数字，将控制着上证指数长期后市的市场波动。

图中特意标示了“神奇玄妙的DNA13”，用上“神奇玄妙”四字，一点儿也不夸张。图中所标示的时点，皆与DNA13存在特定的比率关系，而这些时点，又全部是市场最重要的转向点。DNA13的某些螺旋射点，所指之处有些是很不显眼的，然而却是重要的市场转折点。如图中的34（T），34是DNA13的2.618倍，对应1994年2月，当月波动幅度很小，是一根不显眼的小阳十字星，只能算作从1558点顶部下跌途中的一个小驿站。这个螺旋射点重要吗？作者认为很重要，因为从翌月起，连续杀跌5个月，直至325点见底。很显然，1994年2月是个很重要的市场转折点，其重要性是因为从此时点运行34（T），DNA13的2.618倍，正好处在螺旋扩张点上，是市场造顶之所在。虽然该月之顶没有大阳月K线，却是“山不在高，有名则灵”，所以神奇玄妙。

图中显示，尾数为.618黄金分割的有7个，占比为20.58%；尾数带.382的螺旋射点有6个，占17.61%；整倍数的螺旋射点共有14个，占比为41.17%。仅.618、.382及整倍数三项，已占全部螺旋射点总数34个的（20.58+41.17+17.61）79.3%。数据提示我们，凡遇上DNA13的整倍数，特别是尾数带.618，或.382，你就得注意市场是否要发生重大转向了。

以下诸例是DNA13在“黄金分割”的位置上产生的市场重大转向。

图4.3.1共标示了34个螺旋射点，其中尾数为0.618黄金分割的有7个，虽占比不高，可却很有特点：

（1）34（T），DNA13×2.618。1994年2月818点顶部，C浪下跌的中途驿站。

（2）73（T），DNA13×5.618。1997年5月1510点顶部，后市调整25个月至998点。

（3）86（T），DNA13×6.618。1998年6月1442点顶部，后市调整12个月至1047点。

（4）99（T），DNA13×7.618。1999年7月，上月为长阳月K线，最高1756点，本月阳转阴，之后调整6个月，至1999年12月的1341点见底。

（5）112（T），DNA13×8.618。2000年8月，2114点顶部，见顶后横盘7个月，彰显螺旋扩张点的周期意义。

（6）151（T），DNA13×11.618。2003年11月，1307点底部，后反弹

6 个月至 2004 年 4 月的 1783 点。

（7）190（T），DNA13×14.618。2007 年 2 月，2541 点底部，后反弹 8 个月至 2007 年 10 月的 6124 点。

很显然，上述 7 例要么是螺旋扩张点，要么是螺旋收缩点，都是市场的重要转向点。

在作者的测市系统中，强调“倍数生成”是股市生命最重要的，也是最常见的繁衍方式。在测市的具体应用上，“倍数生成”就是“第一个”DNA 核数的整倍数所指向的螺旋射点，遇上这些整倍数时点，你就得特别关注这里是否是“市场转向点”。在图 4.3.1 中，DNA13 整倍数的螺旋射点共有 14 个，在 198 个月周期内，14 个倍数生成的螺旋射点全部都是市场的转向点，其中最重要的有：

（1）39（T），1994 年 7 月 325 点底部转向。

（2）52（T），1995 年 8 月 788 点顶部转向。

（3）104（T），1999 年 12 月 1341 点底部转向。

（4）156（T）之 2004 年 4 月 1422 点顶部转向。

（5）169（T）之 2005 年 5 月 998 点底部转向。

图 4.3.1 中标示，DNA13 倍数生成呈顺序展开，26、39、52、65、78、91 没有遗漏一个，呈现一条持续复制 DNA13 的生命链。换言之，即在 198 个月周期内，不间断地复制“代代相传自相似”。

图 4.3.2 的 DNA 核数仍然是 13，但太极前移到 1994 年 7 月的 325 点底部，从这个新的太极点出发，到达 2007 年 10 月 6124 点历史大顶，运行了 159 个月，159 不但是卢卡斯数的一个螺旋射点，同时它是 DNA13 的 12.236 倍。显然，DNA13 这个基因核数控制了这个不寻常的大顶。其实，在这 159 个月的时间段内，DNA13 一直控制着所有市场的显著转向点。太极是永远向前运动的，但原始太极的 DNA 核数仍在对市场起着非常严密的控制作用，这就叫作“太极恒动，核数恒常”。DNA13 控制力昭著，举典型数例：

（1）第 18 个月，1996 年 1 月 512 点底部。18 是 DNA13 的 1.382 倍。在螺旋的收缩点 0.382 造底。

（2）第 34 个月，1997 年 5 月 1510 点顶部。34 是 DNA13 的 2.618 倍。在螺旋的扩张点 0.618 造顶。

（3）第 57 个月，1999 年 4 月底部。翌月发生“5·19”行情。57 是 DNA13 的 4.382 倍。在螺旋的收缩点 0.382 造底。

（4）第 83 个月，2001 年 6 月 2245 点顶部。83 是 DNA13 的 6.382 倍。

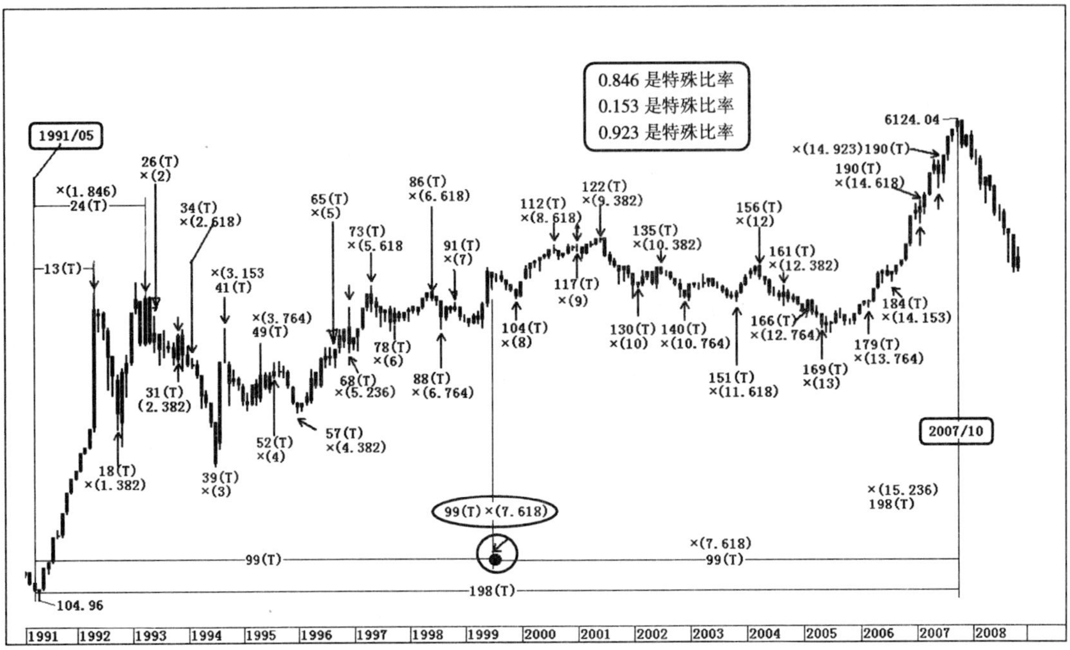

图 4.3.1　上证指数月 K 线神奇玄妙的主宰数字 DNA13

在螺旋的收缩点 0.382 造顶。扩张点为老阳；收缩点为老阴。老阴而造大阳之顶，此乃人为逆天时之作。后市必遭天谴。

果然如此，后市下跌 25 个月。在 2005 年 6 月的 998 点才见底。

（5）第 130 个月是 DNA13 的 10 倍。9 与 10，同为终了之数。130 月对应 2005 年 5 月。该月是逆天而为的 2245 点大顶之后的 47 月（47 是卢卡斯数）。一轮为时约近四年的大调整之下跌趋势在 DNA13 的 10 倍数“终了”。一轮史上大升浪随即发生。

（6）第 159 个月（159 是卢卡斯数螺旋历法的一个周期点），159 是 DNA13 的 12.236 倍。在这个老子－斐波纳契数比率上，产生历史之顶 6124 点。6124 是从 998 点升上来的，顶底之间存在 .618 的倍数关系。换言之，与 DNA 核数的 12.236 倍时间构成时空价三维交融，于是大顶成矣。

上述 6 例，彰显太极移位后的 DNA13 仍然与 104 点太极的 DNA13，有着同样“神奇玄妙”的主宰作用。老子－斐波纳契数具有普适性，境外股市也不乏 DNA13 的故事。

再看深证综指的 DMA13 又是如何演绎神奇的，见图 4.3.3。太极设在 1991 年 104 点底部，从太极出发，运行 13 周出现显著 171 点顶部，记为 DNA13。第 42 周（1996 年 12 月 6 日）收最后一根周阳 K 线，翌周在 476 点发生了 A 股史上最惨烈的下跌，42 是 13 的 3.236 倍。第 44 周（1996 年

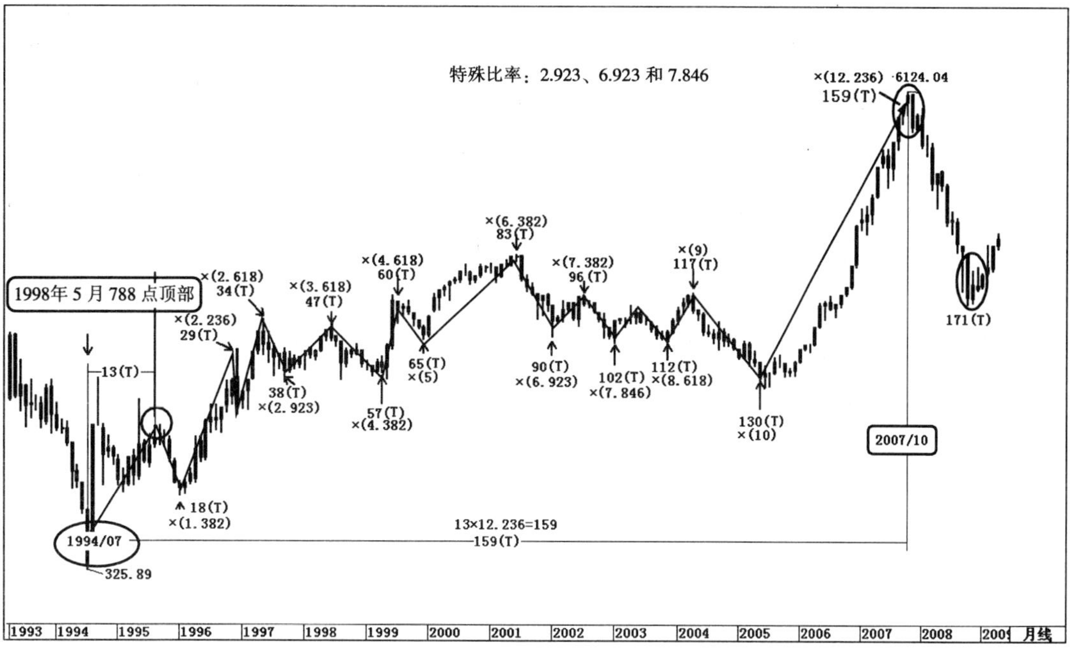

图 4.3.2 上证指数 DNA13 之螺旋线特征

12 月 20 日）出现一根光头光脚的长阴周 K 线，实体为 82 点，两周之内从顶部下跌了 35%！

上述故事发生在 DNA13 的特定比率上的 3.236～3.382 倍的区间内，作者正是应用神奇数比率的相关知识，对于上述发生在 1996 年 12 月的深圳股市故事有过极准确的预测。

476 点见顶前两周，作者发表了题为《波浪理论的实践应用——与田牧先生商榷》的股评。文章内容摘要如下：

（1）关于空间判断：文章发表于 1996 年 12 月 3 日，当日指数向上突破了三角形上边线，其量度升幅目标约在 476 点。

（2）关于时间判断：突破当日从 238 点底部运行了 54 日，下一时间目标是 60～61 日离卦数附近，即 12 月 12 日前后。

（3）从 104 点底部太极起算，至 1996 年 12 月 12 日为 204 日，与上述 60 日短周期重叠，极易引起长短周期共振。204 是后天八卦方圆图卯酉线震卦数，此数曾多次成为市场的重要转向点。

后市事实是，在第 61 日，即 1996 年 12 月 12 日的 476 点见顶，预测 100%准确，见图 4.3.4（注：该文预测成功引起业界关注，《股市动态分析》为此对该文做了特别推荐）。

回到图 4.3.3 的剖析中来：第 62 周（1997 年 5 月 9 日），收出始自太极的最后一根周阳K线，翌周在520点见顶，后市调整101周（巽卦数）在1999年5月的308点见底，爆发著名的“5·19”行情，调整周数亦与DNA13存在7.764的老子－斐波纳契数比率关系。

从104点底部太极至1999年5月308点底部运行了164周，与“第一个”基因核数DNA13存在12.618关系。62是13的4.764倍；164是13的12.618倍。由此可见，520点顶部与308点底部，都受到“第一个”基因核数DNA13的精确控制。

520点顶、270点底以及308点大底都曾被作者精准预测。1997～1999年屡有佳作。简述如下：

记得1997年5月中旬，作者在深圳人民医院住院，做骸核切除手术，在病床上仍然要为“万信声讯台”的“鲁兆每日股评”写稿。本来此事已经忘却，在后来的一次讲课中，一位来听课的老者告诉作者，他每天都笔记万信台播出的“鲁兆每日股评”，然后朗读作者有关520点顶部等股评，多谢这位老者如此捧场。

关于1999年“5·19”行情预测，作者在《股市动态分析》1999年第16期发表了《又到周期敏感时》一文，文中如是说：

市场转点必然发生在循环周期点上，但并非所有周期点都是市场转点，只有波浪形态呈现完美的特征，波幅比率服从黄金分割，时间才会与价位产生共振，市场才会转向。

波浪形态美不美？波幅比率是否服从黄金分割？且看：

（1）442点至310点跌132点，$\sqrt{F_8} \times E - 3 = 132$。

（2）310点反弹至397点升87点，87是水星周期数，反弹修正0.66倍（$87 \div 132 = 0.659$），是个黄金比率，同时66又是螺旋历法的市场长度：$\sqrt{F_5} \times E$。

（3）从397点下调至316点，跌81点，$9^2 = 81$，是个终了之数，两个下跌波之比是：$(397-316) \div (442-310) = 0.613$），也是黄金分割率。

（4）从1999年2月8日316点反弹至4月8日358点，升42点（这里是下降楔形的D波），42既是神奇数21的两倍数，同时又是一个螺旋历法的市场时间长度：$\sqrt{F_3} \times E$。

波浪形态之所谓美，是以其峰谷服从螺旋线分布而呈现的，仅就上述分析（各个顶部，底部都发生在老子－斐波纳契数及螺旋历法的射点上），我们可以说，波浪形态十分美，时间和价位已交融在一个共振点上。毫无疑问，本次反弹已告一段落（指4月8日358点）。D波结束后，还有一个下跌E波，当其运行完毕，整个下降楔形也就结束了，市场就会发生戏剧性的反转。

此前（大约是3~4月间），作者曾在发表《周期·白鹤梁·波浪》一文中称：

（C）浪正以下降楔形5波形态运行，目前正处在（C）浪之5，亦即下降楔形的e波，也就是最后一个下跌波。

如果这个首选浪成立，那么在5月小满附近，将会完成A浪调整。

如果上述预测成为事实，那么从520点顶部计算，已经下行了25个月，或者说已经调整了102个交易周，102恰好为34的3倍数（离火之数极易诱发下跌趋势反转）。

后市正如本文预测，在“（C）浪之5的最后一个下跌波——e波”运行完毕之后，底部目标果然“在5月小满附近”兑现，小满是5月21日，后市在5月19日即“小满附近”爆发了著名的“5·19”行情，预测完全正确。“5·19”之308点底部出现于基因核数13的12.618倍螺旋射点上，惊人的准确度彰显“第一个”基因核数对中长期市场波动的控制力。须知道，DNA13诞生至此，已历时151周，151是卯酉线震卦数！

接下来，在DNA13的平方数169周螺旋射点上，诞生528点顶部。从此又陷入26周中期调整，至1999年12月的398点，26周调整时间是DNA13的两倍。

从太极104点太极起算，运行195周到达1999年12月398点底部，这个底部是“第一个”核数DNA13的15倍生成。

好戏接着来。后市在226周出现顶部，在250周出现底部。226是DNA13的17.382倍，250是DNA13的19.236倍。

.382和.236都是老子－斐波纳契数的重要比率，这些比率控制着螺旋线的轨迹，控制着峰位与谷位（图4.3.3）。

从104点太极出发，运行265周到达2001年6月的665点当时的历史之顶。265是后天八卦方圆图上卯酉线震卦数，也是图4.3.3的最后一个螺旋射点。

注意到了吗？第一个核数DNA13是坤卦，25月、250月是乾卦，102周是离卦，61日是离卦。所有的市场转向点，无论用日、用周、用月做时间单位，皆为卦位数，可见后天八卦方圆图是个宇宙全息的载体。

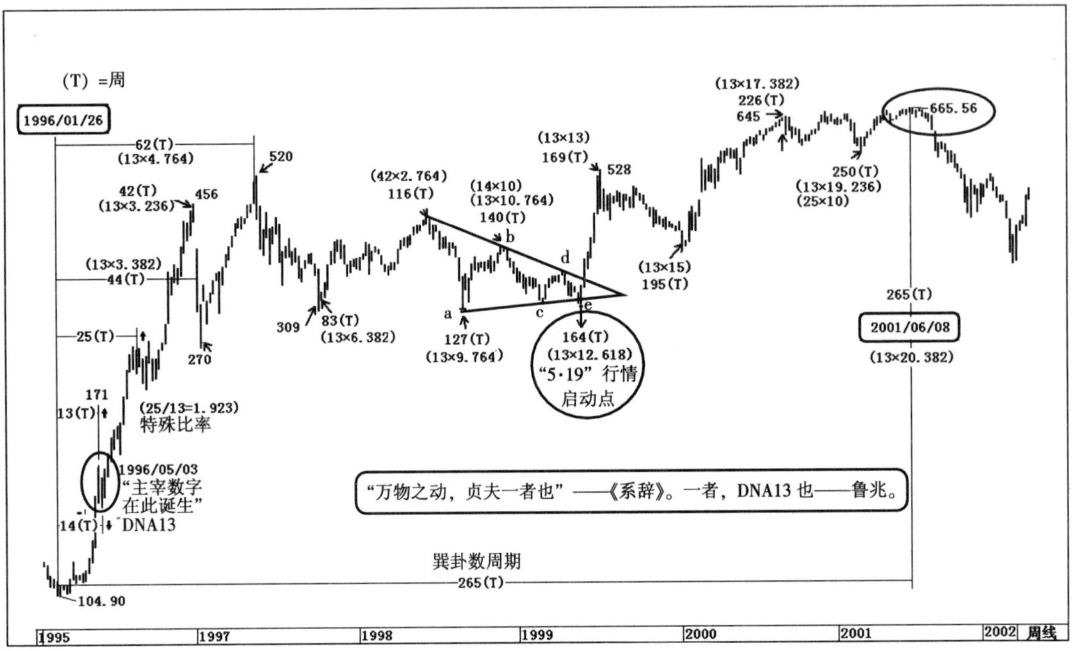

图 4.3.3　深证综指的主宰数字 DNA13

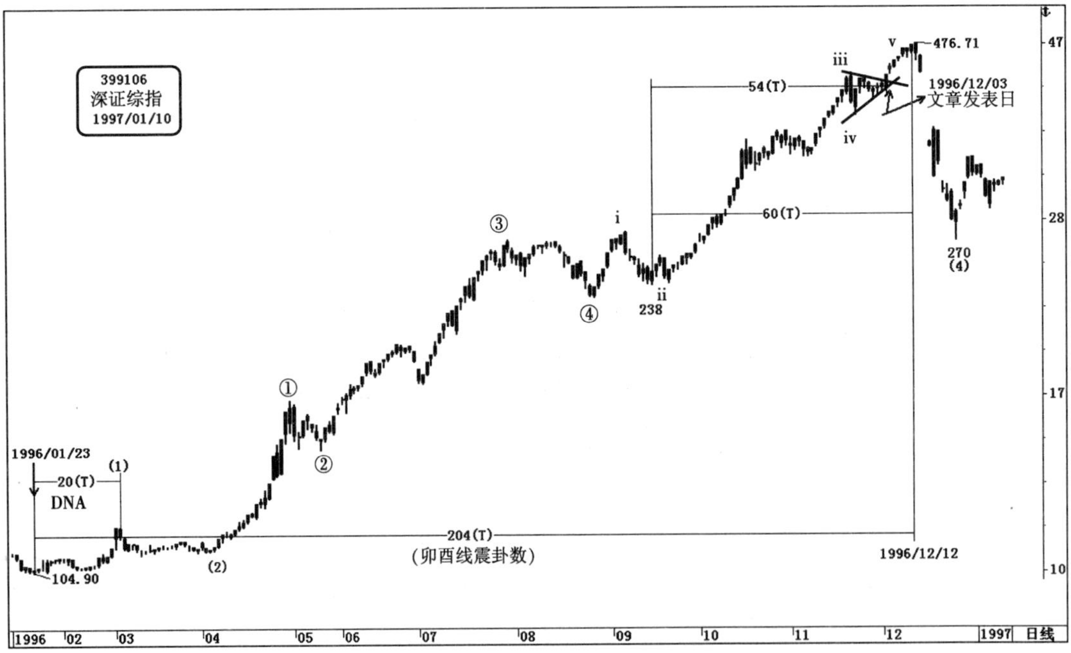

图 4.3.4　深证综指 1992 年 12 月顶部预测（划浪）《与田牧先生商榷》

第四节　由顶部至顶部循环周期的螺旋节点

在有关股市循环周期的研究中，大多习惯于由一个重要的中期（或中期以上）底部至下一个中期底部为一次循环，专家们认为这样的循环具有更高的稳定性。作者循惯例，书中列举的循环周期亦多以从底部到底部为例。事实上，循环周期不但可以从底部至底部计算，还可以从顶部至顶部计算。理由十分简单，从一个顶部运行至另一个顶部，其中经历了顶—底—顶这样一个完整的螺旋运动，也是一次循环（波动）过程。作者发现，这个过程完全合乎在太极中心主宰下的螺旋线展开规律。过程中的波浪峰位或谷位之分布，亦完全服从老子－斐波纳契数比率。比如0.382、0.5、0.618、0.764、0.809，等等，特别是0.5和0.618这个黄金分割率，其稳定性相当高。因此，由顶部至顶部的循环也具有循环规律性，遵从此规律也可以预测股市的波动，具有实用性。

中国古代大儒朱熹有著名的“大限之数”之说，认为数行一百，即为“大限”，意谓一百是一个重要的循环节点（变点）。从事物的发展变化来说，一百是重要的周期之数。历法上，一百年划为一个“世纪”，历史的发展以“世纪”为纪事，如在19世纪末、20世纪初，发生了清朝消亡、民国诞生的重大历史事件。

“一百”是两个“大衍之数”，明显的是个“倍数生成”。我们在本书中强调，“倍数生成”是股市中最常见的生命繁衍形式，比如对称（偶）就是倍数生成，倍数生成是股市生命繁衍过程中出现次数最多的形态。

以年为计时单位，股市的大限之数周期肯定是一个重要的生命周期。然而，我国股市时日尚浅，至今才20多年，因此，“大限之数”周期只能以“月”为计算单位。事实上，在中国股市23年（276个月）的生命历程中，就曾经出现过多次大限之数周期。本节重点讲由顶部至顶部的大限之数月周期，即由顶部（循环周期的始点，太极点）运行100个月（含时间之窗），常会出现另一个顶部（循环周期的终点）。下面以上证指数月K线图论证之（图4.4.1）。

从1990年12月95点始，至2007年10月的6124点，中国股市运行在长期上升趋势中，见图4.4.1中的L线示意。其间，史上见到的第一个顶

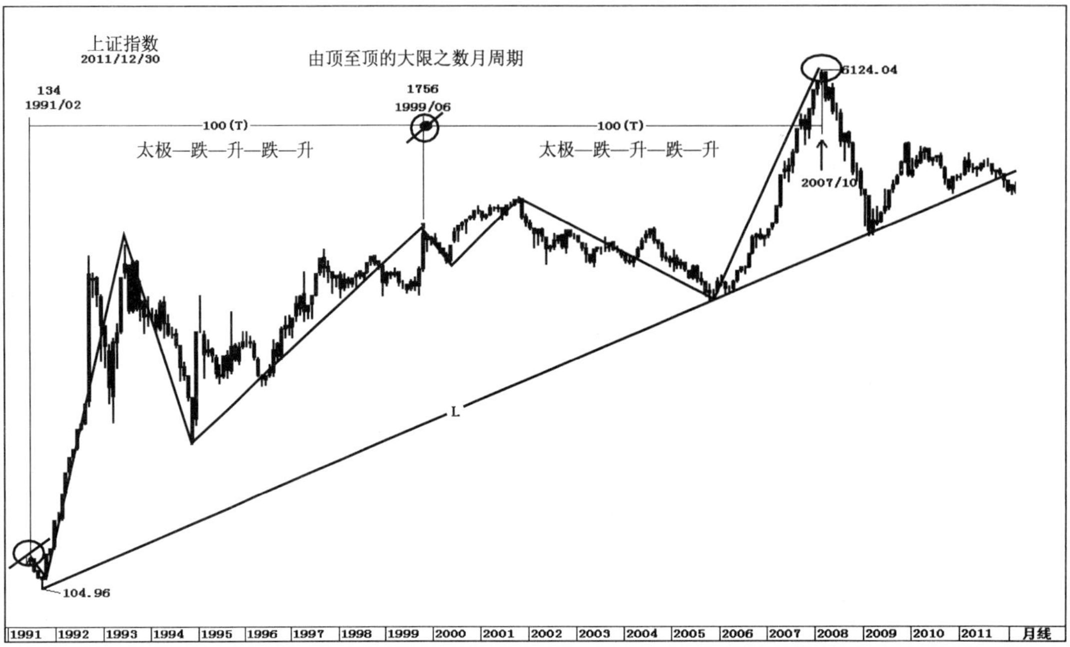

图 4.4.1　长期上升趋势中的由顶至顶的大限之数月周期

部是 1991 年 2 月出现的 134 点顶部，以此设为太极点。我们看到，从此太极出发运行 100 个月，出现 1756 点顶部（1999 年 6 月），此顶虽不是绝对高度，却具有显而易见的周期意义。

从 1999 年 6 月的 1756 点顶部再行 100 个月，至 2007 年 10 月出现 6124 点历史大顶，两次连续的（对称）100 个月循环周期之运行节奏是一样的。第 1 次百月周期表现为：太极—跌—升—跌—升（134—104—1558—325—1756）；第 2 次百月周期表现为：太极—跌—升—跌—升（1756—1341—2245—998—6124）。两次 100 个月循环周期内，其运行节奏是相同的，都出现两个底部和两个顶部。以第 2 次 100 个月循环周期为例，两个底部是 1999 年 12 月的 1341 点和 2005 年 6 月的 998 点；两个顶部是 2001 年 6 月的 2245 点和 2007 年 10 月的 6124 点。其运行节奏十分明晰，其底其顶都是 A 股历史上最为重要的市场转向点。明晰的运行节奏为投资人掌握峰位和谷位的分布提供了规律性的节律，见图 4.4.1。

前面提到的第 1 个 100 个月循环周期点的 1756 点，并非长期上升趋势中的绝对高点，它的前边有一个 1558 点顶部，后边又有一个 2245 点顶部，都比它的 1756 点要高。所以，大限之数月周期可以出现循环周期的终点，比如 6124 点就是长期上升趋势的终点，也可以仅仅出现某一循环周期过程中的市场显著转向点，比如 1756 点顶部。至于周期点上出现大顶、中顶，甚或是大底、中底，都是可以的。总之，大限之数月周期（100 个月作为中心，正负 2 个月，即 98 个月至 102 个月为时间之窗）内，可以是由底部至底部，可以是由顶部至顶部，也可以是由底部至顶部，或者由顶部至底部。

由此可见，大限之数彰显的只是周期节律的意义，它揭示的是，在这个周期的时间之窗内，会发生中等级别的市场转向，至于转向之后的趋势目标，不可固执而定。

图 4.4.1 展示的由顶部至顶部的百月大限周期，早在运行至 50 个月和 61 个月时就可以预测，正在运行的将是一个“大限之数”月周期，何以见得？50 个月与 61 个月分别对应 0.5 和 0.618 两个最为重要的黄金分割位，我们可以因此而做出预测判断，其 100% 的时间点也应该是有效的。事实正是如此。

图 4.4.2 标示出第一个大限之数循环周期在 50 个月产生底部（1995 年 4 月），翌月发生“井喷”行情，反弹之后，在 61 个月又产生底部（1996 年 3 月），之后正式启动史上第二波大的上升行情，在第 100 个月产生 1756 点显著顶部。

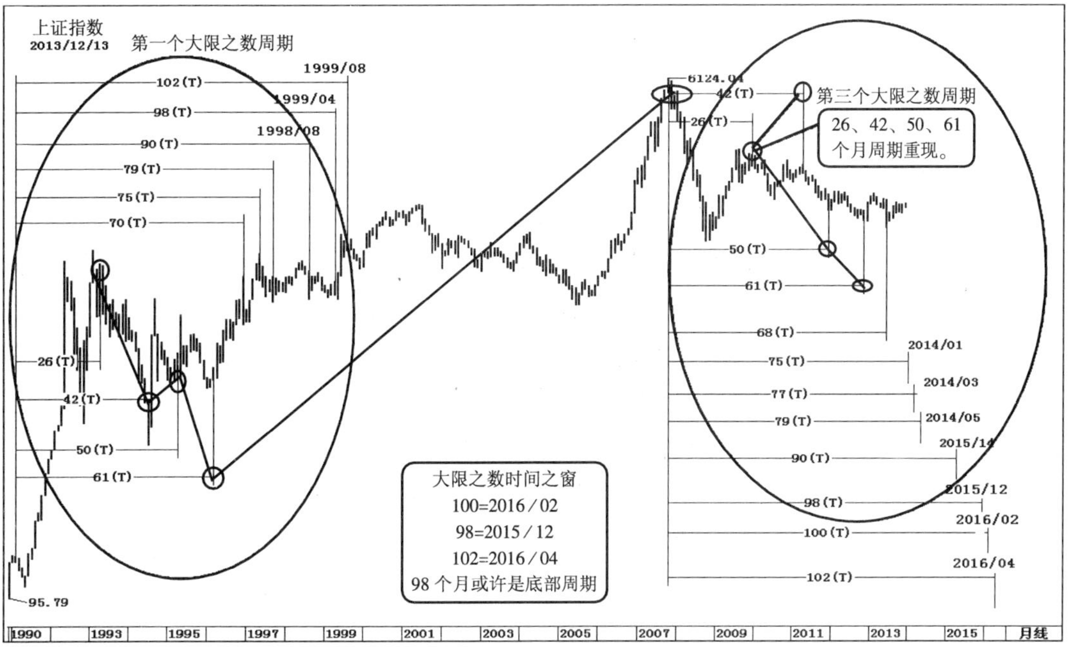

图 4.4.2　大限之数时间之窗

第 2 次“大限之数”月循环周期是否能够成立？0.5 和 0.618 黄金分割位是否仍然有效周期？图 4.4.2 标示出第 50 个月产生 2314 点底部

(2011年12月)，然后反弹2个月至2478点。第61个月产生1959点底部，之后反弹3个月至2444点。显然，这是对第一个“大限之数”月周期节律的克隆，其机理是股市生命基因固有的遗传功能。即股市生命基因细胞的“自组织、自相似”功能所致。是否还是一个由顶部至顶部的循环周期？应该说，依此我们可以做出预测，6124点顶部之后，股市运行的仍会是一个“大限之数”月周期，而且是仍为一个由顶部至顶部的循环周期。6124点后的“大限之数”月周期出现市场的显著转向点（中期转向）是可以肯定的，做出这个预测的依据是，6124点之后的第50个月出现底部转向（2011年12月2134点底部），第62个月在2012年12月的1949点发生底部转向，即0.5和0.618两个黄金分割点都是有效的，由此可推知其100%的时点——第100个月仍是有效周期。至于100个月周期点上见到的是顶部，还是底部？判断却是有难度的。首先，趋势变化了。6124点之前是长期上升趋势，6124点之后是长期下降趋势。上升趋势中的两个百月周期是由顶至顶，下降趋势中的百月周期还会是由顶到顶吗？变或不变，皆有可能。无论变与不变，都不会影响投资人的战略性决策者。因为，在百月周期时间窗内的第一个月，就可见到趋势明朗化。

关于百月周期内见顶抑或见底，我们将在本书周期律中展开详细讨论。

“大限之数”月周期的时间之窗内，可以是一个高度不稳定的时间段。比如，第一个大限之数周期的时间之窗从1999年4月底部至同年4月顶部，在这个时间窗内发生了翻天覆地的市场波动。99个月是1999年5月1047点大底，其后启动第3大浪中的最后一个上升子浪，至2245点。第100个月的时间之窗的正时点是1999年6月的1756点顶部，在时间之窗的2个月时间内，既出中期底部，又出中期顶部。

“大限之数”时间窗的最后一个月，即第102个月是1999年8月，该月收一根阳K线，翌月瞬间摸高1696点后，狂跌4个月至1341点见底，下跌355点，或跌幅21%。由此我们看到，“大限之数”月周期并非只产生一个高点这么简单，而是在周期的时间之窗内，会同时发生中级级别的大顶和大底。历史的经验值得注意，或许，“历史会重演”。第3个“大限之数”月周期的时间之窗是2015年12月至2016年4月，正时点是2016年2月。作者未敢说这个时间窗内，会发生如第1个时间窗内翻天覆地的市场波动，既出大顶，又出大底。但至少可以说，在这个时间窗内，一定会出现意想不到的宽幅震荡，因为这里是6124点长期下跌趋势之后的首个百月周期，时届第98个月（2015年12月），读者届时要多加注意了。第100个月，即2016年2月，是百月周期的正时点，周期意义尤为重要。

第五节　太极中心与螺旋线展开的内在联系

宇宙的四大规律——太极中心律、对偶律、螺旋律和周期律是主宰天地之间万事万物的规律。股市是万事万物中的一种社会经济活动，因此不可避免地受到宇宙四大规律的控制。这在第三章有翔实的市场案例以及理论剖析，并指出 DNA18、DNA29、DNA42、DNA55、DNA81、DNA94 等常见于中国股市的显著转向点上。其实，这里列举的 DNA 核数全部与 DNA13 存在整倍数后带 0.23 的比率关系。比如，

$13 \times 1.23 = 18$　　$13 \times 2.23 = 29$　　$13 \times 3.23 = 42$　　$13 \times 4.23 = 55$

$13 \times 5.23 = 68$　　$13 \times 6.23 = 81$　　$13 \times 7.23 = 94$　　$13 \times 8.23 = 120$

$13 \times 9.23 = 120$　　$13 \times 13 = 130$

可以这样说，在太极中心的控制下，上列数字是股市螺旋展开的主旋律，是主宰数字。宇宙太极是动态的，股市太极亦是动态的。股市永远循螺旋线向上（向前）波动，波动过程中，螺旋线的峰位与谷位，皆受到太极中心的控制。或者说，其峰位谷位的出现存在严谨的数学联系。

2007 年 10 月 6124 点是历史大顶，是中国股市第一大循环中上升趋势的终点。根据太极恒动的原理，我们将太极移动至 6124 点顶部，再一次观察 DNA13（月）的主宰作用（图 4.5.1）。图中标记了 6124 点和 1664 点两个太极。根据市场实际，太极读数可为 0 或为 1，即用与不用太极可灵活应变。

从 6124 点太极出发，运行 13 个月到达 1664 点大底（太极点用为 1）。DNA13 在这里起了重大作用，一轮狂跌止于“13”！更为神奇的是，DNA13 主宰了 6124 点为太极的螺旋线运动。请看：

第 21 个月，2009 年 7 月 3454 点顶部。翌月瞬间触高 3478 点后急跌至 2263 点，月收市于 2667 点，是一根实体为 811 点的大阴线。你知道吗？21 是 DNA13 的 1.618 倍。换言之，从 1664 点的反弹终结于 1.618 的黄金分割位的时间点上，这里是螺旋线扩张的最佳峰位，其后是熊途漫漫，数年下跌。

第 26 个月，2009 年 12 月 3334 点顶部，这个月是此前 8 月狂跌之后的第二个顶部，是给投资人逃命的机会。其后下跌 6 个月，至 2319 点，跌幅

是 1015 点或跌幅 20.44%。

你知道吗？26 是 DNA13 的两倍。主宰数字仍然主宰着市场波动，并且彰显 DNA13 倍数生成的周期意义。

第 29 个月，是下跌途中的反弹顶部，其后见 3 个月的深幅下跌。29 是 DNA13 的 2.23 倍，仍然受到主宰数字的有效控制。

第 34 个月，2010 年 7 月产生 2319 点底部（此处周期读数太极用为 1），34 是 DNA13 的 2.618 倍。从 21 个月见顶，至此是 13 个月，34 - 21 = 13。也就是说，克隆 6124 点至 1664 点底部的周期数——DNA13（月）周期重现。

第 42 个月，2011 年 4 月 3067 点顶部，42 是 DNA13 的 3.230 倍。此顶出现后，展开又一轮深度下跌，反复下跌至 1849 点。

第 52 个月，2012 年 2 月见 2478 点顶部。52 是 DNA13 的 4 倍数，2132 点“钻石底”之梦于此梦醒，反弹告终。

第 62 个月，2012 年 12 月见 1949 点底部。62 是 DNA13 的 4.764 倍，这个底部仍然受到主宰数字的控制——0.764 是一个重要比率。

第 68 个月，2013 年 6 月的 1849 点底部。相信这里是一个重要的中期底部，因为 68 与 DNA13 存在 5.23 倍的数学联系，而整倍数后边带 0.23 比率是常见的重要比率。从 2011 年 4 月 3067 点顶部跌至此，为 26 个月。查图表，此前的 26 个月周期是 2009 年 12 月 3334 点顶部，这里是太极向前移动至 3334 之后的 DNA13、DNA26 的“克隆”。历史会重演，2013 年 6 月 1849 点的周期意义同样重要。

我们知道太极是恒动的，然而，DNA 核数作为股市生命基因的存在，它将永远地具有“自组织、自相似”的遗传功能。我们将 6124 点太极前移至 1664 点太极，构建顶部螺旋和底部螺旋，即阳与阴双螺旋，并考察其在各自的太极中心主宰下之螺旋展开。从 1664 点阴螺旋出发，第 26 个月到达 2010 年 11 月的 3186 点顶部，这里是太极前移之后的 DNA26“克隆”，后市充分彰显了 DNA13 倍数生成的重大意义，之后以 5 波形态反复下跌至 1849 点。

从 1664 点阴螺旋出发，第 39 个月到达 2012 年 1 月 2132 点底部（有人称这里是钻石底），39 是 DNA13 的 3 倍，此底出现于 DNA 核数的倍数生成，在漫漫熊途中，得以喘定反弹。从 1664 阴螺旋出发，第 52 个月到达 2013 年 2 月的 2444 点顶部，其后又见深幅下跌至 1849 点，彰显了 DNA13 的 4 倍生成之重要周期意义。

以上举例了 1664 点和 6124 点阴阳螺旋在太极中心主宰下的螺旋峰位

谷位的分布状况，并且指出两条螺旋线的展开受到 DNA13 的“完全控制”。作者相信，DNA13 仍然会在长期后市中发挥着不朽的主宰作用。沿用以上的方法，即可捕捉到市场的重要转向点。

图 4.5.1　阴阳螺旋线的展开

第五章
股市对偶律

第一节　八卦的“飞伏原理”

一、对称性的规律

“飞伏原理”是汉代易家京房首先提出的，用以解释他的八宫卦序。所谓“飞伏”，是指两卦相比，其爻位是相对的。比如，乾坤互为飞伏，震巽互为飞伏，坎离互为飞伏，泰否互为飞伏。按飞伏原理，六十四卦互为飞伏的共三十二对。

选取乾坤震巽两组飞伏卦，解剖其内部的各种对称关系。

乾卦自身上下卦的对称：[○—○—○]↔[○—○—○] 3 阳爻 ×2 对称（正对称）；

乾坤飞伏卦：[○—○—○—○—○—○]↔[●—●—●—●—●—●] 6 阳爻对 6 阴爻（反对称）。

（注：●代表阴爻，○代表阳爻）

从事物性质上看，对称可以划分为三类：阴阴对称、阳阳对称、阴阳对称。

格·3 阳与格·3 阴的对称，巽震卦；集合·2 阴 2 阳与集合·2 阴 2 阳的对称。

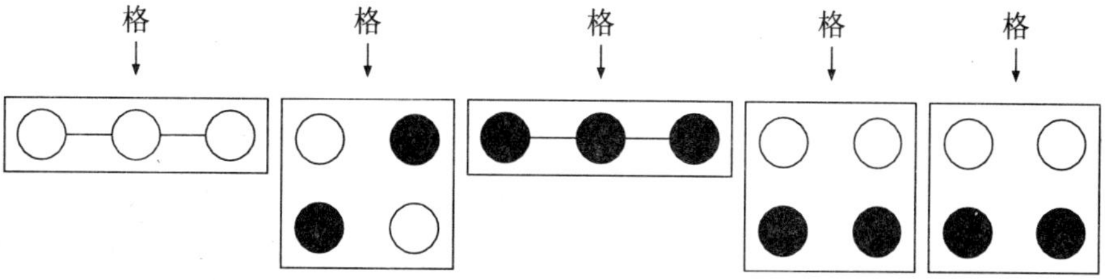

在一对飞伏卦中，阴爻与阳爻交错出现，它所遵从的是“一阴一阳之谓道”的“易”之大理。任何一对飞伏卦都可分解为三个集合，而三个集合包含了三种（全部）对称模式，即完成了事物发展变化的一次循环。老子的“道生一，一生二，二生三，三生万物”可以在这里获得哲理上（一阴一阳）和数理上（集合对称）的合理解释。

杨雄《太玄》的“三进位”数学模式的理论之源也在于此。由三个爻组成经卦，六个爻组成复卦。八宫八卦，数序至九，则变为另一个“宫”，即事物已产生了质的变化。卦序数至九，则乾宫（天）而兑宫（泽）、而离宫（火）、而震宫（雷）、而巽宫（风）、而坎宫（水）、而艮宫（山）、而坤宫（地）。杨雄《太玄·数》的“九天”、“九事”说，与京房“八宫卦”的排序原理相通。由此可见，九，是一个终了的数；九，又是一个重新开始的数。

在作者的系列拙作中，反复出现的“股市之美在于对称”“对称点就是市场趋势的临界点”“抓准了对称点，就是抓准了市场的最佳买点或卖点”等，是有着深刻的理论依据的。

我们已经讨论过，无论螺旋律、对偶律还是周期律，都是从“太极”这个生命之源展开的，因此第一律就叫作“太极中心律”。以乾坤飞伏卦为例，乾加坤共有十二爻，十二个爻按顺序分为三个“集合”：第一“集合”是四个阳爻，对称于第三“集合”的四个阴爻；而居中的第二个“集合”包含两个阳爻，两个阴爻，这就是“太极”，这个“太极”居中，称之为“太极中心”。第一“集合”和第三“集合”构成左右对称，即所谓“两仪”。太极之左为阳仪，太极之阴为阴仪。

清代陈梦雷对易图的对称性很有研究，他的《方圆内外图形》开创了“易”图对称排列研究的先河。该书的第八卷是“易”图说，为《河图》《洛书》配八卦图、八卦小成图、六十四卦大成图、六十四卦分解图、纵横图、三十六卦错综图等。

今人董光壁教授将陈梦雷“易”图的第三列和第五列互换、第四列和第七列互换，得出了从整图到分解图完全呈现错综对称性的六十四卦方阵图。六十四卦方阵图经过四层分解，就完成了六十四卦的全部错综（十字线加斜切线）对称。

江恩的四方图、六角图、轮中轮和360°的24等分图等，都特别强调十字水平线、斜切线上出现的数字，常常是市场的重要阻力或重要支撑，有时还是市场的重要转向点。八卦的飞伏原理，六十四卦方阵图，为我们揭开了江恩理论的面纱。再比如，在本书“作者读江恩”一节中指出，1×1角度线是太极中心线，其上方的1×2线与下方的2×1线，呈90°错纵性对称。市场每当运行完毕这个90°，多会发生趋势逆转。作者运用时空对称原理，应用90°“终于九”的数理，用江恩角度线对市场的中期走势进行过多次成功神奇的预测（请参阅“江恩角度线的应用”一节），其预测的理论依据就是“以太极为中心的90°错纵性对称”，理论的根源就是清代大儒陈梦雷的六十四卦错综图。因为在十字线、斜切线上出现的数字，等同于易卦的某一符号，即等同于某一卦，它们在“线上”完成了错综对称，完成了一次价位波动，即完成了一次循环。市场就要在这里发生逆转（小的循环则是发生修正）。

综上所述，六十四卦的排序充满着阴阳交错的对称，体现了事物由阴阳组成的大理，反映了宇宙自然场的运动规律。

因为本书不是研究八卦的专著，我们的主旨在于说明宇宙四律中的对偶律（对称）的理论之根，是我国最古老的经典——八卦的飞伏原理，在于说明对偶律的“象”与“数”之深层次原理。读者如对八卦的对称性原理感兴趣，可参阅作者2001年的旧著《股市预测宝典》的有关章节内容。

二、对称是市场结构的两个平衡点

对称是市场结构赖以稳定的两个支点，或者说，对称是两个守衡点，对称是瞬间状态，是对于失衡（不对称）常态的一种自我修正。没有对称，意味着阴阳失衡，意味着股市只升不跌，或者只跌不升。世上不存在这样的股市。

我们在“股市生命繁衍的三种模式”一章中，提出了股市生命繁衍的三种模式。这其实就是三种不同表现的对称，其中有简单得一目了然的对称，如“代代相传自相似”；也有错纵性对称，如“交叠相传自相似”。众所周知，对称即对偶。下面对股市繁衍的三种模式做对称性的数学阐释。

第一种，代代相传自相似。股市生命的一代，可以理解为一段波动趋势，数学表达为一个“集合”。代代相传是指两个同一质量的“集合”之连续性重现，由此构成两个“集合”的对称。

第二种，隔代相传自相似。“隔代”，即有三代，或上说三个“集合”。三个“集合”中以第二组“集合”为太极中心（即始自太极的第二段波动趋势），左右两边螺旋，即第一组和第三组两个同一质量的“集合”构成对称。

第三种，交叠相传自相似。即第一组“集合”尚未完成时，另一组新的，同质的“集合”在某一个螺旋点上开始构建，由此构成两组同质“集合”“一前一后的交叠”对称。两组“集合”交叠错位，形成错纵对称。下面用图 5.1.1 至图 5.1.3 来解说。

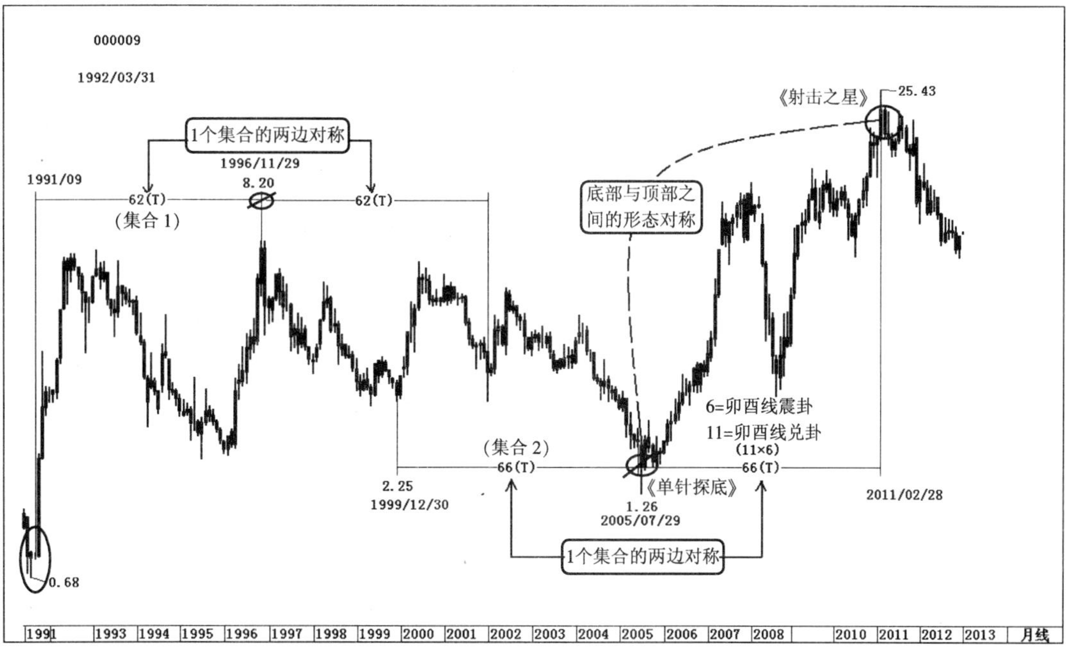

图 5.1.1　中国宝安代代相传自相似（简单连续对称）

图 5.1.1 中标示两组 62（T）“代代相传自相似”。每一组由相同质量的两个集合 62（T）组成。

前边的一组 62（T）集合之太极在 1996 年 11 月之 8.20 元顶部。太极的左右两边螺旋均为质量同是 62（T）的集合。这两个集合构成底部对底部的正对称。

第二个案例的太极在 2005 年 7 月的 1.26 元底部，左右两边“集合”的质量同是 66（T），构成由底部与顶部的反对称。

62（T）周期是坤卦数 31 的倍数，66（T）周期是兑卦数 11 的 6 倍。6，处在卯酉线东方之震卦；11，处在卯酉线西方之兑卦。或者说，6 与 11

同处在一条卯酉线之180°水平上，形成方位的东、西对称。这个对称的左边由底部到底部，右边由底部至顶部，是底部对顶部的反对称。左右两边的对称点皆是重要的市场转向点，左边“震出东方”，见底回升；右边“愉兑造顶”，彰显对称之美。另外，图5.1.1还标示了右边66（T）底部与顶部的K线形态对称：底部形态“单针探底”是带长下影线的阴星，顶部形态“射击之星”是带长上影线的阳K线。底部为长下影，为阴星；顶部为长上影，为阳星。长下影对长上影，底部对顶部，阴星对阳星，相映成趣，相得益彰。

上述底顶之间的K线形态对称并非独例，而是大量存在于个股之中。因此，掌握K线形态对称的知识，有助于你辨识底部或顶部。换言之，提高识别K线形态的能力，有助于你抓住市场的转向点。

图5.1.2是平安银行“隔代相传自相似”的月K线图。第一代（即集合1）由1991年9月0.43元底部至1997年5月9.46元顶部，运行68个月。68是子午线离卦数34的倍数。第二代（集合2）至2002年2月3.36元底部，运行57个月。57是坤卦数。第三代由3.36元底部运行68个月至2007年10月19.34元顶部。根据京房的易卦飞伏原理，以第二代（集合2）为太极中心，则录得左螺旋为68（T）（第一代），右螺旋亦是68（T）（第三代），构成集合1与集合3的“隔代”对称。

图5.1.2　平安银行68个月隔代相传自相似

与图 5.1.1 一样，几个重要的市场转向点皆出自卦位数周期中。图 5.1.1 演绎卯酉线上震与兑和谐共振的故事，而图 5.1.2 则演的是子午线上双离火燃烧冲大顶的奇观（注：68 由两个离火数 34 生成，故说成“双离火”）。

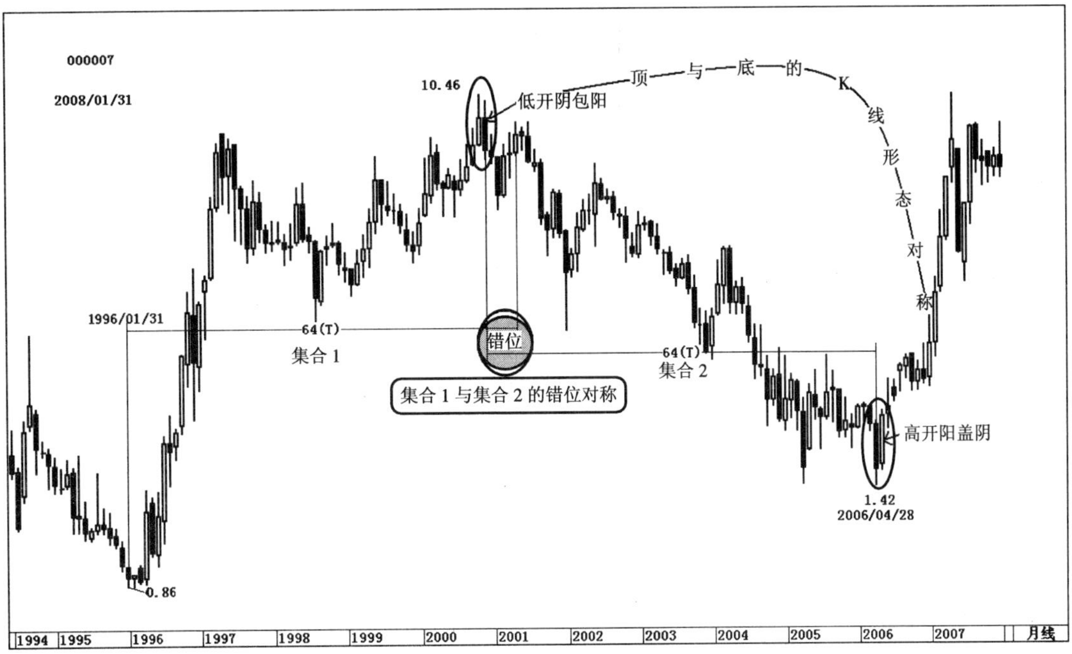

图 5.1.3　零七股份交叠相传自相似

图 5.1.3 是零七股份 64 个月交叠相传自相似走势图。所谓“交叠”，实质上就是两个相同质量的“集合”（即相同周期数）之“错位”出现。从数学上说，是集合 1 与集合 2 的错纵对称。图 5.1.3 的看点还有，与图 5.1.2 一样，顶部 K 线形态与底部 K 线形态形成阴与阳的反对称。

2000 年 12 月出现“低开阴包阳”的见顶形态，确定上月的 10.64 元是顶部。这个“低开阴包阳”见顶形态特点有三：一是低开；二是收市价低于上月的开市价；三是中阴 K 线。64 个月后在 2006 年 4 月的 1.42 元见底。翌月，即 5 月，出现“高开阳盖阴”（又称“旭日东升”）的见底形态。这个“高开阳盖阴”形态的特点亦有三：一是高开；二是收市价高于上月开市价；三是收中阳 K 线。“高开阳盖阴”的见底形态与 64 个月前的见顶形态“低开阴包阳”之三个特点相对照，构成非常工整的反对称：底开对称高开、收市价低于上月的开市价对称收市价高于上月开市价、中阴 K 线对称中阳 K 线。犹如唐诗宋词中的平仄对称。如做诗一样美，如绘画一样靓，读起来抑扬挫顿，朗朗上口；看起来高低错落，舒适悦目。

本节收笔前再次指出，中级（中期）底部与顶部的K线形态，常会出现反对称形态。比如“单针探底”对“射击之星”、“低开阴包阳”对“高开阳盖阴”（又称“旭日东升”），比如“曙光初现”对“黄昏之星”等，因为是反对称，特别刺眼，特别醒目好认。读图多了，会形成条件反射，到了此境界，抓市场转向点有如探囊取物。

（作者注：如果文字说明与图表上标示的价格不相符，是因为不同的除权方式造成的，这并不影响关于生命周期的分析。）

对偶律之释义：

股市是人类的高级经济活动，股市自身是一个更小的宇宙。因此，股市亦受到宇宙四大规律的制约。在太极中心律的主宰下，对称性无处不在（对称即对偶律）。比如，跌为阴，升为阳。跌市与升市相对称，互为克制，互为依存，使股市在升跌循环中保持着相对的动态平衡。升与跌的对称，是市场赖以稳定的两个支撑点。对偶律决定了市场的规则：没有只升不跌的股市，也没有只跌不升的市场。由此可见，升市与跌市的交替出现，是市场自我修正，自我保护，维系市场相对平衡的一种有效方式。

“宇宙不守恒定律”是科学界的著名命题，“宇宙不守恒”是大宇宙天体运动的常态。股市这个小宇宙，同样遵循“不守恒定律”，因此，市场波动不守恒是常态。对称现象的特征是“守恒”，因此，对称只可能是瞬间的现象，不对称才是常态。

从极不对称开始，慢慢修复而达到对称状态，是一个漫长的由量变到质变的过程，这个过程的形成就是一种趋势。因此，对称点实质上是市场波动趋势的临界点。大周期出现的对称点（月线或年线级别），对应市场中级或中级以上的转向点；中周期出现的对称点（日线或周线级别的），对应市场中级转向点。小周期出现的对称点（小时或日线级别的），对应市场的小转向点。从形态上来讲，股市波动三要素中的第二要素即形态，同样具有“象”与“数”的可观性和可量度性。

本节就列举了中国宝安及零七股份两例K线形态对称。是由单根K线或几根K线组合而成的，这些对称有形有款，极易辨识。还有一种较大型的形态对称是由多根K线串联起来组合而成的。比如头肩顶与头肩底、上升楔形与下降楔形、对称三角形与扩张三角形、上升三角形与下降三角形等，这些形态不但构成反对称，其自身就是一个“对称性的”集合（组合）。

第二节　形态对称及其原理的实践应用

市场统计数据说明，80%以上的个股是随大盘波动的。换言之，大盘转向了，则80%以上的个股也转向了。因此，我们在对称点的研究上，注意力多放在大盘。大盘出现对称点，即市场趋势转向之时，我们可以选择心仪的个股，跟随市场操作。

其实，形态对称更容易辨别，具有实战操作意义。在抓时间对称的同时，审视K线形态，即时间与空间的对称两手抓，更能做出准确的市场判断。事实上，实战操作的第一步就是审视形态，看看有没有出现典型的底部形态或顶部形态，这样才能抓到最佳买点或最佳卖点。

从大小上区分，形态有两种：其一是单根K线形态或由3~5根K线组合而成的小形态，关于这方面的内容，本书下篇在实战部分有一章专述；其二是由一个波段多根K线串联起来的大形态，比如头肩顶、头肩底、圆弧顶、圆弧底、三角形等，这些形态都是互为对称的，而且，其形态的内部结构也是称的。举例来说，比如上升楔形，无论是3-3-3-3-3结构，或者是5-3-5-3-5结构，它们的内部结构都呈对称性的。从数的本质上说，上升楔形（或下降楔形）是一个数的“集合”，当其以a、b、c、d、e五波形态完成时，“集合”也就完成了，正所谓“五数生成”是也。本书在“万物皆为数”一章介绍过，“五数生成”的集合点即对称点。因此，集合点就是市场的转向点。换言之，当楔形完成后，市场即会发生“戏剧性”的逆转。图5.2.1与图5.2.2都是很好的市场例证。

对称于上升楔形的形态是下降楔形。下降楔形的内部结构与上升楔形一样，都是3-3-3-3-3或者5-3-5-3-5，只是运行方向相反而已。它们的内部结构同样是对称性结构。

股市理论界中，还未见有人将上升（下降）楔形、三角形等形态定义为对称形态，这是作者一家之说。这种定义的意义在于，通过对形态“对称性”属性的确认，对于其为什么会诱发市场趋势逆转，就能在理论上做出更深层次的阐释，实战中的应用就更加明确。比如波浪理论说，当上升楔形（或下降楔形）完成后，就会发生“戏剧性”的趋势逆转。这个逆转是对楔形本身大一级波浪的修正。为什么会这样子呢？最根本的原因是，楔形属于对称性结构。当“五数生成”对称点时（五数即a、b、c、d、e五个波），就是市场趋势的逆转点。你将形态的对称性属性弄明白了，你就会坚信波浪理论的有关指引。

作者就曾运用波浪理论关于楔形的理解，对1999年5月著名的“5·19”底部做出过准确的预测，见《股市动态分析》1999年4、5月间的《周期·白鹤梁·波浪》《又到周期敏感时》《谁能解读魔三角》等的系列文章。简述如下：

图5.2.1为深证综指周线图。图中标记：1997年5月520点是（3）浪，1999年5月19日308点底部是（4）浪，（4）浪之C是个下降楔形，由a、b、c、d、e五波构成，当其五波运行完毕，立即在“5·19”发生了“戏剧性”的大逆转。第（5）大浪由此展开，飙升至665点。

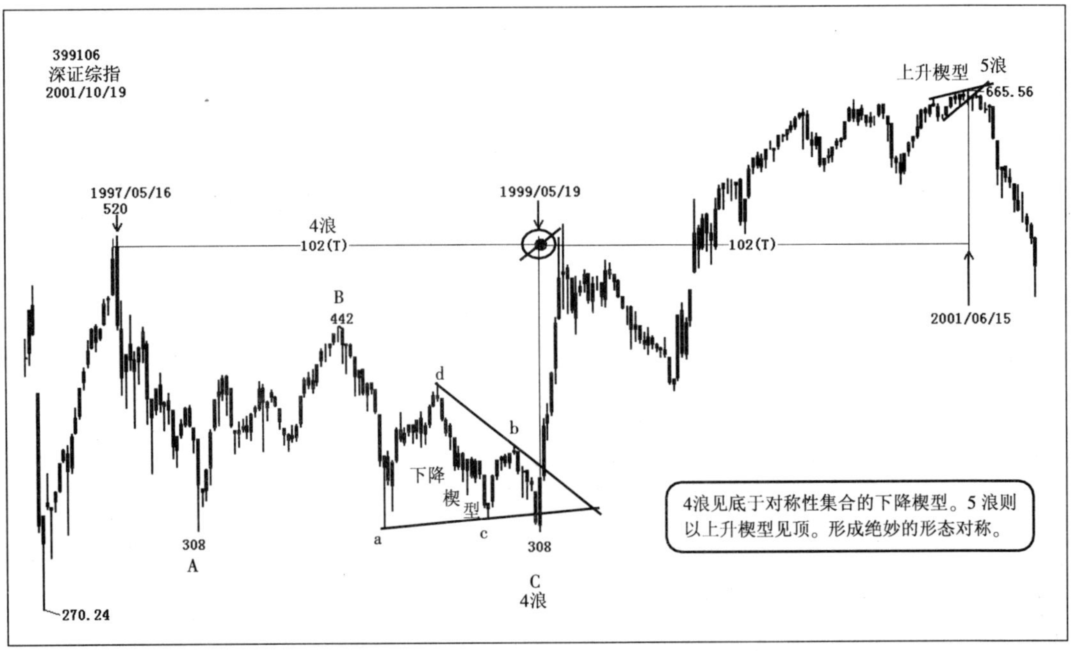

图5.2.1　下降楔型及对称周期

无独有偶，（5）浪之5子浪是个上升楔形，当其以a、b、c、d、e五波形态运行完毕，第（5）浪即在665点见顶（2001年6月），于是，“戏剧性”的大逆转又发生了，飞流直下三千尺，低见235点。

这里，同时出现了时间对称和形态对称。由520点顶部至665点顶部运行204周（204是后天八卦方圆图卯酉线上震卦之数），它的中分点是上述“5·19”行情的底部308点，由此构成一组102周×2的时间对称。至于形态，则表现为（4）浪之c的下降楔形与（5）浪之5的上升楔形，多么完美的形态对称。

上面说了，关于“5·19”行情的底部，作者当年在《股市动态分析》周刊上有过精确的预测，运用的预测工具是波浪理论中的划浪指引及形态理论，深层次的理论依据是八卦的飞伏原理以及宇宙四律中的“对偶律”，见图5.2.2.

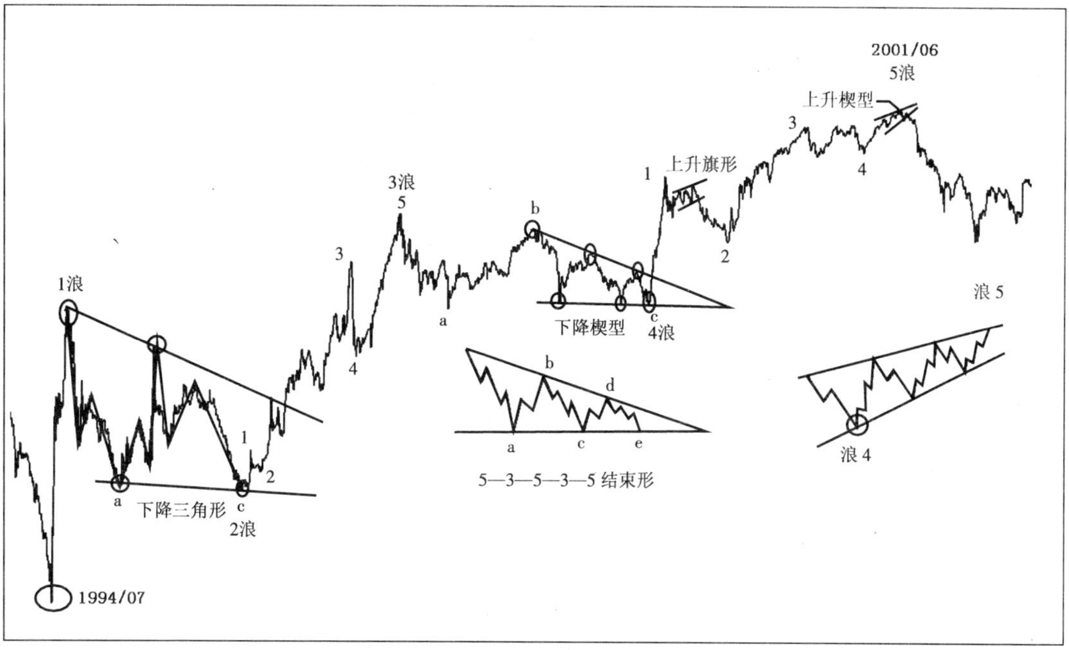

图5.2.2　上证指数的对称形态（日K线）

图5.2.2中标记了1997年5月1510点至1999年5月998点为（4）浪，它的内部结构如下：

（4）浪亦由a、b、c三波组成，a浪由1510点至同年9月1025点；b浪1025点至1998年6月1422点；c浪由1422点至1999年“5·19”行情的底部1047点，其中c浪是一个下降楔形，下降楔形由小一级的a、b、c、d、e五波组成。下降楔形一旦运行完毕，为时两年多的下跌趋势也就结束了。

同样地，上证指数的（5）浪之5是个上升楔形，内部结构是a、b、c、d、e五个小波，当其五波运行完毕，（5）浪就在2245点见顶（2001年6月），于是，趋势大逆转“戏剧性”地发生了，飞流直下三千尺，低见998点。

深证综指与上证指数同谱一曲时间对称与形态对称之股市之歌，共奏一曲股市大升大跌的悲喜乐。有读者疑问，你的预测为什么时间与点位都这么精确，真“玄”。作者说，一点儿也不“玄”。预测结果是对称性形态之“下降楔形”指引所预料到的事情。请看作者曾在《周期·白鹤梁·波浪》一文中的摘录文字：

“调整（4）浪之c正以下降楔形五波形态运行，目前正处在c浪之5，亦即最后一个下跌波。如果这个首选浪成立，那么，在5月小满附近，将会完成（4）浪调整。”——这是关于“5·19”的时间预测。当年的“小满”是5月21日，“5·19”就在小满的附近。

关于深证综指665点的见顶时间预测，依据更为简单，就是股市生命繁衍最常见的一种模式——“代代相传自相似”，或者说，是102周×2的时间对称点，这是作者最爱用的一种预测工具。520点下跌102周出现308点底部，102周是一个特殊又特殊的DNA核数，上证指数就曾有过5次连续的102周周期记录（参见“周期律”一章），作为预测，作者不敢说每次都对，但却有理由相信，102周×2时间对称点成为顶部的概率是十分高的。君不见，这个对称点出现在2001年6月14日，非常精确地对应着665点大顶！算是让作者“蒙”对了，蒙得有形（上升楔形），蒙得有数——102周×2对称点。

三角形的对称性属性是波幅预测的指引。上升楔形和下降楔形都统属于三角形。上面说了，三角形内部结构呈对称性，对称性是三角形的属性。我们知道，计算三角形的突破幅度，可以有效地预测未来的升、跌幅度目标。计算公式的理论依据就是形态的对称性。三角形向上有效突破时，从突破之点起算，它的量度升幅是这个三角形的最大垂直高度；三角形向下有效突破时，从突破之点起算，它的量度跌幅也是这个三角形的最大垂直高度。升幅目标与跌幅目标，都是这个三角形的“对称点”。下面用图5.2.3来说明。

在图5.2.3中，3186点顶部接3067点顶得三角形上线（L1），以2661点底部做水平线得三角形底边线（L2），从而绘得一个下降三角形，三角形的最高垂直高度为525点（3186－2661）。2011年8月5日，上证指数在2661点向下有效突破三角形底边线。根据三角形的对称性属性，其（最小）下跌幅度约为这个三角形的最大垂直高度，计算公式为：

$$2661-(3186-2661)=2661-525=2136\text{点}$$

事实上，后市在2012年1月6日2132点见底，距离理论上的2136点目标仅有4点之差，差误率为1.8‰。这就是“对称性”原理在股市实践

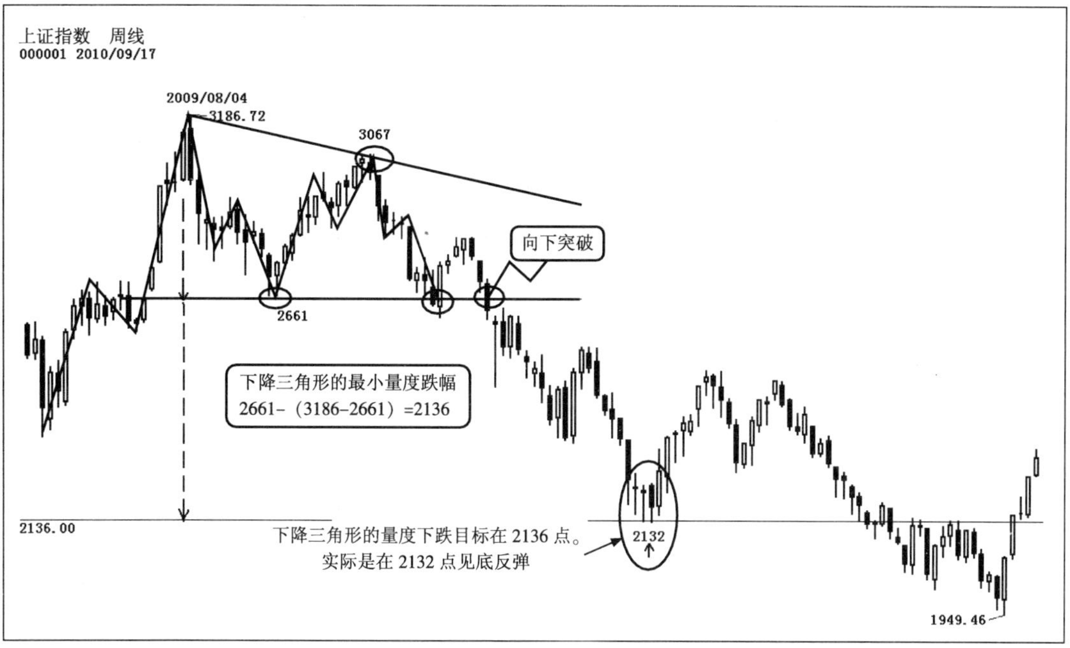

图 5.2.3　对称性形态——下降三角形的下跌目标

中的妙用！

根据上述原理，我们可在上证指数月线图上绘制出一个对称三角形，并计算其下跌幅度，见图 5.2.4。该三角形是一个对称三角形，其上边线可在 3478 点或 3361 点做始点，分别获得 A 与 B 两种不同的画法，从而得出两种不同的下跌量度目标。A 为对称三角形的下跌目标为 1232 点（2580 - 1348）；B 为对称三角形的下跌目标为 1419 点（2580 - 1161）。我们可以暂时将 1419 点至 1232 点区间拟作为 6124 点大调整的终极目标，后市如有变化可随时修正。

A 对称三角形：三角形的最高垂直高度为 1348 点（3478 - 2130），该三角形向下有效突破时的位置在 2580 点，该三角形的最小量度跌幅目标为 1232 点（2580 - 1348），见图 5.2.4。

B 对称三角形：三角形的最高垂直高度为 1161 点（3361 - 2200），该三角形向下有效突破时的位置在 2580 点，该三角形的最小量度跌幅目标为 1419 点（2580 - 11161），见图 5.2.4。

时间上请关注 2016 年 3 ~ 4 月间的时间节点，跌幅目标位请参见图 5.2.5 所标示的量度跌幅。

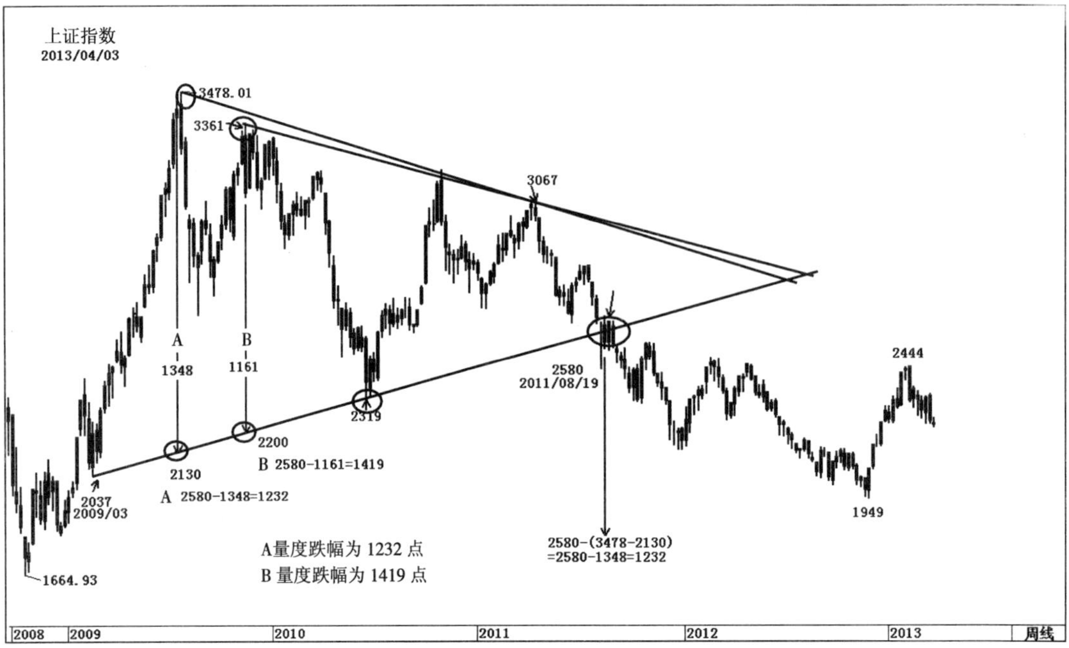

图 5.2.4 两种画法的对称三角形

图 5.2.5 下降三角形 AB 跌幅目标

第三节　时间的对称性集合

什么叫对称性集合？即在一个“集合”的内部由对称性数字组成。比如三位数中的对称性集合有：

101、111、121、131、141、151、161、171、181、191、202、222、232、242、252、262、272、282、292、303、313、323、333、343，等等。三个数中的中位数为太极中心，左右两边是相同的数字，构成两边对称性集合。股市中提出并应用“对称性集合”原理的，作者是原创者，至今未见第二人。真理耶？谬论耶？读者可自行判断。

这里再次提醒读者，研读周期时间数时，可“用太极或弃用太极”。弃用太极时，太极读为0，用太极时，太极读为1。这实质上是行业内周期研究中允许周期数误差正负1，不要刻板不变，获取可包容的灵活性。在周期研究中，月K线图上和周K线图上出现的对称点，较之日线级别的对称点具有更高的确定性，可操作性强，具有更高的实战意义。

我们在上一节中说过，对称点即市场波动趋势的临界点。换言之，对称点即市场的转向点。抓住了对称点，即抓准了市场的转向点。下面用上证指数1994年7月325点底部至2001年6月2245点顶部的周K线图，选几例典型的对称点阐释之。

（1）1994年7月325点底部太极至2001年6月2245点顶部运行343周。343是大衍周期的7倍数，即49的7倍生成。更重要的是，343是一组对称性数字，数行至343，即出现对称点。对称点即市场转向点，所以，一轮5波推动浪在运行343周后，在2245点终了。这是从时间上说的，至于空间，2245点顶部出现于上升楔形完成后的对称点上，也戏剧性地转向了。由此可见，2245点是时间、空间、形态三维交融的产物！或者说，是“对称性集合”周期的结果。

（2）1994年7月325点底部太极至1999年“5·19”的1047点底部，运行242周。242是乾卦数121的倍数生成，内涵强烈的自相似基因功能。242，个位数相加得8，8是一次循环的尾数。更重要的是，242是一组对称数字，因为对称点的出现，所以在此结束了始自1510点两年多的下跌趋势，掀起大升浪。这是从时间上讲的，空间上1047点是4浪中C浪底部，

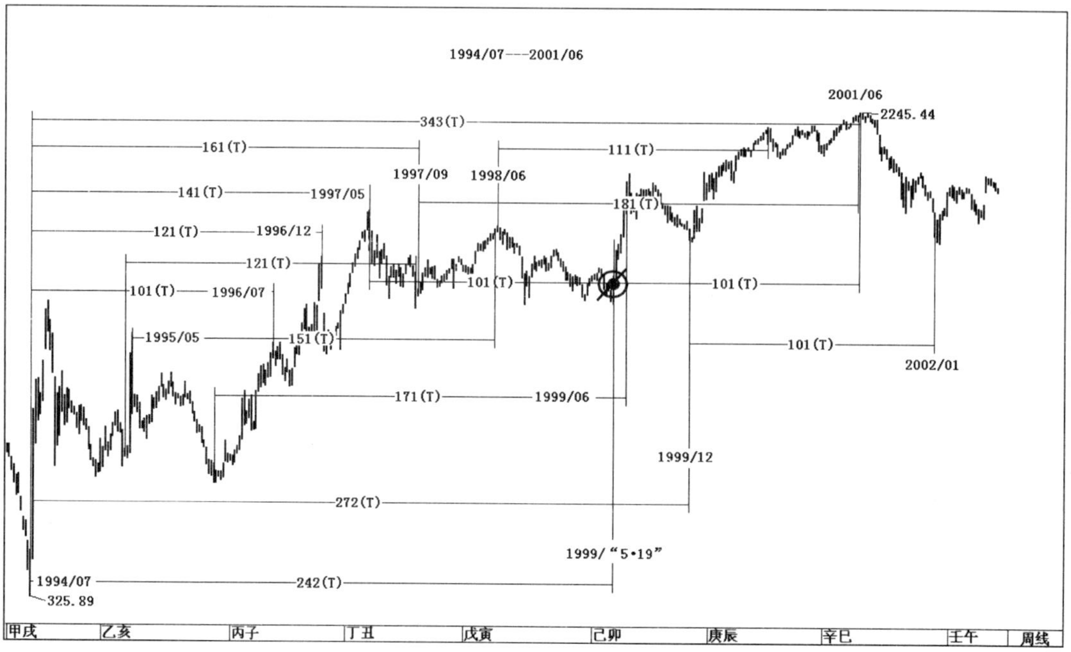

图 5.3.1 周线级别上的对称性集合

而C浪是一个下降楔形，下降楔形本身是一个对称性集合的形态，其终点即对称点，而1047点就出现在这个对称点上。由此可见，1047点底部是时间、空间、形态三维交融的产物！是“对称性集合”周期的产物。

（3）325点底部太极至1999年12月1341点底部，运行272周。272各位数相加得11，11再相加得2，2是蕴含两仪之义，两仪生四象，四象成八卦。市场运行至此要发生变化了。更重要的是，272是一组对称性数字，数行至272，对称点出现了。因为对称点的出现，在这里结束一轮下跌趋势，从1341点上升至2245点。

（4）以1995年“5·19”为太极中心，左螺旋是1997年5月1510点顶部，右螺旋是2001年6月2245点顶部。左右两螺旋皆运行对称性数字101周。101，巽卦数；101，各位数相加得2，其数理同上。两个101即202，101和202都是对称性集合数，在这样重叠对称的点上发生重要的市场转向，本就是对称应有之义。

（5）从325点太极运行121周，到达1996年12月1258点顶部。勿谓此顶指数不高，却是历史上杀伤力最惨烈凶猛的一个顶部。见顶后用连续向下跳空低开的方式，以“九”个交易日下跌至855点，跌幅32%。因为这次股市断崖跳水，作者单位隔邻的大厦就有人因挪用公款炒股无法交代，而从20多层高楼纵身跃下！

121，11 的平方，具强烈的“自组织、自相似”基因功能，周期意义十分明显。121，各位数相加得 4，四象成，八卦生，大顶成矣。更重要的是，121 是一组对称性数字，数行至 121，对称点出现了，市场也就转势了。

101 与 121，两组对称性数字，无论是周 K 线或者月 K 线，都是 A 股市场出现次数最频繁的周期数。

再细阅图 5.3.1，在不算太长的 343 周时段内（7 年周期），还出现了 141、151、161、171、181 等对称性集合的市场转向点，其中不乏极重要的转向点，比如 1997 年 5 月的 1510 点大顶就发生在 141 对称点上。

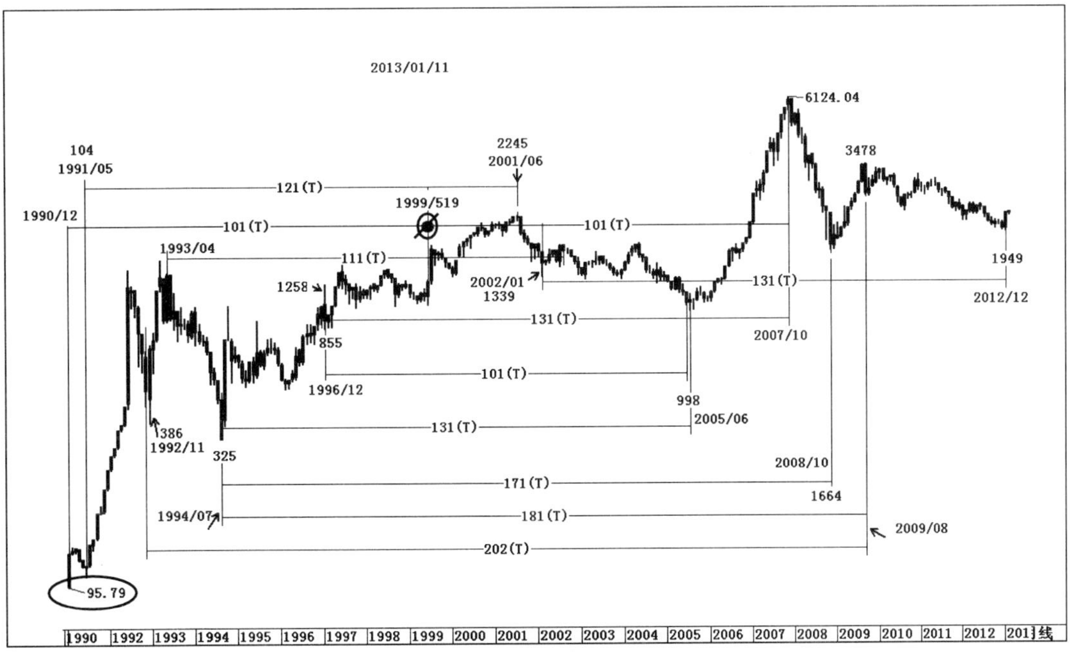

图 5.3.2　月线级别上的对称性集合

（1）131 对称性以“交叠相传自相似”的方式出现 3 次，其所对应的点有 1994 年 7 月 325 点底部和 2005 年 6 月 998 点底部；1996 年 12 月 1258 点顶部和 2007 年 10 月 6124 点历史大顶；2002 年 1 月 1339 点底部和 2012 年 12 月 1949 点底部。可以这样说，131 对称性所对应的 6 个点，都是中国股市历史上最重要的市场转向点。

11 年 ×12 = 132 个月。“131 对称性集合”实质上是一个 11 年周期。11，坐落在后天八卦方圆图卯酉线的兑卦上，作者多次提到，子午线和卯酉线上的周期数常常诱发市场的重要转向。

（2）101 对称性以“代代相传自相似”方式出现 2 次，其他方式出现 1 次，共出现 3 次，其所对应的点有 1990 年 12 月 95 点历史底部、1047 点底部和 6124 点历史大顶，囊括了历史之底和历史之顶。你说重要不？101 对称性集合对应的点还有 1996 年 12 月的 1258 点顶部和 2005 年 5 月底部。前者有人跳楼，后者启动最后一个大升浪，至 6124 点。

（3）121 个月对称性对应着 1991 年 5 月的 104 点底部和 2245 点顶部。

（4）171 个月对称性对应着 325 点底部和 1664 点底部。

（5）181 个月和 202 个月对称性的右螺旋共聚在 2009 年 8 月的 3478 点大顶，而其左螺旋则分别对应 1992 年 11 月的 386 点底部（见底后急升至 1558 点）和 325 点底部。

月线级别上的对称性集合之市场实例，再一次雄辩证明：“时间对称性集合的对称点即市场的转向点”，而且还常常是市场最重要的转向点。

本来习惯上以三个案例为一节，但觉得本节的两例一为上证指数周 K 线的对称性集合；二为深证综指月 K 线的对称性集合，其众多之市场实例已充分反映了对称性集合诱发市场转向的普遍性和典型性，已经足够说明问题，也已经具有简单明了的指导意义，所以拟编写中的第三例就省略了。

本节结束前再次指出，80% 以上的个股随大市波动，大市转向，这些个股也就转向了。对称性集合因为由三位数组成，最小的数是 101，都过百了。因此，无论是周 K 线级别的对称性集合，或是月 K 线级别的集合，都属于中期或中期以上的市场转向。当对称性集合（周期）出现疑似的见顶或见底 K 线形态时，就应该果断地卖出（顶部）或果断地买入（底部）。本节两个图例为你提供了很多准确而明晰的最佳买卖点。比如，上证指数 2245 点顶部一是有 343 周、101 周、202 周和 181 周四个对称性集合周期群；二是在日线图上呈现上升楔形的对称性形态；三是 2245 点与 1025 点底部约呈 2.191 比率，与 512 点底部约呈 4.382 比率，这两个都是老子 – 斐波纳契数比率。0.191 是 0.809 的倒数，0.382 是 0.618 的倒数，而与 325 点底部呈 6.9 倍，接近 7 倍。上述三点，时、空、价三维交融共振，市场趋势逆转是必然的。

又比如 1047 点底部，其一是 101、121、242 三个对称性集合周期的共聚点；二是 1047 点出现于下降楔形对称性形态的末端 e 波；三是 1025 点是第 1 只脚，1043 点是第 2 只脚，1047 点是第 3 只脚，第 3 只脚就是底部；四是当周出现实体长于上周阴线两倍多的长阳周 K 线，多头力量尽显，是典型的见底形态。有此四点，如果你还不敢买入股票，作者劝你不要炒股了，因为你还不具备股市的相关知识，先好好学习股市技术吧。

关于如何读周期长度（时间）。从太极读起，用太极读为1，弃用太极读为0。没有硬性规定，可以根据实际各取所需，为0或为1，随心所欲。比如，131，前边的130，后边的132，你都可以读为131对称性集合数，这是周期差误所容许的范围，不要刻板而不会变通，也不要死拗而作茧自缚，否则要错失很多战机。

时间是第一要素。抓住了对称性集合（周期），就是抓住了主要矛盾。再附以K线形态的考察，波与波之间的比率计算等技术手段，如果都“符合”要求，那就果断地做出买卖决策，坚定地相信自己的判断——这是心态方面的问题了。

学会相信市场给出的信息。很多人已经具备了一定的股市知识，甚至是已掌握了较高的技水平，但是，却常常犯“视象而不见，视数而不信”的毛病。在很利好的“象”与“数”（机会）面前犹疑不决，错失良机，甚或做出错误的决定，招来不应有的损失。解剖其病因，无外乎是“贪婪与恐惧”的心魔作怪。作者的体会是，学技术易，炼心态难。然而，平和的心态，坚忍的定力，做到“时行我行，时止我止”，该出手时就出手，该休息时去旅游，这才是股市入门者的必修课。

第六章 股市周期律

第一节 周期杂说

一、康克狄夫大波浪周期与六十甲子

前苏联著名经济学家康克狄夫在1926年发表了举世闻名的大波浪周期理论。康克狄夫通过归纳大量的统计数据，发现所有商品在资本市场中都具有周期循环的特征，一个完整的商品经济周期可长达54~60年。康克狄夫将60年周期分割为上升浪、平台、下跌浪三个阶段，其中上升浪约18~20年，平台浪约为7~10，下跌浪约为18~20年。同时，我们注意到，康克狄夫周期具有对称性，即上升18~20年与下跌18~20年对称。据此，康克狄夫绘制了预测世界经济走向的图形。图形显示，1929年将是世界经济的转折点。而1926年发表这个预测时，世界经济一派繁荣，股市强劲，投资人对康克狄夫预测不屑一顾。但是，1929年的世界经济现实却应验了“世界经济大恐慌”的康克狄夫预测，股票市场出现世界性的大崩溃，美国道·琼斯工业平均指数由1929年的386点暴跌至1932年的45点。二战结束后的1945年，世界性经济恢复发展。正如康克狄夫所料，一个新的上升浪开始了。1973年，世界石油危机所造成的世界经济衰退，正好对应着康克狄夫图表中由上升浪变为下跌浪的转折点。1973年距1926年（图表绘制时间）长达47年，但康克狄夫却神奇地测中了（作者注：47是卢卡斯数）。

据康克狄夫预测，1987年也是世界经济由繁荣走向衰退的转折点。事

实上是，1987 年由美国华尔街崩盘而引发了世界性股灾。康克狄夫还预测，世界经济将陷入长达 20 年的衰退期——下跌浪。但是，1987 年的股灾仅持续到 1990 年的 1616 点，世界股市又恢复繁荣，美国道·琼斯指数走出历史上最长的牛市期，2007 年 10 月，指数攀上 14000 多点。这又是一次约为 18 ~ 20 年的上升周期。其实，康克狄夫的 60 年大周期并不是什么新发现，我们的老祖宗 1000 年前就有六十甲子的周期学说了。

二、30 年循环周期——六十甲子周期之 0.5 分割

六十甲子由十天干之甲、乙、丙、丁、戊、己、庚、辛、壬、葵和十二地支子、丑、寅、卯、辰、巳、午、未、申、酉、戌、亥组合而成，由甲子年开始，至葵亥年轮转一周，即为一个六十甲子周期。甲子周期不单只是数字概念，还涵盖天地、阴阳大理与金、木、水、火、土五行相生相克的辩证哲理。周期中的每一个年份都有其特定的属性，其属性影响、支配着当年的事物发展与变化。

1. 关注 2014 甲午年

最近一个六十甲子周期起始甲子年（1984），终了于癸亥年（2044），0.5 分割点对应甲午年（2014），0.618 黄金分割对应 2021 ~ 2022 年（即始于 1984 年后的第 37 年和第 38 年对应辛丑年和壬寅年）。2014 甲午年，天干甲属木，地支午为火，强火烧木，严重相克。全世界或会有政治、经济方面的重大事件发生。金融股票市场必会出现重大的趋势逆转，如果 2014 年年初的运行趋势是向下的，那么，甲午年要出大底。反之，如果 2014 年年初运行趋势是向上的，那么，甲午年要出大顶。炒股之人要知晓（作者注：行文至此为 2013 年 2 月）。

2. 历史的经验值得注意——2007 丁亥年环球股市齐见大顶

1984 甲子年，运行 23 年到达 2007 年。23 是后天八卦方圆图子午（水火）线上的坎卦之数。当年，全世界股市齐见大顶，就相当典型。2007 年是丁亥年，丁为火，而亥为水。2007 年是水火相冲的一年。又因为丁亥年在六十甲子周期中排序为第廿四年，是坎卦数 8 的 3 倍，坎处子午线上，属水，表明丁亥年是较大的倍数周期之年。

子午线和卯酉线是两条享誉世界的天文线。如上所述，丁属火，亥为水，处在著名的子午天文线上。由于水火相冲，更由于当年处在太阳黑子

爆发期，耀斑活跃，使得人类普遍处在亢奋的情绪中。2007年，适逢全世界股市都处在上升趋势之中，在群体性情绪亢奋的氛围下，水火相冲的威力倍增，因而使全世界股市纷纷出现历史大顶。

中国的上证指数冲到6124点，深证综指涨到19600点，香港恒生指数31958.41点；美国的道琼斯涨至14198.80点；法国的巴黎券商指数6168.15点；英国的金融时报指数6751.70点。都创造出了各自历史上的最高指数。丁亥年——金融股市环球同热年！

三、灵活掌握循环周期

康克狄夫大周期预测准了2007年金融股市处在上升高峰期，但康克狄夫周期接下来的“平台”期却没有出现。欧美股市，包括中国股市，2007年见顶后都发生了急风骤雨式的狂跌。上证指数从6124点直泻1664点，跌去72.82%，是典型的大崩盘而非高位平台调整。由此可见，康克狄夫周期太固化了。

六十甲子周期是变化的，并没有将60年固化为一个一成不变的周期。六十甲子周期更为注重的是天干与地支的搭配，更为注重金、木、水、火、土五种物质的相生相克关系。概而论之，六十甲子周期遵循周易大理。周流六虚，唯适以变。上证指数2007年造出历史大顶，以及见顶后的几年调整走势，都可以用天干地支阴阳理论、五行属性的强弱变化，它们之间的相生相克关系找到理论依据，只因为这些不是本节的主题，略去不论。

事实上，股市周期的变化很大，绝不能用一个固定的周期数去框定。比如上证指数，第一次循环的时间长度只有44个月，而第二次循环的时间长度却是130个月。两次循环的时间差距86个月（兑卦数），后者是前者的2.954倍。造成这种情况的原因很简单，这是因为我国的股市历史短，第一次循环的真正始点并非1990年12月的95点。也就是说，录得的44个月周期只是第一循环的其中一部分。另外，股市所处的波浪位置不同，有快速波动与慢速波动之分。上升速度快，下跌速度也快，比如第一循环就是这样。所以，升跌循环周期就很短。而第二次循环是慢速运行，所以周期就变得很长。股市循环周期实际上也存在交替原则，老是等长的固定周期并不存在。变化是事物的根本，扩张与收缩交替出现。

尽管如此，但变化并非完全随机无序，而是万变不离其宗。此循环与彼循环存在特定的数学联系。比如上两例是约3倍关系。在一个完整的循环周期中，其过程是S形螺旋线性展开，其中的扩张点与收缩点存在黄金分割比率，等等，可谓万变不离其宗。螺旋线S形展开，周而复始地做圆形运动，是循环周期的永恒规律。

第二节 360°圆循环中的45°等周期

圆形是个其大无外，其小无内的“无限”形态。它的特点是“周而复始”。在圆周的任一点上出发并不断前行，终将会回到出发时的起点。因此，圆是无始无终的，这就叫“圆循环”。有权威专家认为，宇宙万物变化皆循着圆形运动，甚至人的思潮起伏都是循着圆形轨迹运动的。比如在股市，投资人情绪永远循着平静—兴奋—亢奋—兴奋—平静这样的轨迹运行。心态上，则永远循着贪婪—恐惧反复出现，致使股市在贪婪的极点时出现波峰，在恐惧的极点时出现波谷。这是人类性格缺憾决定了的永恒模式。此种模式永远地循着圆形的轨迹运行。艾略特波浪理论将此种模式定义为“八浪循环”。

江恩“周期理论”实质上就是圆循环理论。他将圆分割为四方形和三角形，其所处角度就是股市波动趋势的节律点。江恩认为，市场运行至四方形、三角形时，常常会诱发趋势逆转。我们会在江恩理论的专门章节中有详尽的阐述。

江恩有专门的360°圆循环理论，他认为30年周期（360个月）是检验市场波动的一把尺子。江恩还认为，将360°分做8份，是极重要的“波动法则”。换言之，江恩将45°视作股市波动趋势的临界点，这与我国几千年前的周易八卦分布完全一致。作者编制的后天八卦方圆图与此殊途同归。每运行45°，即变换为一个新卦。上下千年的中外古今理论，在股市理论上发生吻合绝非偶然，而是规律的公理性和普适性所致。

圆形360°按八分法，每份为45°，根据周易的数理，将45°再做9分或5分，则每分为5°或9°。对于5和9的数理，周易如是说：“数成于五，终于九。一者五也，九者四十五。”

5与9及其倍数，特别是自乘之积（平方数），如25、81等，具有生命繁衍周期之“成数”及“终了之数”更强烈的意义。周易说“数成于五”“五为数母”，又说“三生万物”“三五其数”。由此可见，5乘3之积也是一个非常特殊的节律数。

《洛书》以5居中，9个自然数成三行排列，此三行数列，无论横着加、竖着加、斜线加，其和皆为15。古人认为，《洛书》的数字演化，可以阐释宇宙万事万物。特别指出的是，《洛书》下方的数字排列为“6，1，8”，这是世界上最古老的黄金分割率。6，1，8，加数得15。可见15是黄金分割率的“因子”，是一个事物发展变化的重要节律（点）数。因此，中国历法对此有绝妙的应用。

以太阳回归年周期形成24个特定点，即中国历法的二十四节气。每年从春分开始，依次为立春、雨水、惊蛰、春分、清明、谷雨、立夏、小满、芒种、夏至、小暑、大暑、立秋、处暑、白露、秋分、寒露、霜降、立冬，小雪、大雪、冬至、小寒、大寒。2000多年来，二十四节气的变化用以指导农作物的春播、夏收、秋作、冬藏。对于当今股市，亦有相当的启示作用。比如，每年第一季度，都是机构入市布局的时节——播种；每年10月，多为收割季节，最典型的莫过于2007年10月，这是最好的收割、冬藏的日子。2007年10月6124点见顶后，陷入长期调整。

360°圆循环理论应用于股市，效果如何？且以上证指数分析之，时间单位为月，月 = （°），见图6.2.1，将360°圆循环的太极放在1990年12月95点底部，则，

45°：1994年5月底部，是一轮5波上升推动浪的启动点，周期意义十分明显。

90°：1998年5月顶部，翌月在1422点启动新一轮下跌，是重要的趋势转折点。

135°：2002年2月底部，上月在1339点见底，当月启动了为时5个月的反弹，至1748点。

180°：2005年11月1074点底部，这里是一轮大升浪的真正启动点，其后直上6124点历史大顶。

225°：2009年8月3478点反弹大顶，其后陷入6124点以来的第二轮大调整，225处乾卦位置见大顶有理。

上面提到的15是一个很特殊的节律点，而225恰好是15的平方数。因此，225是一个非常特殊的周期数（角度）。事实上，上证指数在225°之3478点见顶后，调整了40个月（360°的9分法角度），翌月4日才在1949点见底。

270°：2013年5月，2013年2月在2444点见顶，下跌3个月，5月在2161点见底反弹，当月收中阳K线；6月深跌，是一根长阴月K线。彰显

5月的重要周期意义。

270°处在子午线的坎卦位置，与90°的离火形成水火相冲。子午线上变盘，诱发中期趋势向下。

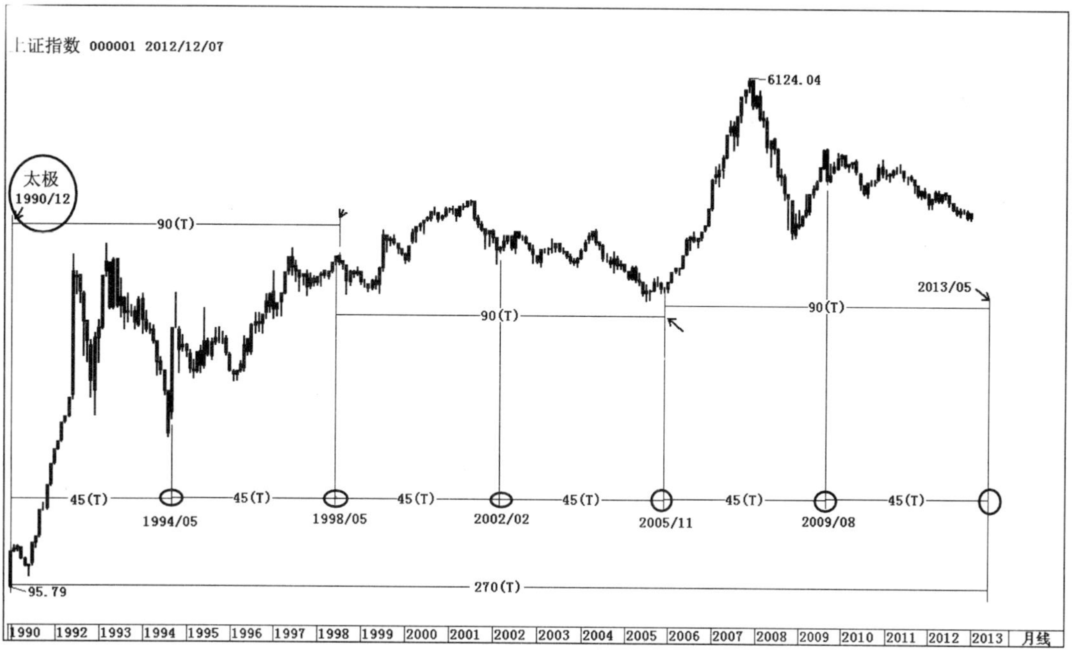

图6.2.1 上证指数的圆循环运动

图6.2.2是深证综指45个月等周期图，太极设在1991年9月的396点底部，图中很好地展示出每一个45°（月）所对应的时点都是市场的重要转向点。第270°（第6个45°）对应2014年3月，作者预料届时又会出现重要的市场转向（作者注：行文至此为2013年2月）。

图6.2.3是上证指数以1990年12月95点底部为太极的360个月（30年循环周期）江恩箱，可应用于周期内的时空考察，该图的时间做8等份，每份为45个月（°），图中显示每一个45°八分点都是市场的显著转向点。特别精确的是，95点太极底部转向，1/8之45°，1052点顶部转向；2/8之90°，1422点顶部转向；4/8之180°，1074点底部转向；5/8之270°，3478点顶部转向。

2013年2月在2444点见顶，下跌3个月；2013年5月对应本图360°的7/8（315°，月）时间分割点，指数下调中在2161点精确触及1×1线反弹（注意，精确两字），当月最高2334点，在1×1上方之2300点收月K线阳线。这是时间、空间、股价三维交融的现象。

图 6.2.2　深证综指 45 个月等周期

6 月份，1×1 线处在 2184 点，是中短期的牛熊分界线，此线不破，反弹仍会继续。反之，则会再陷数月调整。

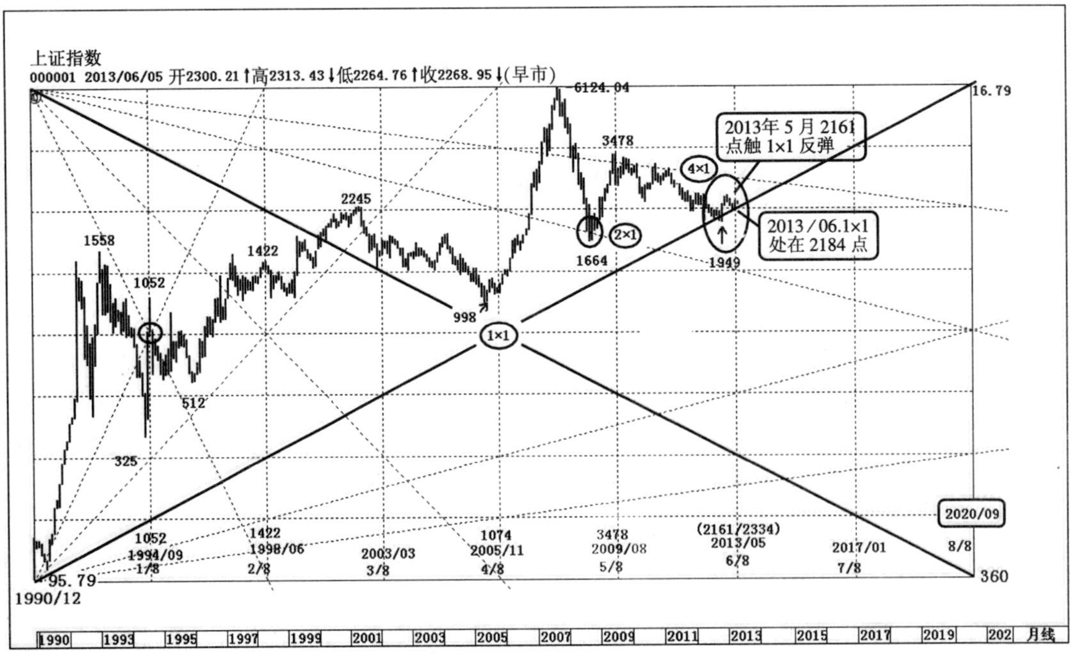

图 6.2.3　30 年周期之八分法时空考察

附上较前制作的30年周期江恩箱，见图6.2.4，除了标记时间八分法外，还加上3分法，图中标示出“有效时点”字样，请参阅（行文至此为2013年6月8日）。

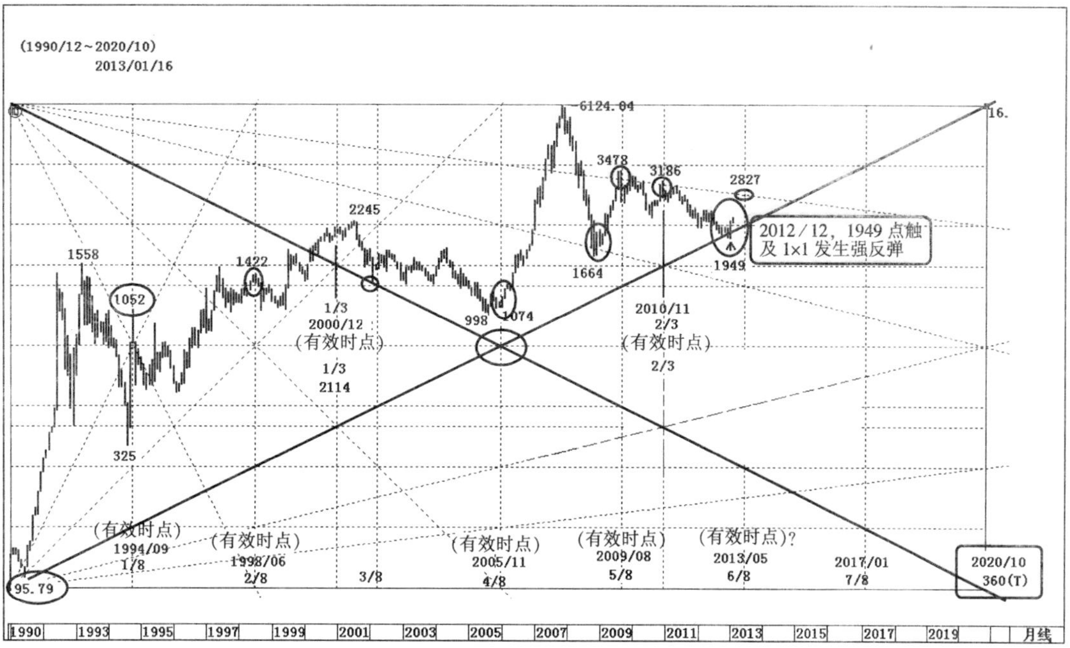

图6.2.4 30年周期月K线江恩箱

时间窗内的2013年6月，即2009年8月3478点顶部后的第46月（坎卦数）上证指数狂跌至1849点底部。与6个连续的45°等分周期只有1个月差误，参看图6.2.4。这应视为准确的圆形45°之循环周期。

第三节 贝纳周期

美国人贝纳，有一种商业繁荣的8、9、10年周期，这似乎更适用于股市循环周期。8、9、10年系列周期是什么概念呢？8是老子－斐波纳契数，亦是后天八卦方圆图子午线上的坎卦之数。欧美市场则普遍应用“4年循环周期”相当有效，而8是4的倍数。事实上，中国股市也存在明显的4年周期。9与10，都是易数指称的“终了之数”。所谓“终了”，意指事物发展变化的周期转折点。贝纳将8、9、10年三个数组合为一个周期系列，当然是数出有据，且具有一定的周期宽容度，没那么死板，更贴近市场实际。因此，在我国的股市上，这个周期系列屡有应验。

8年为96个月，9年为108个月，10年为120个月。贝纳系列周期的时间尺度是宽散的96~120个月，相差24个月（2年），如果将其作为周期的时间之窗，就显得不那么实用了。我们可以这样理解，在这个系列的时间段内，将8年、9年、10年分列为三个独立周期，而这三个独立周期会以“交叠相传自相似”的生命繁衍形式出现，这样就会更接近于股市实际。地球的运转是以4分钟为最小节律单位的，一天有1440分钟，24小时，12时辰，1小时有60分钟等，都可以被4整除。毫无疑问，“4”是个重要的节律点。

下面阐述股市的4年周期。4年有48个月，考虑到“大衍之数五十，其用四十九”的著名生命周期，作者设定4年周期的时间之窗为：正时点49个月，正负1个月。

在图6.3.1中太极设在1991年5月104点底部，截止时间为2013年8月，共标示了8个4年周期，择重要者述之。

（1）第一个49个月周期，始点为1991年5月104点重要底部，终点是1995年5月“井喷”之顶。在低迷的市场中突发“井喷”，其诱因是关闭股指期货，资金回流股市。深层次原因是生命繁衍周期之“其用四十九”。

（2）第二个49个月周期，始点为1992年11月386点底部，终点是1996年12月，该月发生了中国股市最惨烈的下跌，过来者至今仍心有余悸，上证指数从1258点下跌至855点，仅用了9个交易日。下跌之快堪称空前绝后，应验了“其用四十九”。

（3）第三个49个月周期，始点是2001年6月2245点大顶，终点是2005年6月998点大底。又一个“其用四十九”。

（4）第四个49个月周期，始点是2005年6月998点大底，终点是2009年7月之顶，翌月4日，上证指数在3478点见顶，一直至今调整未了（行文至2013年6月）。又是“其用四十九”！

以上四例足够典型，中间的多个4年周期省略了。

8~9年周期的时间长度为96个月到108个月。在股市实践上，最常见的周期印证是98个月和100个月。98个月周期实际上是“其用四十九”（49个月）的倍数生成，而100个月周期是“大限之数”的正时点，或者说是“大衍之数五十”的倍数生成。作者多次强调，“倍数生成”（即“代

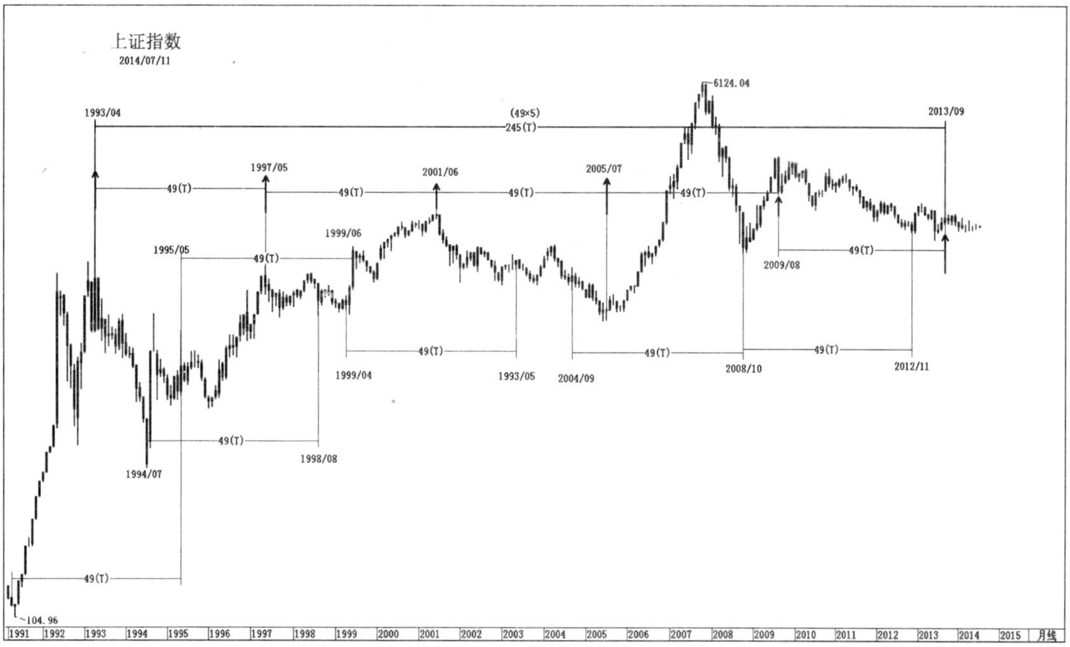

图 6.3.1　大衍之数五十其用四十九

代相传自相似”）是股市生命繁衍最重要也是最常见的模式。图 6.3.2 中录得一组 100 个月 ×2 的“代代相传自相似”，其所对应的周期点是 1991 年 2 月 135 点顶部、1996 年 6 月 1756 点顶部和 2007 年 10 月的 6124 点历史大顶。这些“点”的周期意义之重要，不言而喻。还有一例 100 个月周期，见图 6.3.2 中的标示。本案例中出现得最多的是 98 个月周期，其中有一组 98 个月 ×2 对称周期，对应三个周期点，这些“点”的市场意义之重要性，请读者自行审阅图 6.3.2。

10 年周期是 120 个月，考虑到 121 是后天八卦方圆图上的乾卦数，又是兑卦数 11 的平方，平方数具有更为强烈的“自组织、自相似”基因功能，因此选定 121 个月为 10 年周期的正时点，正负 1 个月为时间之窗。参见图 6.3.3 择重要者述之。

（1）以 1991 年 5 月 104 点为太极，运行 122 个月到达 2245 点顶部，后调整了 4 年。

（2）1997 年 9 月秋分 1025 点底部，运行 121 个月，正时点到达 2007 年 10 月 6124 点历史之顶。

（3）1995 年 5 月“井喷”之顶至 2005 年 6 月 998 点大底，运行 121 个月，正时点见底，后上 6124 点。

（4）1998 年 8 月 1043 点底部至 2008 年 10 月 1664 点大底，运行 122

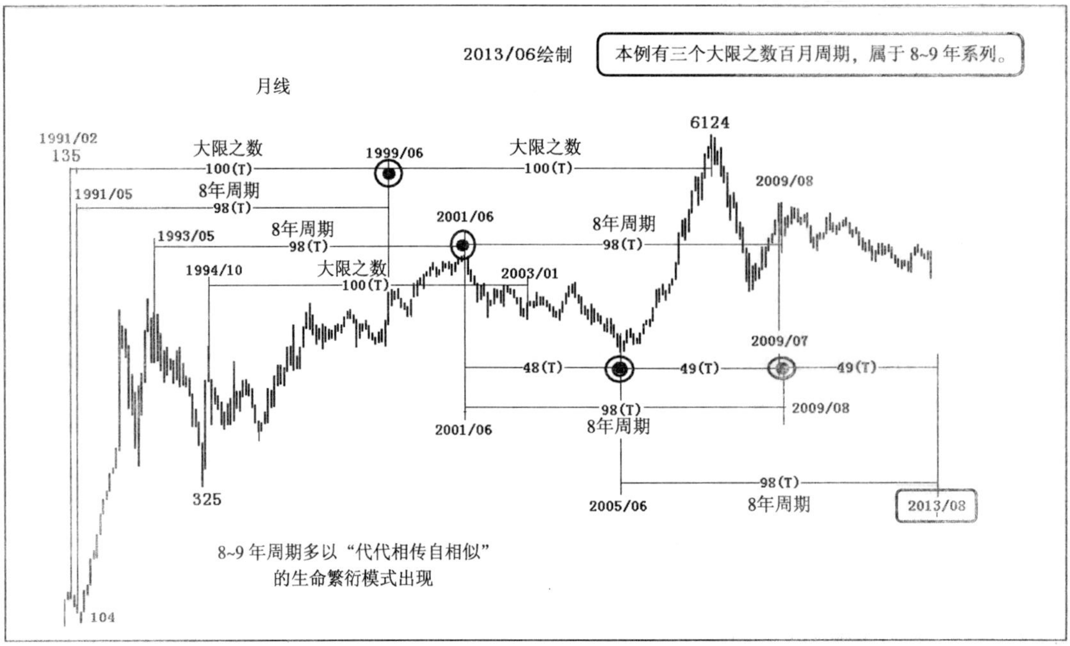

图 6.3.2　上证指数 8~9 年周期

个月，后上 3478 点。

（5）1999 年 5 月 1047 点底部至 2009 年 7 月 3454 点顶部，运行 122 个月，当月是始自 1664 点反弹的最后一个收阳之月，翌月 4 日 3478 点见顶，陷入数年长期调整，至 2013 年 6 月已见 1849 点，但调整尚未完成。

在图 6.3.3 中最近的 122 个月周期是 2013 年 12 月，可以预料，2013 年 11 月或 12 月，将有重要的市场转向发生，或者会是作者在蛇年之始的文章——《抬头翘尾话蛇年》一文中所指的所谓“翘尾”吧？

11 年为 132 个月，以此为正时点，正负 1 个月为时间之窗，见图 6.3.4。事实上，11 年周期是较之上述诸周期更为重要，出现频率更高的长周期。图 6.3.4 显示，从 2005 年 6 月 998 点始，之后所有的重要市场转向点，都是兑卦数 11 周期。原因很简单，一是因为“11”是对称性数字组合，其时间之窗的“131”，也是对称性数字组合。二是因为时间之窗的“133”，同时又是后天八卦方圆图上的坤卦之数。三是因为“11”处在后天八卦方圆图几何角的 180°，同时这里是著名的卯酉线。有此三点，11 年周期就成为最重要的、出现次数最多的年周期。

998 点及后来的重要市场转向点，皆为 11 年周期，列举如下：

（1）2003 年 10 月 1334 点底部为 132 个月周期，其后展开为时 5 个月的强势反弹。

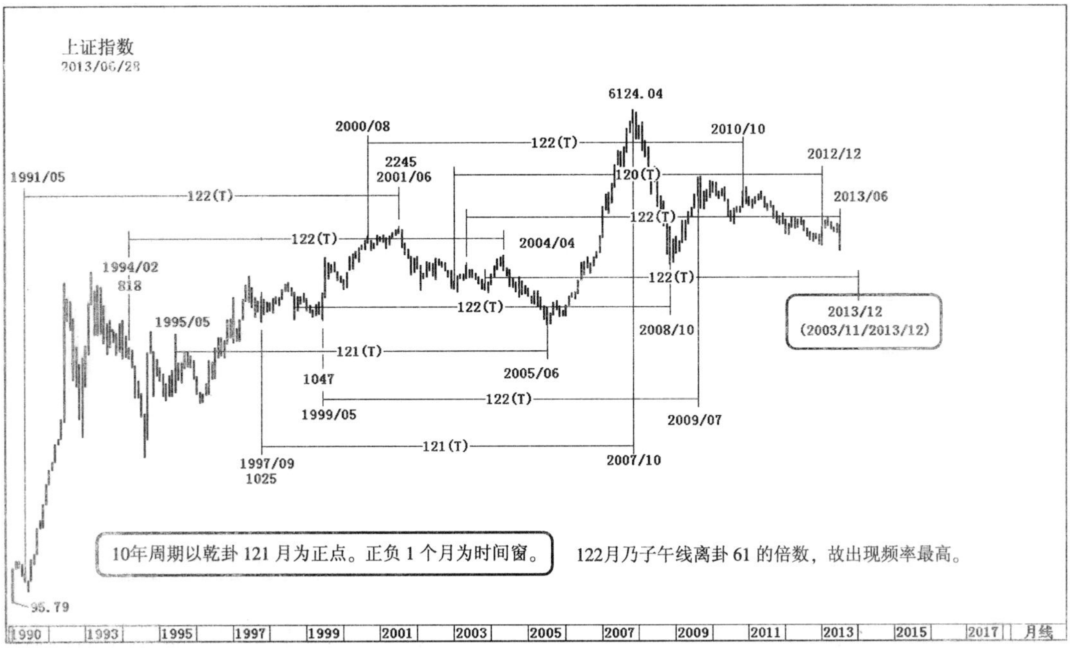

图 6.3.3　上证指数 10 年周期

（2）2005 年 6 月 998 点大底是 131 个月周期，后展开史上最后一个大升浪至 6124 点。

（3）2007 年 10 月 6124 点历史之顶是 131 个月周期，之后展开长期调整。

（4）2008 年 10 月 1664 点大底止住了 6124 点以来的狂跌，重要原因之一，这里是 133 个月周期，133 是坤卦的老阴之数，老阴而成大底，卦理卦义之意。

（5）2009 年 8 月 3478 点反弹之顶是 132 个月周期，其后又陷长期调整。

（6）2319 点底部、1949 点底部以及 2013 年 6 月的狂跌创新低 1849 点，皆出现于 11 年周期的螺旋射点上。接下来的 132 个月周期射点指向 2013 年 12 月，预料在 11 年周期的时间窗内，必将出现重要的市场转向（作者注：当时这只是预测，事实上在 2013 年 12 月 4 日见底，迎来一波近 500 点的涨幅）。

大衍之数五十其用四十九。

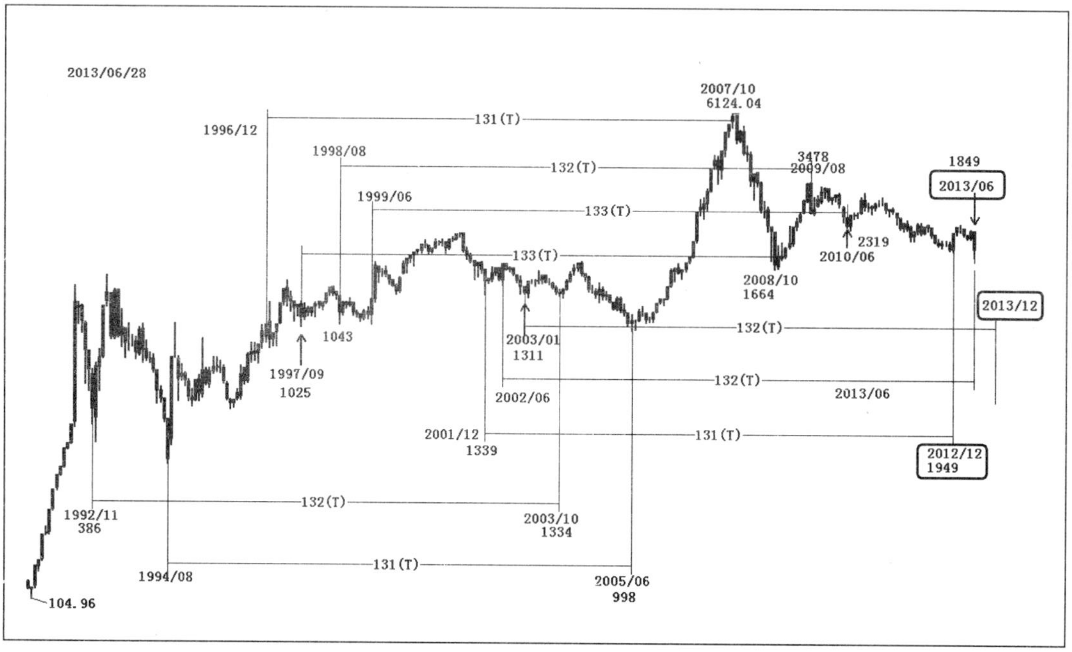

图 6.3.4　兑卦数 11 年周期

第四节　上证指数循环周期划分

循环周期可以是从一个顶部经过下跌调整，再出现一个新的顶部，即由顶部到顶部的循环。也可以是从一个底部经过上升，出现顶部，然后下跌调整，出现一个底部，即由底部到底部的循环。两种循环周期都是可以成立的。

大多数专家学者认为由底部到底部的循环更具稳定性。作者认为，由顶到顶的循环也具有较高的稳定性。比如，中国股市就出现过几例很稳定的由顶部到顶部的“大限之数”百月周期。

本节循惯例取由底部到底部的循环周期，配合波浪理论的 5 升 3 跌 8 浪循环，更贴合股市的实际走势。

一、循环周期的黄金分割

上证指数第一循环周期的太极设在1990年12月95点底部，周期时间长度为44个月，至1994年7月325点底部。其中5个上升浪从95点至1993年2月1558点，运行27个月，占整个循环周期时间总长的0.613倍，这是黄金分割比率，亦是螺旋线的扩张点。在螺旋的S线峰位上产生1558点顶部。换言之，其325点底部则大约出现于0.382的螺旋S线的收缩点上，可谓中规中矩，见图6.4.1。

第二循环周期的太极前移至325点底部，时间长度为130个月（老阴之坤数13的10倍，跌势终了）至2005年5月1043点底部。在整个循环周期中，从325点底部以5波上升推动浪形态在2001年6月2245点见顶，运行83个月，占整个周期时间的0.638倍，这仍然属于黄金分割的比率范畴（在股市中，0.6～0.66属于黄金分割范畴）。换言之，2005年5月的底部大约出现于整个周期的0.382位置上，与第一循环一样，在螺旋S线的峰位上见顶，在谷位上见底，真可谓“天人合一”之作。

第一与第二个循环周期因为5浪之顶都约产生于黄金分割的范畴内，中规中矩，称之为“正常的周期”。正常循环周期的特征点是，一段完整的5浪上升走势在螺旋黄金分割的扩张点上出现，在螺旋收缩点上，即约为0.382比率范围内产生调整C浪的底部（0.36～0.4为允许范畴），合计为5浪上升，3浪调整，8个浪组合为一次循环周期。这可以在我国古老的《易经》之八宫卦循环中找到理论注脚。艾略特波浪理论的8浪循环可以追溯到我国古老的《易经》。

在一个循环周期中，其高点出现于0.618黄金分割附近的，我们称之为“正常循环周期”。上证指数的循环周期一及循环周期二，不但符合正常周期0.618黄金分割的要求，也完全符合“5升3跌，8浪循环”的模式。

上证指数的循环周期二处在历史上的第3浪上升及第4浪调整的过程中，时间是1994年7月325点底部至2005年5月1043点底部，共运行130个月，翌月即2005年6月3日在998点启动第三次循环。

循环周期二中的第3浪分解如下（呈5浪上升势态）：

子浪1，325点至1052点，呈快速上升势态。

子浪2，调整至512点，运行18个月，呈简单的三角形调整。

子浪3，至1510点，节奏明快，参与的个股甚广，运行15个月，第3浪特征明显。

子浪 4，至 1043 点（1999/05），形态复杂拖沓，运行 25 个月，约是子浪 2 的 1.382 倍（25/18），充分彰显 2 浪与 4 浪简单与复杂、快速与慢速的交替原则。

子浪 5，至 2245 点，5 个浪共运行 83 个月（约为 7 年周期），在循环周期的黄金分割位置上产生顶部。

我们假定 5 浪上升时间 83 个月约占整个循环周期的 0.618，则可以推算出这个循环周期的终点大约是 135 个月（83/0.618 = 134.3），其对应的时间是 2005 年 10 月 1067 点底部，11 月从 1074 点拉升，2005 年 10 月才是正统的周期点而非此前的 998 点。

循环周期二中的第 4 浪呈 A、B、C 三浪调整势态，与 5 浪上升构成 8 浪循环（划浪省略不叙）。

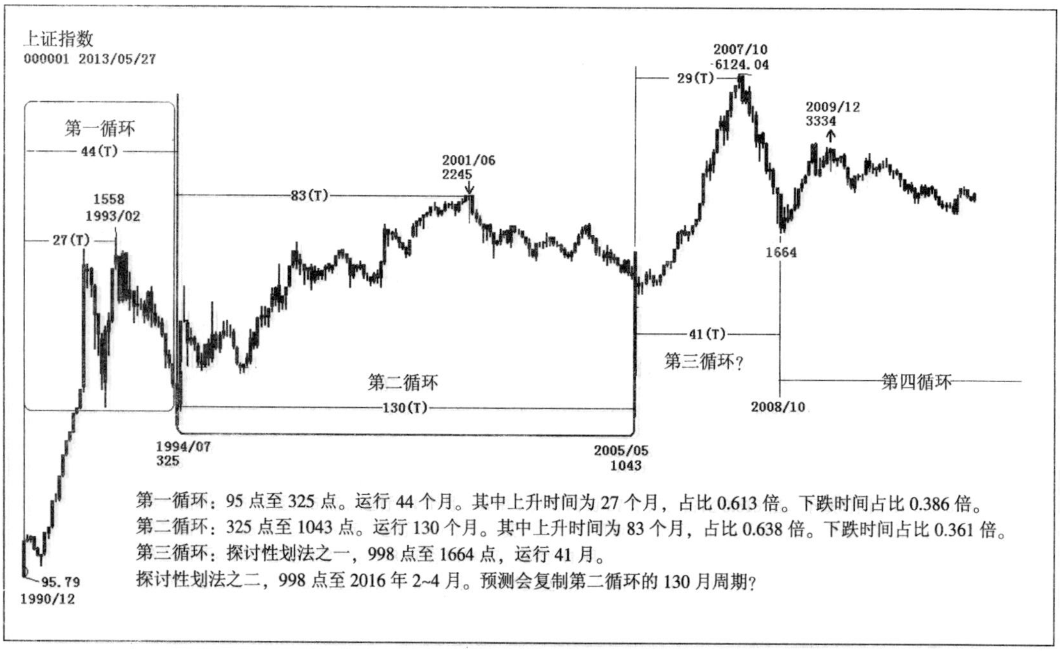

图 6.4.1　循环周期

二、关于混沌周期

何谓混沌周期？混沌周期的特征有二，一是周期内的峰位并不发生于黄金分割率的范围内，而是带有随机性，呈不确定的混沌状态。但是，运行趋势及波动节律上，仍然保持了 5 升 3 跌，8 浪循环的循环周期固有规律。二是混沌周期常发生在一个大级别趋势的末段，即发生在循环周期三中。循环周期三常会出现周期延长或者周期缩短的不规则现象，S 形螺旋峰位也随之发生漂移。所以，称之为“混沌周期”。

图 6.4.1 中的循环周期三从 2005 年 6 月 998 点至 2008 年 10 月的 1664 点底部，共运行 41 个月，其中的 998 点至 6124 点是 5 波上升浪，其内部分解如下：

子浪 1，998 点至 1223.56 点（2005/09/20）。

子浪 2，至 1074.01 点（2005/12/06）。

子浪 3，至 4335.96 点（2007/05/29）。

子浪 4，至 3563.54 点（2007/07/06）。

子浪 5，至 6124.04 点（2007/10/16）。

5 个子浪共运行 29 个月（卢卡斯数），占循环周期时间总长度的 0.707 倍，超出了黄金分割率范畴的极限 0.666，表现为一种不确定的混沌状态。

循环周期三中的调整浪之 A、B、C 分解如下：

A 浪，6124 点至 2990 点（2008 年 4 月），其中又包含一组细一级的 A、B、C（划浪省略）。

B 浪，至 3786.02 点（2009 年 8 月），其中又包含细一级的 A、B、C（划浪省略）。

C 浪，至 1664.93 点（2008 年 10 月），其中又包含一组细一级的下跌 5 波（划浪省略）。由此可见，尽管循环周期三处在“混沌”状态中，但仍然保持了 5 升 3 跌，8 浪循环的固有规律。

循环周期二的末端 998 点底部（2005 年 6 月）是第一循环的第 4 大浪，6124 点是第 5 大浪。很显然，循环周期三处在上证指数有史以来第一循环之长期（18 年）上升趋势的末段，发生周期变异就是必然的了。

上述关于循环周期三的划分法是探讨性的，即将 2005 年 6 月 998 点至 2008 年 10 月的 1664 点暂定为循环周期三，循环周期四从 2008 年 11 月开始，目前正在运行中。

另一种循环周期探讨性划分法是，循环周期三始于 998 点，至今仍在运行中，预测循环周期三也运行 130 个月，其循环终点后延至 2016 年 2 ~ 4 月。第三循环的始点仍然在 2005 年 6 月 998 点底部，终点后延至 2016 年 2 月或 4 月。这样，第三循环的运行时间与第二循环一样都是 130 个月，构成 130 月 ×2 的时间对称。

13，是坤卦之数，130 是 13 的 10 倍终了之数，13 的终了之数而造大底，正好是天时的巧妙安排。13，也是一个非常特殊的 DNA 核数。本书就设有两节专门介绍 DNA13 月作为时间螺旋在股市生命链中的神奇表现。DNA13 及其倍数一直贯穿着整条股市生命链，太极设在 95 点底部是如此，太极设在 325 点时也同样如此。历史上每一个重要的市场转向点，皆可以看到 DNA13 月的影子，要么是其倍数生成，要么是其螺旋线比率展开。

作者认为，本节将第三循环的终点后移至 2016 年的 3 ~4 月其兑现的概率是相当高的，届时这里即使不是第三循环的终点，也会是一个市场的重要低点。行文至此，立字为案（2013 年 6 月 8 日）。

作者在本章开始就介绍了循环周期的一个规律，即循环周期一和循环周期二是正常周期，所谓“正常”是指周期内包含 5 升 3 跌共 8 个浪，其中 5 个上升推动浪的运行时间约占周期总长的 0.618（允许在 0.60 ~0.66 的范围内）。

本节介绍的循环周期一和循环周期二都是很规范的“正常周期”，而循环周期三是“混沌”的，不受黄金分割的规律限制。那么，本节的循环周期第三种划分法将第三循环终点后移至 2016 年 2 ~4 月，就少了很多技术上的束缚，这与本书中波浪理论那部分提到的 6124 点后调整的终点要在 2018 年 3 月或更后的时间出现并不矛盾。

图 6.4.2 是很有意思的，130 个月代代相传自相似，89 个月隔代相传自相似，41 个月隔代相传自相似，均指向 2016 年 2 ~4 月这个时间节点。多重规律的重合，这就是技术保障。

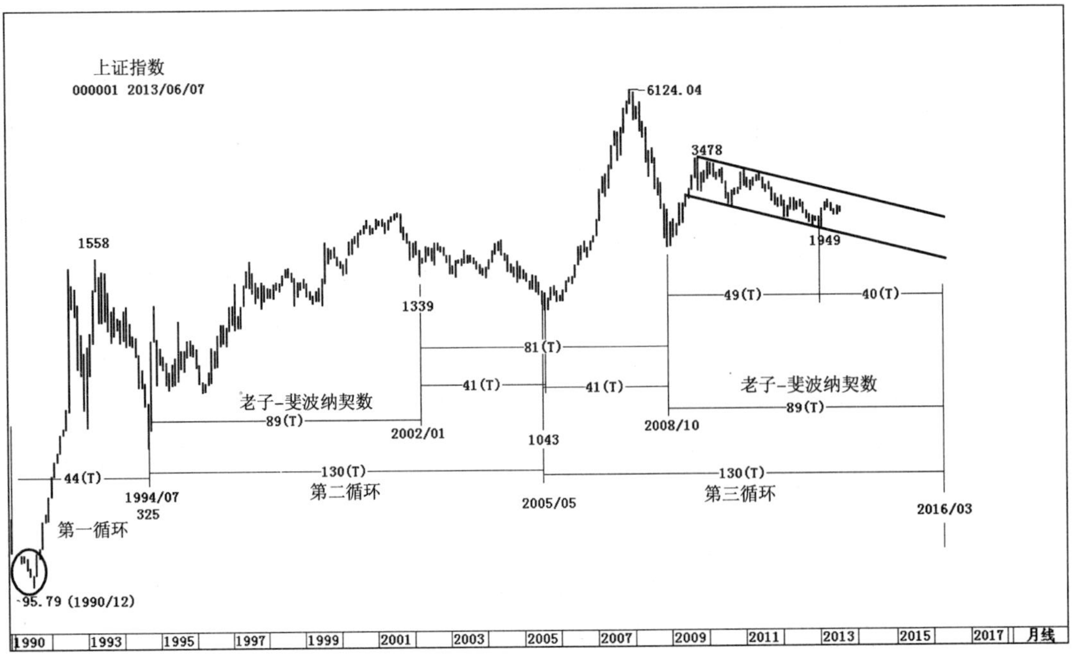

图 6.4.2　第三循环低点指向 2016 年 3 月

第五节　循环周期与螺旋线比率的关系

一、DNA130 的螺旋线展开

宇宙四大规律亦即股市的规律。股市生命是在太极中心的主宰下以“倍数生成”及螺旋线比率展开的，股市生命的循环周期更与螺旋线有着密不可分的联系。我们已经通过上证指数循环周期一和循环周期二的分析，论证了其股市生命是以螺旋线展开的，其螺旋线峰位与谷位的产生缘自螺旋永不停息的扩张与收缩运动，周而复始就形成了循环周期。知道了这个原理，我们就可以透过螺旋比率寻找市场的转向点。比如，我们已经知道了第二循环周期从 1994 年 7 月 325 点至 2005 年 5 月 1047 点运行 130 个月，130 就成为重要的 DNA 核数。我们又知道，螺旋线的展开是以老子－斐波纳契比率为数学框架，即 0. 236、0. 382、0. 50、0. 618、0. 764、0. 809。

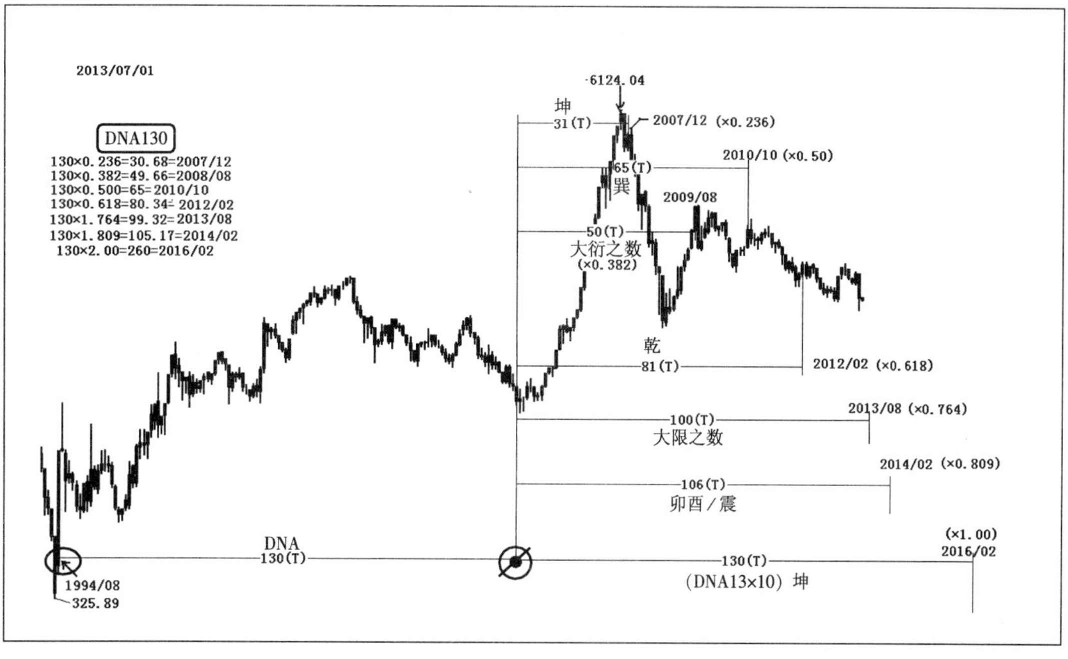

图 6. 5. 1　上证指数月 K 线循环周期与螺旋线的比率关系

现在我们再来看看第二循环，即998点之后的螺旋线展开状况：

（1）130×0.236=30.68，即31个月，坤卦数，对应2007年12月顶部，当月收阳，翌月开始展开真正意义的下跌。

（2）130×0.382=49.66，即50个月，大衍之数，对应2009年8月3478点顶部，此顶之重要，看图6.5.1便知。

（3）130×0.5=65，巽卦数，DNA13的5倍生成，对应2010年10月3073点，翌月从3186点又陷新一轮下跌。

（4）130×0.618=80.34，即81个月，乾卦数，对应2012年2月顶部，其后又见9个月下跌。

（5）130×0.764=99.32，即100个月，大限之数百月周期，其对应的是2013年8月（责编注：6月见1849点底部）。

（6）130×0.809=105.17，即106个月，震卦数，其对应的是2014年2月（责编注：反弹高点2177点）。

（7）130×1.0=130，其对应的是2016年2月。

上述数据表明，以130月为假定周期，则从0.236～0.618～0.809，共6项螺旋线比率，已是过去时，全部都为市场印证。第（7）项是未来时，正等待市场的验证。130个月是重要DNA核数，史上已有先例，132个月则是11年周期的正时点，都是重要而且极为敏感的长周期。所以，作者预期，2016年2～4月，市场或将发生重要的中级转向，这是毫无疑问的。

二、200个月顶到顶循环周期之螺旋线展开

循环周期在传统意义上多以从一个显著底部运行到下一个显著底部为一个周期，比如本章的循环周期一，是从95点底部到325点底部。循环周期二是从325点底部到998点底部。作者发现，从一个显著顶部到另一个显著顶部，也是循环周期，这样的循环周期也具有很强的稳定性，具有螺旋线展开的扩张与收缩运动特征，具有圆形运动的周期性（重复性），因而具有可预测性。换言之，由顶部到顶部的循环周期与由底部到底部的循环周期一样，有着共同的运行规律——在太极中心主宰下的螺旋线展开之圆形运动。

在我国A股20多年的历史上，曾有过多次极其稳定的由顶到顶的“大限之数”百月周期。上证指数从最低指数为1990年12月95点，上升至1991年2月134.86点，见顶回落至5月的104点。134点是史上的“第一个”顶部，炒股之人一定知道，“第一个”蕴藏着主宰市场波动的神秘力

量。从“第一个”起步，运行“大限之数”100 个月，神奇地出现 2245 点重要顶部（2001 年 6 月），再由此运行 100 个月大限之数，出现了 6124 点历史大顶（2007 年 10 月）！这里是 100 个月 ×2 的时间对应点。作者反复说过，“时间对称点 = 市场转向点”。两个大限之数周期出现顶部之后，市场陷入长期调整，这是理所当然的事情。

下面通过图 6. 5. 2 来解剖上证指数由顶到顶循环周期之螺旋线运动。图 6. 5. 2 以 1991 年 2 月 134 点顶部为太极，在这个太极中心的主宰下，由顶到顶循环周期的螺旋运动，规矩地按老子 - 斐波纳契数比率顺序展开（0. 23、0. 382、0. 50、0. 618、0. 764、0. 809、1. 0）：

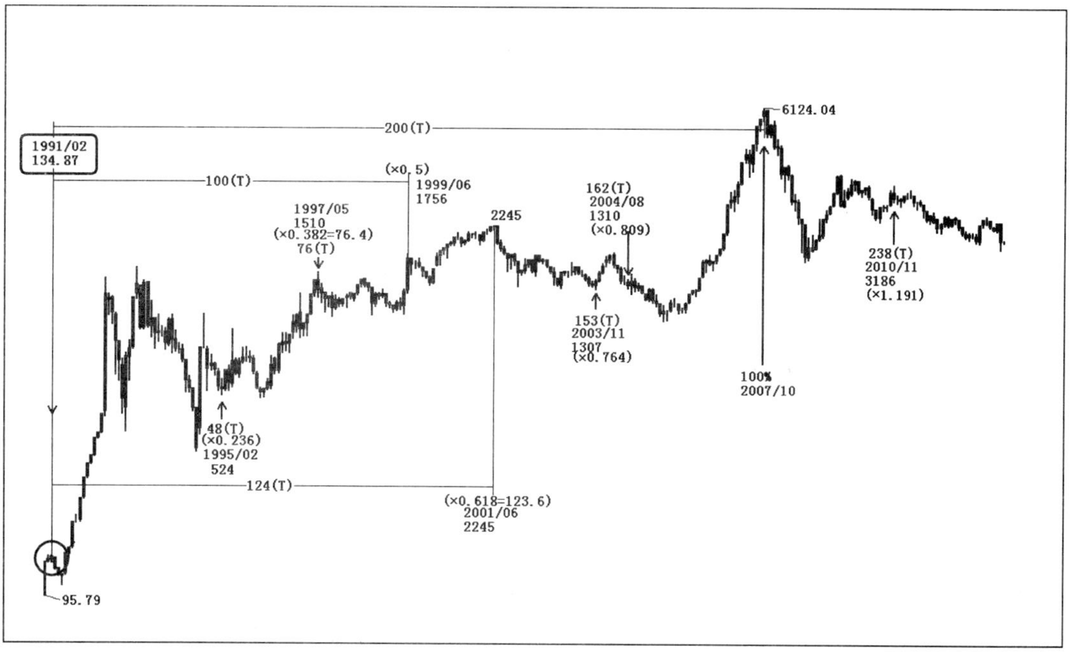

图 6. 5. 2　上证指数 200 个月顶到顶循环周期之螺旋线展开

（1）200 × 0. 236 = 47. 2（48），1995 年 2 月，524 点底部，此底是从 1052 点跌下来的，见底后反弹至 5 月的 926 点。

（2）200 × 0. 50 = 100（100），1999 年 6 月，1756 点顶部，见顶后下跌 6 个月，至同年 12 月的 1341 点见底。

（3）200 × 0. 618 = 123. 6（124），2001 年 6 月，2245 点顶部，见顶后下跌 48 个月，至 2005 年 6 月 998 点见底。

（4）200 × 0. 764 = 152. 8（153），2003 年 11 月，1307 点底部，见底后反弹至 2004 年 4 月的 1783 点。

（5）200 × 0.809 = 161.8（162），2004 年 8 月，1310 点底部，这是 1783 点用 5 个月时间跌下来的，应 0.809 螺旋线比率之约而为底部，翌月反弹收阳，成为下跌途中少见的阳 K 线。

（6）200 × 1.0 = 200，这里对应的是 2007 年 10 月，6124 点历史大顶。

上述的数与图，证明了“由顶到顶”是可预测的循环周期，并非一般投资人知道的由底部到底部的循环周期。懂得这一点，当会开拓你认识股市、分析股市的思路，从而多角度地掌握市场转向点。

第六节　2014 年周期预测

2014 年，甲午年，属马。天干之甲为阳木，地支之午为阳火。木生火。为泄。春天旺木，或利股市，可见小顶。又因地火的制约，天干地支相生而泄，即便升市，力度被泄漏。故升幅有限。

每年 7 月、8 月，万物本是春生夏长。可适逢盛夏之时，地支之“午”处在极旺状态，而木助火势，恐怕离火上冲，年中之顶或见矣。然而，顶不在高，是顶则灵。

进入第四季，火势趋减，万物枯荣。市场或会淡净下来，走势再次陷入调整。故秋冬之际，小有收成，即宜“收藏”过冬。

12 月至 2015 年 1 月，严冬也。木无生机，火亦微弱，市场恐怕会进入冬眠状态。

2014 年马年中重要的月份为：2、3 月，8、9 月，和 12 月，它们是 2014 年股市波动的节律点。

一、2014 年 1 月周期预测

2014 年是马年。1 月，开市 2112 点，最低指数为 1984 点，收市 2033 点，是一根带下影的阴锤头。2 月，马儿开跑，股市震荡上升。可是，仅摸高 2177 点即回落，是一根带上影的小阳十字星，出师不利。何故也？天干地支相互制约也。春天，本是万木逢春的大好时节，股市表现尚且不佳，年内的行情恐怕难以理想。在春天造出的 2177 点，制约了后市几个月行情。其后的 5 个月在 2000 点附近窄幅横盘，数月内的波动幅度约 150 点，

史上少见。

作者预料，2014 年的年线收阴概率甚高，即便能稍升越 2177 点，勉强收年 K 阳线，恐怕会是一根带上影线的小阳 K 线。

2014 年 1 月的最大周期特点有二：一为 DNA13 的螺旋线展开；二是多个后天八卦方圆图卦位数在 2014 年 1 月群落，见图 6.6.1。比如：

图 6.6.1　2014 年 1 月周期预测

（1）998 点底部至此运行 104 个月，104 是 13 的 8 倍。

（2）6124 点至此运行 75 个月，75 约为 13 的 6.764 倍。

（3）3186 点至此运行 39 个月，39 是 13 的 3 倍。

（4）3067 点至此运行 34 个月，34 本身就是离卦之数，34 还是 13 的约 2.618 倍。

还有，69 巽卦数，54、9 的倍数等群落于 2014 年 1 月，其共振力量足以诱发市场转向，见图 6.6.1（行文至此为 2013 年 3 月）。

周期读数因为太极的用数可为 0 也可为 1，因此是允许正负 1 个月的。

二、2014 年 3 月周期预测

3 月最大的周期特点：一是卦位数周期群落；二是作为 DNA 核数的卦

位数周期之106个月（震）、77个月（坎）和65个月（巽）的时间对称点在此共振，见图6.6.2。

时间对称点为股市最常见的倍数生成模式（代代相传自相似）。因此，3月周期比1月周期重要，这里或会产生次中级市场转向。

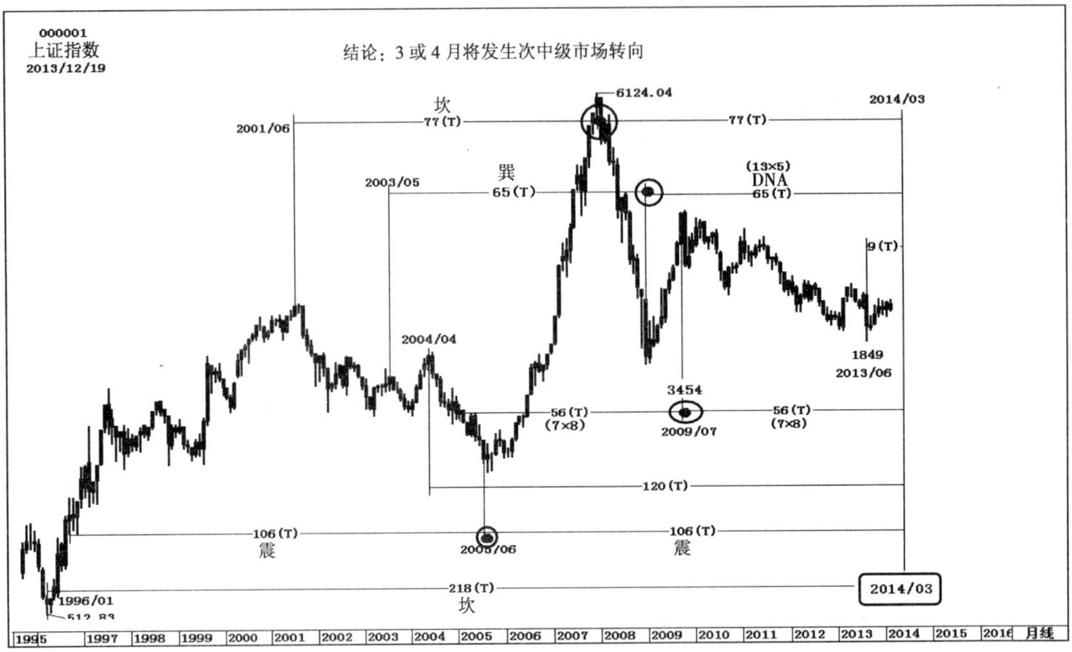

图6.6.2　2014年3月周期预测

三、2014年7月周期预测

2014年7月的周期特征：除了卦位数周期群聚，DNA13螺旋线展开之外，还有多个揭示市场趋势至此“终了”的周期数重叠。

比如，998点至此为110个月。这里是一个“天地之数五十有五”乘2的对称时点。太极中心是2009年12月的3334点顶部，翌月开始展开深跌，至2319点。

所谓天地之数，是由天到地或由地到天的运行周期数也。其含义亦即见天为顶，见地为底。一句话，这些周期读数揭示市场至此要发生重要的中级市场转向。在图6.6.3中，6124点至7月为乾卦81个月，81是终了之数（9的平方）；81是后天八卦方圆图上乾卦之数。乾为老阳，宜造顶。见底则不合时宜，后市升幅有限。

又见3186点至此运行45个月，45，终了之数9的5倍生成。

这些周期数字都揭示2014年7月将是市场一轮趋势的“终了”之月。

由于天干之木与地支之火相克而泄，故会使上升的力度受到削弱。料是顶部亦不会太高，仅是显示月度周期的意义，或许只出现一个中途小顶而已。因为，后边9~10月，亦具不寻常的周期意义。

图6.6.3　2014年7月周期预测

四、2014年9~10月周期预测

为什么把9月、10月放在一个周期点上预测呢？一是因为周期可以正负1个月；二是9、10月历史上从来就是“多事之秋”。世界各国的股市皆如此，特别是10月。比如2007年10月，包括中国在内的欧美股市，齐齐见大顶，中国股市的6124点见历史大顶至2014年10月，已是整整7年，7是一个充满神奇色彩的数字，7年周期在中国股市历史上有神奇应验。1994年7月之325点底部至2001年6月之2245点大顶，运行83个月（太极读为1，即84个月），83是中国股市的DNA核数。其实，84个月是7年周期的正时点，而83及85，在正负1的7年周期时间窗内，故将9月与10月一起预测，料这个时间段内会有不平常的市场波动。

2014 年 9 月的周期特征点是，股市生命繁衍的三种模式皆在此月出现，见图 6. 6. 4。

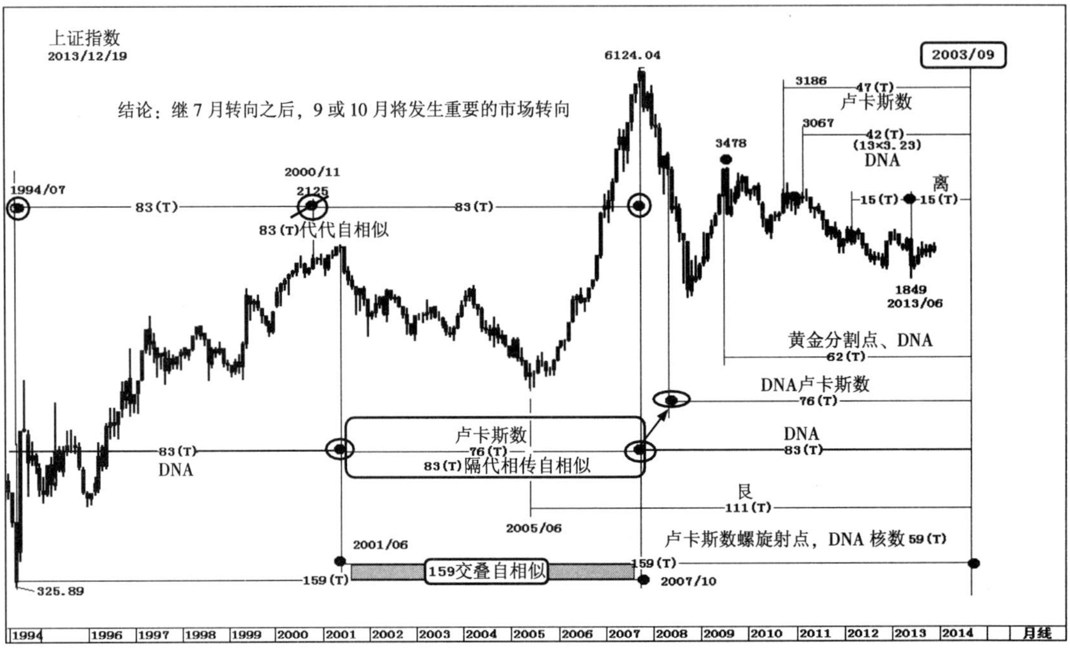

图 6. 6. 4　2014 年 9 ~ 10 月周期预测

（1）83 个月代代相传自相似。

（2）83 个月隔代相传自相似。

（3）159 个月交叠相传自相似。

这里指出，159 是卢卡斯数螺旋历法的一个时间射点，历史上就有过 159 个月重要周期，即 325 点大底至 6124 点大顶运行 159 个月。

159 是 DNA 核数。同时，159 是 DNA3 的 12. 23 倍。可见，159 个月是卢卡斯数和老子 - 斐波纳契数的“双料”之数。周期意义抖然增加。

换言之，83 及 159 这两个见大顶的 DNA 核数同现于 2014 年 9 月，其股市生命繁衍的“自核、自组织、自相似”功能使得 9 ~ 10 月变得相当敏感。作者认为，2014 年 9、10 月间，将有中级或是次级的市场转向发生。

五、2014 年 12 月周期预测

2014 年 12 月的周期特征是多组卦位数对称周期纷纷群落。比如，86 个月 ×2（兑卦倍数）、81 个月 ×2（乾卦倍数）、65 个月 ×2（巽卦倍数）、

52 个月 ×2（大衍之数的倍数、大限之数），等等，皆群聚于 12 月。

325 点大底至 2014 年 12 月为 245 个月，245 乃 49 的 5 倍，49 是生命周期的“用数”，是 7 的平方数，是一个股市生命周期的一个特殊之数。49 的“五数生成”，具有强烈的周期意义。

图 6.6.5　2014 年 12 月周期预测

2003 年 1 月 1311 点至 2014 年 12 月为 144 个月，是一组 72 ×2 的时间对称点。144 乃是坤之策数，老阴之坤的极数（图 6.6.5 中未标示），宜于市场造底。

纵观近几年历史，2011 年 12 月，见 2134 点底部，反弹至 2478 点。2012 年 12 月，又见 1949 点底部，反弹至 2444 点。而 2013 年 12 月，市场则从 2260 点下跌至今（指至 2014 年 7 月）。纵观中国股市，每年 11 月至翌年 1 月，在这 3 个月的时间窗内，特别是正时点的 12 月，都会发生非常重要的市场转向。原因非常简单，中国人认为“一年之计在于春”。在这个时间窗内，布局新一年股市。由此可得出结论，2014 年 12 月前后，是一个重要周期点，这是没有疑问的。

一般而言，在这个时间窗内造底，是较合时宜的。是顶是底？最好不做定调。

首先看 9 ~ 10 月周期，是出现顶部或底部？然后，12 月周期就好做推断了。

第七章
八卦数时间江恩角度线

第一节　解读江恩

“当你一旦完全掌握角度线，你将能够解决任何问题，并决定任何股票的趋势。”

——江恩

江恩角度线以 1×1 线为中心（作者称之为太极线），几何坐标系下呈 45°角。炁（读 qì），是阴阳平衡之线。从八卦的角度上说，可读为 0，也可读为 1。太极之用或不用也。

完整规范的角度线，在太极线上方有 4 条角度线，下方也有 4 条角度线。这 8 条角度线以太极线为中心，上下 2 条线互为对称，构成 4 组以太极线为中心的 90°时空错纵性对称。

江恩角度线的设计原理可从《易经》宇宙生成式得到解释：“是有太极（1×1 线），太极生两仪（1×2 线和 2×1 线），两仪生四象（1×4 线，1×2 线和 2×1 线，4×1 线），四象成八卦”。太极线上方 4 条线和下方 4 条线，对应于八卦。

以 1×1 太极线为中心，其上方为阳区，含少阳（1×2 线）与老阳（1×4 线）两仪；其下方为阴区，含少阴（2×1 线）和老阴（4×1 线）两仪。阴阳两区的少阴少阳与老阴老阳即“四象”。两仪四象阴阳相对，涵盖了股市的全部波动，即涵盖了升市和跌市。升市为阳，跌市为阴。升市与跌市循环不息，其或升或跌，多会在触及某一角度线时发生趋势转换。从这一现象上说，每一条角度线都是市场趋势的“警戒线”。当股市运行至角度线时，就要特别注意盘面的变化，以便随机应变。

《系辞》上说："一阴一阳之谓道。"道者，太极也。股市的 1×1 线就是太极。以太极线为界，区分市场属性的阴与阳。

1×1 太极线上方为阳仪区，阳性刚，主流趋势为升市，是市场快速波动的区域。1×1 太极线下方为阴仪区，阴性柔，主流趋势是跌市，是市场慢速波动的区域。当然，阳区中也有支流，即修正性的跌市，所谓阳中有阴也。阴区中也有支流，即修正性的升市，所谓阴中有阳也。如上述，这些阴阳的替换，多以角度线为界。阴阳交错，形成大小循环。

股市运行至老阴区，触 4×1 线，则阴极而阳生，市场趋势由跌转升。股市运行至老阳区，触 1×4 线，则阳极而阴生，市场趋势由升转跌。阴阳交替，升跌互换，此所谓"生生不息之谓股市（易）"也。

当然，以上描述的是标准状态下的景象，间或也有市场波动越过角度线而趋势不改的，或一个趋势跨越两条角度线的，这些现象都是"阳气磁场"或"阴气磁场"特别强大所造成的，这就需要我们阅读角度线时"唯适以变"了。

股市实际上 90% 以上的时间都运行在上方的 1×4 线至下方的 4×1 线之间，而 1×2 线至 2×1 线是最为重要的股市时空，这是市场波动的重点区域。原理为我国八卦的飞伏卦、阴爻与阳爻呈对称性分布。市场的波峰与波谷，也呈错综性的对称分布，体现"一阴一阳之谓道"的太极大理。

通常，由 1×2 触线见顶开始的回调，即使在 1×1 线上会有反弹，最终还是要下跌至下方的 2×1 线寻求支撑。原理在于，市场要满足以 1×1 太极线为中心的由 1×2 线至 2×1 线的 90°时空错综性对称（两条角度线的角度合计为 90°）。应用这个原理，我们可以运用江恩箱角度线对股市的中期走势进行有效预测。这是本节文章的重点，后边将有大量的市场预测案例。

在下跌过程中，多数情况下，1×1 太极线不会一跌就破（也有一跌就破的，比如市场运行在 C 浪之 3 时），多空力量常会在此一带展开反复的争夺。反弹之后，1×1 线最终还是要被跌破的。参与反弹操作者，不要恋战，要以 1×1 太极线为"警戒线"，指导自己的操作。

为了简洁醒了、容易辨认和方便实战操作，下边绘制了只有 5 条角度线的示意图，中间为 1×1 太极线，上方为 1×4 线和 1×2 线，下方为 2×1 线和 4×1 线。软件飞狐大交易师的江恩箱就是这样设计的，作者多年来一直用以绘制图表，觉得颇为实用。

1×1 线又称太极线，是一条理想化的衡速波动角度线。符号"×"前边的“1”代表单位时间，后边的“1”代表单位价格。1×1，意味一个时间单位运行一个价格单位，表示时空平衡。理想模型下的1×1为45°，在后天八卦方圆图上，360°分布八个卦，45°对应一个卦位。换言之，每运行45°即转换新的卦，每一个卦都有自己不同的属性，不同的卦理卦义。因此，市场进入某一卦区时，就会发生趋势性的转变。八个卦位互为对称，分别为乾与巽对称，坤与艮对称，震与兑对称，组成卯酉线，离与坎对称，组成子午线，这是2条著名的天文线。市场的重要转向多会在进入这2条线时发生。

在角度线的设计上，每一组卦互为对称角，都呈180°，即圆形360°的1/2。因此，市场运行至每一组卦的对角线时，极易诱发市场趋势的逆转。见图7.1.1飞狐交易师江恩箱范图，角度线的角度设计如下：

1×4=75°；4×1=15°。2条线互为对角，合之为90°。用90°规范一个趋势“终了”的时空。

1×2=63.75°；2×1=26.35°。2条线互为对角，合之为90°。用90°规范一个趋势“终了”的时空。

阳仪区：1×4线表示1个时间单位运行4个价格单位，是阳刚性质的上升波动；1×2线表示1个时间单位运行2个价格单位，亦是阳刚性质的快速波动。

阴仪区：4×1线表示4个时间单位运行1个价格单位，是阴柔性质的慢速波动；2×1线表示2个时间单位运行1个价格单位，是阴柔性质的慢速波动。

作者在绘制江恩角度线时，多以后天八卦方圆图的卦位数为时间长度，限定其时间与段内的有效空间，用以体现八卦与角度线的有机融合。10多年来的应用，大量市场案例证明了卦位数与角度线的结合是科学的。之所以称之为“科学的”，是因为用这种方法绘制的江恩箱角度线具有很精确的时空有效性，应用其角度线测市，常会取得神奇的效果。这些角度线不但精确地控制了时间段内的市场峰位和谷位，甚至还精确地控制了时间段内之外的数年之后的顶部或底部，看似神奇得不可思议，但却是有着深厚的太极中心主宰下的理论依据——八卦时空的有效性。本章设有“卦位数角度线远程预测”一节，用大量的市场案例与读者分享卦位数角度线的神奇。

1×1太极线为中心的阴阳交错构成90°时空错纵对称。两组对称角以太极线为中心（1×1线），比如1×2与2×1，构成90°时空的错综性。

一周由4个90°组成，即后天八卦的四正方位，运行90°，表示事物运动已进行了一次阴阳交替的小循环。市场波动趋势常会发生逆转，运行

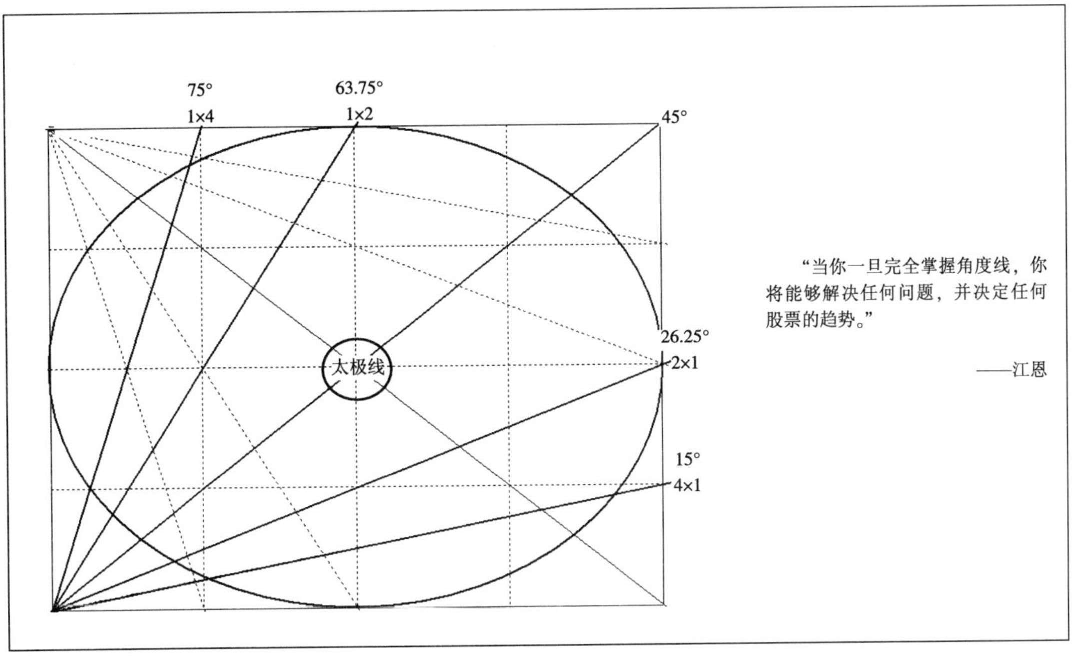

图 7.1.1　卦位数角度线的原理及其应用规则

360°，表示事物进行了一次周（圆形）运动，市场就完成了一次大循环。如以“月”为计时单位，360° = 360 个月，360 个月 = 30 年，30 年是六十甲子的 0.5 周期。本书“周期律”一章中绘有“30 年江恩箱”，图中的时间八分点和角度线所对应的市场波动颇为有效。

根据阴阳对称的原则，市场的波动区域亦必然地以太极线为中心，在其上方和下方对称性分布。比如，股价（指数）在阳区的 1 ×2 触线回调，多会在触及 1 ×1 太极线时引发反弹。一旦有效跌穿 1 ×1 太极中心线，即进入阴区运行，代表阴的力量不断增长，下跌就变为趋势运动，就会向下方的 2 ×1 线寻底，完成一次 90°角的对称性运动。

更大的波动时空是由太极线上方的 1 ×4 线至其下方的 4 ×1（1 ×4 = 75°，4 ×1 =15°，合之亦为 90°）。也就是说，市场运行到一个卦位转替的临界点上趋势将要逆转。作者认为，这是应用江恩角度线最为重要的经验。

以上所描述的现象是普遍性的，据此归纳了两条卦位数角度线应用规则：

规则一：当股市触及某一角度线见顶回调，其第一个调整目标是下方的角度线，见图 7.1.2 日经指数走势图。2011 年 2 月 18 日，以 10892 点触及 1 ×2 线见顶回调，下跌时虽然短暂击穿 1 ×1 线，但最终报收于 1 ×1 线上方，并诱发为时 10 多周的反弹。践行规则一的“第一个调整目标是下方的角度线”。

规则二：当股市触及阳区中的某一角度线见顶回调，并且已经有效跌穿了 1×1 太极中心线，那么，根据阴阳交错构成错综性对称的宇宙大理，下一步调整必向下方的角度线寻求支撑，用以构成 90°时空对称。还是以“日经指数”为例（图 7.1.2），当 2011 年 2 月 18 日以 10892 点触 1×2 线见顶回调，并有效跌穿 1×1 线后，最终要向下方的 2×1 线寻求支撑。事实上，2011 年 11 月 25 日，以 8137 点触及 2×1 线而诱发强势反弹。

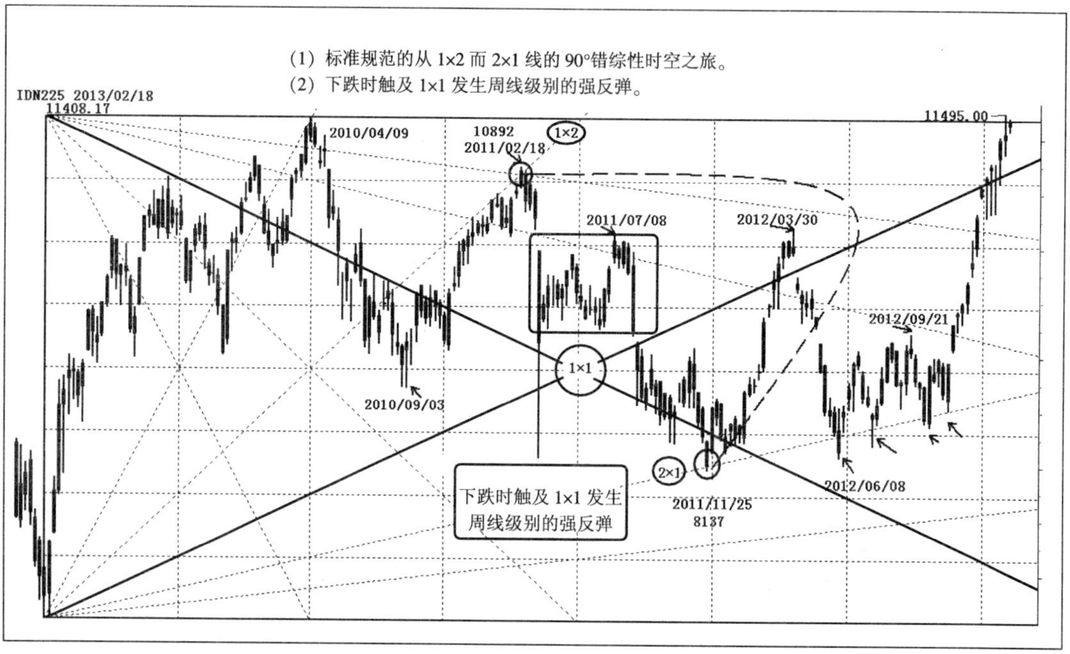

图 7.1.2 日经指数走势图

图 7.1.3 为首创股份走势图，以 21.27 元触及 1×4 线见顶回调，连续跌破多条角度线，最终以 3.73 元在 4×1 线的精确位置活得支撑，见底后强劲反弹。1×4 =75°，4×1 =15°，合之为 90°。用 90°规范一个趋势“终了”的时空践行规则二。首创股份 2007 年 9 月受阻于 1×4 线见顶，支撑于 4×1 线而反弹（2012 年 12 月），标准规范地运行了以 1×1 线为太极中心的 90°错综性时空对称之旅，反弹至 2013 年 5 月，又因触及下降 2×1 线而见顶！

上述的例子普遍存在，文字是纲领性的，可以视之为股市的规律。这个规律（两条规则）放之于古今中外而无不准确。再举一例，以验证卦位数角度线规则的可靠性，如图 7.1.4 所示。

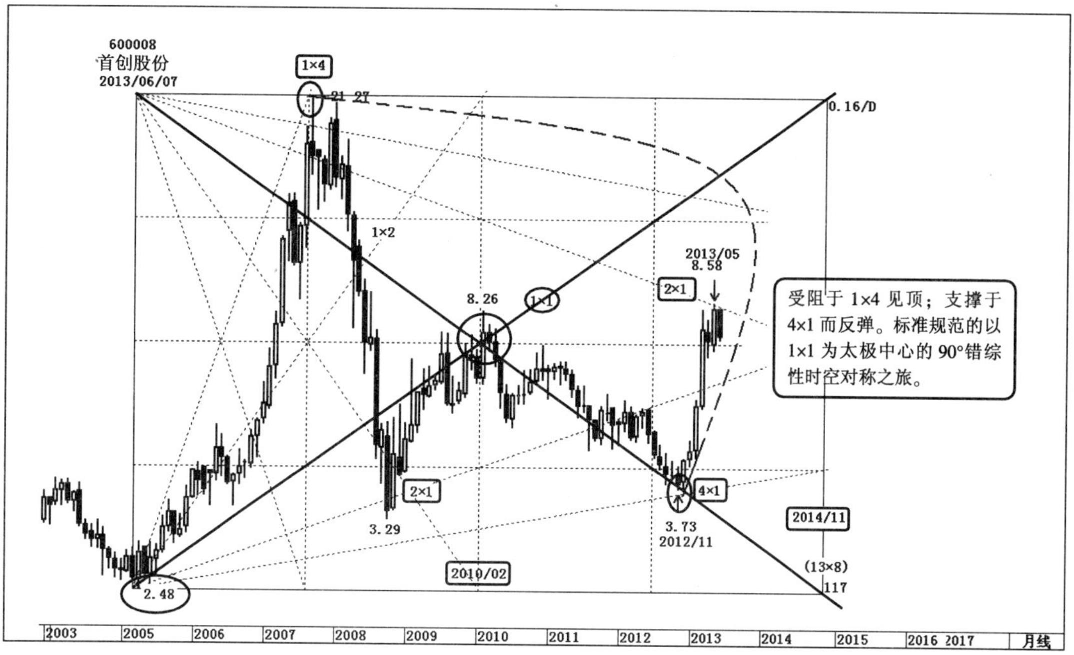

图 7.1.3　90°错综性对称的时空之旅

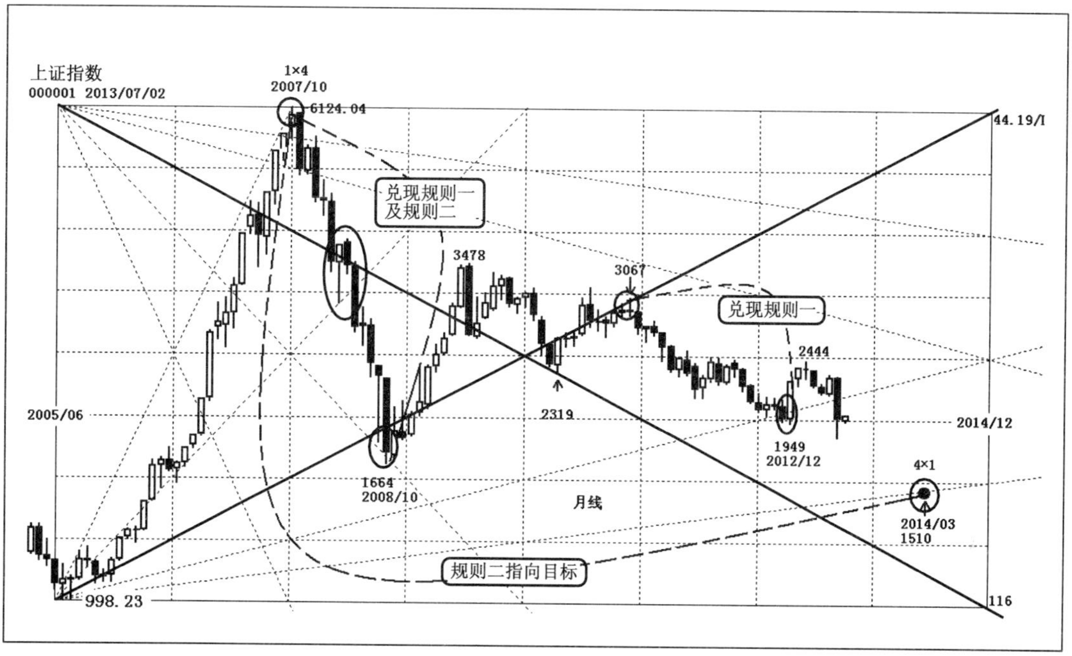

图 7.1.4　上证指数（目标 1510 点）

在图 7.1.4 中，下边绘制了以 2005 年 6 月 998 点底部为太极，时间长度为 116 个月（子午线坎卦数）。截至 2014 年 112 个月，最大空间为 998 ~

6124 点，该江恩箱的时空有效性是不容置疑的，时间分割点及角度线皆起了支撑与阻力作用。6124 点触 1×4 线见顶回落，1664 点短暂跌穿 1×1 线即诱发强劲反弹。之后再上 1×1 太极线，在 3478 点见顶。彰显 1×1 太极线不寻常的支撑作用。之后又在 2010 年 6 月有效跌穿 1×1 线，沿着 1×1 线下方反弹数月之久，直至 2011 年 4 月，以 3067 点触及 1×1 线而正式回抽确认“太极线跌穿有效”。之后以 ABC 三波下跌至 2012 年 12 月 1949 点，在瞬间跌穿 2×1 后反弹，重上 2×1 线上方运行，展示 2×1 线的支撑作用。此次见底反弹是因为完成了由 1×2 线调整以来的 90°时空错纵性对称。图 7.1.4 展示出，2008 年 6 月有效跌穿了上升 1×2 线，已经在 2×1 线下方运行。根据卦位数角度线规则二，因 6124 点是触及 1×4 线见顶的，其终极的下跌目标为 4×1 线。结合周期研究，在 4×1 线的 1510 点附近见底概率很高。1510 点，历史上曾是大顶。踩头为底，市场常见。若后市果真如此，则又是史上最长的、最典型的以太极为中心的 90°时空错综性对称之旅。是否如此，存档备验（行文时间为 2013 年 6 月）。

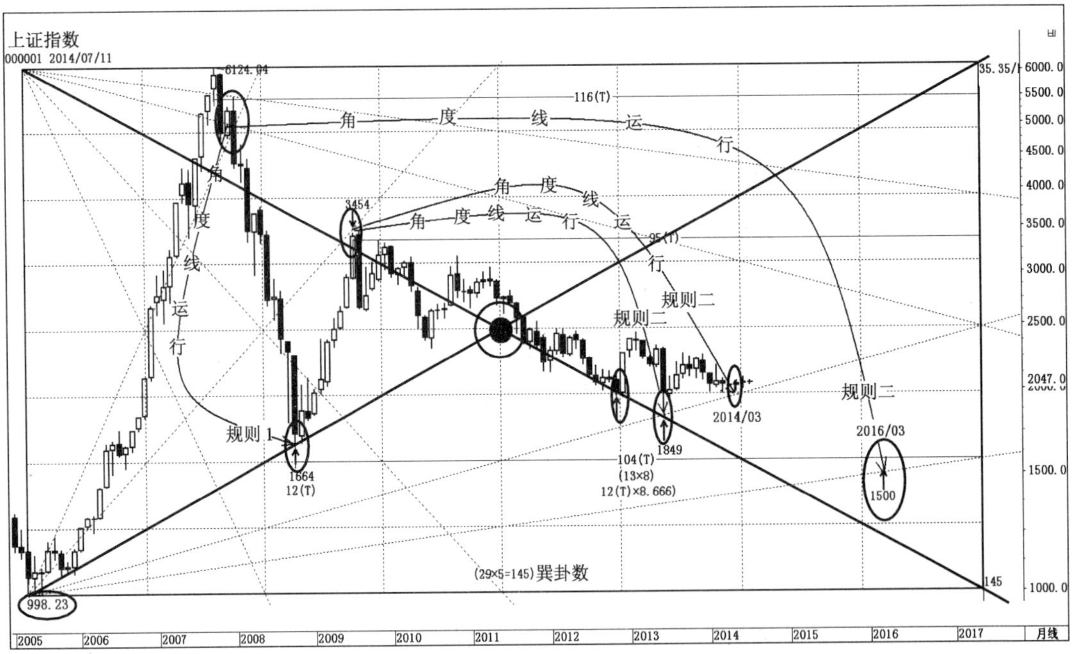

图 7.1.5　倍数生成及黄金分割指向 2016 年 3 月

总结角度线的应用经验，可以归纳为两条规则。

规则一：邻近的两条角度线之间是一个特定的有效时空。多数情况下，当指数（股价）触及上边的角度线见顶回落，多会在下跌至下边的角度线

时，触线而诱发反弹。

规则二：当指数（股价）触及上边的角度线见顶回落调整，并最终有效跌穿了太极线（1×1）时，中期后市将向下边的2×1线寻求支撑。构建以太极为中心的90度时空之错纵性对称。

这种现象符合周易数理“终了九”，也符合宇宙四大规律中的“对偶律”。大量的市场实践证明这两条规则是有效的。

（作者注：关于原图7.1.3的江恩角度线应用规律，图中所做的标记失效了。那么，我们要“以变应变”，在空间不变的前提下，改变江恩箱的时间长度。下跌目标4×1不变，只是时间要后延到达。特做“145个月江恩箱为补充图表”。向下方的4×1寻找支撑的角度线应用规律不会变，2016年3月前后，此线约处在1510点附近。）

第二节 江恩箱画箱法及其应用

江恩箱的绘制方法首先要选取该箱的最高点和最低点，即确定绝对空间。空间确定之后，就要选择该江恩箱的时间长度。关于时间长度的确定，可归纳为三种：一种是倍数生成画箱法；一种是螺旋线展开画箱法；第三种是卦位数时间长度画箱法。

选定的空间是不能改变的，因为这是市场的既定历史。比如我们选定了绝对空间是998点至6124点，就不能改变了。除非你绘制的是另一个江恩箱。而时间的长或短，可通过考察时长不同时，各条角度线的时空有效性来确定。即最有效的，该时间长度也就是最合适的。换言之，一个江恩箱的时间长度是要通过多次试“长”，才能确定的。

当我们绘制了一个江恩箱，应用了一段时间之后，发现这个江恩箱的角度线并未能反映原先的预测目标，那么，我们就要延长这个江恩箱的时间，直到时空效果满意为止。这叫作“以变应变”。因为，任何预测都要根据实际变化，修正原先的一些要素。比如上文提到的“时间长度”。

将原先江恩箱时间长度之116个月延长至146个月。这样，就得出后边的“补充图表”。

图7.2.1中的标记显示，规则二指引的下跌目标已经从3454点（2009年7月）触及1×2线见顶回落。跌穿太极线1×1后，2013年6月的1849

点在下方的 2×1 线诱发反弹。2014 年 4 ~7 月反弹过程中，在 2×1 线稍上方窄幅波动（即 2000 点稍上方）。作者认为，不管这次反弹还能够走多远，最终还是要再次回落并有效击穿 2×1 线。理由很简单，这是规则二所确定了的事。

6124 点是击穿了 1×4 线展开调整的，那么，欲要构建以太极为中心的 90°时空之错纵性对称，最合理的答案是向最下方的 4×1 线寻底。这也是规则二所确定了的事。

以显著底部（或顶部）为太极始点，由此运行至显著顶部（底部）的时间为基数，然后倍数乘之，其乘数之积用为这个江恩箱的时间长度，这个时间段内的最高点和最低点则为江恩箱的有效空间。

这种画箱方法的原理来自股市生命繁衍的最常见模式——“倍数生成”，又称“代代相传自相似”。股市生命基因具有强大的“自组织、自相似”功能，基因的代代遗传形成“倍数生成”，亦即是“对称”。

如图 7.2.1 所示，上证指数 204 个月震卦数之倍数生成，上证指数以 1990 年 11 月为原始太极，运行 204 个月至 2007 年 10 月产生历史大顶 6124 点。204 个月为基数，乘以 2。绘制时长为 408 个月的江恩箱，95 点至 6124 点为该箱的有效空间。

图 7.2.1　204 个月×2 江恩箱

我们发现，图 7.2.1 是在 2007 年 10 月出现 6124 点顶部后就可以如此绘制，后来的市场走势显示，2008 年 10 月的 1664 点底部，受 2×1 线支撑，2009 年 8 月的 3478 点顶部受阻于 1×1 线，反弹恰恰在两条角度线的夹角时空内，其准确度是惊人的。从 3478 点跌下来，至 2012 年 12 月的 1949 点见底，此底是因为第二次受到 2×1 线的有效支撑（第一次是 1664 点），反弹至 2444 点，所谓事不过三，再次跌下来，2×1 线就恐怕不保了。

上述例子表明，市场显著峰位与谷位，皆受到这个江恩箱角度线有效控制。证明“倍数生成画箱法”是简单而实用的画箱法。

图 7.2.2 为粤传媒 42 个月 ×2 江恩箱，以 2008 年 1 月 22.69 元为太极，以 7 年周期之 84 个月为时间长度，此长度为“倍数生成”。因为从太极出发，运行 42 个月，至 2011 年 8 月产生 9.06 元显著底部，42×2＝84。2011 年 8 月 9.06 元见底后之翌月反弹收阳，底部确认即可绘制本江恩箱。后市表明，当该股在 14.11 元反弹受阻于下降 2×1 线，见顶回落。2012 年 3 月跌穿 1×1 线后，反复跌至 2012 年 12 月 6.18 元，受到 2×1 线有效支撑而发生强反弹。图 7.2.2 还显示，画成的这个江恩箱，其市场走势均受到角度线的有效控制。彰显了“倍数生成”画箱法的时空有效性。

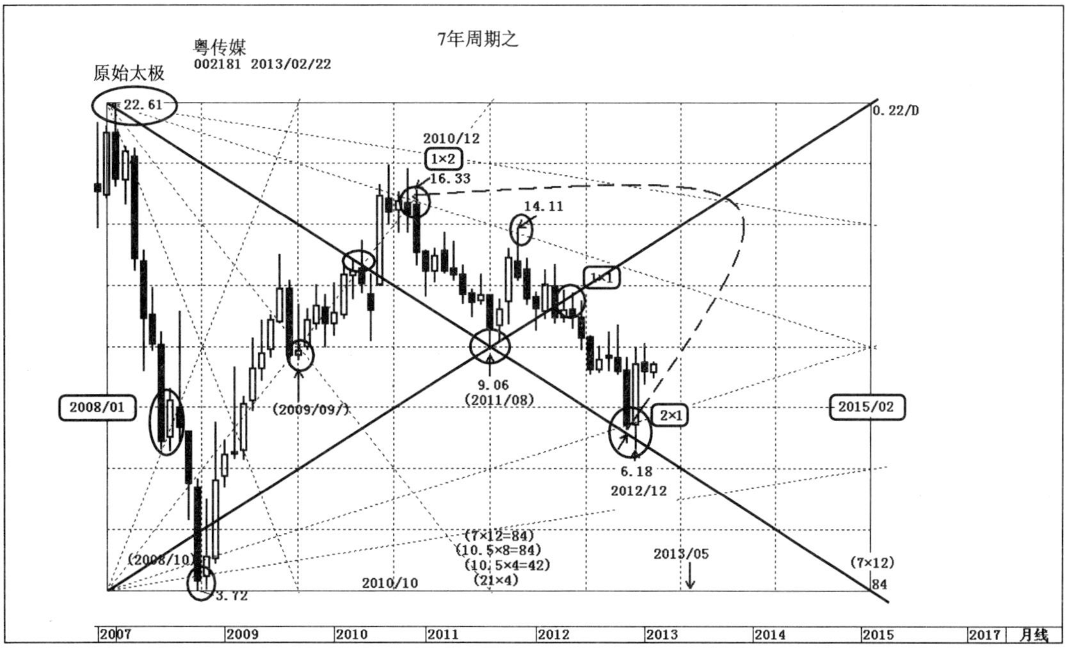

图 7.2.2　42 个月倍数生成江恩箱画法

图 7.2.3 的太极放在 2005 年 7 月 235 点底部，运行 30 个月，2008 年 1 月 1584 点受阻于 1×4 线见顶回落。根据“倍数生成”画箱法，绘制时长为 120 个月的江恩箱。其后，下跌至 2008 年 11 月 452 点，在 1×1 线上受到有效支撑并展开反弹，完成卦位数角度线规则一、规则二的使命。上升途中，两次受阻于 1×2 线，第一次是 2009 年 8 月之 1154 点，当月收长阴 K 线；第二次是 2009 年 12 月 1240 点受阻 1×2 线，以 A、B、C 三波下跌至 2012 年 1 月 797 点，受到 1×1 线有效支撑而成底部，2013 年 5 月反弹至 1047 点受到 1×1 线阻力，6 月深跌再现熊途。根据卦位数角度线规则二，深证综指中期后市要向 2×1 线寻底（图 7.2.3）（注：120 个月是六十甲子的倍数周期）。

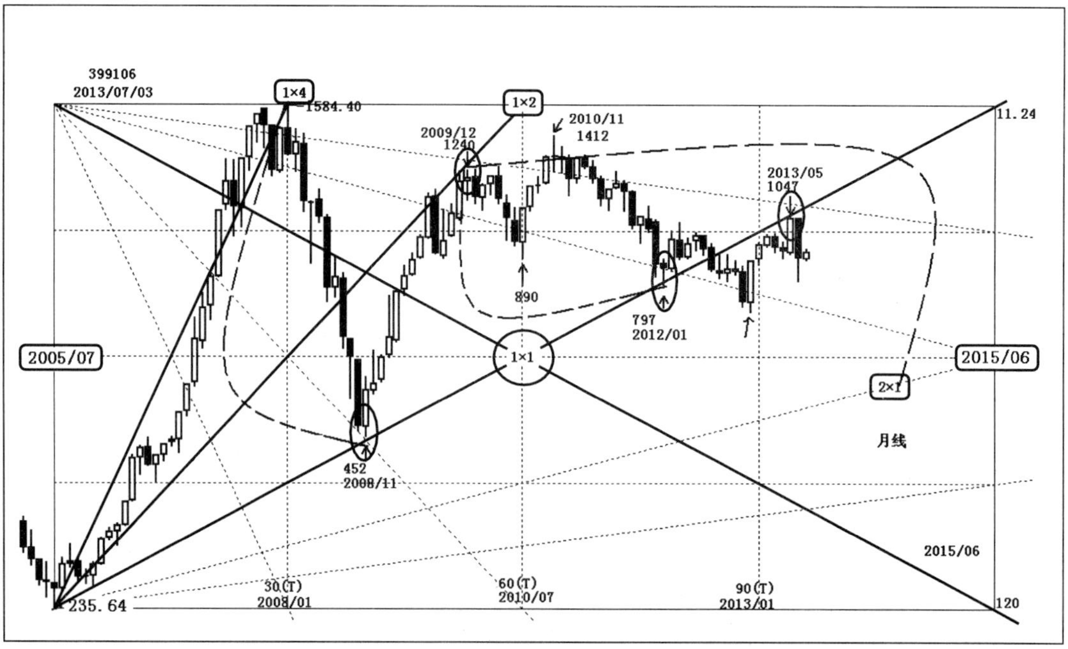

图 7.2.3　深证综指月 K 线倍数生成画箱法（30（T）×4 = 120（T））

以上描述彰显本江恩箱的时空有效性，角度线的支撑与阻力作用彰显无遗，且精确无比。

以“倍数生成”绘制的江恩箱，在图表绘制成之后，可长时间有效地控制最重要的市场转向点，包括底部和顶部。这样的例子在股市中数不胜数，这里只略举 3 例。

第三节　螺旋线展开画箱法

“倍数生成”画箱法也属于“螺旋线展开画箱法”中的一种，因为倍数生成是螺旋线展开的一种数学方式，只是因为倍数生成具有简易明了，不需计算，且有市场案例很多的特点，因而专列一节讲述“倍数生成”画箱法。“倍数生成画箱法”常常是试画江恩箱的第一步尝试性操作。本节的“螺旋线展开画箱法”是以整倍数后带有老子－斐波纳契数比率的螺旋节点来论述的，具体方法如下：

以显著底部（或顶部）为太极始点，由此运行至显著顶部（底部）的时间为基数，这个基数一定要是整数，然后以螺旋线展开的某一老子－斐波纳契数比率乘之，比如，乘以1.618、2.618或3.618等，其积作为江恩箱的时间长度，该时段内的最高至最低指数则是该江恩箱的绝对空间。

螺旋线展开是以老子－斐波纳契数比率为导向，可任意取一比率试画江恩箱，画成后观察其时空有效性，以此作为采用或弃置的选择标准。例如，图7.3.1平安银行13个月×7.236江恩箱，该图以2007年11月37.29元顶部为太极，运行13个月，至2008年1月产生7.92元重要底部。13个月即为时间基数，乘以螺旋线比率之7.236，其积为94个月，作为该江恩箱的时间长度，期内最高点37.29元至最低点7.92元为该箱的有效空间，绘制出图7.3.1的江恩箱，该图在2008年12月即可绘制出，在其后的时间里，江恩箱的下降1×1线就成为长期下跌的斜率线。曾多次成为下跌途中反弹时不可逾越的阻力线，直至2012年11月，股价12.48元触及上升2×1线时产生底部，强劲上升至2013年2月22.79元触及上升1×1线时见顶回落。种种现象足以说明“螺旋线比率画箱法”是一种实用而简单的方法。

图7.3.2的太极放在2005年7月的1.19元底部，由此运行37个月，到达2008年9月的3.04元底部。因此，它的基数是巽卦数37个月，37×4＝148，148个月就成为这个江恩箱的时间长度。

2008年10月、11月收中阳月K线，可确认3.04元为中期底部，从而用“螺旋线展开画箱法”将基数37×4，得出时间长度为148个月的江恩箱。我们来审视这个江恩箱的时空有效性：

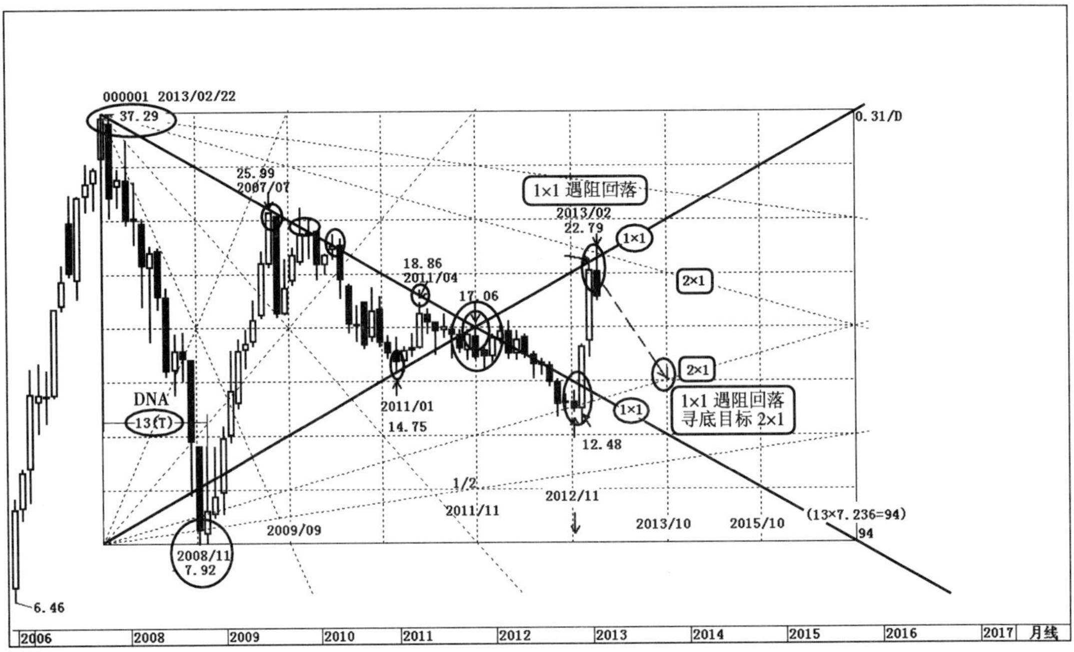

图 7.3.1　平安银行 13 个月 ×7.236 江恩箱

（1）2008 年 1 月 12.76 元顶部实际上受阻于“天罗地网”，即下降 1×1 线与上升 1×4 线的交点，见顶后急速下跌至 2008 年 11 月 3.04 元。

（2）3.04 元底部运行 37 个月（基数），受到上升 1×1 线的有效支撑强劲反弹。

（3）2011 年 25.43 元虽然报收于 1×2 线上方，但未能站稳。翌月即以中阴 K 线拉开中期调整的序幕。因此，该顶实质上受阻于 1×2 线。

（4）见顶后调整 21 个月，至 2012 年 12 月 7.29 元准确地触及上升 1×1 线，反弹。

以上四项均彰显“螺旋线展开画箱法”角度线之神奇效用。

图 7.3.3 以 2003 年 1 月 2.32 元底部为太极，运行 55 个月以天地之数见顶。于是，55 成为该江恩箱的基数，55×2.618 = 144（月），144 个月为该江恩箱的时间长度（144 是个很特殊的数，既是“坤之策”数，又是黄金三角形 72°的倍数）。我们来审视这个图的时空有效性：

（1）9.33 元见顶后，以骇人的跌势直下 2008 年 11 月的 2.52 元，立即发生跌穿 1×1 线后的技术性反弹，底顶之间形成时空对称。

（2）2.52 元见底反弹，至 2009 年 11 月 7.67 元触及 4×1 线见顶回落。

（3）下跌至 1×1 线受到支撑，在该线上方反弹数月，彰显 1×1 线的支撑作用。

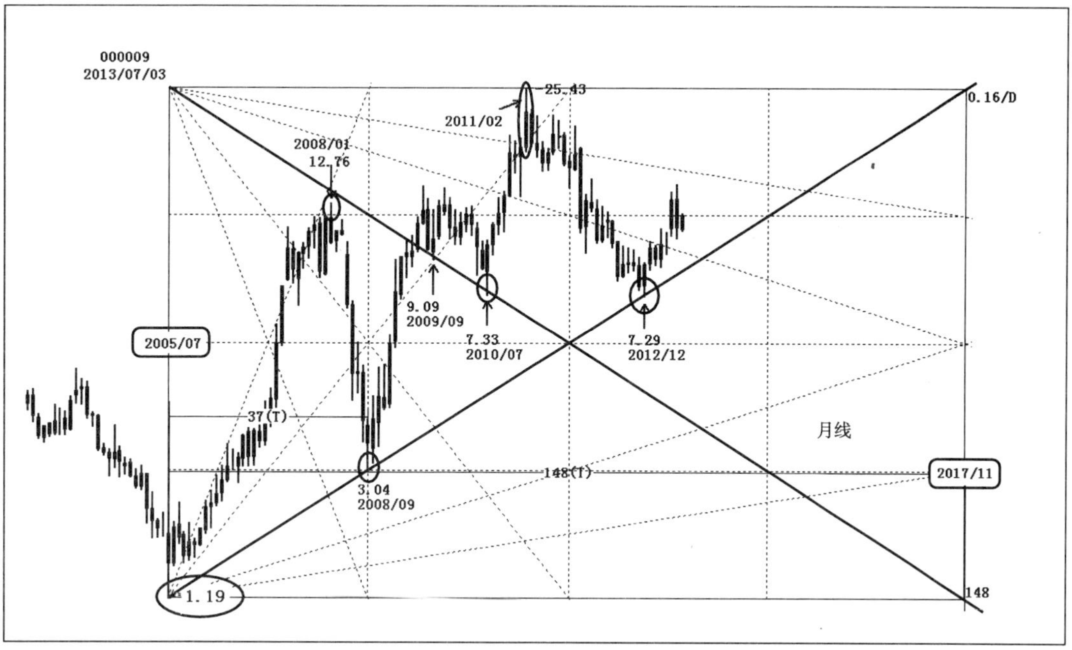

图 7.3.2　中国宝安螺旋线展开画箱法

（4）2011 年 5 月跌穿 1×1 线，7 月回抽确认。根据卦位数角度线规则一，后市要向下方的 2×1 线寻底。

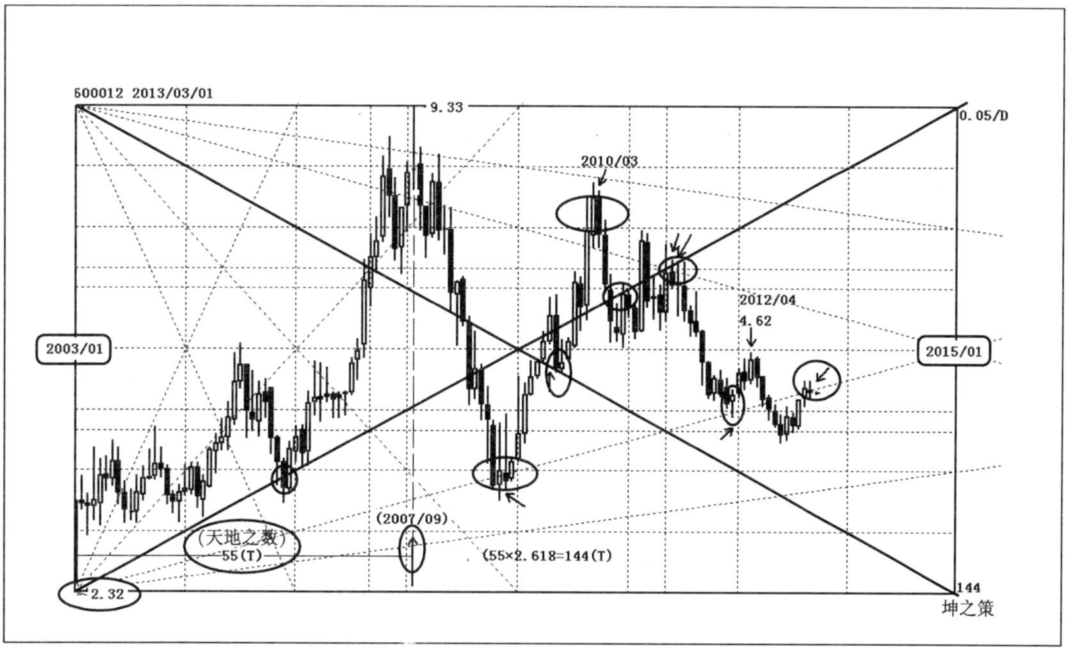

图 7.3.3　螺旋线展开画箱法（55 个月 ×2.618 = 144）

读者可自行品尝本节三例其中奥妙。实践出真知，多画图多实践，经验积累多了，制作江恩箱就可得心应手。

第四节　卦位数时间画箱法

太极始点可设在中级底部（或顶部），然后选定一个卦位数为该箱的时间长度，试画江恩箱。试画过程中，其时间长度选择角度线触及市场峰、谷位的“点”最多的为准。选择的理由是，角度线触点越多，时空效果就越好。也就是说“过去发生过的，现在或者将来仍会发生”。角度线过去是有效的，将来仍然会有效。

作者在10多年的股市研究中，发现市场的转向点几乎100%发生在后天八卦方圆图的卦位数时间上。大盘指数是如此，个股也无一例外。从这个事实出发，卦位数画箱法就足以应对各种市况了（图7.4.1至图7.4.3）。

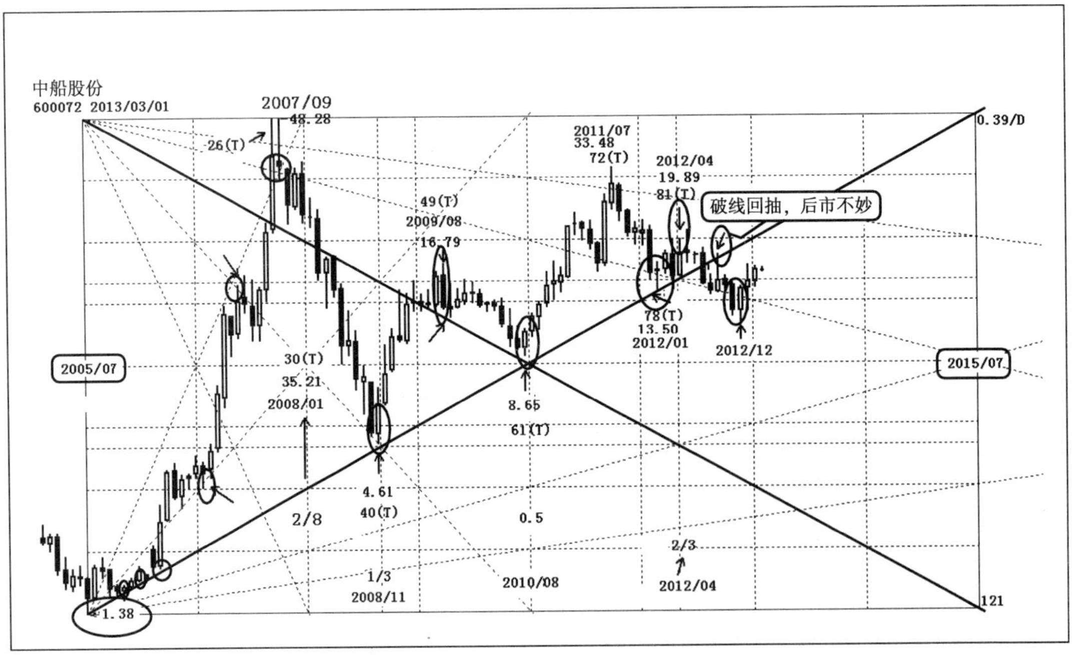

图7.4.1　中船股份乾卦121个月江恩箱

图7.4.1是中船股份的江恩箱展示图，以2005年7月1.38元底部为太极，1.38元至48.24元为空间，时间为121个月乾卦数，卦位数时空效应如下：

（1）第26个月，在2007年9月产生48.42元历史大顶。26是坤卦13的倍数，翌月出现长上影射击之星阴K线。虽然短暂升越1×4线，但却未能站隐，此顶实质上受阻于上升1×4线。

（2）第40个月，卯酉线震卦数。时间处在本图时间的1/3的分割点上，对应2008年11月，当月下跌至4.59元，在上升1×1线的有效支撑下形成重要底部，止住了始自48.42元以来的狂跌，并展开强势反弹。这是一个重要的市场转折。

（3）第49个月，49是乾卦数。对应2009年8月的16.79元反弹顶部，在股市生命繁衍周期数上，老阳造顶，揭示反弹告一段落。

（4）第61个月，61是子午线离卦数。对应2010年8月8.65元底部，此底在1×1线稍上方形成，再次彰显1×1太极线的强大支撑作用。

（5）第72个月，72是黄金三角形角度数，或说是9×8之积，是“终了之数”的8倍。72个月对应2011年7月33.48元反弹顶部，是史上的第二大顶，该顶受阻于下降4×1线。

（6）第78个月，78是坤卦数13的6倍。对应2012年1月13.50元底部，此底是在上升1×1线的支撑形成的。1×1线早在2005年就多次成为市场的有效支撑，这里已是多次显现1×1太极线的重要性。

这里提醒读者，当有效跌穿1×1线后，太极线就会从原先的支撑转化为阻力，其阻力同样强大。不幸的是，2012年7月跌穿1×1线，8月反弹回抽确认，触1×1线无功而退，市场陷入阴区运行。根据卦位数角度线规则一，中期后市恐怕要向下方的2×1线寻底了。

图7.4.1的时空有效性是显著的，这首先得益于乾卦数121个月的江恩箱时间长，换了别的时间，效果就不一样了。

图7.4.2是上证地产指数的江恩箱展示图，以2005年7月675点底部为太极，时间长度为106个月，106是卯酉线震卦时空数，绝对空间为8360点。

（1）从太极出发，运行26个月（坤13的倍数）。在江恩箱的2/8时间分割点上，于2007年9月以8360点触及1×4线见顶回落。

（2）见顶后快速下跌，至2008年10月，在江恩箱的3/8分时点上见底，翌月以1799点触及上升1×1线强劲反弹。

（3）从太极出发，运行生命周期数49个月，在2009年7月以6184点

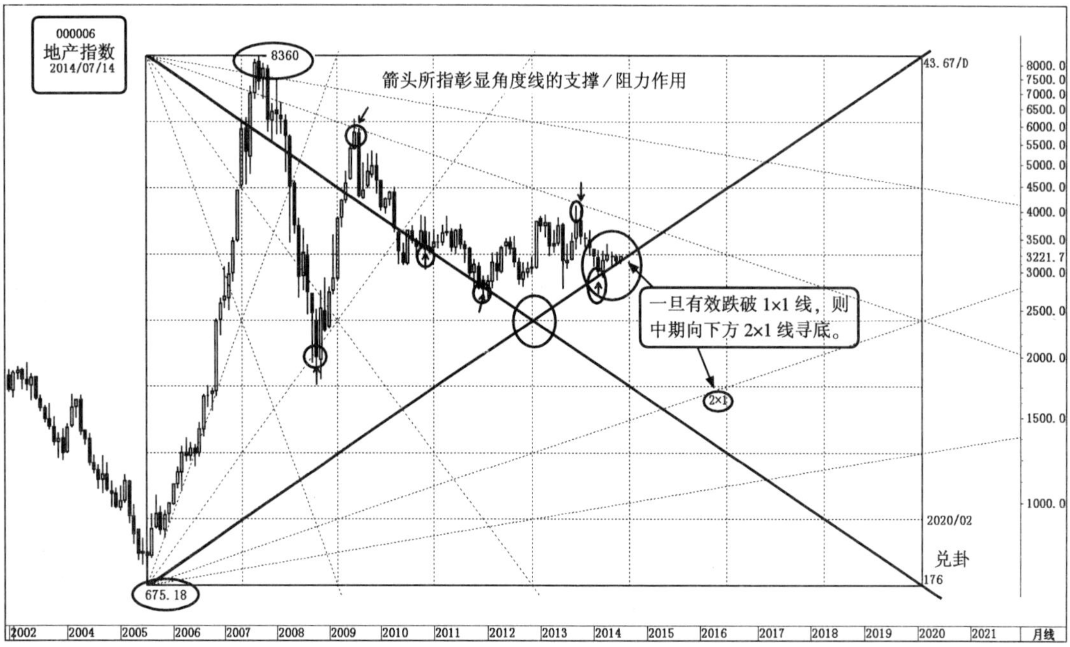

图7.4.2　卦数画箱法

触及下降4×1线见顶。

（4）下跌至1×1线时发生弱势反弹，紧贴1×1线上方运行数月，但最终跌穿了1×1线，并于2011年11月回抽确认。从此又陷入中期下跌。

（5）2012年1月以2693点见底，反弹至2013年2月3930点见顶，展开又一轮下跌。

根据卦位数角度线规则二，中期后市要向1×1线下方的2×1线寻底，完成以太极线为中心的90°错综性对称。

综合周期及波浪判断，2014年3月前后的2×1线为寻底目标。

图7.4.3是上证指数的江恩箱展示图，太极设在1996年12月855点底部，绝对空间为6124点，时间长度是260个月。坤卦13的终了之数。

（1）1998年6月1422点受阻于1×4线见顶回落，其后调整至1999年5月1047点，受到1×1线有效支撑而爆发著名的“5·19”行情。

（2）从1047点上升至2001年6月2245点，翌月以一根长阴月K线跌穿了1×2线，确认2245点为中期顶部，其后下跌至2002年1月1339点再次受到1×1线支撑而成底部。

（3）之后沿着1×1线上下争夺了28个月，时而多方获胜，时而空方得手，都以1×1线为必争之地。此种拉锯大战一直维持到2004年4月，当月以1783点见顶，并再次跌穿1×1线，之后急转直下，最终在2005年

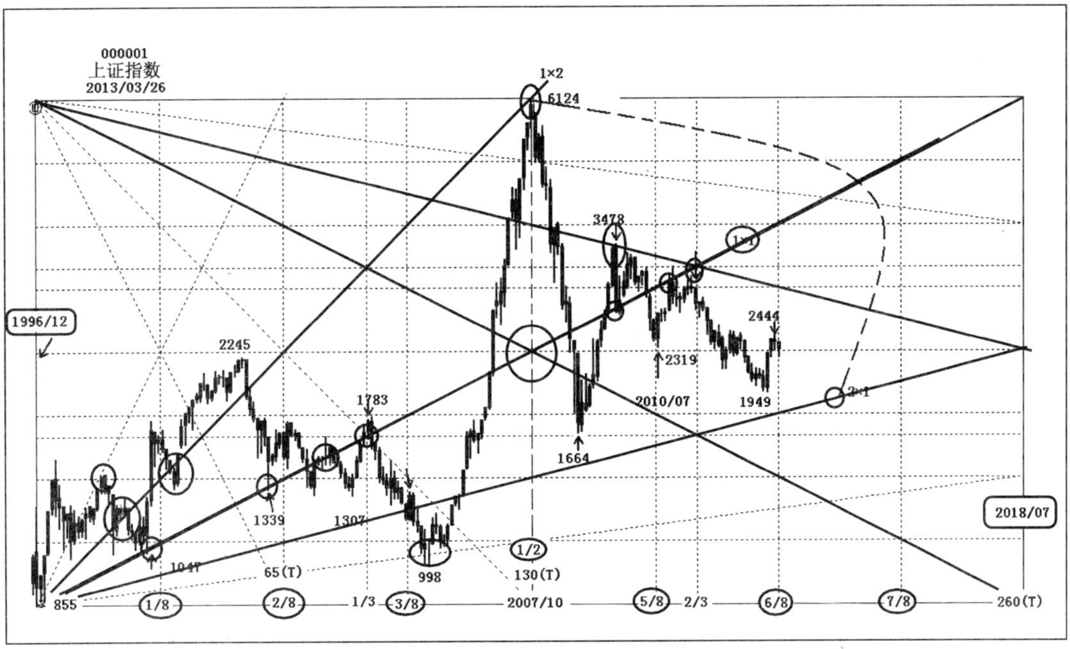

图 7.4.3　坤卦 13 的 20 倍数江恩箱

6 月的 998 点受到 4×1 线的有效支撑而成大底。从而启动史上的最后一个大升浪。

2007 年 10 月 6124 点受阻于 1×2 线而见大顶，下跌至 2008 年 10 月 1664 点见底，跌势之凶猛连续跌破了上升 1×1 线和下降 1×1 线，这是极为罕见的现象。

2009 年 8 月 3478 点受阻于 4×1 线见顶。根据卦位数角度线规则一，后市将向下方的 2×1 线寻底（行文至此为 2013 年 3 月 26 日）。

第五节　江恩箱角度线的远程控制

江恩箱是江恩角度线的精简应用。江恩箱只标示 5 条最重要的角度线，居中的是 1×1 线。1×1 为太极中心线，几何坐标系下，1×1 线为 45°，1×1线上方为阳区，含 1×4 线和 1×2 线，对应于“两仪”中的阳仪。1×1线下方为阴区，含 4×1 线和 2×1 线，对应于“两仪”中的阴仪。

阳区的 1×4 线为 75°，与阴区的 4×1 线 15°互为对称角，合之为 90°。

表示在太极中心线的控制下，阴阳交错。体现阳光与阴柔，快速与慢速的交替原则。

阳区的 1×2 线为 63.75°，与阴区 2×1 线的 26.25°互为对称角，合之为 90°。表示在太极中心线的控制下，阴阳和谐。在 90°区间构成交错对称。

上述四条角度线，对应于“四象”，四条角度线斜率的设计体现了以下几点：

（1）总是以太极线为中心，在某一时段内，可以是阴强阳弱，也可以是阴弱阳强，呈交错性的对称。此种阴阳状态总是以 90°为临界点，市场波动一旦触及临界点，就会发生阴阳转换。当市场波动越过临界点后，一般原则下，将按原趋势向其邻近的另一条角度线靠拢。举例来说，市场向下跌穿了 1×1 太极中心线，显示市场已经从阳区跌落阴区运行，市场趋势已经发生了变化。1×1 线跌穿一经确认，就会继续展开跌势，并向下方邻近的 2×1 角度线寻底，直至触及 2×1 线，满足了以太极为中心的 90°时空，形成阴阳的交错对称。反之亦然。

（2）90°交错时空完成一次市场趋势，体现了周易“终于九”的数学模式，这是宇宙万物的普遍原则。

在较少情况下，升越一条角度线之后未能攀触其邻近的上方角度线而显著回落，技术上称“向上假突破”，或者说“多头陷阱”，这显示市场处在弱势中，一轮新的跌势即将展开；反之，跌穿一条角度线之后未能触及其邻近的下方角度线而显著回升，技术上称“向下假突破”，或上说“空头陷阱”，这显示市场已从弱势转为强势，一轮新的升势即将展开。

（3）标准的江恩角度线设有 9 条线，体现周易“终于九”的数学模式，其中以太极线为中心，阳区有四条角度线，分别为 1×8、1×4、1×3 和 1×2 线；阴区亦有相四条角度线，分别为 8×1、4×1、3×1 和 2×1 线。阴阳两区共组成四组为 90°的对称角。太极线（1×1）处在“5”的位置上，体现了《河图》《洛书》以“五”居中，“五数生成”的宇宙法则，体现了“阴阳平衡”的太极大理，还体现了“数生于一，成于五，终于九”的周易数理。

四组对称角合计 360°，从阳区之 1×8 线到阴区的 8×1 线，股市运行了一次圆循环。市场运行在圆形的轨道上，永远“周而复始”，所谓“生生不息之谓易”（系辞语）。“升跌不息谓之股市”，没有只升不跌的股市，也没有只跌不升的股市。升跌循环是股市的永恒规律，其升势与跌势的临界点，就在以 1×1 太极线为中心的阴阳交错 90°时空点上，抓准这个临界点，就能把握好市场趋势。

地球绕太阳公转 90°，即为一季，一年有四季，地球公转 360°为一年。不难看出，江恩角度线的原理源自于天文几何，源自于阴阳对称性分布的原则，以及“终于九”的易数循环。

江恩角度线是神奇的（前提是正确设置角度线的太极点和时间长度），它不但可以指示市场的近、中期之阻力及支撑，而且可以远距离控制市场波动。比如，10 年前，或更长时间设定的角度线仍然可以控制市场的波动，成为重要顶部的阻力或重要底部的支撑，成为市场的重要转向点。下面列举 6 例（图 7.5.1 至图 7.5.6），以证明其角度线的远程控制。

图 7.5.1　角度线的远程控制例一

图 7.5.1 的时间长度为艮卦数 43 个月，空间为 95 点至 1558 点，绘制时间为 1994 年 7 月。此江恩箱绘制之后的第 15 年，即 2009 年 8 月，其 4 × 1 线成为 3478 点顶部的强大阻力，从而结束了始自 1664 点以来的反弹，重新陷入长期调整。

2001 年 2245 点见顶后绘制的江恩箱，其降 4 × 1 挥角度线控制了 2005 年 6 月的 998 点顶部，其上升 2 × 1 线控制了 2011 年 11 月的 3186 点顶部。

图 7.5.2 的太极仍是 95 点历史底部，空间仍是 95 点至 1558 点，只是时间后延至子午线离卦数 61 个月，即 1996 年 1 月 512 点底部是此图的绘制起始时间，17 年后，即 2012 年 12 月，其 4 × 1 线成为 1949 点的有效支撑，

图 7.5.2 角度线的远程控制例二

结束了始自 3478 点以来，时间长达 40 个月的长期调整，展开强势反弹（40，卯酉线震卦数）。

图 7.5.3 是深证综指月 K 线图，太极设在 1996 年 1 月的 104 点底部，空间为 104 点至 665 点，时间长度为巽卦数 65 个月。此图 2001 年 6 月开始绘制，它的中长期控制力十分显著，最长的控制时间为 9 年零 10 个月，其 2 ×1 线成为 2010 年 11 月 1412 点顶部的强大阻力。见顶之后，调整至 2012 年 12 月的 724 点，从顶部指数跌去约 49%。更为神奇的是，此图的下降 4 ×1 线，成为 665 点见顶之后的下跌斜率线，每次下跌触及 4 ×1 线都会诱发月线级别的反弹。这样的故事至少演出了 5 次。

根据“过去有效的，将来还会有效”的《圣经》名言，作者预料，数年之后，下方的 4 ×1 线将会成为一个重要底部的有效支撑（行文至此为 2013 年 1 月）。

上述 3 例，彰显了江恩角度线神奇的遥控功能。不要忘记的是，3 个图例的时间长度都是后天八卦方圆图上的卦位数，分别是艮卦 43 个月、离卦 61 个月和巽卦 65 个月，如果换为别的时间长度绘制江恩箱，可以肯定其时空效果就会不一样了。

因此，我们强调时间是股市波动的最重要因素，而卦位数时间是各种周期时间中最最重要的。

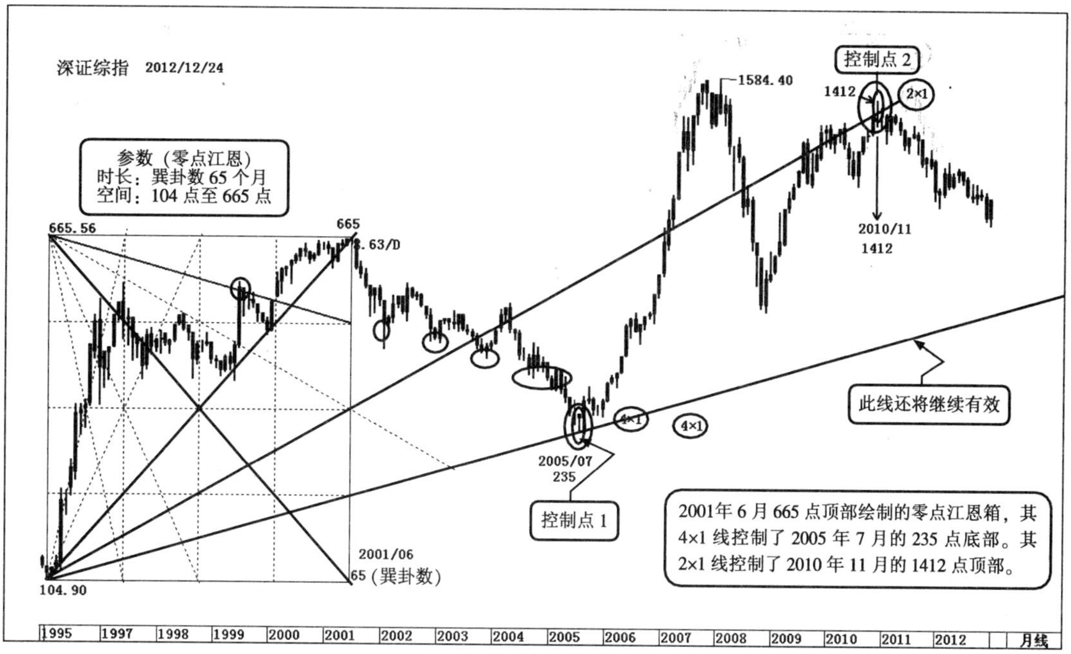

图 7.5.3 角度线的远程控制例三

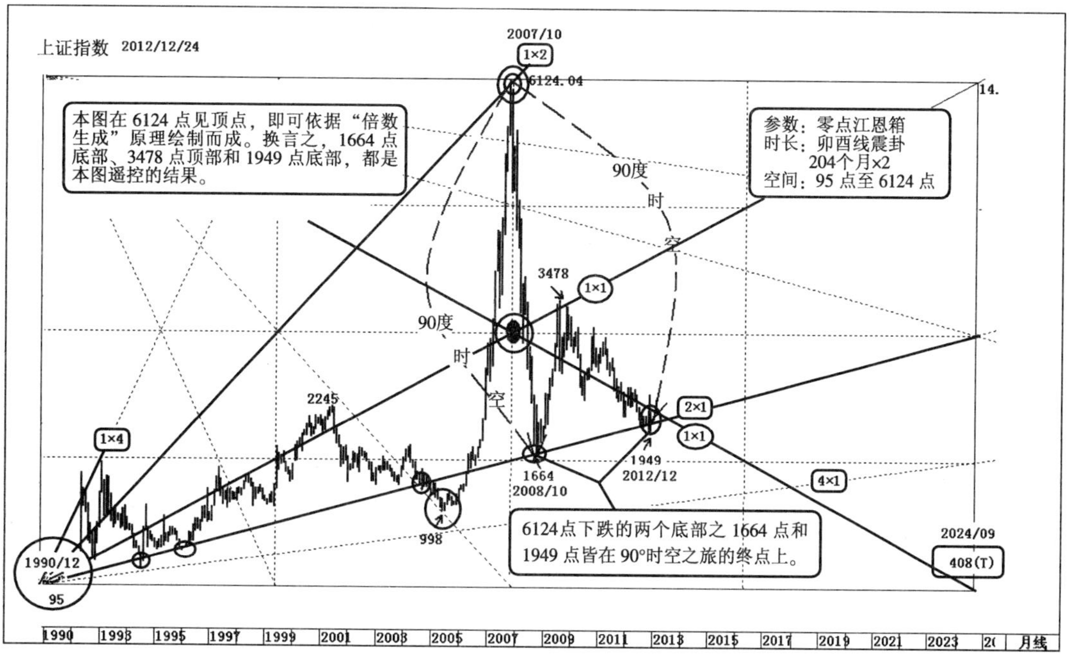

图 7.5.4 角度线的远程控制例四

图7.5.4的太极设在1990年11月底部，空间为95点至6124点，其空间为普通几何坐标，时间长度为后天八卦方圆图震卦数204的2倍数，即

408 个月。本图的绘制起始时间为 2007 年 10 月，即 6124 点见顶后就可以绘制了。6124 点历史之顶受阻于 1×2 线而止住上升之势，下跌 12 个月至 2008 年 10 月的 1664 点，在 2×1 线的有效支撑下成为重要底部。第 13 个月（坤卦数）展开强劲反弹。从 6124 点下跌至 1664 点，完成了一次以 1×1 线太极为中心的 90°时空之旅，完成了 90°的阴阳交错。1664 点受 2×1 线支撑而成底部，精确地控制了绘图后 1 年的市场波动。彰显卦位数角度线的遥控功能。1664 点见底后，强势而快速地反弹至 3478 点见顶回落，时间上见顶于 6124 点之后的 22 个月，22 是卯酉线兑卦数 11 的倍数。换言之，此顶受控于本图绘制之后的第 22 个月，彰显本图的遥控功能。空间上 3478 点恰好是触碰到上升 1×1 线而回落，显而易见，3478 点顶部是在太极中心主宰下卦位数为特定时空的三维交融之结果。3478 点见顶后，再次陷入长期调整，彰显 1×1 太极中心线的阻力作用。3478 点见顶后，下跌 40 个月（40，处在 180°卯酉线震卦数上），在 2012 年 12 月的 1949 点触及上升 2×1 线见底，此时 2×1 线已经两次成为重要底部的有效支撑，一次是 1664 点底部；一个是 1949 底部。两个底部之间为时 49 个月（49 是乾卦数），从 6124 点历史大顶起算，则下跌了后天八卦方圆图子午线离卦 61 个月。

综上所述，市场转向的时间点依次为坤数 13 个月，兑数 22 个月（倍），乾数 49 个月和离数 61 个月，而这些时间点恰恰又是角度线上的触点，显示时间与空间的精确融合。

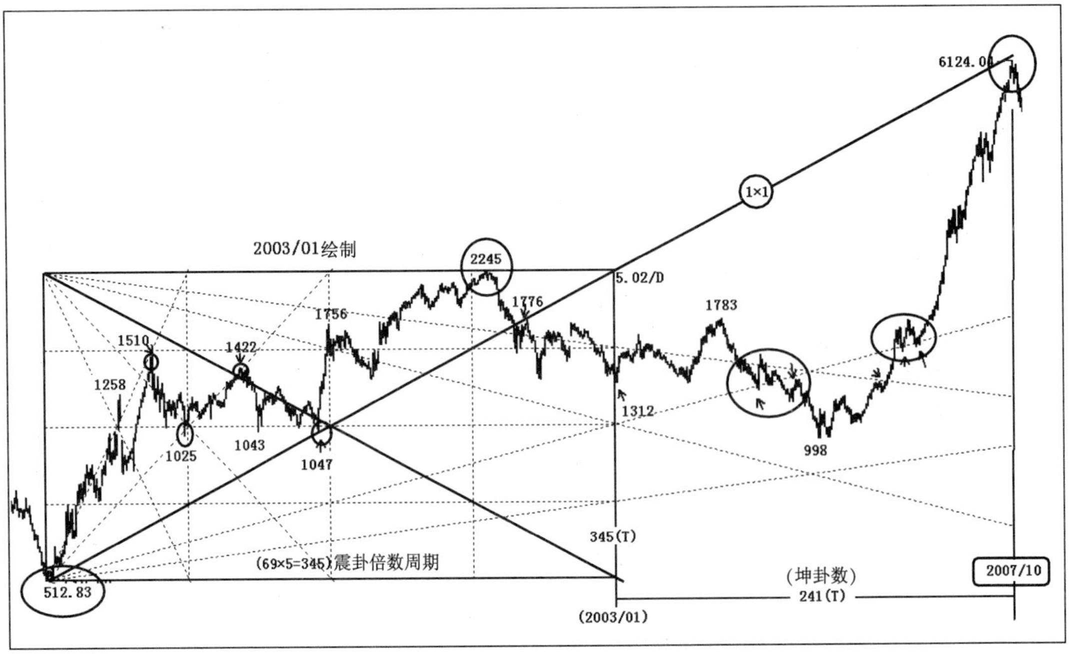

图 7.5.5　角度线的远程控制例五

图 7.5.5 的太极为 1996 年 1 月 512 点底部，空间为 512 点至 2245 点，时间长度为 345 周，345 是卯酉线震卦数 69 的 5 倍数，取其“图成于五”之义也。此图的绘制起始时间是 2003 年 1 月，当月产生 1311 点底部。此图绘制后第 241 周，坤卦时空数，在 2007 年 10 月，6124 点受阻于上升 1×1 线成为历史大顶。1×1 线犹如一枚远程导弹，精确命中重要目标。

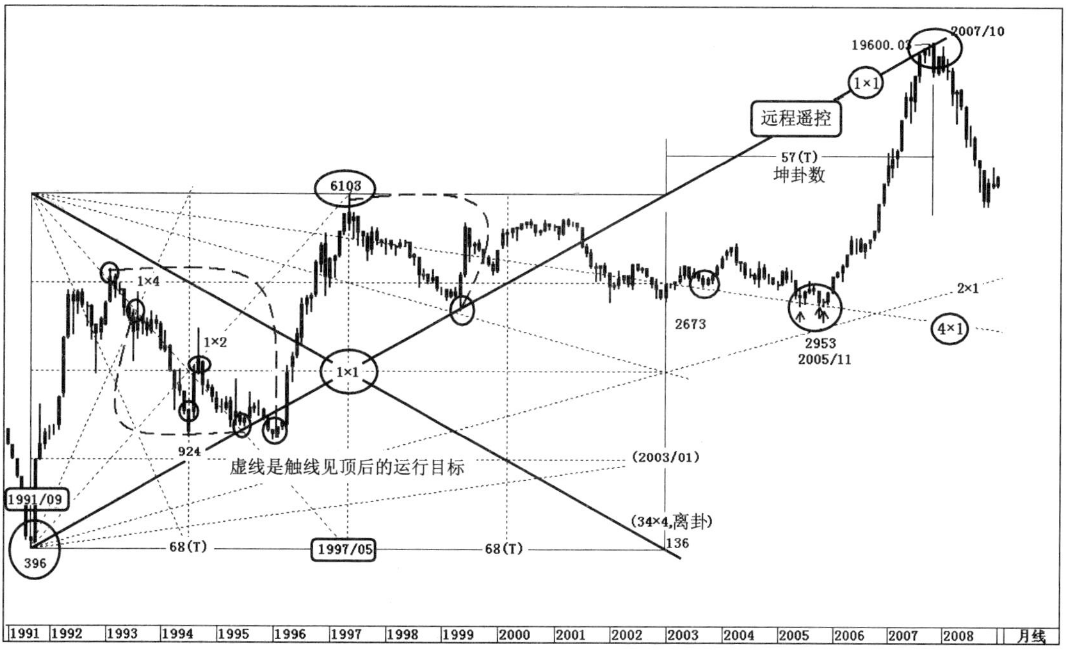

图 7.5.6　深证综指卦位数 34 个月江恩箱的远程控制例六

图 7.5.6 的太极设在 1991 年 9 月 396 点底部，最高空间为 6103 点，时间长度为 136 个月。子午线离卦 34 的 4 倍数。此图可在 2003 年 1 月出现 2673 点底部后即可绘制。图中显示，时间段之内的时空有效性是十分显著的，图中虚线所指是根据卦位数角度线规则一和规则二所指示的运行方向，3 条虚线所指的目标皆十分准确，都是中级底部。彰显规则的有效性，读者可自行阅图。更为神奇的是，该图还遥远控制了 2005 年 11 月 2953 点底部和 2007 年 10 月 19600 点历史大顶。下降 4×1 线是 2005 年底部的有效支撑，上升 1×1 线是历史大顶不可升逾的阻力。不要忘记，这是以子午线离卦数 34 的 4 倍为时间长度所绘制的角度线之神奇效应，2003 年绘制的角度线，在 2003 年之前是有效的，时隔 4 年，2007 仍然显效。这证明了，“过去有效的，将来还会有效”的《圣经》名言。

本节之卦位数角度线远程控制图7.5.1至图7.5.6，其精确度犹若现代最顶尖的远程武器——洲际导弹，指哪儿打哪儿，令人拍案惊奇。怎样才能很好地使用这些现代高科技武器，其实也很简单——选好太极之后，再确定一个“最满意的卦位数”，制作江恩箱角度线就可以了。上述6例图表均不是现时制作，而是“远程导弹”命中目标的3~5年前，或8~10年前就可以绘制的了。本节6例图表都曾经在《股市动态分析》周刊上发表过，作者认为这些图表是经典的，日后很可能还用得上，就将其放入自己的经典图表资料库中。偶尔打开图表库，翻阅一下这些“经典”图表会有灵感出现。隐隐看到在某一角度线上出现远程目标，用“卦位数”做尺子量度一下螺旋线的长度，射击“靶子”就显现了。如此而已，非常简单。远程目标的发现，其作用不仅仅是预测，更重要的是“事后确认”用以指导我们的“右侧交易”。“道可道，非常道”，望读者自己弄清这句话。

比如图7.5.4上证指数全景图，作者觉得常翻常有新意。

1664点出现之前，隐隐看到这个底部大概会在何时何价出现。1664点出现之后，就可以第一时间确认这是中期底部。

3478点出现之前，隐隐看到这个顶部大概会在何时何价出现。3478点出现之后，就可以第一时间确认这是中期顶部。

1949点出现之前，隐隐看到这个底部大概会在何时何价出现。1949点出现之后，就可以第一时间确认这是中期底部。

心有灵犀一点通。有点儿悟性的，当能悟出个门道来。图7.5.4在作者的文章中出现过多次了，细心的读者应不会忘却。

实践多了，看似高科技的“洲际导弹”，其实不难掌握。如何把握？作者认为，本节文字已经说得够清楚了，剩下的，就是读者自己多思考，多绘制江恩箱，并多存档以备不时之需。

图7.5.5的345周期内，重要的市场转向点都受到角度线或者时空分割点的有效控制，比如1258点顶部、1510点顶部、1025点、1043点、1047点等3个底部，及后边的1756点、2245点顶部等，时空点触线越多的，就越有效。过去有效的，以后也仍然有效。基于此原理，这个江恩箱精确地控制了6124点历史大顶。图7.5.5标记此图绘制于2003年1月的1311点底部，241周之后产生6124点历史大顶。数据资料告诉我们，241周是中国股市重要的DNA核数。如：

（1）1392点顶部（1993年4月）至512点底部（1996年1月），运行241周。

（2）512 点底部至 2125 点顶部（2000 年 11 月），这里构成以 512 点为太极中心的 241 周 ×2 之时空对称。

（3）325 点底部至 1047 点底部，即 1999 年“5·19”行情的底部，运行 241 周。

上述数及理，说明 6124 点顶部是有迹可寻的。当年 11 月，作者在《股市动态分析》的年会上发言：“6124 点是极为重要的顶部，恐怕调整要长达 3～5 年。”

图 7.5.6 留给我们的遐想是，1×1 线既然控制了历史大顶 19600 点，根据卦位数角度线规则一，下方的 2×1 线将成为日后底部的有效支撑线（行文至此为 2013 年 1 月）？

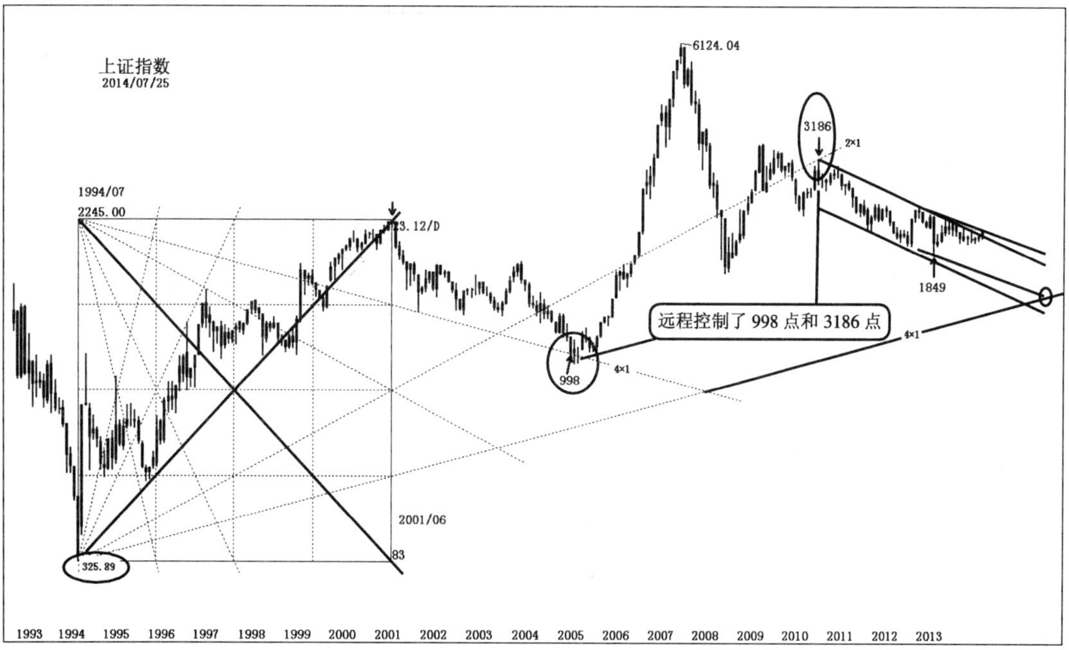

图 7.5.7　角度线的远程控制

第六节 看图识市 10 例

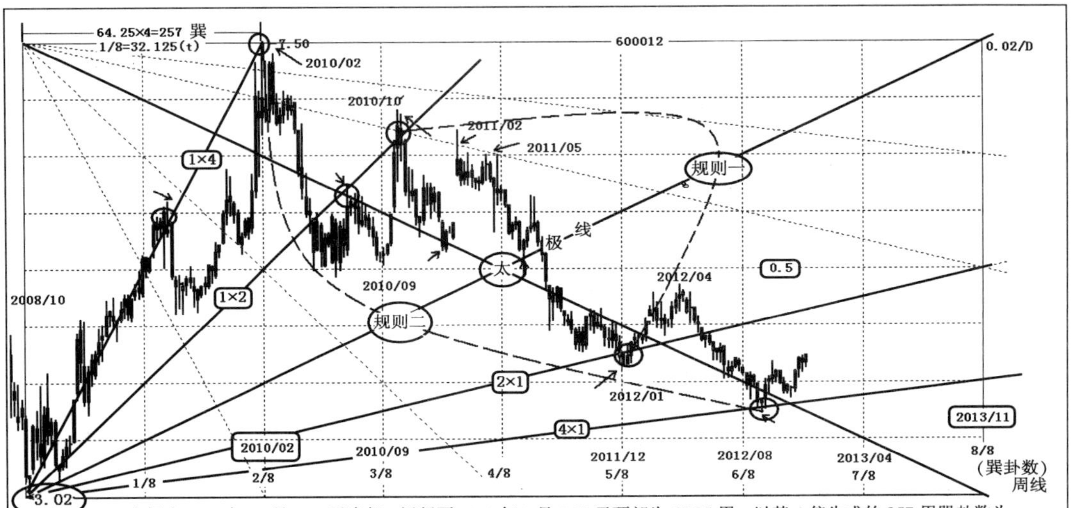

太极为 2008 年 10 月 3.02 元底部，运行至 2010 年 2 月 7.50 元顶部为 64.25 周，以其 4 倍生成的 257 周巽卦数为时间长度绘制本江恩箱，其后在两年多的时间内，图中上升 1×2、1×1、2×1 及 4×1 角度线精确地控制了多个重要的市场转向点（看图中标记）。图中的时间 8 分点同样地显示其极为重要的时空有效性，这就是卦位数时空与江恩波动法则综合应用所产生的神奇效果。

图 7.6.1 看图识市之一：皖通高速

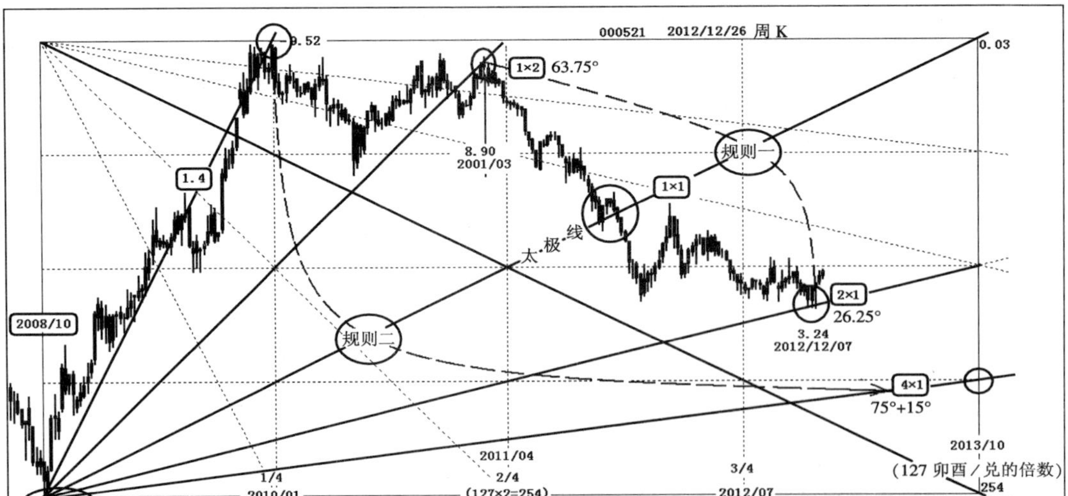

在 2010 年 1 月 1×4 线产生 9.52 元顶部之后，即可根据 8 分法波动法则，绘制以卯酉／兑的倍数 254 周为时间长度的江恩箱，其预测功能有：其后的 1×2 线控制了 2001 年 3 月 8.90 元顶部，下跌至 1×1 线受支撑而中途反弹，跌穿 1×1 线后，根据以太极为中心的时空对称原则，反复下跌至 2012 年 12 月 7 日的 3.24 元见底，完成了一次由 1×2 线至 2×1 线的 90°的下跌时空，图中标记，3.24 元反弹结束后，将向下方的 4×1 线寻底。

图 7.6.2 看图识市之二：美菱电器

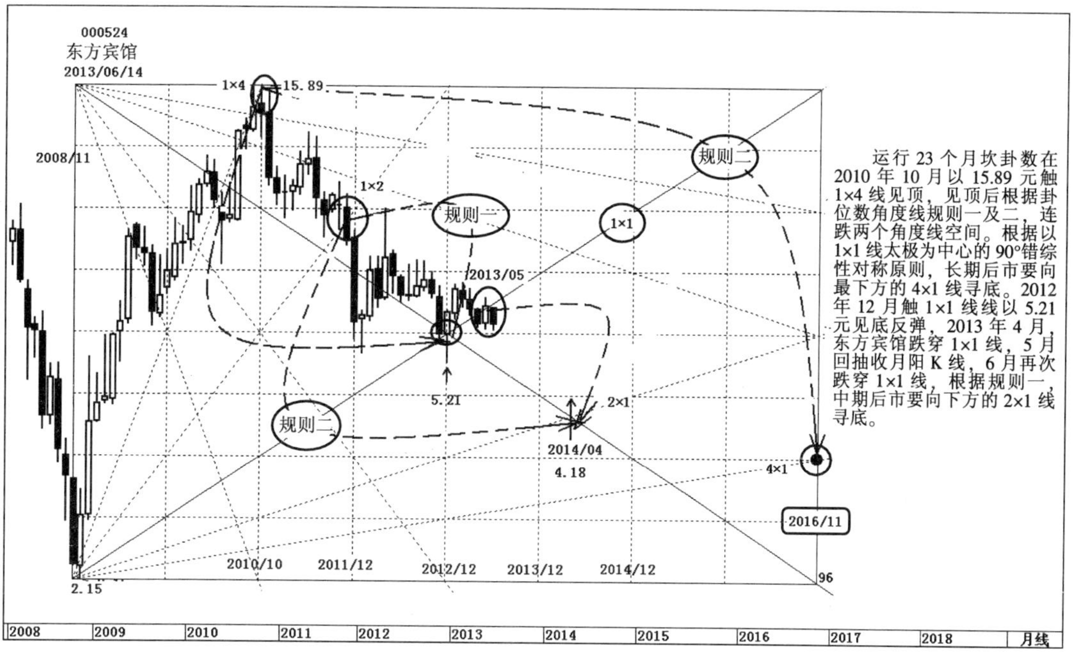

图 7.6.3　看图识市之三：东方宾馆

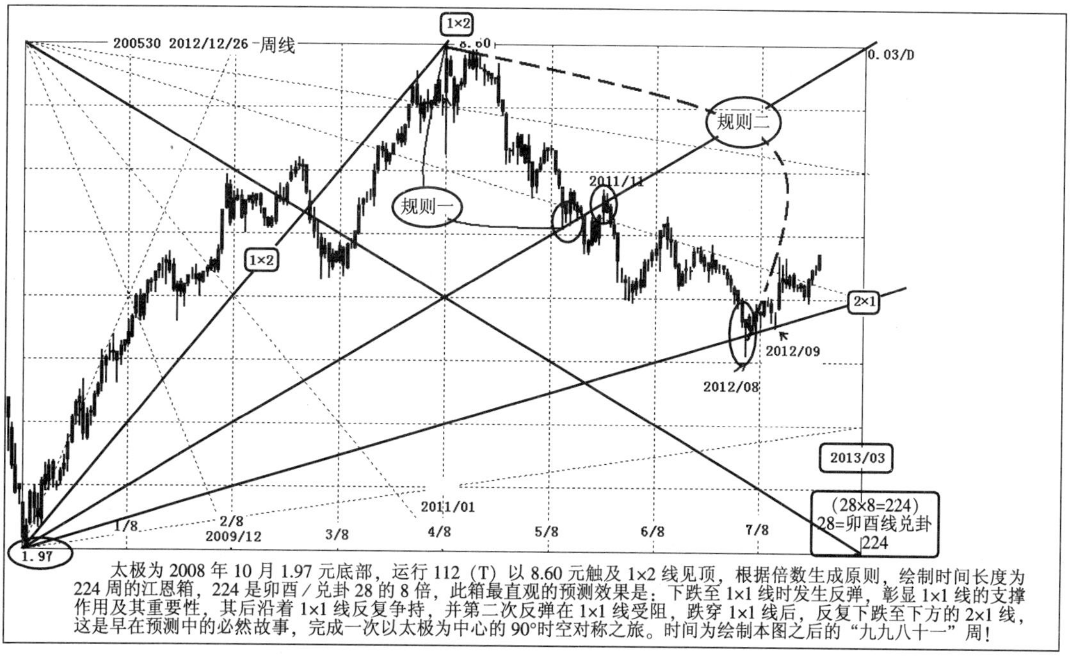

图 7.6.4　看图识市之四：大冷 B

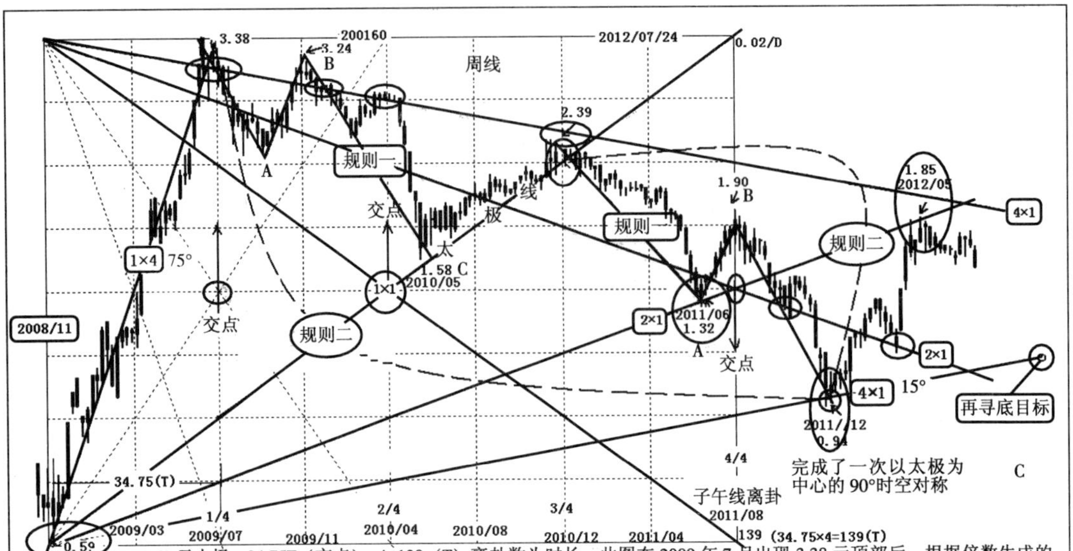

0.59 元太极，34.75T（交点）×4=139（T）离卦数为时长。此图在 2009 年 7 月出现 3.38 元顶部后，根据倍数生成的原则即可绘制，见顶后以三波形态下跌至 1×1 线稍上方之 1.58 元见底，反弹至 2.39 元见顶。

其后又是一次 A、B、C 三波下跌，其 A 波 1.32 元底部及 C 波 0.94 元底部，分别受到 2×1 线及 4×1 线的有效支撑，在 0.94 元反弹 20 周，在 2012 年 5 月的 1.85 元受到 2×1 线阻压而回落调整。由此可见，本图绘制之后的 144 周时间内，其重要的市场转向点皆受到角度线的有效控制，或支撑成底，或受阻为顶。这就是卦位数周期与角度线融合的妙用！

图 7.6.5　看图识市之五：ST 南江 B

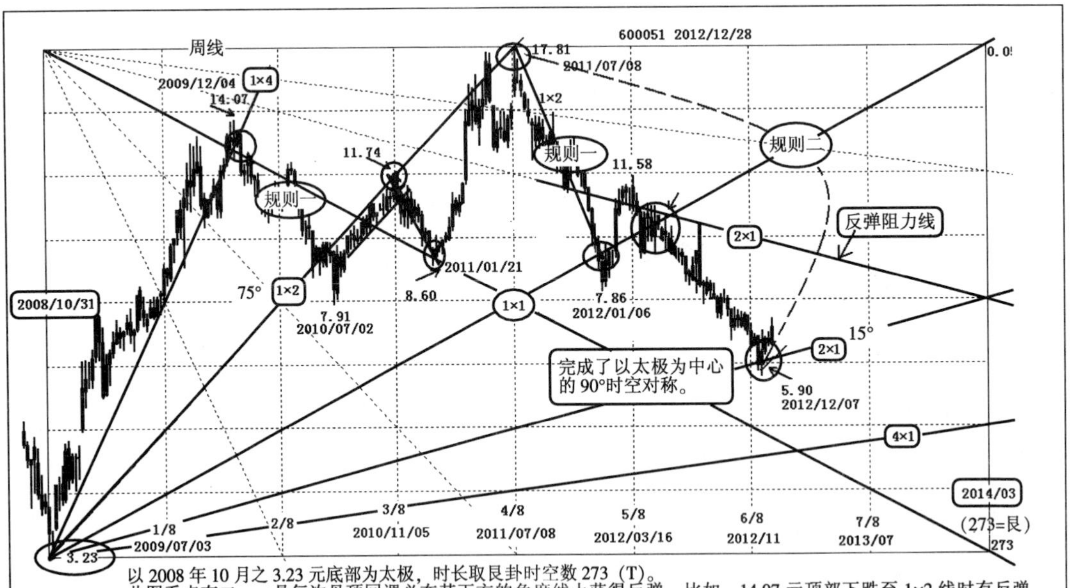

以 2008 年 10 月之 3.23 元底部为太极，时长取艮卦时空数 273（T）。

此图看点有二：一是每次见顶回调必在其下方的角度线上获得反弹。比如，14.07 元顶部下跌至 1×2 线时有反弹，11.74 元顶部下跌至下降 1×1 线时有反弹，17.81 元顶部虽然短暂跌破 1×1 线，但随即发生强反弹，彰显 1×1 线的重要支撑作用。二是，以太极为中心的 90°时空对称原则，一如既往地主宰了宁波联合的市场波动，5.90 元在 2×1 线上见底。

图 7.6.6　看图识市之六：宁波联合

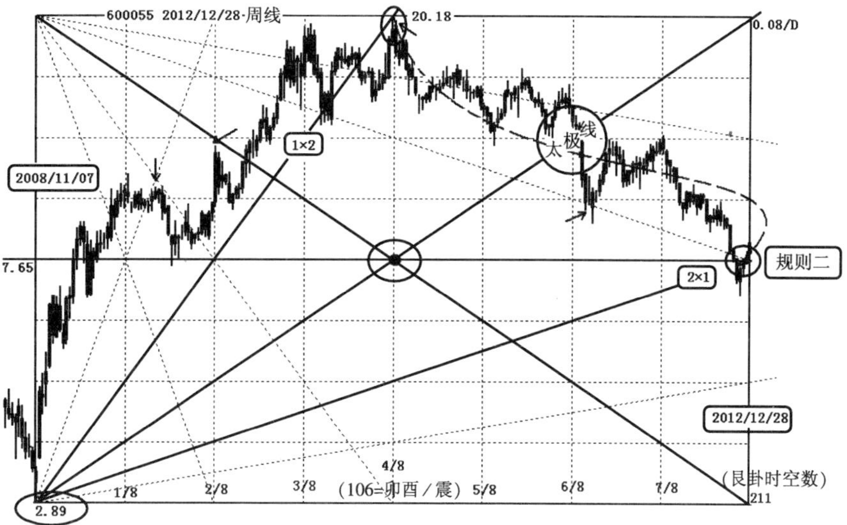

本图以 2008 年 11 月 7 日之 2.89 元为太极。以艮卦数 211（T）为时间长度。在 2010 年 11 月之 20.18 元触及 1×1 线见顶。直下 1×1 线，至 2012 年 12 月之 6.65 元跌穿 2×1 线后见底。反弹重上 2×1 线。仍然彰显 2×1 线的有效支撑作用。究其因，这里已经超额完成了以太极为中心的 90°时空对称之旅。见底反弹实属必然。下跌空间已有 0.33 倍（20.18×0.33=6.65）。

图 7.6.7　看图识市之七：华润万东

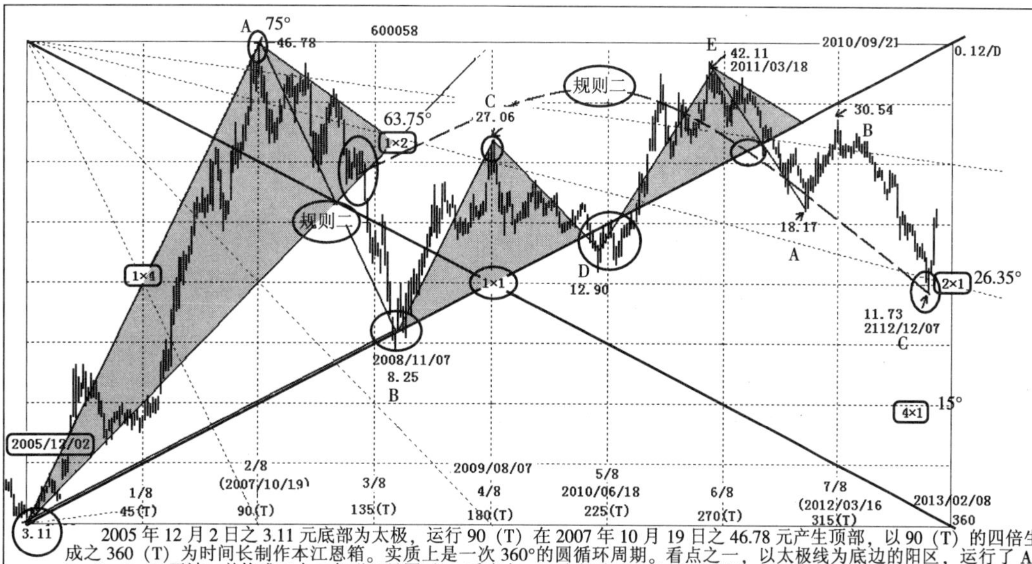

2005 年 12 月 2 日之 3.11 元底部为太极，运行 90（T）在 2007 年 10 月 19 日之 46.78 元产生顶部，以 90（T）的四倍生成之 360（T）为时间长制作本江恩箱。实质上是一次 360°的圆循环周期。看点之一，以太极线为底边的阳区，运行了 A、B、C、D、E 五波。并构成三个三角形（见图示）。看点之二，太极线下方为阴区，从 E 波的 42.11 元至 11.73 元，在 2×1 线上产生底部，完成了由 1×2 线至 2×1 线的 90°下跌时空。看点之三，每一个波皆可再分成较少的三波，波与波之间存在特定的比率关系。比如，8.25 元至 27.06 元为 a 波，27.06 至 12.09 元为 b 波，则（27.06−12.90）／（27.06−8.25）=0.76，又，a=42.11−18.17，c=30.54−11.73，c／a=0.78，0.76 与 0.78 比率约等同。

图 7.6.8　看图识市之八：五矿发展

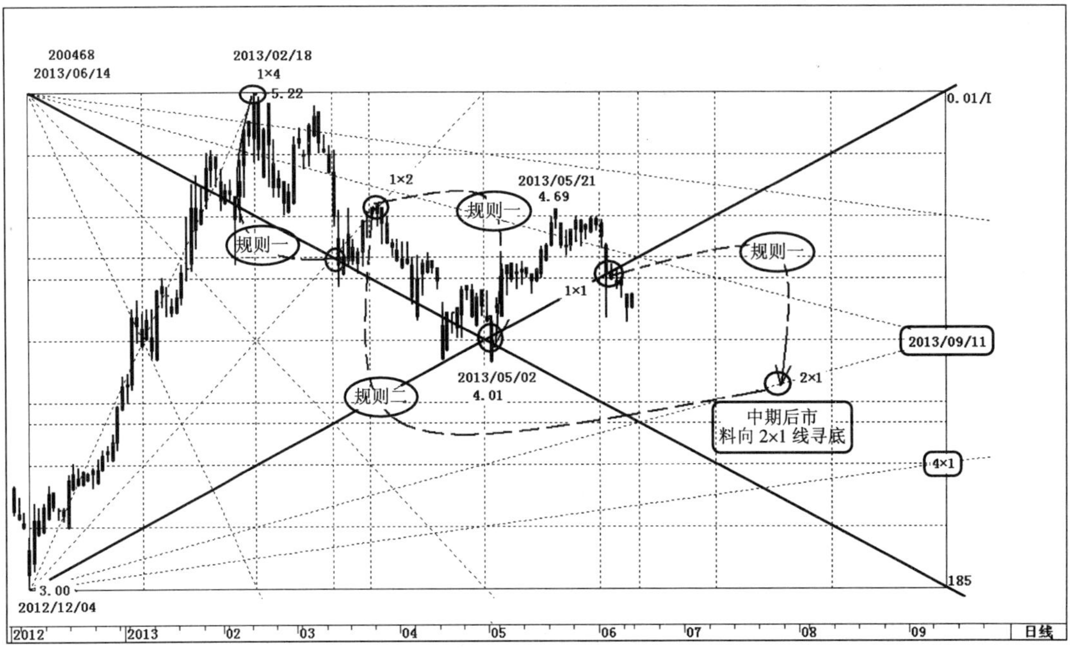

图 7.6.9 看图识市之九：宁通信 B

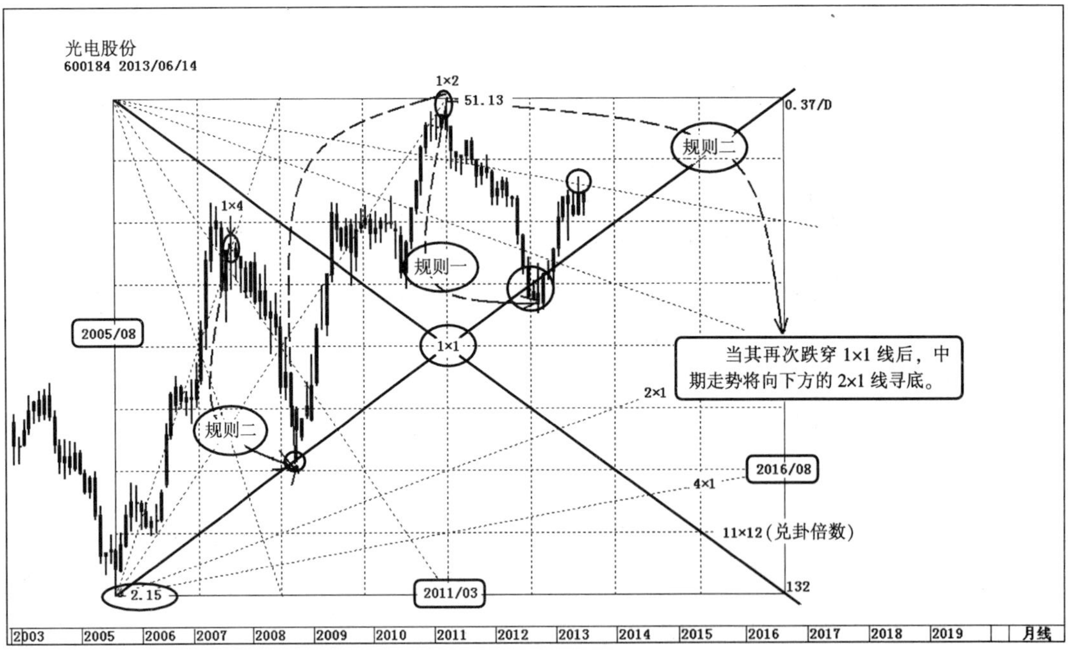

图 7.6.10 看图识市之十：光电股份

第七节 从卦位数角度线看上证指数中期后市

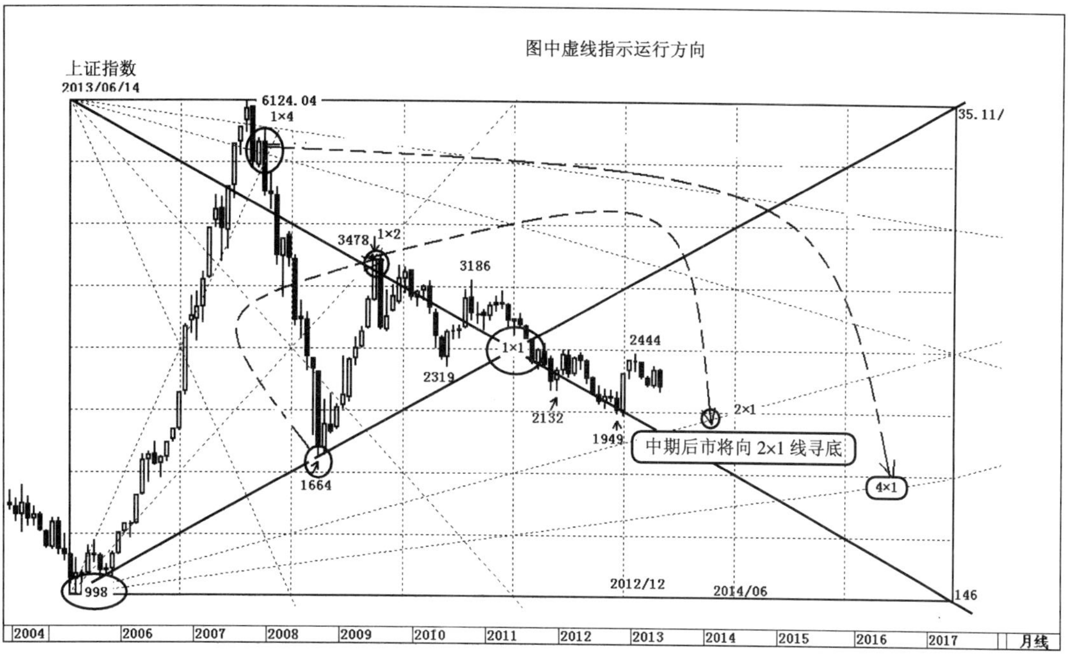

图 7.7.1 上证指数 146 个月艮卦倍数江恩箱

图 7.7.1 的太极设在 2005 年 6 月 998 点底部，998 点至 6124 点为绝对空间，艮卦数 73 个月 ×2（146 个月）为时间长度。

（1）2008 年 1 月，5522 点触及 4 ×1 线回落，击穿 1 ×4 线，由此下跌了两个角度线时空。根据卦位数角度线规则，准确触及下方的 1 ×1 线以 1664 点见底。

（2）从 1664 点反弹至 3478 点，触及 1 ×2 线见顶，恰好运行了一个角度线夹角时空。这是卦位数角度线规则一所规定了的。

（3）3478 点触 1 ×2 线见顶回落，根据规则一，首先要向下方的 1 ×1 线寻底，但却因为触线当时运行 C3 浪，故上升 1 ×1 线未能成为有效支撑，而是沿着下降 1 ×1 线继续向下寻底。根据卦位数规则二，中期后市要向下方的 2 ×1 线寻底。预料 2013 年 9 月前后为触线的敏感时点。

（4）从长期走势上看，根据卦位数角度线规则二，上证指数在 1 ×4 线上方见顶后，要向最下方的 4×1 线寻底，构建以 1×1 线为太极中心的 90°错综性对称。触线的敏感时点不确定，要么是 2014 年 3～4 月，要么是在 2016 年 3～4 月间，这取决于以何种波浪形式运行。

凡准确触及某一角度线见顶的，根据规则一要向下方的角度线寻底。图 7.7.2 显示 2000 年 8 月的 2114 点触及 1×2 线见顶，后市在 2003 年 11 月的 1307 点触及 1×1 线见底，准确运行了一个由 1×2 线而 1×1 线的夹角时空。

图 7.7.2　上证指数坤 13×11 之 143 个月江恩箱

触 1×2 线见顶后，上证指数还出现了一个更高位，这就是 2001 年 6 月的 2245 点顶部，该顶触及下降 1×1 线回落。事实上亦在上面提到的 1307 点获得 1×1 线的有效支撑，反弹至 2004 年 4 月的 3783 点，遵守的仍然是“卦位数角度线规则一”。2245 点下跌至 2005 年 12 月的 1074 点，在下降 1×1 线的支撑下展开最后一个大升浪，至 6124 点。

6124 点见顶后，一路狂跌。2008 年 7 月，跌至 2566 点喘定反弹，当月收 2775 点，是一根阳十字星。成为下跌途中的中继型驿站，这就算是显示 1×1 线的支撑作用了。其当时的上证指数运行在 C3 浪主跌段中，足见 C3 浪杀伤力的可怕（见图中打了圆圈的位置），其后跌至 2008 年 10 月 1664 点见底。

2009 年 8 月，反弹至 3478 点，受到上升 1×1 线及下降 4×1 线的双重阻力而见顶。根据“卦位数角度线规则一”，中期后市将向 1×1 线下方的 2×1 线寻底。图 7.7.2 中的标示仅仅是方向性的 2×1 线，见底的时间长或短，触线的点位会不同，读者届时可根据市场的实际走势核定目标。

图 7.7.3 以 998 点为太极，998 点至 6124 点为绝对空间，圆形的 1/2 之 180 个月为时间长度。图中标示 2010 年 11 月的 3186 点、2011 年 4 月的 3067 点、2013 年 5 月的 2444 点及 2013 年 5 月的 2334 点共 4 个反弹顶部，皆全部触及下降 1×1 线无功而退，充分彰显 1×1 线巨大的阻力作用。由 3186 至 2334 点共 4 个顶部，沿着下降 1×1 线滑行，顶部一个比一个低，充分彰显 1×1 线的巨大阻力作用。在还未触及下方 2×1 线发生的反弹，料难有效升越 1×1 线。根据卦位数角度线规则，上证指数将继续沿着下降 1×1 线向下方的 2×1 线寻底，跌穿 1664 点是迟早要发生的事。

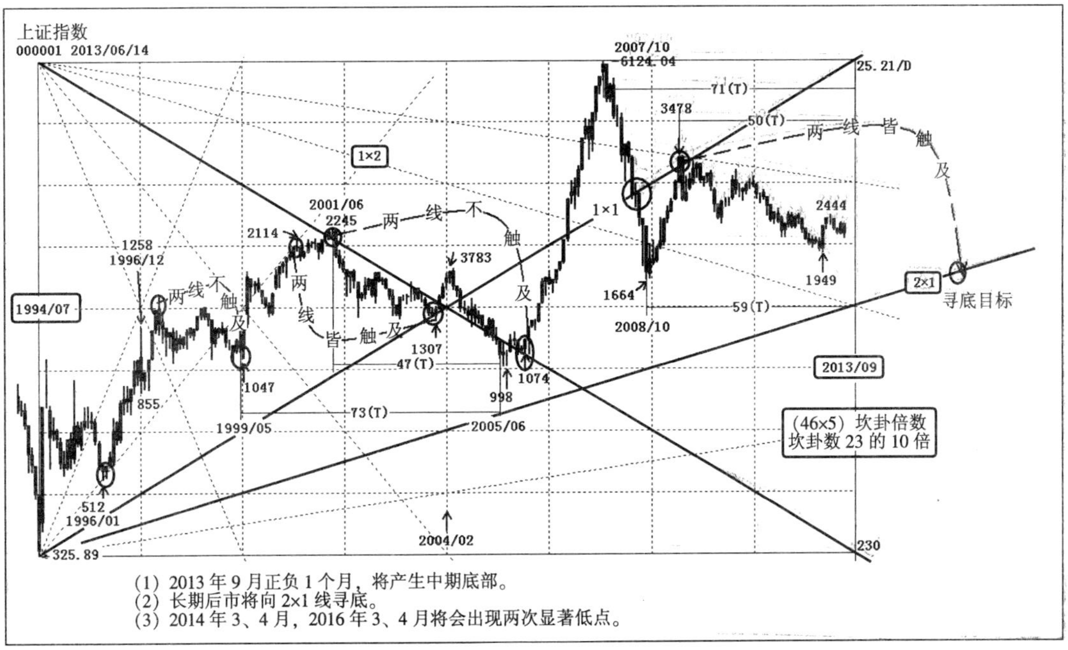

图 7.7.3　上证指数 230 月坎卦倍数江恩箱

图 7.7.4 以 2005 年 10 月 998 点底部为太极，5126 点为绝对空间，时间长度取 DNA13 的 9 倍终了之数 117 个月。2009 月 8 月 3478 点顶部实际上受阻于 1×2 线，之后跌穿 1×1 线，并于 2012 年 6 月回抽确认。根据卦位数规则二，中期后市将向下方的 2×1 线寻底。

与图 7.7.4 一样，图 7.7.5 的中期后市将向 2×1 线寻底，而根据卦位数角度线规则二，终极下跌目标为 4×1 线。

地产与金融，唇齿相依，它们的跌或涨，亦会步步相随。图 7.7.6 的下跌目标依次为 2×1 线，反弹后再向下方的 4×1 线寻底。

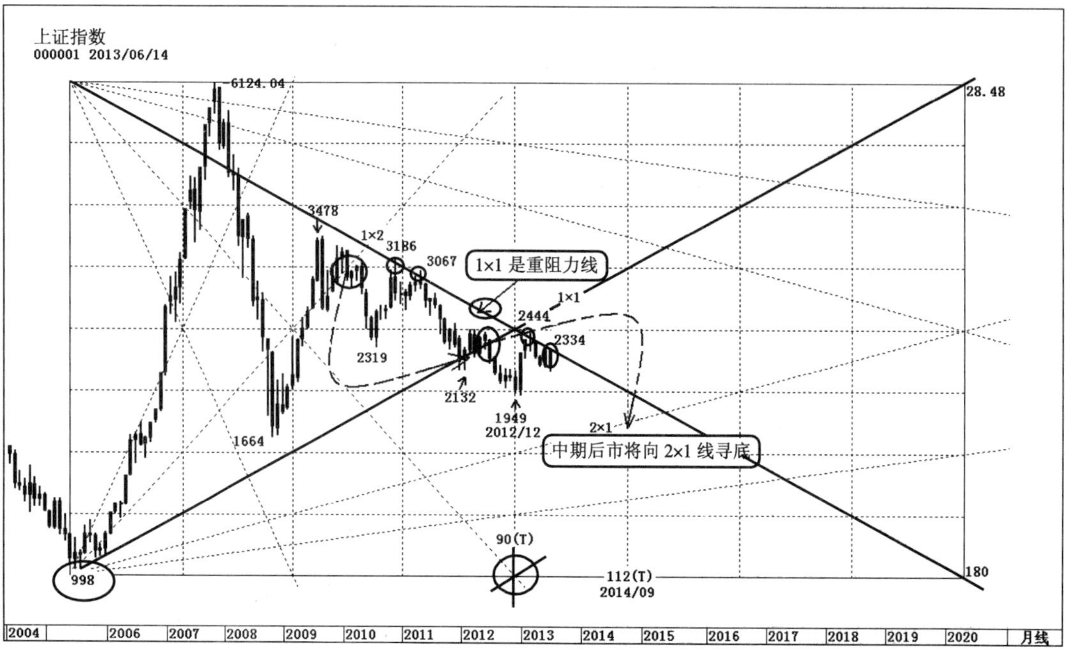

图 7.7.4　上证指数 180 个月江恩箱

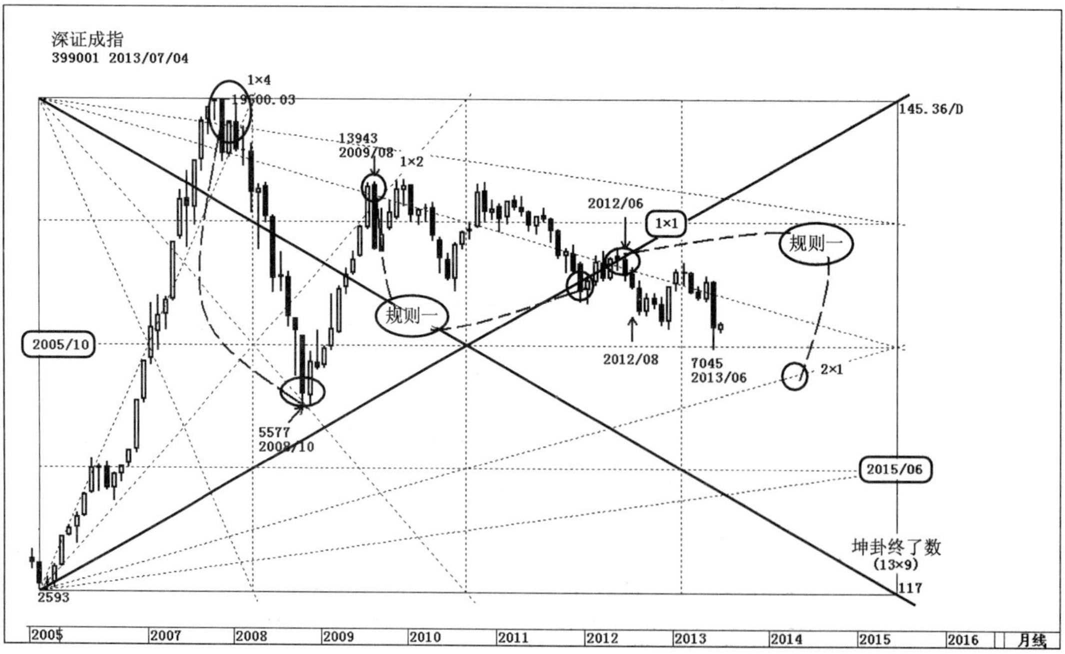

图 7.7.5　深证成指 117 个月江恩箱

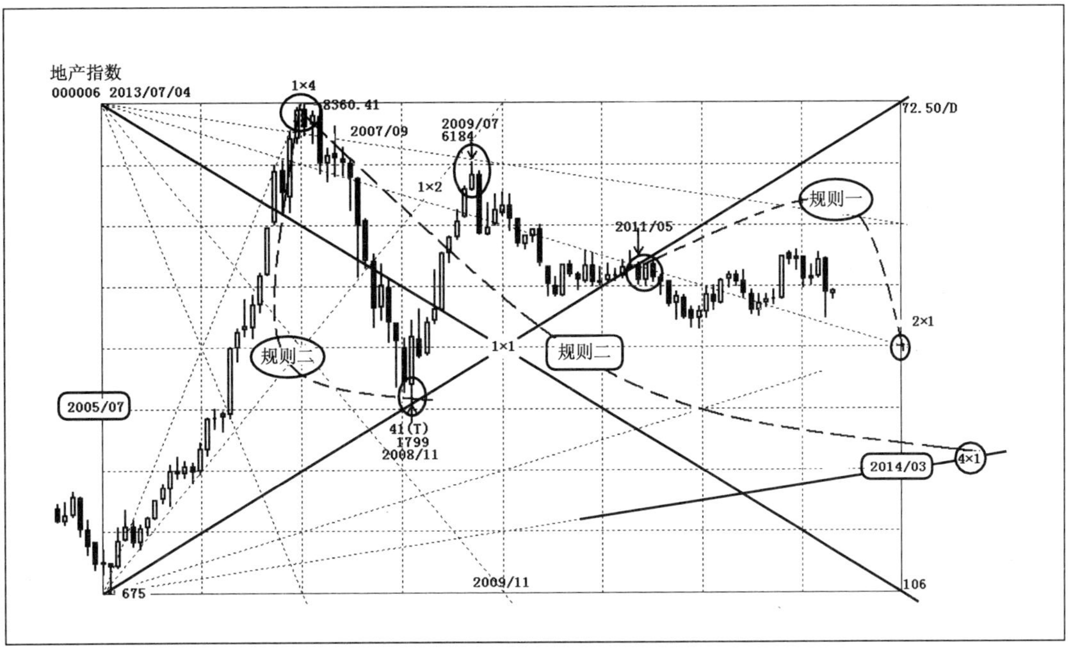

图 7.7.6　地产指数 106 个月江恩箱

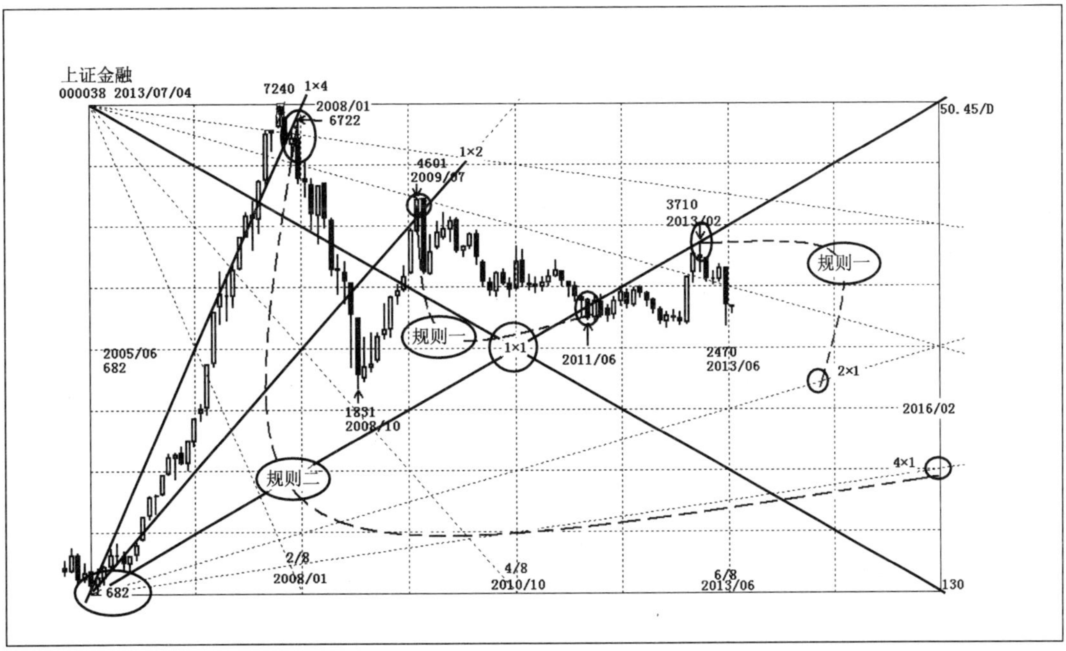

图 7.7.7　上证金融 130 个月坤卦终了之数江恩箱

第八章
波浪理论的实践应用

第一节　解读艾略特

艾略特与江恩，是两个金融股市业界奇人，称两位大师为天才绝不过分。江恩有著名的循环周期理论，著作十分庞杂。而艾略特的专著《波浪理论》（又称《自然法则》）享誉于世。两位先生的一个共同特点是，他们的理论都融通于中国古代的哲学经典。比如中国的《周易》《太玄》《道德经》等，他们的理论著作全都可以在中国古代圣贤的哲学著作中找到注脚。说得不客气点儿，两位大师的著作，其理论依据源自中国先贤古老的哲学——八卦之中。古人认为，大宇宙天圆地方，天地人三才，人效法于天，天人合一顺应自然。人的作为效法于天，人的思维也效法于天。思维的起伏循圆形运动。

江恩的圆形循环周期理论就是天体圆循环于股市的具体呈现。股市的圆循环运动之实质是人的思维及情绪的圆循环运动，其机理是周而复始的太极运动。

江恩以圆周为运动的轨迹，每循环一周为360°。几何坐标系下的1×1角度线设定为45°，8个45°完成一次圆循环，对应于八卦的四正四偶，1×1线为太极中心线，主宰市场波动。其上方及下方的两条角度线之角度之和为90°，体现了“阴阳交错”“阴阳互抱”的《周易》大理。关于这些，本书“解读江恩”“卦位数角度线的综合应用”各章节有很详尽的阐释及大量市场案例，这里点到为止。

作者是“万物皆为数”论者，认为宇宙万物皆以“数”为宗。事物的合理性，事物的变化发展，皆以“数”为依存。形而上则为数，形而下则为象。

艾略特的波浪理论有形有数。形者，5个上升推动浪3个调整浪，完成一个波浪形态循环。数者，老子－斐波纳契数列。波浪运动的展开完全服从老子－斐波纳契数列，5－3－8，皆是老子－斐波纳契数。5个上升推动浪含89个子浪，3个调整浪含55个子浪，合之为144个子浪，完成一次升市与跌市循环。其中的89、55、144皆为老子－斐波纳契数。这并非人为的凑合，而是“天道自然”。用艾略特先生自己的话来说，叫作“自然法则”。波浪理论不但适用于股市，更广泛适用于各种事物。

市场升跌所形成的形态是“象”。市场运行的时间数、波浪数，波浪之间的比率数，乃至指数（股价）都以“数”的形式呈现。是形而上的东西，换言之，“万物皆为数，数主宰万物”。一门理论是否科学，首先是这门科学要建基于合理的数学模式上。

世界公认的能反映自然法则的数，就是“神奇数”——老子－斐波纳契数。

波浪理论之所以被誉为旷世之作，之所以普适于世间万事万物，就因为波浪理论的数学基础采用了无处不在的“神奇数”，这是艾略特最为高明之处。

“神奇数”，最早见于老子的《道德经》，其上说：“道生一，一生二，二生三，三生万物。阴阳互抱，充气以为和。”《道德经》数列的展开即：

0（“道”=0）—1—2—3—5—8—13—21—34—55乃至无穷无尽。

艾略特的波浪理论是以老子－斐波纳契数列作为数学架构，其数列的展开，演绎股市的市场波动为“5浪升3浪跌，8浪一循环”。一个完整的上升推动浪有5个浪，体现周易的“五数生成”之数理。5是奇数，奇数为阳。上升浪属于阳性的事物，上升浪中的5个浪，其中，1浪、3浪、5浪是奇数，是向上推动的，属性为阳。其中的2浪、4浪两个偶数浪是向下修正的，偶数为阴。5个浪生成一次完整的上升趋势，5浪中有阳也有阴，这体现了阴阳互抱，激荡、充气、为和的太极生成程序。过程中1上2落，3上4落，5升，此所谓“阳中有阴”也。将这些上落的节点联结起来，就成为一条S曲线，太极图中的阴阳鱼互抱之形态也，S曲线用现代语言表达，叫螺旋线。太极中的阳鱼与阴鱼，是两条互抱的阴性螺旋与阳性螺旋，两条螺旋线的相激相荡，演绎了股市的波浪起伏，升市与跌市因此而生。

A、B、C调整浪虽然方向向下，总体属阴，但其中的B浪是向上修正的，这个向上的浪属阳。整个调整浪形成了两阴包一阳的格局，此所谓

《周易》之“阴中有阳”也。

3个调整浪的“阴中有阳”对应于5个上升推动浪的“阳中有阴”，这样的阴阳交错布局对应于六十四个复卦中三十二组“飞伏卦”。“飞伏卦”的特征是，卦中阴爻和阳爻呈错纵交替的对称状态。然而，“飞伏卦”中的阴爻与阳爻，总数上是阴阳平衡的。艾略特的8浪循环之奇数与偶数交错进行，总数上是奇偶平衡的，这可以从“飞伏卦”中找到脚本。波浪理论5个上升浪3个下跌浪的数学结构——“三五交错”，演绎宇宙万物变化模式。

波浪理论的这种阴阳交错之奇偶布局，完全对应于我国八卦中的“飞伏卦”。其实，这种数学架构体现的是阴阳平衡的《周易》之大理，体现的是宇宙四大规律中的对偶律。对偶律是宇宙赖以稳定的一种规律，也是股市自我调节的一种保护功能。

艾略特波浪理论认为，5个上升浪与3个调整浪构成了一次完整的股市循环。作者在本书的“股市周期律”中对艾略特的8浪循环做了翔实的举例，用中国股市1990年有史至今的几次实例证明了艾略特的5升3跌一循环，不但是理论上的，而且在实践上得到中国股市的佐证。

2012年中，有一位张姓先生在《股市动态分析》周刊上连续多期发表批评艾略特8浪循环的周期理论，认为该理论不符合《周易》的阴阳平衡理论，而“阴阳”平衡是宇宙大理。张先生认为“十浪”循环才符合《周易》的阴阳理论，并在文章中打赌，如果后市向上运行（指2012年5月后的走势），则证明他的“十浪循环”理论是对的。结果呢？后市向下运行。从2012年的5月一直下跌至11月，张先生错了。张先生犯错的原因在于机械地看待阴阳平衡，不懂得阴阳之间的错纵性对称，在动态中通过“错纵”的形式取得平衡。8浪循环的阴阳布局如下：

1	2	3	4	5	A	B	C
向上	向下	向上	向下	向上	向下	向上	向下
属阳	属阴	属阳	属阴	属阳	属阴	属阳	属阴

1、3、5、B（4阳）；2、4、A、C（4阴）

4阳对称于4阴，在8浪循环中取得动态的阴阳平衡。这说明艾略特的波浪理论完全服从于周易的阴阳理论，其数学模式与“飞伏卦”如出一辙。

再将8浪循环细分，则上升浪含89个小浪，调整浪含55个小浪，合计144个小浪。而3—5—8—55—89—144，全部皆为老子－斐波纳契数，“144”是“坤之策”，在老阴之坤的策数上完成一次循环的底部构建，符合八卦的卦义。

上升浪与调整浪之比为89/55，比率为1.618，这是老子－斐波纳契数的黄金比率，也是螺旋线展开的扩张点，对应于市场峰位。反过来，调整浪与上升浪之比为55/89，比率为0.618，这是螺旋线展开的收缩点，对应于市场谷位。由此可见，老子－斐波纳契数是艾略特整个波浪理论体系的数学支柱，结构框架。老子－斐波纳契数黄金比率不但普见于自然现象，也常见于股市的循环波动。也就是说，老子－斐波纳契数列、黄金比率，是波浪理论的精髓所在，精髓体现于8浪循环中。

中国股市有数据资料以来，运行3次（或4次）"8浪循环"。精彩的是每一次循环都基本上遵循了0.618与0.382之比率（例证见"股市周期律"）。

谁要是推翻了8浪循环理论，谁也就推翻了《周易》的阴阳大理，推翻了老子－斐波纳契数，进而推翻了宇宙的四大规律，包括反映自然法则的黄金分割定律。作者认为，这是没有人能够做到的事情。

波浪理论8浪结构图如图8.1.1所示。

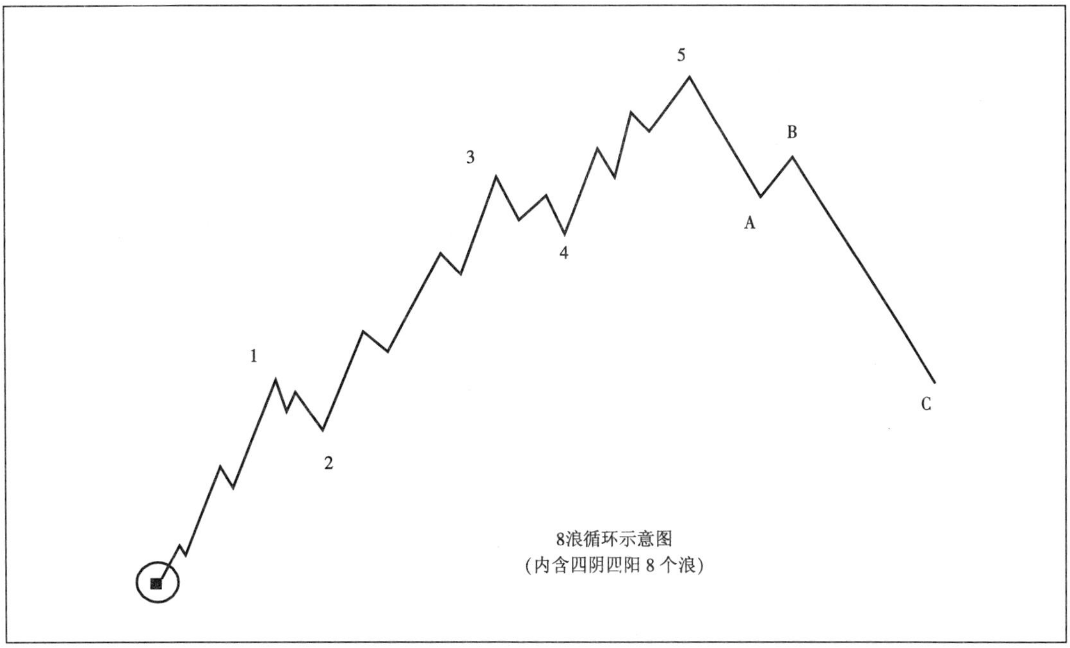

图8.1.1　8浪循环示意图

《洛书》以五居中，三五其数，其积15，横加15，竖加15。斜加也是15。15乃是重要的节律数。15日为一节气，二十四节气演绎一年的天候变化。

三行三列共九个自然数。逢三则变，逢九终了，演绎宇宙万物。

四	九	二
三	五	七
八	一	六

三行三列共九个自然数。逢三则变，逢九终了，演绎宇宙万物。

最奇妙者，最下一行的数是6—1—8。

（古人读数从右至左）这正是黄金分割比率。

数行至此，由量变而质变矣。

图8.1.2 《洛书》的黄金分割比率6—1—8

第二节 早期的波浪理论测市两则

一、《大B浪的界定及大C浪底部初探》（作者的处女作，写于1994年6月中旬，发表于《投资导报》）

1994年6月中旬，作者的处女作《大B浪的界定及大C浪底部初探》发表在《投资导报》上，该文较长，分两期刊出。标题顾名思义，这是运用波浪理论分析和预测股市的文章。《大B浪的界定及大C浪底部初探》的分析对象是深证综合指数。作者是在1993年开始学习波浪理论的，最早阅读的是香港许沂光先生关于波浪理论的著作，此前不知股市ABC。

1993年2月，深证综指368点见顶，至1994年6月，最低探至117点，月收市119点。市场跌跌不休，尚不见有止跌迹象。主流媒体舆论多认为深证综指要跌至60点，作者通过波浪理论的分析，不同意这样的观点，认为深证综指将会在100点附近见到C浪底部，从而结束始自1993年2月368点以来的调整。于是就有《大B浪的界定及大C浪底部初探》一文面世。

当时的分析是这样的：366点至203点为A浪（1993年2月22日至1993年7月19日）。下跌165点。

B浪顶部在334点，C浪的内部结构为C1：334~228点（1993年8月16日至11月1日）下跌106点。C2：顶部在280点（1993年11月22日）；C3：280~128点（1994年4月18日）。跌152点。从形态上看，C3是一个延伸浪；C4：顶部在169点（1994年5月9日）；C5：169~？点，尚在运行中。作者写作本文时，是1994年6月中旬，即C5浪已经运行在中段。当时约处140点，根据上述已知数据做如下推算：

（1）假设C=A×1.382，则334-165×1.382=106点——C浪的底部目标。

（2）假设C5=C3×0.618，则169-152×0.618=169-84=75点——C浪的底部目标。

（3）假设C5=C3×0.50，则169-152×0.50=169-76=93点——C浪的底部目标。

已知C3运行了21周，假设C5的运行时间也为C3的0.5，则C5的运行时间约为10~11周，对应1994年7月底或8月上旬。

当年作者还没有电脑，是在设计用的坐标纸上绘制图表的。除了标示波浪之外，还画上了C浪以来的下降通道，该通道下轨于上述时间约处在94~97点。作者就是将波浪理论结合通道理论分析和周期分析，得出1994年7月底8月初C浪5将会在94~97点之间完成的结论。后市证明，预测完全正确。深证综指1994年7月30日在94点见底（对应于上证指数同期的325点底部）。

《大B浪的界定及大C浪底部初探》处女作居然一炮打响，成为成功之作，并因此引领作者在股海浮沉二十载。只是因为搬家丢失了原稿及报上的剪辑，很有点儿可惜。这里只做简单的回顾。

二、《波浪理论的实践应用——与田牧先生商榷》（写于1996年12月上旬）

艾略特和江恩是作者最崇拜的大师，多年来醉心于学习、研究他们的理论，发现若把他们的理论精髓融会贯通，就可以互补各自的理论盲点，丰富各自的理论体系。对于提高股市预测的概率，很有裨益。

市场转向点的时间预测常常是准确的，但却容易把方向搞反。把顶部时点误测为底部时间，这是很要命的。原因在于两位大师的理论都有点儿“玄”，特别是江恩，常说其然而不说其所以然。普通大众如吾辈者，智力平平，极易把“扩张力”与“吸引力”搞混淆了，使“底部”与“顶部”

错位。

如果把艾略特有形有数的波浪理论引入到江恩比较“玄”的周期理论中去，或能互补其理论盲点。作者正是运用这个方法准确预测了深证综指1994年7月94点C浪底部及其发生的时间。

田牧先生善用波浪理论，其文章刊于《股市动态分析》每期的首页，深得全国各地读者的喜爱。作者亦非常敬佩田先生敏捷的反应、严谨的文风和较准确的预测。但是，这不等于作者就完全赞同田牧先生所有的观点。基于学术交流的态度，作者在此就划浪提出不同观点，与田牧先生商榷。

本文不对今年以来的上升浪做出波浪级别的判断，只讨论其子浪的内部结构。

田牧先生的划浪：子浪1的始点为2月6日的105点；子浪1的终点为5月20日的182点；子浪3的终点为7月30日的271点；子浪4的终点为8月27日的230点（田先生在划浪分界点上时此时彼摇摆不定）。

上述划浪关系到对于子浪5的整体判断，关系到后市预测的准确与否，关系到一向相信田牧先生划浪准确性的读者的投资决策，可谓事关重大。划浪点的前移会使投资者在还未该退场的时候提早退场了，丢失了一大截利润空间，也浪费了三角形内高低点的短炒机会。作者对田先生的上述划浪持不同看法。

作者的首选划浪如下：子浪1，1月23日的104点至4月30日的171点，升67点，运行约60天；子浪2，至5月28日的153点，跌18点，运行约20天；子浪3，至8月12日的270点，升117点，运行约55天；子浪4，至9月12日的239点，跌31点，运行23天。划浪除了要严格遵守波浪理论的两条规律、两个原则和重视形态、比率、时间三个要素外，还应体现如下几点：

（1）与循环周期理论的吻合性。此点常能为准确划分波浪分界点提供正确的判断，而波浪分界点对后市预测至关紧要。因为这是逻辑推理的前提，形式逻辑告诉我们，前提若为错，则推测的结论必错。

（2）波浪形态的完美性。波浪理论说到底是“变”的理论，在遵守划浪规则的前提下，同一浪形可以做出两种截然不同的划定，但后市将会做出抉择，正确的只有一种。几年的研究心得是，最顺眼的一种常常就是正确的划浪。这有点儿像宇宙万物都体现了黄金比率之美一样，波浪形态的完美性（包括对称交替美、长与短、快与慢、时间与空间、简单与复杂等）体现划浪的正确性。

（3）波浪通道特征。通道其实就是趋势的有形体现。趋势力量、市场规律都反映在通道内的股市走势中，是股市可测的有力武器。其内轨的支撑、外轨的阻力作用为我们在测市时选择设定较准确的波动率提供最为接近客观实际的数据。大凡准确的预测，都与使用通道有关。君不见由171点至271点构成的上升通道的外轨，有多次触点即回落，体现其难以逾越的阻力作用，其内轨则亦有多次触点即反弹。子浪4就是这样完成的，体现了其强大的支撑，并且体现了这么一条规律，凡是股市走势逆转，均发生在指数触及内外轨之时（包括稍微瞬时超越或稍微不到位）。单就此点，田牧先生把子浪4划在通道中的230点，就很缺乏说服力了。我们之所以把104点至今的走势统划在大一级的波浪之中，其理由就在于此。这样，子浪5至今就尚未有结束。

深股子浪5的小浪2既然表现为一个强势平台，根据交替原则，小浪4将会是之字形或三角形。有趣的是，深股自438点下来均以a、b、c下跌，a、b、c反弹的形式运行。目前已形成了一个对称三角形的形态。预料将立即展开子浪5的最后一个上升小浪（图8.2.1）。

这里要特别指出的是，田牧先生在已看到深股自438点下来，均以a、b、c三浪运行和三角已成雏形的时候，还坚持438点（上证指数1047点）是子浪5的终点（见《股市动态分析》1996年第47期）及第二大浪调整已然展开的观点，以田先生对波浪理论的造诣是令人费解的。深股近日的几个低位387、406、410点，一个比一个高，且全部受4浪238点以来上升趋势线的有力支撑，即近期上升趋势线还未破位，怎可断定438点已结束了子浪5呢？

作者关于子浪5的预测如下：假设子浪5运行61天离卦数，则12月10日为中心时间，正负2天内见顶。如成交放大，则可后延2～3天。子浪5的目标指数将受阻于通道外轨，运行的时间长，则目标指数高，运行时间短，则目标指数低，估计多在465～476点左右结束。

（以上内容曾发表于《股市动态分析》1996年第48期）

作者自我点评：

本文预测称“12月10日为中心时间，正负2天内见顶”（见顶目标），估计多在465～476点左右结束。事实是，后市在12月12日之476点准时准点见顶。

图 8.2.1　关于 476 点顶部的预测

第三节　审时度势话马年

深证成指首选划浪（本文发表于《股市动态分析》2002 年元月）：

1991 年 9 月 396 点为 1 浪；1993 年 2 月 3422 点为 3 浪；1996 年 1 月 924 点为 4 浪；1997 年 5 月 6103 点为 5 浪。若从 1988 年 4 月起算，至此运行 110 个月，恰为“天地之数五十有五”的两倍数。第 5 浪的升幅为 6.609 倍（924/6103），约近黄金分割率 6.618 倍，时间、波浪、比率恰到好处。其后运行 A、B、C，目前运行在 C 浪之中，见图 8.3.1。

连接 2 浪和 4 浪两个底部（1991 年 9 月至 1996 年 1 月），得 L1，这是一条原始（长期）上升趋势线。根据波浪判断，目前运行 C 浪，L1 是一定要下破的，只是不会一蹴而破。预料深证成指在 3000 点正负 50 点内获得支撑（此点位亦即 L1 线所处位置）而诱发反弹。反弹过后，下破 L1 线（作者注：后市反弹 5 个月至 2002 年 6 月在 3525 点见顶，再次回落跌穿 L 线）。

（从 1988 年 4 月起算，5 浪运行 110 个月）假设为一个循环浪（五浪

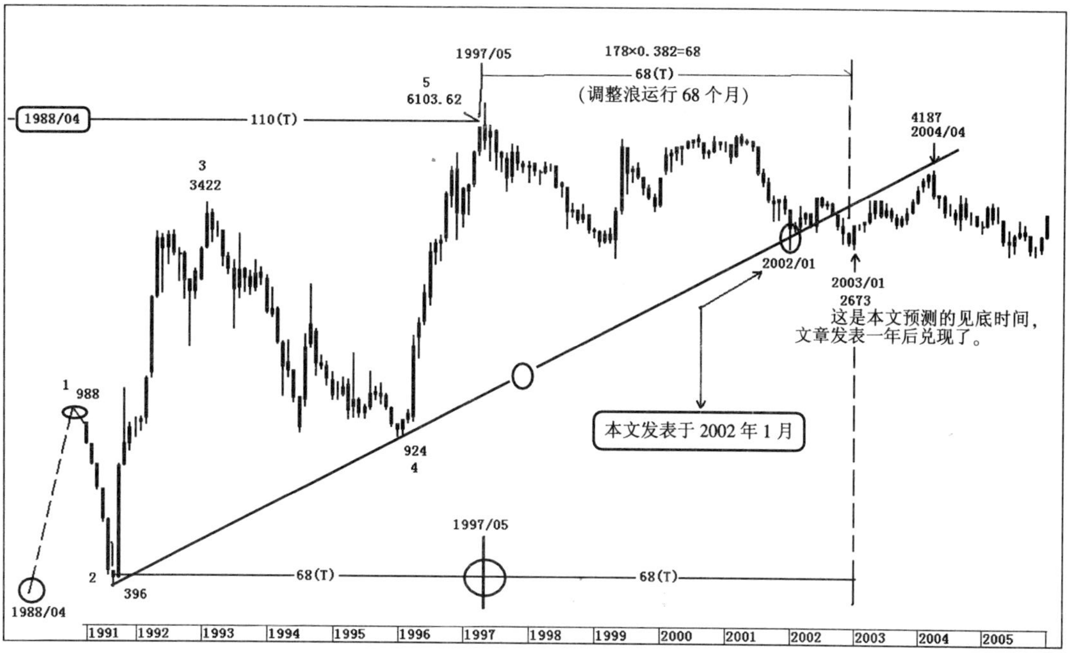

图 8.3.1　深证成指月线图

升三浪跌）的上升时间为 0.618，则这个循环浪的时间长度为：110/0.618 = 178 个月，并推算出调整时间为：68 个月（178 × 0.382 = 68），对应 2003 年 1 月。

（作者注：本文发表之后一周年，于 2003 年 1 月在 2673 点见底，下跌时间就是预测中的 68 个月。见底后反弹至 2004 年 4 月的 4178 点。《审时度势话马年》作为 2002 年元月开篇之作，可称之为 2002 年方向性的指路明灯。）

上证指数的首选划浪（本文写于 2002 年 1 月）：

第 1 浪，事实存在，没有数据。第 2 浪，1990 年 12 月 95 点。第 3 浪，1993 年 4 月 1392 点。第 4 浪，1996 年 1 月 325 点。第 5 浪，2001 年 6 月 2245 点。划浪依据第一是时间与空间的限定，第二是符合艾略特的划浪要求。还要特别指出的是，有人把本文的第 3 浪划成第 1 浪，这是绝对错误的。因为此种划浪“忘记了历史”，把 1990 年以前的市场遗忘了，没有数据并非没有事实存在。另外，从 95 点上升至 1558 点，升幅为 15.4 倍，如此巨大的升幅不可能发生在第 1 浪，这是波浪理论关于波的属性所决定了的。关于第 5 浪，波浪理论对其属性有如下描述：第 5 浪上升缺乏市场广度和深度，上升的股票只是为数较少的庄家股。第 5 浪上升的股票大多缺乏业绩的支撑，靠的是编造题材、虚构新概念、利用信息优势和资金优势把股价造上去。

因为上述两点，市场股票价格必然是"阳春白雪，曲高和寡"，庄家在自拉自唱，所以在技术上就必然表现为成交量与股价背离以及动力指标与股价背离。

综观第5浪的市场背景及其实际表现，完全与波浪理论关于第5波波浪属性的描述相吻合！特别是第5浪的⑤波（"5·19"至2001年6月的行情）何其相似。

联结5浪②和5浪④，这是自1994年7月325点底部以来的中期上升趋势线，此线在2001年10月被有效下破，11月反弹至1776点触及L2线回落，连续4周收阴，这是技术上的所谓"回抽确认"（图8.3.2）。

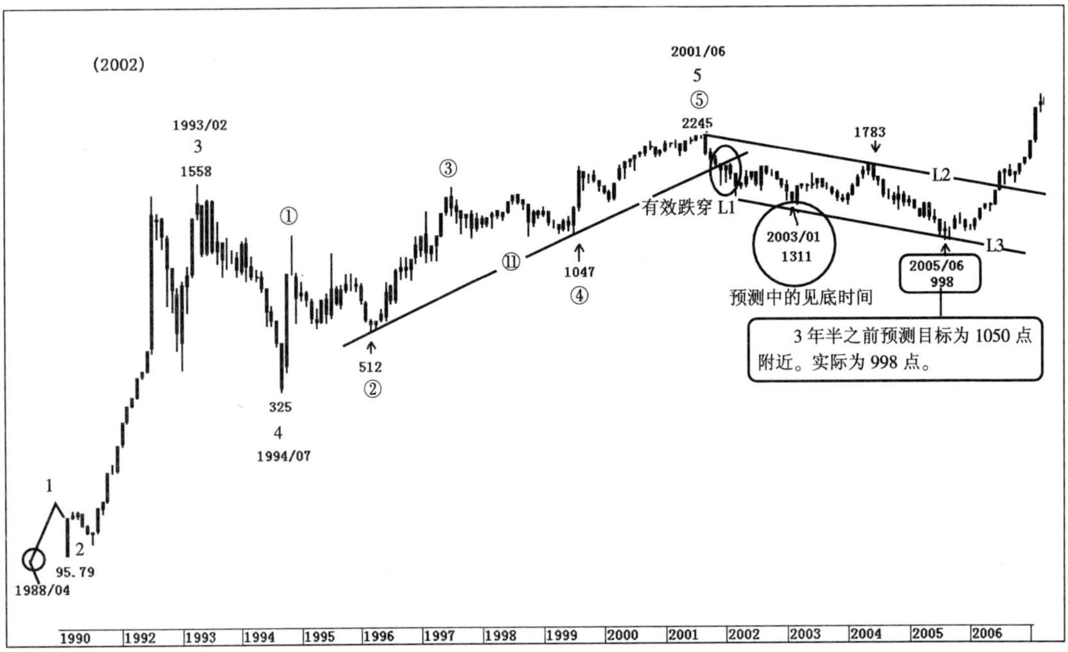

图8.3.2　上证指数月K线图

L1的有效下破，说明1994年7月以来的上升趋势已经逆转，也就是说，2001年6月展开的调整至少是对其升幅的修正。根据理论以及参考历史，中级修正通常为0.5～0.618倍。若是，上证指数年内将至少要跌到1258点（修正0.5倍）。若修正0.618倍，则目标是1058点，1058点附近历史上曾多次为顶为底，是1994年以来的"价格中心"，是否要再来一次价值回归？等着瞧吧。

（作者注：本文发表后之3年6个月，在2005年6月的998点见底，与本文预测的调整目标1058点附近是基本吻合的。尽管目标指数未能100%准确，但对几年长期趋势的把握是正确的。这很有用对于我们在下跌过程中参与反弹操作的把握，不会被不时吹起的“大牛市”之声所迷惑。)

由此可见，应用波浪理论测市，能够明了趋势方向，把握运行轨迹，具有实战的指导意义。

第四节　关于划浪的修正

作者的划浪分两个阶段。2011年8月之前，首选划浪如图8.4.1所示。太极原点设在1988年4月（上证发行股票），第一大浪为2001年6月的2245点，其内部结构为：

子浪1：没有数据资料，却有股票买卖的事实。

子浪2：××点至1990年12月95点。

子浪3：95点至1993年2月1558点，上升1463点，或15.4倍，是上证指数有史以来升幅最大的一个主升浪。

子浪4：1558点至1994年7月325点，跌去1233点，或0.79倍，接近老子-斐波纳契比率0.809，是上证指数史上跌幅最大的一个调整浪。

子浪5：325点至2001年6月2245点，升1920点，或5.907倍，与子浪3的升幅比较，则存在老子-斐波纳契数0.382倍的比率关系：5.907/15.40=0.383。

上证指数划浪修正及其修正的原因：由95点过998点得L1，这是上证指数的原始上升趋势线。2011年8月，此L1线被有效跌穿，显示一轮长期上升趋势已被破坏，换言之，此前的顶部6124点就是上证指数第一轮长期上升趋势的终点，先前将6124点划浪为3浪之（1）的可能性已不复存在。因此，划浪就要适时修正，首选划浪如图8.4.2所示。

图8.4.2的首选划浪如下：

第（1）浪：1988年4月至1990年，×××点顶部。有股票交易，没有数据。

第（2）浪：×××点顶部至1990年12月95点底部。

第（3）浪：95点至2001年6月2245点。运行127个月（卯酉线兑卦数），升2150点，或22.631倍。

图 8.4.1　上证指数月 K 图 2011 年 8 月之前的首选划浪

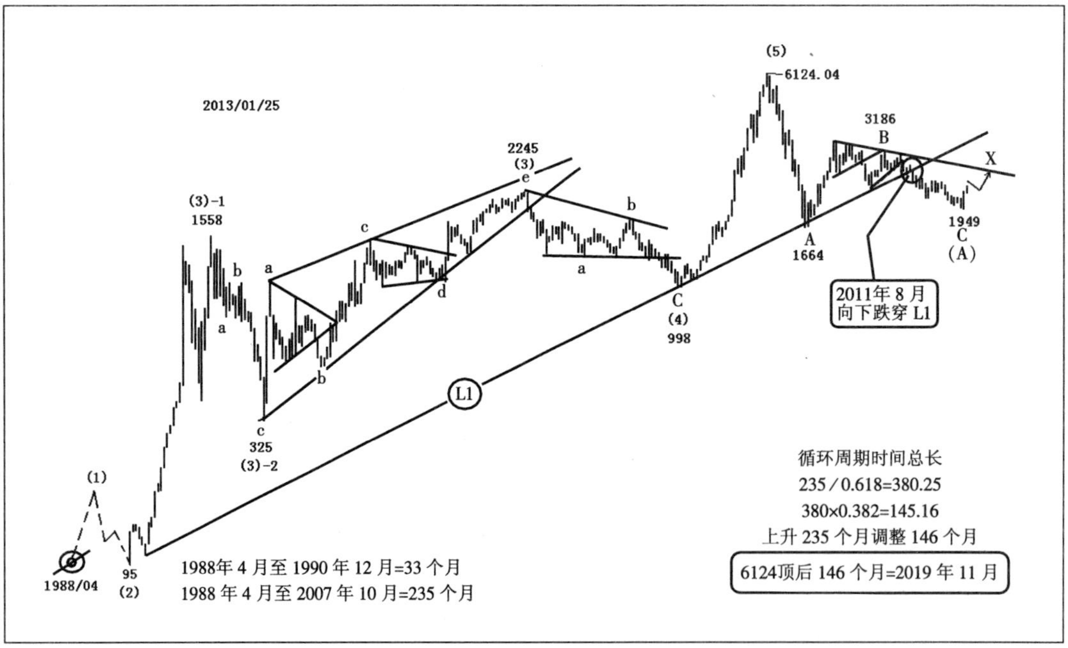

图 8.4.2　上证指数首选划浪 A 方案（1988 年 4 月至 2013 年 1 月）

（3）浪恰好产生于黄金分割的螺旋扩张点上（22.631 为黄金分割率范畴）。（3）浪的内部结构如下：

(3) -1 浪：95 点至 1558 点。(3) -2 浪：1558 点至 325 点。

从 325 点始，上证指数以一个大型的上升楔形运行至 2001 年 6 月的 2245 点，完成第 3 大浪，见图 8.4.2，a 波：325—1052；b 波：1052—512；c 波：512 ~ 1510；d 波：1510—1043；e 波：1043—2245。当其 a、b、c、d、e 五波运行完毕，即发生了“戏剧性”的逆转，从 2245 点反复下跌 47 个月，至 2005 年 6 月的 998 点完成第（4）大浪：2245 点至 998 点。

第（5）大浪从 998 点至 2007 年 10 月的 6124 点，升 5126 点，或 5.136 倍。以指数创立时的基点 100 点计算，第（5）大浪的升幅是 61.24 倍，即黄金分割率 0.618 的 99.09 倍。这个上升比率彰显两点：从空间上看，一是（5）浪大顶产生于黄金分割的螺旋扩张点上。二是（5）浪大顶“终于九”。从时间上看，（5）浪大顶产生于 1990 年 11 月太极的第 204 个月，204 是后天八卦方圆图卯酉线上的震卦数。换言之，6124 点大顶是时空价三维交融的产物。

波浪理论的理想比率是，上升五浪占整个大循环的 0.618，调整三浪占 0.382。依据这个比率计算，则大循环的时间总长度为 330 个月（204—0.618），调整时间为 126 ~ 127 个月（330 × .382 = 126.09 个月），其对应的时间是 2018 年 3 ~ 4 月。

另一种时间计算则从上海市场发行股票的 1988 年 4 月起算，运行至 2007 年 10 月 6124 点大顶为 235 个月，235 是卢卡斯数 47 的 5 倍，如果将 235 个月设为五浪上升时间的 0.618，则大循环周期的时间总长度是 380.25 个月（381 个月），381 × 0.382 = 145.54（146 个月），其调整终了的对应的时间是 2019 年 11 月。

2018 年 3 ~ 4 月和 2019 年 11 月，是循环周期低点的两个重要标的，读者朋友记住这两个时间，届时结合波浪形态，波浪比率综合判断，对于重大底部的发现将有益而无害。

6124 点见顶后，2008 年发生了世界性的金融风暴，全世界股市风雨飘摇。上证指数狂跌至 2008 年 10 月的 1664 点，这是大顶既成之后应该发生的题中之事。说白了是五浪见顶后就应该这样下跌。金融风暴的发生，或可看作是波浪理论所揭示的“分内事”，波浪理论就是这么“玄”。没有金融风暴发生，股市就不会狂跌，不狂跌不足以证明 6124 点是五浪大顶。6124 点既然是大顶（欧美股市同时见大顶），就一定要发生些什么事情去配合它——比如金融风暴。

艾略特说过，波浪顶部将至时，全世界都歌舞升平，经济运行强劲（如美国次贷之风盛行），一点儿也看不到风险。可是，波浪出来了（见大顶了），就会有事件去证明它（比如雷曼兄弟银行的倒闭），就会有事件去解释股市见大顶的理由。这就是波浪理论的玄妙。

显然，6124点之后的调整是对此前五浪上升的总修正，战略上要做好长期调整的思想准备，见图8.4.2。

第五节　6124点后的划浪探秘

一、6124点时空简说

6124点的定性为上证指数第一循环第5大浪顶部。6124，指数本身约近黄金分割比率的倍数，$0.618\times1000=6180$。从95点太极起算，上升64.46倍。如果从上证指数的基数100点计算，则是61.24倍。两种计算的结果，都表明第5大浪结束于螺旋扩张的黄金分割率上。从第4大浪底部998点起算，则上升6.13倍。同样是见顶于黄金分割的螺旋扩张点上。一言以蔽之，6124点历史大顶与黄金分割率有着密切的数学关系。

时间上，从1990年11月起算，运行204个月，204是后天八卦方圆图卯酉线上的震卦数。

从1999年“5·19”底部起算，运行102个月，$102\times2=204$，则2007年10月的6124点5浪大顶，恰好就产生于102个月×2的对称点上。102是子午线离卦数34的3倍。众所周知，17个月和34个月周期是包括深证综指在内的DNA核数，这个DNA核数历史上曾经连续地多次重现。6124点5浪大顶，实质上就是第6次34月周期，彰显股市生命倍数生成的普遍规律，彰显生命基因极为顽强的“自组织、自相似”的遗传特性。

以年为时间单位，从1988年4月起算，是19年（震卦数）。从1990年起算，则是18年（卢卡斯数）

综上简述，6124点历史大顶出现于特定时空，可谓成之有据。

6124点历史大顶之后，狂跌12个月至2008年10月1664点，跌幅为72.82%。其形态可以数为5波，也可以数为3波，都符合波浪理论划浪规则。究竟何种数法为最合理，需要多年后产生了循环低点之后，才能做出判定。比如说，如果6124点至1664点确定为5波下跌的A浪，则整个A、B、C大调整是5-3-5之字形态，那么，其C浪之底，就一定要远远低于

A 浪的底部 1664 点。换言之，如果 6124 点至 1664 点确定为 3 波下跌的 A 浪，则整个 A、B、C 大调整是 3 -3 -5 平台形态，那么，其 C 浪之底，就有可能在 1664 点上下完成。不论做 5 波数算或 3 波数算，6124 点后的大调整尚未结束，是可以肯定的。虽然跌幅不小了（ -72.82%），此跌幅已经达到了历史上长期底部的要求，但下跌的时间太短，只有 1 年。而 5 浪上升的时间是 18 年，甚至可算作 19 年（19 是卯酉线震卦数，太极原点为 1988 年 4 月，上证发行股票），因此，6124—1664 点仅划定为 A 浪。

B 浪是一个非常复杂的形态，为此，几年来，作者曾经做过多种划浪尝试。比如，将 B 浪顶部设在 2009 年 11 月的 3361 点；将 B 浪顶部设在 2010 年 11 月的 3186 点；将 B 浪顶部设在 2011 年 4 月的 3067 点。幸运的是，三种尝试性的划浪都没有给市场的中短期走势之预测判断带来较大的失误，这可能是几种划浪都带有某些近似性所致。但作者深知，正确的划浪只有一种。为此，每写股评都是步步为营，特别是划浪，真有如履薄冰的感觉。波浪理论是市场趋势的指路明灯，浪划对了，其他判断一对百对，写起股评顺风顺手。浪划错了，有可能如堕深渊，写起股评挠头抓脑，到处碰壁。

经过各种比较和几年时间的思考，作者认为，目前要保留下来的划浪只有两种，至于哪种划浪才为“真命天子”，只能待时间去验证。我们能够做的，就是头脑要清醒，时刻关注市场的变化，一旦发现不对路，要第一时间修正划浪，力求将划错浪造成的损失减到最小。

二、首选划浪（B 浪顶部放在 2010 年 11 月的 3186 点）

划浪首先从时间说起。将 B 浪顶部放在 2010 年 11 月的 3186 点，其运行时间是 104 周，104 恰是 DNA13 周的 8 倍数。关于 DNA13，本书在“股市周期律”和“股市螺旋律”两章中都有专门介绍。可以这样形容，20 多年来 DNA13（周、月）以倍数生成和螺旋线比率（老子 - 斐波纳契数）的方式贯穿在中国股市的生命链上，主宰着中国股市的命脉。DNA13 这个生命基因，无处不在。有研究兴趣的读者，可以翻阅有关章节中的论述。

从 1664 点 A 浪底部运行 104 周，在 3186 点出现 B 浪之顶，并非“偶然”，而是 DNA13 在中国股市生命史上无数次“重现”的又一次“重现”而已，是生命基因“自组织、自相似”功能的显现。$13 \times 8 = 104$，104 即是坤数 13 和坎卦数 8 的乘积。换言之，坤卦数 13 与子午线属水一方的坎卦数 8 共振，诱发市场趋势逆转，结束 B 浪反弹，展开 C 浪下跌。

作者在本书中多次强调，后天八卦方圆图上的卯酉线和子午线是重要的天文线，其线上之卦位数是最容易引发市场趋势逆转的。比如说，6124点历史大顶产生于卯酉线震卦数204个月，这里的104周出现B浪顶部，则是子午线坎卦数8与13共振诱发市场逆转的一个证明。无独有偶，B浪见顶后的104周，结束C浪下跌。B=C，或者说，DNA13的8倍数——104周“代代相传自相似”的生命基因功能再次重现。接连出现的“自相似”是“偶然”的吗？显然不是，而是股市生命周期规律的必然。

3186点B浪顶部之后的104周，是2012年11月最后一周，该周最低指数为1959点，是C浪的最后一个收阴线之周，这是一组104周×2的对称性周期。本书中亦曾多次强调，时间“对称点即市场转向点”，果不其然，翌周瞬间下探1949点即展开强劲上升，以连续的中阳周K线宣告C浪的结束。

结论：2012年12月4日1949点完成第一组A、B、C调整。

我们常常强调，股市诸要素中，时间是第一要素。上面种种阐述，皆证明了B浪3186点和C浪1949点的划定，在周期时间上有着充分的划浪依据。

时间只是股市诸要素中的一个要素，只有与“特定的空间”交融在一起，才会诱发市场趋势逆转。

空间上，（股价）指数及波的比率显示，C浪跌1237点，跌去0.388，近似老子-斐波纳契数比率0.382，0.382是0.618的倒数，是螺旋线的收缩点。出现C浪底部恰到好处。

3186/1949=1.634，这是老子-斐波纳契数的黄金分割率范畴内的螺旋扩张点。用C倒推B，证明3186点为B浪之顶的合理性。

下面再详述C浪的内部结构：C浪清晰地呈现下跌5波，其中C3的内部结构又见明晰的小5波，跌755点（3067-2312），明显的是个延伸浪。根据波浪理论划浪指引，当3浪延伸时，5浪倾向于其跌幅的0.618（0.6~0.666）。已知4浪顶部在2453点（2453-1949=504），则2453-755×0.666=1950点。计算结果表明，5浪底部恰好是3浪跌幅的0.666倍。

图8.5.1中标示，2009年8月3478点顶部遇阻于MA111周，其后的下跌惨不忍睹。2013年2月的2444点顶部再次遇阻于MA111。MA111是艮山之数，有止升止跌效用。虽然MA111触及2444点时，已是第二次下跌，与3478点遇阻不可同日而语，但2444点的遇阻至少印证了其是一个重要的顶部，一个重要的市场转折点。作者认为，将2444点列为X浪是正

确的，X 浪是一个过渡浪。前接上面所述的 A、B、C，后启一组新的 A、B、C。换言之，后市要运行一组 3 波的下跌浪。

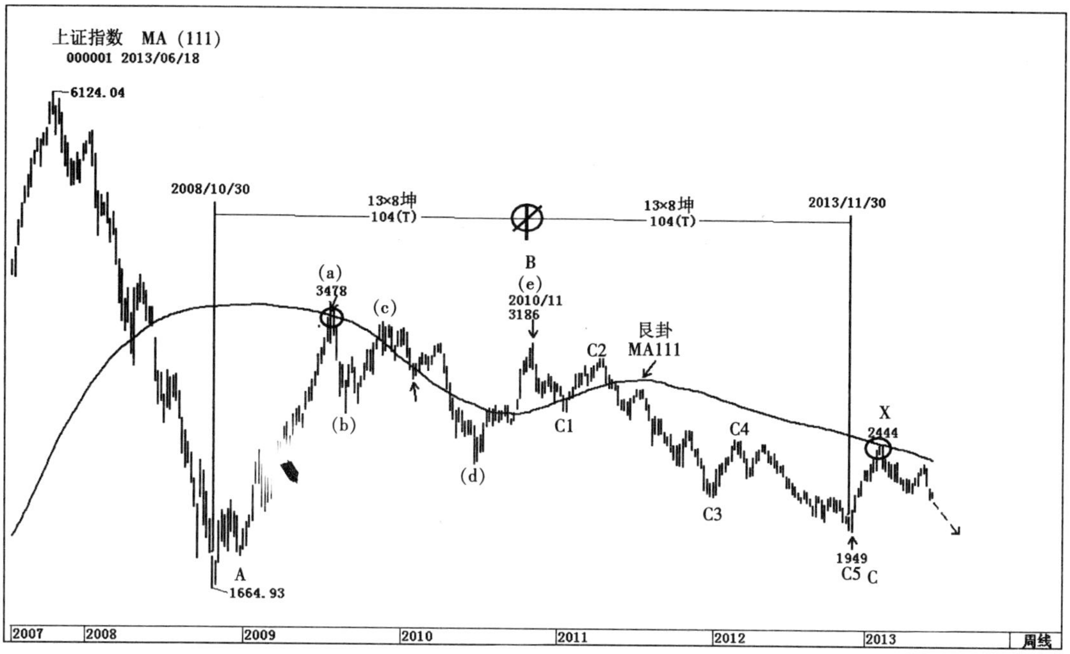

图 8.5.1　上证指数首选划浪（B 浪顶部放在 2010 年 11 月 3186 点）

（作者注：此首选划浪见于 2012 年收官之作。请详见本书第九章之相关内容。）

2444 点 X 浪之后，展开第二组 A、B、C 调整。图 8.5.2 显示，第二组的 A 浪在 2014 年 5 月 22 日的 1991 点完成，并展开同级的 B 浪反弹。

其内部结构如下：

2444/1849 为（a）浪；1849/2260 为（b）浪；（c）浪是个下降三角形，其内部又可见细一级的 a、b、c、d、e 五个小波。

三、上证指数次选划浪

2012 年 12 月 1949 点底部确立为第一轮 A、B、C 调整的终点有着时间上和空间上的充分理论依据。就拿股市的第一要素之时间说，不但产生于 104 周——DNA13 的 8 倍生成，还产生于始自 3478 点以来的 170 周。170 是卢卡斯数 47 的 3.617 倍，非常准确的黄金分割点。换言之，1949 点底部产生于老子－斐波纳契数螺旋和卢卡斯数螺旋的双螺旋汇合点上。

图 8.5.2　上证指数 6124 点后的首选划浪

事实上，从 3478 点开始，上证指数就一直在双螺旋的轨迹上运行。2010 年 7 月 2319 点底部就产生于卢卡斯数 47 周上，其后的螺旋线展开点上（倍数，重要比率）不但见到老子 - 斐波纳契数，还见到卢卡斯数。作者多次指出，股市波动轨迹如人的基因排列一样，是呈双轨道的。在两种数列的交合点上（比如本例的 104 周和 170 周），其所出现的市场转向常常是最重要的。比如 1949 点的市场转向。

次选划浪将 6124 点后第一组 A、B、C 大调整的终点划定在 2013 年 6 月的 1949 点，此种划浪只适用于上证指数，A 浪 1664 点，B 浪 3186 点，C 浪 1849 点。

C 浪的内部结构为：

C1——3186—2661（2011 年 1 月）；

C2——2661—3067（2011 年 4 月）；

C3——3067—1949（2012 年 12 月）；

C4——1949—2444（2013 年 2 月）；

C5——2444—1849（2013 年 6 月）——A、B、C 大调整的终点。

1849—2270 为 X 浪（2013 年 9 月）。

X 浪之后的第二组 A 浪，内含细一级的（a）、（b）、（c），其中（a）浪似在 2014 年 5 月的 1991 点结束，（b）浪仍在运行当中，（截至 2014 年 7 月）。

这种划浪得不到深证综合指数，中小扳指数和创业板指数的印证，这几大指数都没有在2013年6月造出新低，因此是概率较低的次选划浪。

次选与首选划浪并无趋势方向的差异，只是次选划浪的调整周期向后推移而已。

第六节　应用波浪理论的若干要点

艾略特认为，股市波动的三要素依重要性排列为形态、比率、时间。作者认为，应该将此修正为时间、形态、比率，而且具体为“卦位数时间第一，”至于形态及比率，都是在某一卦位数特定时空下的特定产物。卦位数时空是太极之心，太极之理。有其心必见其理，有其理必有其形、其数。形者，形态也；数者，价格、比率也。

我们应用波浪理论有两点是须必严格遵守的：一是绝不能否定波浪理论的数学架构——老子－斐波纳契数列，否定艾略特的5浪上升，3浪调整，8浪一循环的数学模式。因为8浪循环即“易”数的8卦循环。天下事，股市事，皆以8为变化，9为终了。八八六十四卦演尽天下之事。

有人不自量力，挑战老子－斐波纳契数列，否定8浪循环，提出什么“十浪循环”才符合周易的阴阳大理，结果是碰了一鼻子灰，销声匿迹了。

艾略特波浪理论中的划浪规则，是艾略特经过大量的数学模型分析，归纳出来的。我们写股评中的很多人，并不以划浪规则为依据，而是依自己的喜好，胡乱划浪。所谓无规矩不成方圆，无规则就不是艾略特的波浪理论。没有规则限制而得出的结果必然是随意的，什么也不是，只能是欺骗自己糊弄别人。作者以为，下列规则是必须严格遵守的，哪怕越界一点点都不行。

（1）5个上升推动浪中，3浪不能是最短的一个浪。

（2）第4浪不允许与第1浪重叠。即1浪顶部不允许与4浪底部重叠，一点点都不行（除楔形例外）。

比如图8.6.1所示，从325点至2245点，是一组5波上升推动浪。这种划分现在是可以盖棺定论了的。可是，4浪中的1025点、1043点和1047点，都把1浪顶部1052点“盖”住了，这岂不坏了划浪规矩。你若抓住这点不放，则中国的A股从来就未见过5波，只有A、B、C，你能同意吗？

为了这个问题，作者曾一直思考了很多年而不得其解。只有一个办法，就是数字取样时不用瞬间的、情绪性的最高和最低指数，换为一个交易日中较为认可的、情绪因素稍为平复了的日收市指数。这样，上述几个数字就变为 1033.47 点（1052）、1041.96 点（1025）、1071.3 点（1043）、1065.56 点了（1047）。这样，就符合划浪规则了。

（3）4 浪与 2 浪呈交替原则。表现为简单形态与复杂形态的交替；快速波动与慢速波动的交替。

在波浪理论的应用中，还要特别注意：①熟读波浪理论关于波的属性之有关描述，学会将当前市场走势与波的属性相对照，用作划浪的重要参考。②楔形（含上升楔形和下降楔形）是最常见也是最典型的波浪形态，了解其形态形成的波浪位置及市场背景。特别关注第 5 波（e 波）的出现，因为这里是“戏剧性”的趋势逆转点，见图 8.6.1 中的上证指数详解。

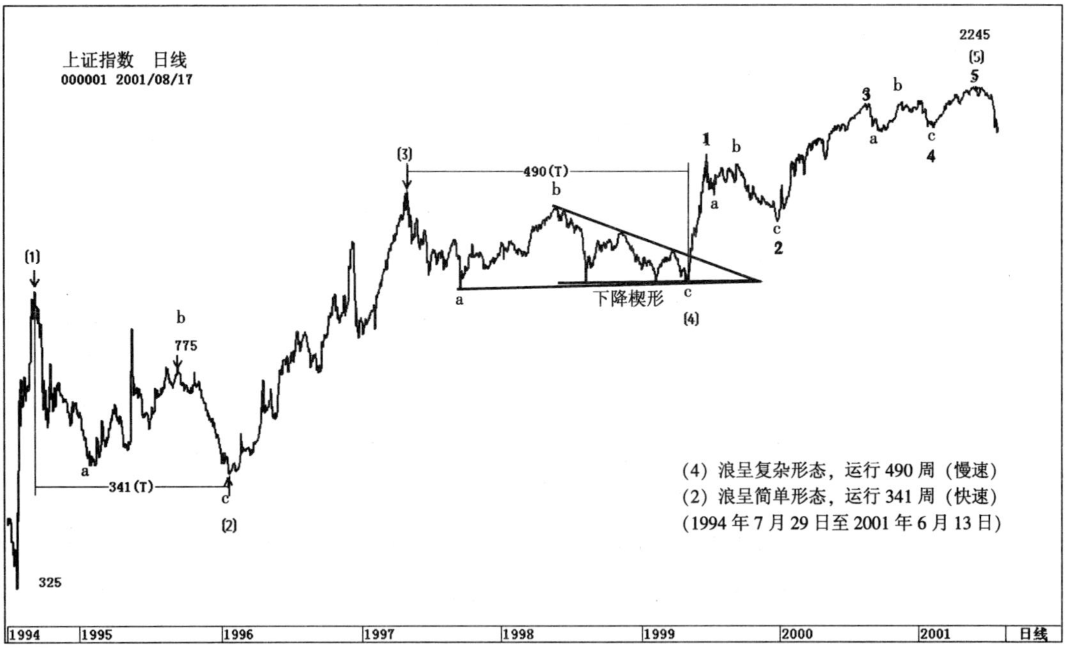

图 8.6.1　4 浪与 2 浪呈交替原则

由 325 点上升至 2245 点是一个完整的 5 波形态（1994 年 7 月 29 日至 2001 年 6 月 13 日），其中的（2）浪由 1052 点至 512 点（1996 年 1 月）是一个简单的 A、B、C 平台形态，运行 341 周。（4）浪由 1510 点至 1047 点（1997 年 5 月至 1999 年 5 月）是一个复杂的 A、B、C 平台，它与（2）浪的交替主要表现为，其 C 浪是一个复杂的下降楔形，而（2）浪中的 C 浪却显得快速而简单。(4) 浪运行490周，而 (2) 浪运行341周，表现为快速波动与慢速波动的交替。第 (5) 浪中的2浪与4浪同样呈现交替原则：2浪是一个5-3-5之字形，而4浪是3-3-5平台形。5浪中的最后一个微波，呈上升楔形，当其在2001年6月13日完成最后一个上升e波，即发生“戏剧性”的趋势逆转。

第九章
鲁兆股评择选

第一节　又到周期敏感时

一、又到周期敏感时

1999年4月7日，深证综指高收357点之后，连续数天下跌，不少持仓较重的朋友来电咨询，两市反弹见顶了吗？作者答复如下。

先看几组周期数字：

（1）1991年9月7日至1999年4月7日共2743个自然日，太阳年的0.75倍（江恩比率）约等于274日，10而倍之，差4日。

（2）1991年9月7日至1999年4月7日共运行385个交易周，而384是太阴年闰年之数，且又是江恩周期77的约5倍数。

（3）1991年9月至1999年4月共91个月，360°的1/4是90，91个月是坤卦数，是90°后的第一个月，江恩循环周期理论对91个月非常重视，指出当月常发生市场转点。

以上是中长期周期，以下是短期周期：

（1）1999年2月8日，深证综指以316点展开反弹至1999年4月8日瞬间摸高358点急促回落，当日收阴之后，数日来连绵下跌。从底至顶运行2个月（60自然日），恰是江恩360°的1/6位置（2月8日至4月8日）。以交易日计，反弹共29天，算到4月8日瞬间摸高，则是29天多一点儿，而朔望月长度是29.53天。

（2）1998年11月16日，产生自310点反弹的收市最高指数395点，翌日瞬间摸397点之后即深幅下挫，直至1999年2月8日316点喘定。从1998年11月17日至1999年4月8日的358点（反弹顶部）运行了89个交易日。89是老子－斐波纳契数。

（3）从1998年8月31日320点算起至1999年4月8日，运行了143个交易日，与神奇数144差1。若从1998年8月18日的310点底部算起至1999年4月8日运行151日多一点儿。而太阴年平年的3/7等于151.7日。

上述数字表明，长、中、短多个周期数在1999年4月7～8日汇聚，是江恩“轮中之轮”的多线射点，这个点意味着什么呢？

且看：442点至310点跌132点，$\sqrt{F_8} \times E - 3 = 132$，310点反弹至397点升87点。87是水星一周期数，反弹修正0.66倍（$87 \div 132 = 0.659$），0.66是一个重要的江恩比率，同时又等于螺旋市场长度$\sqrt{F_5} \times E$。从397点下调至316点，跌81点，$9^2 = 81$是个终了之数。两个下跌波之比是：$(397 - 316) \div (442 - 310) = 0.613$），与黄金分割率0.618仅有5‰的误差。从1999年2月8日316点反弹至4月8日358点升42点，42既是神奇数21的2倍数，同时又是一个螺旋市场时间长度$\sqrt{F_3} \times E$。

仅就上述分析我们可以说，时间和价位已交融在一个共振点上。毫无疑问，本次反弹已告一段落（图9.1.1）。

作者曾在《周期·白鹤梁·波浪》一文预测深、沪指数市中期向好。称：

调整A浪之（C），正以下降楔形5波形态运行，目前正处在（C）浪之5，亦即最后一个下跌波。如果这个首选浪成立，那么，在5月小满附近，将会完成A浪调整。

从520点顶部计算，已经下行了25个月，或者说已经调整了102个交易周。102恰好为34的3倍数，时间上支持A浪调整将要结束的判断。

（以上内容曾发表于《股市动态分析》1999年第16期，有删节。）

作者自我点评：

（1）关于长中短周期的阐述看似累赘，实为必要。因为时间是股市波动的第一要素。本文通过系列的周期数据，得出了“时间和价位已交融在一个共振点上。毫无疑问，本次反弹已告一段落”的肯定性判断，从而为下边的下跌走势作出正确的波浪属性之判断——运行下降楔形的最后一个下跌e波。

（2）本文预测，本轮调整的底部目标（下降楔形的e波）在“5月小满附近”完成。5 月小满是 21 日，而后市在 5 月 19 日以 308 点见底（相当于上证指数的 1047 点），爆发了著名的“5 · 19”行情。预测完全正确。

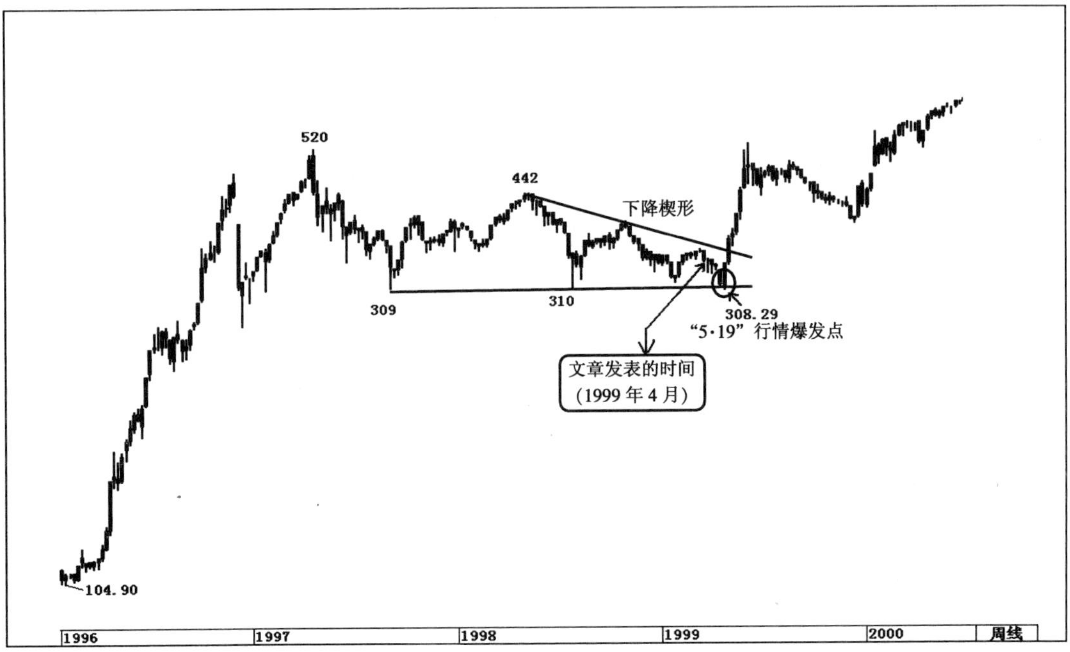

图 9.1.1　深证综指周 K 线图

二、上证指数的方与圆

试用“九方图”原理探索上证指数从 1994 年 7 月 325 点至 1999 年 9 月 9 日 1695 点之价格波动。

1. 方形与三角形

（1）1994 年 7 月 29 日 325 点至 1999 年 9 月 9 日 1695 点，运行 258 周。做 1/2 中分，其时间中轴为第 129 周，由此构成如下螺旋对称网络，如图 9.1.2 所示。

（2）指数空间：325—1756 升 1431 点，做 1/2 分得 1040.5 点，是为价格中心。

（3）时间中轴（即 $\odot_1$）与价格中心线成水平十字，并由此画出上（右）、下（左）两方框图，此两方框图又与太玄通道共同作用，限定了上证指数的价格波动（图 9.1.3）。

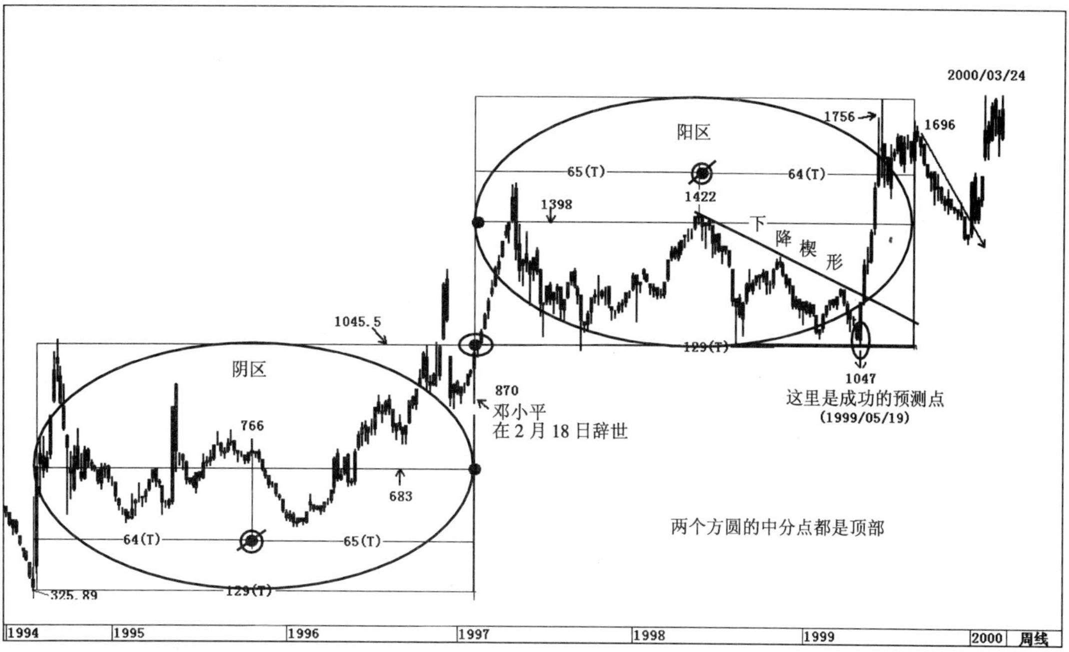

图 9.1.2 上证指数的方与圆

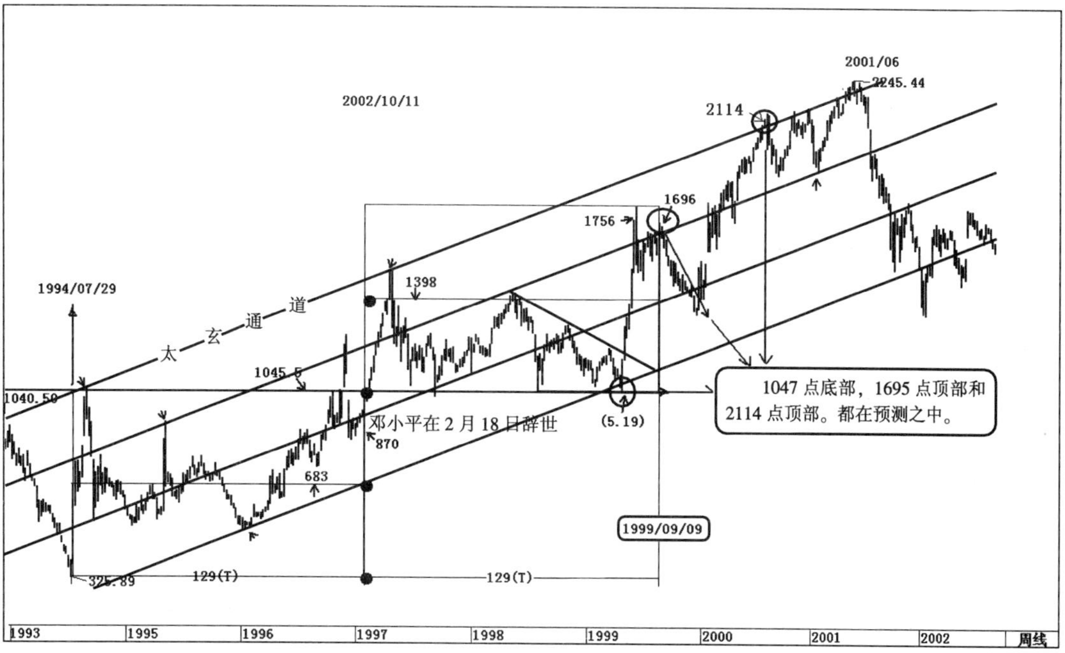

图 9.1.3 上证指数的方与圆并太玄通道

在图 9.1.2 中左下图的运行时间从 1994 年 7 月 29 日至 1997 年 2 月 17～21 日（即$\odot_2$），共 129 周，其中只有 2 周，上证指数超越方框图限定的空间，但正因为这种“不规矩”的超越，导致大崩盘，即从1996年12月11日1258点用9天时间暴跌至855点，最后还是乖乖地回到方框图之内，可见时空之规不可违。

$\odot_1$ 是左下图时间中轴与价位中轴的水平十字交点，在方图129周的周期内，其价格约在80%时间内围绕着价位中轴（683点）上下约150个点波动，其余约20%时间脱离这个区间，表现为异动。

$\odot_3$ 是右上图时间中轴与价格中轴的水平十字交点，在这个方框图的129周周期内，其价格约在80%时间内在价格中轴的下方（1398点）波动。今年“5·19”行情升破此价格中轴线，目前仍运行在中轴线的上方，料这个1398点有较强的技术性支撑。在这个方框内，又构筑了一个大型下降三角形。上边线联结1510和1422点；下边线联结1025和1047点。

2. 五个360°

上述两个方框的时间长度为258周，合1806历法日，去尾数忽略不计得1800日。日=度，则为5个360°。也就是说，从1994年7月325点至1999年9月1696点，运行了5个（神奇数）的圆周期，换句话说，运行了5次周天之旅，完成了上证指数历史上最高周收市1659点顶部。如果把左下图看作阴区，把右上图看作阳区，以$\odot_2$为太极，则是一组阴阳对称。

3. 关于$\odot_2$的剖析

$\odot_2$ 这周是两个方图的中分点，事实上也是时间与价位交织的中心，其时间是129周，其价位是1040.5点，这一周正是阴阳大搏斗之周，其中三天尤为激烈。1997年2月18日邓小平辞世，上证指数从999点急跌到893点，次日则收阳线，第3日（2月20日）探底870点强劲回升至全日最高之971点报收，后市直上1510点。

$\odot_2$ 是阴阳分野点（129周）第130周开始进入阳区运行，我们记住129、130这两个数，它们作为遗传密码已经融入上证指数的生命中。$\odot_2$ 处在1040.5点的价位水平上，1040.5去大数1000余40.5，40.5是一个“九天”的长度。我们也要记住1040、40.5这两个数。

两个方框空间之和是1431点，与神奇数144的10倍仅差9点，可以理解为258周运行了一次1440点指数空间；若时与价交换，则运行了4个360°圆形（1440÷360=4）。1431（点）去1000余431，再去400，余31，那么431及31这两个数也是要记住，在上证指数的后续行情中会起作用的。$\odot_2$ 两边，左为阴区，右为阳区；左右（阴阳）又各含一组对称，即

$\odot_1$ 和$\odot_3$ 组成的对称，合之为四，意为四象；四象总运行258周，以四分之，则每份（每象）为64.5周，意为八八六十四卦周期。这是一组完美的宇宙生成模式。

4. 关于循环起点的剖析

1994年7月29日，各位数拆加得1+9+9+4+7+2+9=41。40.5是杨雄《太玄》数之“九天”循环周期，显示一次自1993年2月1558点的下跌循环在此结束。

该周最低价是325点，各位数拆加得3+2+5=10，十为终了，指数也跌够了。该周收市指数是333点，各位数拆加得3+3+3=9，“终了九”，也表示指数跌够了，上升循环周期在此展开。上面提到，在$\odot_2$ 之1997年2月18日，最高指数是999点，恰为333的3倍。所以，$\odot_2$ 作为本循环周期的时间与价位中分点，是暗藏着数理玄机的。

5. 关于1999年9月9日

这个日期去大数1000年余999年9月9日，5个9得45，为八风，八极之数。若把45看作度，则是周天的1/8，是周易、八卦考察天体运行的重要周期数。1999年9月9日，地球运行在黄经166°。这有两方面含义：其一，166去大数100余66，$66=\sqrt{F_5}\times E$ 是一个螺旋历法的市场长度；其二，166这个数早就存在于上证指数的DNA之中，作为生命细胞的遗传密码，是要通过其生物键的传播，以自组织、自相似的生命机制顽强地起作用的。

作者的系列文章曾介绍过一组上证指数隔代相传自相似的案例：

1991年5月13日，95点，运行166周至1994年7月29日，325点；运行76周至1996年1月15日，512点；运行166周至1999年5月17日，1047点。

2次166周期，产生了上证指数4个历史底部。所以166是重要的遗传密码。从短周期考察：从5月17日1047点至9月9日运行84交易日，$84=\sqrt{F_6}\times E$，又是一个螺旋历法市场长度。在1999年9月9日这一周，出现1696点上证历史上的最高周收市指数，是循环周期的体现。

要提醒读者的是，作者在9月9日见顶之前即8月的系列文章中就曾指出：深、沪指数目前运行上升楔形的消耗性走势，当其一旦完成a、b、c、d、e五波形态，将会发生戏剧性的市场逆转，“1999的9月9日”是敏感的循环周期日。

这些预测都一一应验了。1999 年 9 月 9 日在 1695 点见顶后，急转直下，跌至 1341 点。

其预测依据何在？本文就是答案——“天之常道，地之常数”也。

（以上内容曾发表于《股市动态分析》1999 年第 47 期）

自我点评：

本文运用股票箱原理与太玄通道相结合的方法，准确测定了 1999 年 5 月的 1047 点底部，1999 年 9 月 1695 点顶部和 2000 年 8 月 2114 点顶部（图 9.1.3）。剖析如下：

（1）325—1756 升 1431 点，做 1/2 分得 1040.5 点，是为价格中心。事实上，此价格中心历史上曾 6 次有效，分别是 1993 年 8 月 1042 点，同年 12 月 1044 点，1996 年 11 月 1038 点，1997 年 9 月 1025 点，1998 年 8 月 1043 点等。价格回归的原理，价格中心的吸引力作用使之成为 1999 年 5 月 1047 点大底。

（2）325 点是 1994 年 7 月底部，1756 点是 1999 年 6 月顶部，升 1431 点，升幅之 1/2 为 715.5 点。以 1040.5 点作为新的股票箱之底线，加 715.5 点得 1756，这个数测定了 1999 年 6 月顶部。

（3）作者不止一次称，太玄通道鬼斧神工，是为控制上证指数的市场波动而设的，曾经多次成为上证的阻力或支撑。在图 9.5.3 中，太玄通道的 L2 就限定了 1999 年 9 月 9 日的 1695 点顶部，见顶后跌至 1341 点。

（4）这个股票箱的 1/2 高度为 357.75 点，第二股票箱顶线之 1756 点加上股票箱的 1/2 高度，即等于 2113.75 点，这个数限定后市在 2000 年 8 月出现的 2114 点顶部。

三、探循环周期奥秘，究市场高走成因

1988 年 4 月深发展在柜台上市，我们把这个月设为深股生命的原点“太极”。1991 年 9 月秋分，深股产生了 45 点重要底部，我们把“太极”移至这里，此时距股市诞生 42 个月。把 42 读作太极常数，记为 φ42。1997 年 5 月，深股产生 520 点，这是当时的历史最高指数。此时深股运行了 110 个月，记为 φ110。

我们知道，110 不是寻常之数，它是老子 - 斐波纳契数列 55 的 2 倍，或者说，110 是两个“天地之数”，太极是宇宙万物生命的起源。“老子 - 斐波纳契数列”是宇宙生命繁衍的周期数，它是以螺旋线性展开的。（关于螺旋线）我国数学家陈景润先生如是说，“这一观点也为大量科学文献所证

明”。φ42 和 φ110，作为深股重要的“太极”常数，当会在其生命的螺旋链中（市场发展）中起着“自组织、自相似”的 DNA 遗传作用。

深股自诞生运行至 2000 年 11 月，相隔 152 个月，记为 φ152。110—152 即 1997 年 5 月顶部至 2000 年 11 月，其差数恰好等于 φ42，所以 2000 年 11 月实质上是 φ42 的“遗传性周期”。作为母系基因的 φ42，即 1991 年 9 月秋分底部，42 ~ 152 个月，差数为 110，其差数恰好等于 φ110。所以，2000 年 11 月是 φ110 的“遗传性周期”。

且看 φ42、φ110、φ152 的比率关系：110/42 = 2.619，152/42 = 3.619，152/110 = 1.382。三个数之间均存在老子 - 斐波纳契数的神奇比率关系。如果从深股历史底部 φ42 起算，可以精确地看到其螺旋性展开的轨迹：

φ42 × 1.618 = 68（1993 年 11 月 280 点顶部，其后展开 8 个月的 C 浪下跌，至 94 点）。

φ42 × 2.618 = 110（1997 年 5 月，顶部。见前述）。

φ42 × 3.618 = 152（152 是朔望平年（354）的 3/7，2000 年 11 月）。

综上分析，我们知道 2000 年 11 月是深股生命螺旋线性的扩张点，根据螺旋线性理论及深股的历史记录，我们认为，11 月是个“造顶”之月。因此，作者在今年初编制的年内走势预测周期表中，就把 11 月列为出顶部的月份。这是理论依据之一。

理论依据之二，在于 2000 年 11 月是一个重要的时间螺旋对称点：

（1）循环周期零点（1988 年 4 月）$\xrightarrow{(76)}$76 个月（1994 年 7 月）$\xrightarrow{(76)}$152 个月（2000 年 11 月）。

（2）循环周期零点（1994 年 7 月）$\xrightarrow{(38)}$38 个月（1997 年 9 月）$\xrightarrow{(38)}$76 个月（2000 年 11 月）。

时间对称螺旋的构成，意味着股市运行了一次“生命繁衍周期”。时间对称螺旋构成的时间长度越长，则其“生命周期”的意义就越大。例如，深股 1991 年 9 月 45 点底部至 1994 年 7 月 94 点底部运行了 34 个月，再前推 34 个月，即 1997 年 5 月产生了 520 点顶部，这就构成一组时间长度为 68 个月的 34 × 2 时间对称螺旋。我们知道，这个螺旋对称点形成之后，曾经下跌 25 个月，到 309 点。

理论依据之三，2000 年 11 月下旬深股进入了《太玄 · 九天》6/9 周期的时间之窗，下周（11 月 27 日至 12 月 1 日）是第 242 周，而 242 周作为太极常数已经记录在深、沪指数的生命之中。1999 年“5 · 19”行情就发生在 242 周。

谈到这里，有必要说明《九天》周期的循环零点可以有两个：一个是本文所指称的时间，其零点周期始于 1996 年 1 月 15 ~ 19 日，周收市指数为 106.71 点。3 周之后即 1996 年 2 月 5 ~ 9 日，周收市指数为 106.72，如果以较后的一个为循环周期零点，则 12 月 18 ~ 22 日是第 242 周，《九天》6/9 的最大周期数 243 周，即是今年的最后一周，这也是一个重要周期，稍后再与读者专门讨论。

理论依据之四，是空间问题。周三有“股市处于特定时空”，再前有“上证太玄通道”，周三拙作预测：“本周见顶，有理，今天就是‘小雪’，而下周（指 242 周）则是个极限的见顶之‘度’。周三拙作曾绘出上证指数太玄通道图。由 1996 年 1 月 512 点底部联结 1999 年 2 月 1064 点底部为通道下轨。上轨则由 1052 与 1510 两个顶部连接。”作者预测，这条太玄通道可以制约明年（指 2001 年）的大部分走势，触及上轨为顶，触下轨为底（图 9.1.4）。

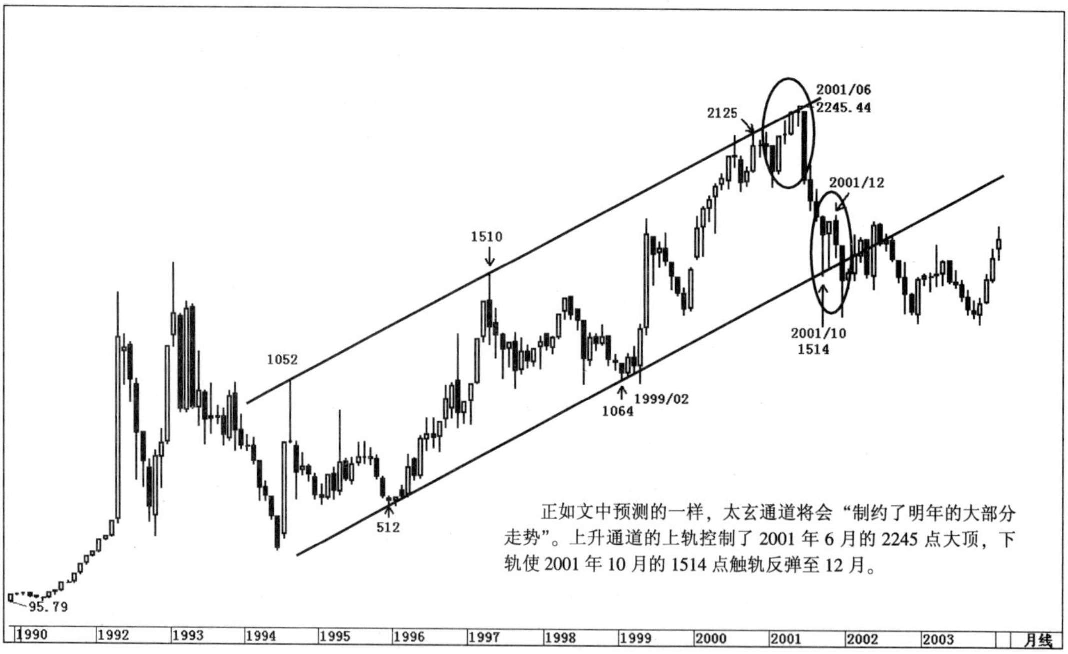

图 9.1.4　上证指数月线太玄通道

本周四（11 月 23 日，小雪后一天），上证指数以 143 亿成交，把指数推高至 2125 点发生盘中震荡，周五开市瞬间再触高 2125 点即全日单边下跌，最深跌至 2045 点，这是偶然呢，还是循环周期与 L1 线两者交合组成的“特定时空”下股市运行状态的必然？读者大可以见仁见智。不过需要指出的是，本文所论及的“数”和“图”是早就计算好了的，然后走势就在图中轨迹内运行。

（发表于《粤港信息日报》2000 年 11 月 25 日）

自我点评：

（1）11 月 23 日为年内高点的预测在前可追溯到 2000 年初编制的年循环周期表。事实上是，深、沪指数在当日双双造出顶部，更神奇的是上证指数 2125 点恰好碰触 L 线而成顶。本文则对此做出《太玄》理论的论证。

（2）上升通道的上轨控制了 2001 年 6 月的 2245 点大顶，下轨使 2001 年 10 月的 1514 点触轨反弹至 12 月。这正如文中预测的一样，“制约了明年的大部分走势”。

四、大市升跌自有时

上周五深、沪指数在造出历史新高之后，放巨量狂跌，一日长阴，穿头破脚，吞没了两周以来的升幅。不少沉浸在日日收阳、连创新高喜悦中的满仓操作投资（应是投机）者，被一棍长阴击昏了。上周五午市后，特别是下午 2 时之后，放量狂跌，仓促逃亡。此时作者案头电话铃声不断，都问“见顶了吗？某某股该逃跑吗？”来电者中，不乏以炒股为职业的老朋友，对于这些懂技术却又贪婪的熟友，我并不客气，答之上说：“9 个月前就跟你们说过了，本周见顶，有理，下周（即指本周）是造顶的极限之‘度’。这些预测反反复复地在报纸、周刊上说了不止 10 次，都说腻了。再说也是这个意思，听懂了吗？”

上周六早上，翻阅了多家周刊报纸，对于上周五的狂跌，主流观点认为这是由上海证监会发布关于加强市场监管力度、打击市场违规、保护中小投资者利益的消息而引起的。

由“消息”引发上周五的狂跌，这是毫无疑问的。问题是，“加强市场监管，打击市场违规，保护中小投资者利益”应是保障市场健康发展的好措施，是最大的“利好”。然而，市场却把最大“利好”看作最大“利空”，立即做出狂跌的市场反应。这种现象只能说明：市场主力多是违规者，不然为什么对加强监管如此害怕；市场主力皆是叶公好龙者，一旦龙真的来了，他们就怕得要死；市场主力是“有钱、有权、有势”的一个阶层，目前市场被这个阶层左右着，市场舆论被这个阶层控制着，指黑为白，指鹿为马，炮制的“题材”，使他们手中的股票炒上了天，几百倍乃至几千倍市梦（盈率!）率的股票大大的有。跟庄骑黑马是市场的时尚，不跟庄不能赚钱是市场的现实，作者对中小散户的跟庄风并不反对，而是大大的赞同。因为，“识时务者为俊杰”“顺潮流者昌”也。作者认为，由“主力”垄断的市场将在2001年的某一天，把“投机”推向极致，就是说，2001年将向中小散户提供一个发大财的机会（作者注：后市在2001年6月见2245点历史大顶）。

但是“机会”仅仅是“机会”而已，准确把握入市时点和出市时点，才是“发大财”的保证。弄不好，会落得个“套牢”！这即是《易卦传》上所说的：“时行则行，时止则止，其道光明也。”否则，会是“逆时者亡”。

正确的出入市之把握来源于准确的市场判断。作者是个纯之又纯的技术派，多年来学股造股的最深刻体会是：“大市升跌自有时。”我对“消息”什么的，从来不屑一顾，并且坚定认为，“政策消息”要为技术分析的预测服务。

例如，自作者从国外探亲回来后的1996年10月起，1996年12月顶部和底部、1997年9月底部、1998年6月顶部、1999年5月底部、6月顶部、9月顶部和12月底部，皆在技术分析的预测中，文章散见于深圳的《股市动态分析》、北京的《证券投资》、广州的《股市导报》等报刊（署名鲁兆）。今年8月之顶、9月之底以及本月之顶，亦无一不在预测之中。

记得作者在本报亮相是本月1日之《乐观展望、谨慎操作》一文，文中指出：“作者反复在多篇文章中预测今年11月下旬将出现年内最后一个高点，而很多高手却认为11月下旬出现本轮调整的底部。作者的观点就显得‘天马行空’了。”11月11日《周初逃避超短线风险》一文指出：“预料略做3~5天回调，会有5浪的最后一击，以完成头肩底的最小量度升幅，在8月高位一带营造双头。”

“2000年11月20~24日，是1996年1月15~19日底部之241周，我们认为241~242周是造顶的敏感周期。”

上周六（11月24日）《探循环周期奥秘，究市场高走成因》为读者详细阐述了11月造顶的周期秘密——处在黄金分割率3.618的螺旋扩张点上。文末说：“本文所论及的‘数’和‘图’是早就计算好了的。”只差没有说：11月造顶，是上天早就安排好了的。

因为，1999年12月27日，深股见394点底，至2000年11月23日创历史最高指数656点，其间运行216个交易日，翌日即发生狂跌。为何会狂跌？216乾之策数也，乾为老阳，老阳而成顶，是八卦的数理义理所规定了的。

这就叫作“大市升跌自有时”！

不要认为作者在此放马后炮，请看发表于《股市导报》今年19期之《股市无处不神奇（二）》一文，文末说：“5浪顶部预料在11月中下旬出现。”今年第26期（6月5日）之《小周期后延，中周期不变》说：“第（5）浪将在11月中下旬再次碰触L1线，其目标660点，允许±5点范围之内！”

读者朋友，这不又是一次“政策消息为准确的技术分析服务的活生生案例吗？”记得1996年12月底，作者准确预测了深证综指476点顶部及其发生时间之后，某领导问道：“你有上层关系，早就知道《人民日报》社论发表吗？”我答之上说：“本人一介草民，全无官方关系，平日只知闭门造股。”该领导喃喃道：“技术分析有如此神奇的嘛?!”我说：“信不信由你！”

以下预测，也是信不信由你：本周是造顶的极限之“度”，见顶后，12月市场走势是全月逐波下调。

（发表于（粤港信息日报）2000年11月29日）

自我点评：

后市：11月2125点为顶部。见顶之后，12月走势全月逐波下调，一直深调至2001年2月1893点。预测准确。

第二节　股市生命基因的遗传功能

股市是一个虚拟的生命群体。因此，股市具有生物意义上的生命功能。比如记忆力，比如DNA的“自组织、自相似”繁殖功能。股市同样地具有人性特征，比如情绪的变化起伏，有时平静，有时亢奋，有时压抑，等等。

股市是一个小宇宙。股市由阴阳两个气场交抱相拥，相克相生，相激相荡，永远演绎着阴阳交替，升跌轮回的故事。所谓升兮跌所倚，跌兮升所生。

股市既然是生命，是小宇宙，那么，它必然地服从宇宙四大规律的支配。因之，股票市场的内在规律，亦即太极中心律、螺旋律、对偶律和周期律。以上是作者积10年研究得出的认识。

先论DNA102（周）。102乃老子-斐波纳契数34的3倍数，34的3倍者，3次变化也。这是102内涵的数理玄机——“变”！

老子曰："一生二，二生三，三生万物。"又所谓事不过三，积三次小变为一大变。"102"作为变的周期数，在上证指数的历史上，有着很多典型、精彩的市场案例。

上证指数从1991年5月104点底部起，至2001年6月2245点顶部止，在510周时段内（10年周期），连续出现5次由阴至阳，由阳至阴的循环交替，每次交替时间均准确地运行102周。这是典型而精彩的DNA102之"自组织、自相似"。

何止是时间周期的自相似。5次102周的阴阴交替节律也同样地自相似，5次周期中有3次是阳周期（上升周期），波动节律是3升2跌，即升—跌—升—跌—升；有两次是阴周期（下跌周期），波动节律3跌2升，即跌—升—跌—升—跌。阴阳交替的节律如此之有序，宛如一曲优美动人的交响乐（图9.2.1）！

图9.2.1 连续5次102周周期

依据"一阴一阳之谓道"的宇宙大律，作者料定2001年6月2245点之后，股市要进入阴周期，即相似于102周的下跌调整。DNA102周还会继续重现（图9.2.2）。

依据历史上两次阴周期的运行节律，作者认定2245点之后的阴周期必然也会呈现：跌—升—跌—升—跌的波动节律。先看2245点至今的波动节律：

第一节律，跌——2245 点至 1514 点；第二节律，升——1514 点至 1748 点；

第三节律，跌——1748 点至 1311 点；第四节律，升——1311 点至××××点（行文至此，上升走势尚在运行中）。

第四节律预料在 3 月春分日或 4 月上旬运行完毕，然后尚有一跌。

（原文发表于 2003 年春节前的《股市动态分析》周刊）

自我点评：

本文根据 DNA 核数的遗传功能，对上证指数做了中短期（2003 年年内）和长期预测（2245 点后的两个 102 周调整周期）。事实上是，两种预测都命中了。分述如下：

（1）文中预测："第四节律预料在 3 月春分日或 4 月上旬运行完毕"，后市实际是在 4 月的 1649 点见顶。

（2）文中预测："然后尚有一跌"，后市实际是下跌至 2013 年 11 月 1307 点。

（3）102 周是一个充满神奇色彩的基因核数，它在上证指数的生命繁衍中曾多次连续出现。以图 9.2.1 为例，太极放在 1991 年 5 月的 104 点底部，录得 5 次连续的 102 周周期：

第 1 次 DNA102 周期：1991 年 5 月 104 点底部至 1993 年 4 月 1392 点顶部。

第 2 次 DNA102 周期：1993 年 4 月 1392 点顶部至 1995 年 4 月 524 点底部。

第 3 次 DNA102 周期：1995 年 4 月 524 点底部至 1997 年 5 月 1504 点顶部。

第 4 次 DNA102 周期：1997 年 5 月 1504 点顶部至 1999 年 5 月 1047 点底部。

第 5 次 DNA102 周期：1999 年月 1047 点底部至 2001 年 6 月 2245 点顶部。

根据上述历史经验，及生命基因的"自组织、自相似"功能，"一阴一阳之谓道"的宇宙大律，本文预测：

2001 年 6 月 2245 点之后，股市要进入阴周期，DNA102 周还会继续重现。事实上是，2245 点见顶之后，下跌了 204 周，即两次连续的 102 周周期，在 2005 年 7 月 22 日的 1004 点见底，并在这里展开史上最后一次大升浪（图 9.2.2）。

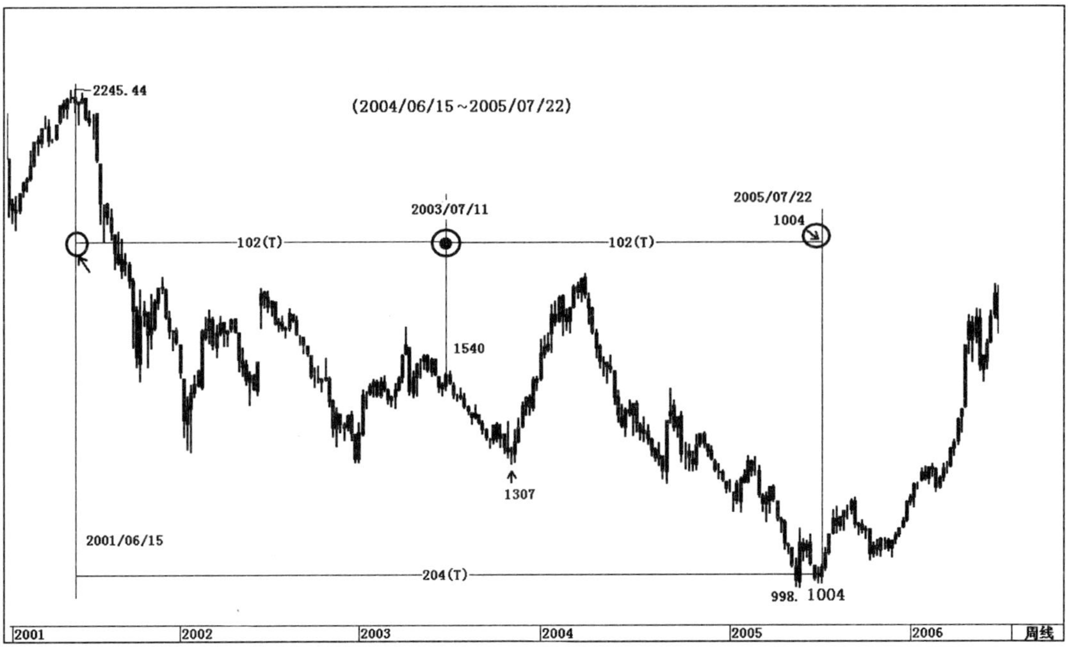

图 9.2.2　上证指数再演 102 周核数的神奇

周期的分界点并非在 998 点而是在 1004 点。从 998 点至 1004 点，共 7 周“磨底”时间。2005 年 7 月 22 日探底 1004 点后，连续上升 9 周，真正启动新循环周期的上升浪。由此可见，1004 点才是正宗的循环周期点和划浪点，因为这里是 DNA102 周的 2 倍数周期，是 DNA 核数的遗传点。因此这里才是上升浪的真正启动点（图 9.2.2）。

第三节　万物皆为数

一、万物皆为数（一）——上升上升复上升，五千六百步不停

该文对 2007 年 10 月历史大顶做了如下预测：

第（5）浪可以运行到今年 11 月，甚至能后延到明年 2 月。次选划浪的上升目标与首选划浪第一选择殊途同归。因为次选划浪的（3）浪是个延伸浪，故（5）浪的升幅要比（3）浪为少。

关于次选划浪的空间目标，可通过计算觅得。(5) 浪可设三个假定目标：已知 (3) 浪升幅为3268点 (1067—4335)，(4) 浪在3563点 (图9.3.1)。

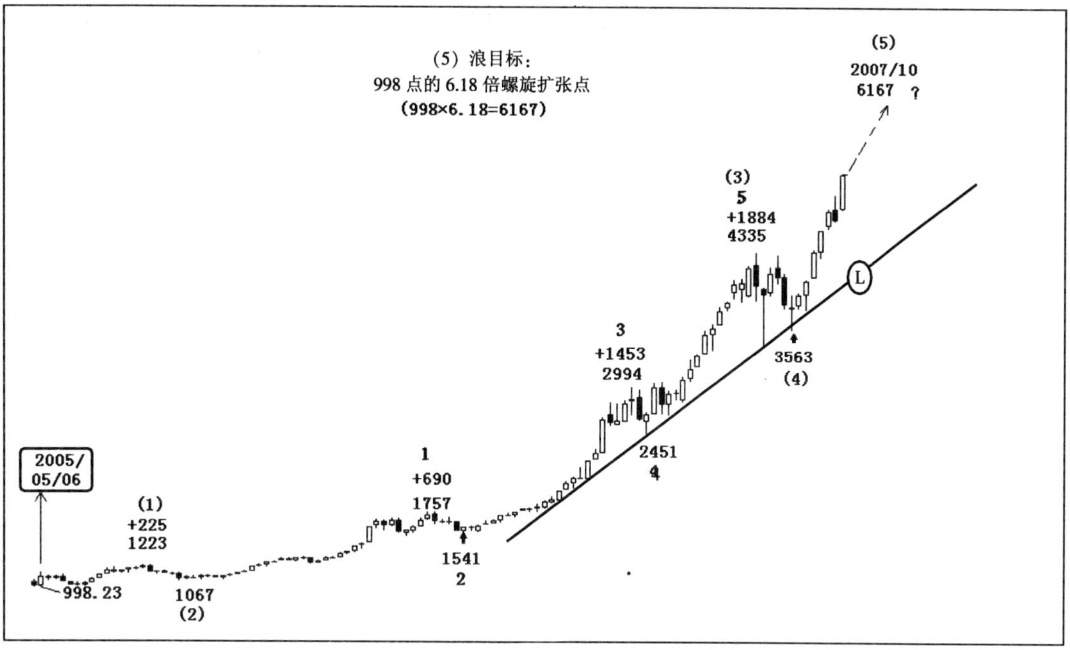

图9.3.1 上证指数次选划浪

其一，设 (5) 浪为 (3) 浪升幅的0.62～0.66倍，则目标约为5589～5719点。

其二，设 (5) 浪为 (3) 浪升幅的0.809倍，则目标约为6206点。

其三，设 (5) 浪为第 (4) 浪底部998点的6.18倍，则目标约为6167点。

(原文发表于《股市动态分析》2007年9月第1期，择录有关文字)

作者自评：

(作者注：上证指数第 (5) 浪在10月见顶，深圳股市的 (5) 浪在2008年1月见顶。)

本文的副标题是"上升上升复上升，五千六百步不停"。发表于2007年9月初，距历史大顶的出现尚有一个多月。当年的股市处在极度亢奋的状态中，主流舆论普遍看好后市。以某经济报刊主编水皮先生为首的多头力推"万点论"，全国媒体舆论亦处在狂热之中。只知道股市还会大升，不知道大顶之将至。当时像作者这样预测顶部的，可谓"不识时务"，在中国证券界显得有点儿另类。窃以为，坚持独立思考实属不易。

后市的事实是，在2007年10月见到6124点历史大顶。从此，陷入长期调整，好景不再。本文所预测的见顶时间及见顶点位，虽然未100%命中，也算是基本准确了。

读者也看到了吧，预测应用的是艾略特波浪理论，能对市场未来走势做出较准确预测的，唯波浪理论。

二、万物皆为数（二）

深证综指的价量分析和形态分析见图9.3.2。图中的走势显示，（3）-5浪呈波段性的价量背离。一两个交易日的价量背离也许不足以说明什么，但阶段性的价量背离就很能说明问题了。整个（3）-5浪都是市场主力刻意营造的，市场主力资金对权重大盘股的“二八”投向造成了个股的“二八”分化。由于指数设计的缺陷，使得指数能在不断缩量的条件下仍能不断攀升，这是一种蕴藏着极大市场风险的现象。正所谓“不是不报，时辰未到”而已。这种价量背离现象一旦到了极致，当时间与形态达到共振时，比如深证综指上升三角形（上升楔形）完成之时，因为资金供给的衰竭，市场就会发生“戏剧性”的逆转（后市果然如此）。

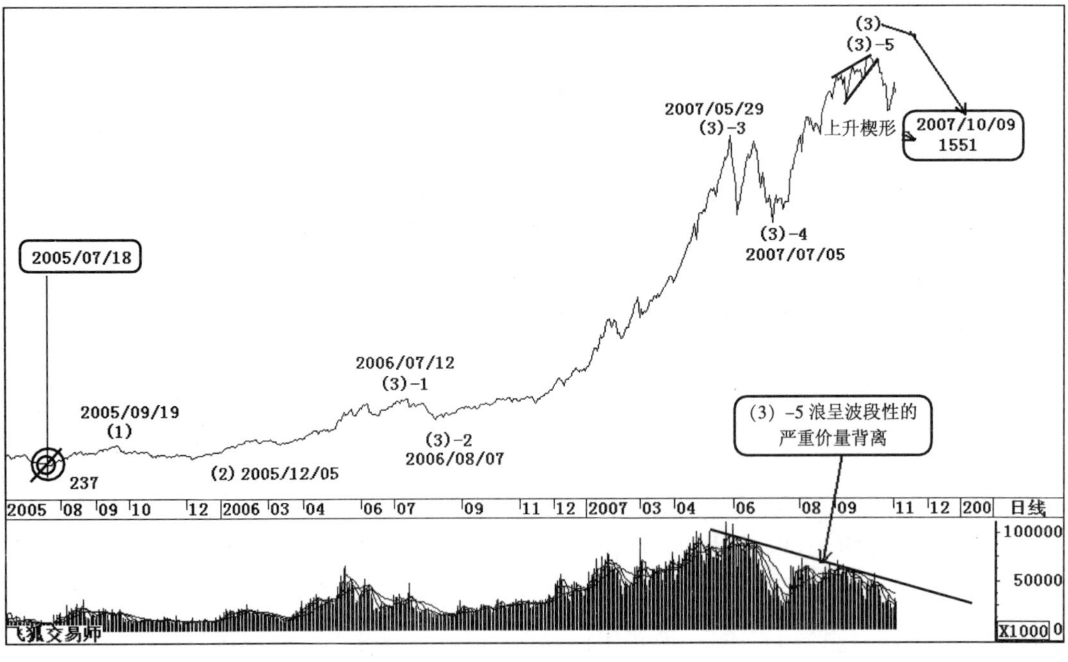

图9.3.2　深圳综合指数首选划浪第一选择

上升三角形（上升楔形）对后市有什么启示呢？波浪理论有着特别的阐述：一是上升三角形多发生在c浪或5浪，显示其上升动力不断衰竭。本文三角形就发生在（3）－5浪。二是上升三角形是一个转向形态，当其形态完成后，即要发生戏剧性的转。事实上是，深证综指以上升三角形态在1551点完成了（3）－5浪之后，即发生了戏剧性的逆转，用13个交易日下跌至1349点。然后喘定反弹，本周四反弹完毕收阴线。周五更是跳空向下，继续展开第二轮下跌。预料最少要跌至8月小平台之1300点附近方有支撑（作者注：后市跌至同年11月29日1212点见4浪底部）。三是上升三角形的完成，显示其比之大一级的趋势或已完成。换言之，1551点后的调整最小是针对7月6日997点以来的上升之修正。这种对应关系其实是首选划浪的第二选择，即将1551点划为（3）－5浪是对整个（3）浪的修正。

选择最弱势的深证综指说事，是因为深证综指缺少权重大盘股造市的条件，其市场走势相对处在一种“自然态”之中，其波动趋势更具真实性。

（本文发表于2007年11月《股市动态分析》）

作者自评：

本文是一篇对2007年10月1551点3浪顶部事后确认的文章。其意义在于，怎样运用波浪理论阐释股市。

本文指称的上升三角形即上升楔形。深证综指后市走势完全如本文预测，当上升三角形的a、b、c、d、e五波运行完毕，在10月9日1551点见顶后，立即发生“戏剧性”的反转。以A、B、C三波快速下跌至同年11月29日1212点，见（4）浪底部，（5）浪在翌年1月15日之1584点见顶。

能够如此准确测预（3）浪顶部，实乃艾略特波浪理论之功用。事实上，在长期股市实践中，时刻离不开波浪理论，波浪理论就是股市中的一盏指路明灯。

三、万物皆为数（三）——5.5倍升幅在水火相冲的特定时空中出现，变盘？

多次说过，9月最后一周或国庆节假后第一周是一个时间窗，接着最敏感的时间窗在今年11月。作者以为，在这些时间窗里，一旦与空间（包括形态与价位）融会，将引发时、空、价三维交融，使市场波动趋势逆转。

关于（5）浪的顶部预测，要么在第一个时间窗（9、10月之交），要么在 11 月的时间窗里产生。随着峰位右移，空间目标水涨船高，或当提升到 6200 点至 6600 点（作者注：实际是 6124 点）。

关于首选浪第二选择，上周拙作《万物皆为数（七十）》（原文标题）如是说，如果第二选择划浪成真，则（3）浪见顶时间在即，最迟也不应超过 10 月。

（本文发表于 2007 年 10 月下旬《股市动态分析》）

四、万物皆为数（四）

如果有人说，天罗地网仅有效于深证综指，那就错了。请看图 9.3.3 所示的上证指数网络图，首先看时间：2007 年 10 月 6124 点顶部，产生于三组月的对称时点。

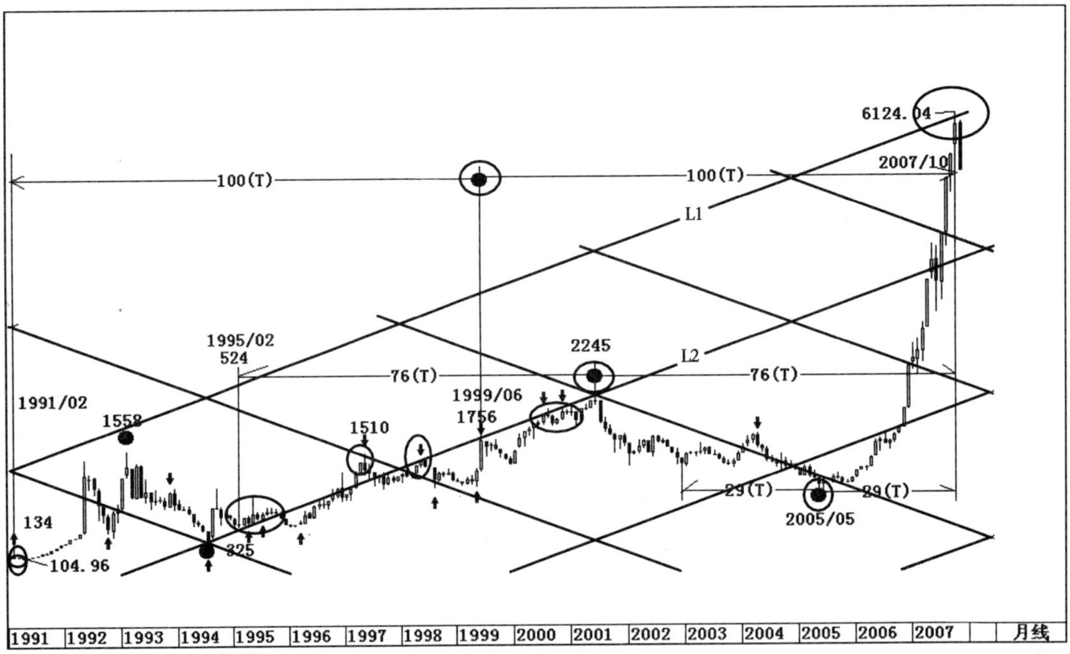

图 9.3.3　上证指数月线江恩网络

第一组，大限之数 100 的对称点（100 个月 ×2），或巽卦 101 的前置 1 周期；

第二组，大限之数的 0.764 分割点（76 个月 ×2），或坎卦 77 的前置 1 周期；

第三组，29 个月 ×2，此乃兑卦 28 后置 1 周期，或卢卡斯数。

在空间上，历史上的重要顶底，如1558点、325点、1510点、1756点、2245点、1783点等皆受到网络线的阻力或支撑。

6124点，与深证综指的1567点同样地受到了网络线阻力而显著回调，见图9.3.3。

（本文发表于2007年11月《股市动态分析》）

作者自评：

2007年11月几篇周评，第一时间对10月6124点为历史大顶的再确认，而此时的主流舆论认为市场尚未见顶，还沉浸在上证指数会推向8000点甚至10000点的梦幻之中。就在2007年11月，作者在《股市动态分析》每年一次的投资报告会上，力排“牛市”还将继续的主流言论，做了不合群的发言：“6124点之后是长期调整，短则3~5年，长则8~10年。”

第四节　1664点底部的预测与确认

（本文发表于2008年8月8日《股市动态分析》，原标题为《股市时空（十四）》。）

最近多篇文章都在强调一个观点：股市生命的展开及其繁衍，是在太极中心的控制下，以倍数生成、螺旋S线的数学形式展开其生命轨迹的。倍数及倍数的特定比率，就是其生命轨迹的节律点。这是股市生命的规律。

股市生命的规律提示我们，2008年8月将会产生中级的市场转向。

1. 在太极中心主宰下的倍数生成

以1991年5月104点底部为太极，运行13个月后产生1429点顶部。13，是太极中心核数，DNA13（月）将长期主宰上证的市场波动。例如，52个（月）×2周期。

从太极运行52个月，即1995年8月788点顶部；再运行52个月，即1999年12月1341点底部。这是一组时间总长度为104个月的52×2对称。52是DNA13的4倍，104是13的8倍。由此可见，此组52×2周期是第一个太极核DNA13数字控制下的产物。

2. 104 个（月）×2 周期

由 1999 年 12 月 1341 点底部再前行 52 个月，即是 2004 年 4 月 1783 点顶部；再前行 52 个月，即到达 2008 年 8 月。这里 4 组 52 个月（即 4 次倍数生成）时间总长共 208 个月。构成一组 104 个月 ×2 的对称周期。

上述数据显示，小周期对称组成较大周期，较大周期对称又组成更大的周期，组成了时间跨度长达 17 年的大小连环套（轮中轮）。连环套控制着上证 17 年的市场波动。很好地显示股市生命的太极中心律、对偶律和周期律。

3. 多组对称周期群聚 2008 年 8 月

我们将太极前移到 1997 年 5 月 1510 点顶部则发现，前行 68 个月是 1311 点底部，再前行 68 个月到达 2008 年 8 月。这是一组 68 ×2 的月对称，对称中的后一个 68 个月周期又包含着一组 34 个月 ×2 的对称，见图 9.4.1。

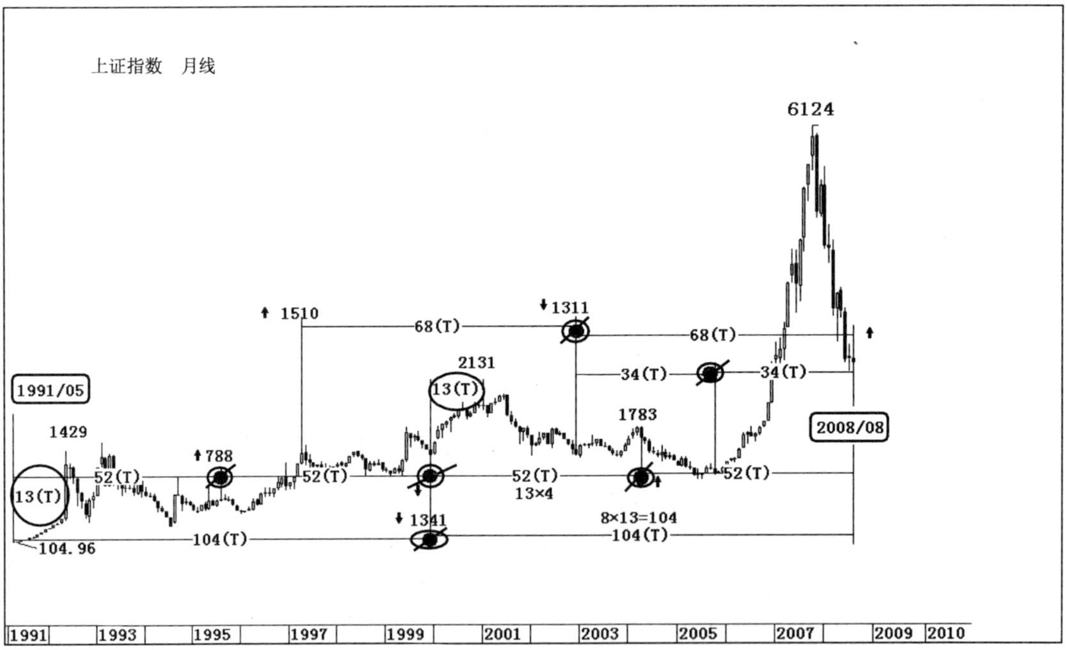

图 9.4.1　2008 年 8 月多组倍数生成群聚理应发生中级转向

34 是 DNA13 的 2.618 倍，34 是 13 的螺旋扩张点。即是说，这里的 34 ×2对称、68 ×2 对称，仍然是第一个太极核数（13）控制下的周期。

第二组连环套从另一个侧面再次揭示了太极中心律、对偶律和周期律无处不在。此种现象揭示了偶然与必然的关系，其必然的结论是：两组连环套的融合点：2008 年 8 月将发生重要的市场转向。

要强调指出的是，现在的股市时空已进入一轮中级调整的末段，但周期末段都会出现“测不准”，即出现峰位右移或谷位右移。例如 6124 点峰位的正点是 2007 年 8 ~ 9 月，实际右移了 1 ~ 2 个月。同理，本次谷位也可能后移 1 ~ 2 个月到 9 月乃至 10 月，才出现真正的底部。若是，则 8 月出现次级顶部可能性大。若后市继续下跌，稍后的 9 ~ 10 月，将要发生底部转向。

（作者加注：上述一段话，是写于 2008 年 10 月见 1664 点大底之前而非马后炮。由此可见，一个大趋势的末端，发生周期后延（或提前）是周期规律。在测市应用中，要注意这个规律。）

4. 卦位数角度线揭示上证指数的中期走势必然向下

图 9. 4. 2 绘制于 2008 年 8 月 8 日，此周的收市指数为 2605 点，最高 2793 点，最低 2595 点。2008 年 6 月 8 日，以一根长阴周 K 线有效跌破 1 × 1 线，1 × 1 线已从支撑转化为阻力。

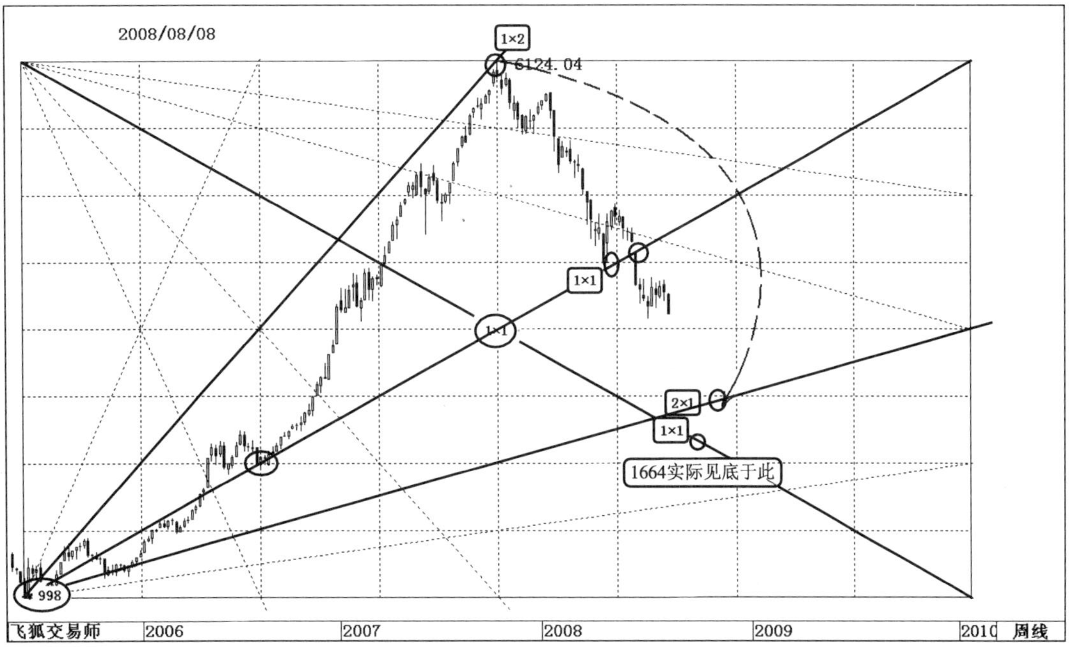

图 9. 4. 2　对数坐标系下的上证指数周 K 线图

经验揭示，中期后市将向下方的 2 × 1 线继续寻底，以完成生命里程中的一阴一阳之旅，这是股市的辩证法决定了的（以上是原文，现补充如下：

根据卦位数角度线规则二，6124 点触及 1×2 线见顶回落，当 1×1 线被有效跌破之后，中期后市要向 1×1 线下方的 2×1 线寻底，完成以 1×1 太极线为中心的90°错纵性对称之旅。后市果然如此，2008 年 10 月 1664 点触及 2×1 线见底反弹）。

作者自评：

图 9.4.2 中标示的弧状虚线是6124 点见顶后的运行方向，见底目标指向 2×1 线。实际上是，1664 点见底于稍下方的下降 1×1 线（图 9.4.2 标示处），跌幅略有过之。

现在的股市时空已进入一轮中级调整的末段。但凡周期末段不但会出现时间周期的“测不准”，空间目标亦会有所差异。实际走势是稍微跌穿了预测目标中的 2×1 线。

第五节　2000 点保卫战的预言

（本文发表于2012 年1 月《股市动态分析》，原标题为《2000 点保卫战的得与失》。）

《2000 点保卫战的得与失》是 2012 年元月开篇之作。该文的要点有三：

一是认为2000 点保卫战是一定要响的。2000 点的得或失关乎后市中期走向。

二是为 2012 年股市的全年走势定了调——只会有修复性的区间震荡行情。参与炒作者宜小试即收，短线操作。

三是对 6124 点之后的调整做出预测：2018 年 3 月是结束大调整的最理想时间，这个时间只会后延，不会提早。空间目标是，确认下降三角形向下突破有效，其最小跌幅目标可达 1160 点（并非 2012 年的事）！

作者自评：

2012 年 1 月 6 日，上证指数在 2132 点见底反弹，上升至 2478 点即告结束。这就是 2012 年全年的行情，升幅只有 16.28%，完全中了开篇之作的“2012 年只会有修复性的区间震荡行情。参与炒作者宜小试即收，短线操作”的预测。

2011 年 8 月，上证指数跌穿了下降三角形的下边线，9 月回抽确认，向下跌破时的水平在 2605 点。理论上这个三角形的最小量度跌幅目标是 1251 = 2605 – （3478 – 2124），如图 9. 5. 1 所示。

图 9. 5. 1　三角形与 3478 点下降通道

因为这是超长期预测，有道是风云变幻，后市是否如此不好说。数周期，读形态，心中有数就是了。

第六节　2013 年全年走势的定调文章

（原文发表于 2012 年 12 月 27 日的《股市动态分析》，标题为《月底前将有方向性选择》。）

《月底前将有方向性选择》是 2012 年最后一篇股评。该文对 2013 年的高点及波动区域做了大致的预测。文中称："如果市场有效升越 2146 点，则表明始自 1949 点的反弹已经跨越了 325 点接 998 点的长期上升趋势线，亦升越了始自 3067 点的中期下降趋势线，上方有较大的空间无遮无挡。

"首先遇到的阻力位是成交密集区的下沿 2350 点，然后再冲击成交密集区上沿之2453点。”

作者认为，本轮反弹运行5－3－5之字形的可能性较大，即一口气以报复性的快速运动完成（下跌）修正。

1. DNA13的倍数及其螺旋线展开

从2008年10月1664点底部至2012年11月1959点底部运行208周，208是老阴之坤13的16倍，翌周在1949点见底，并强势反弹。这是DNA13倍数周期在起作用。DNA13一直主宰着1664点以来的市场波动：

（1）从1664点太极出发，至3478点顶部运行39周，这是MA13的倍数周期。此顶不寻常，见顶后反复下跌多年。

（2）从1664点太极出发，运行85周在2010年7月2日之2319点见底，第86周强势反弹。86是13的6.615倍。显然，2319点见底是DNA13在起作用。其后反弹19周（震卦数）至3186点见顶。

（3）从1664点太极出发，至3186点顶部运行104周，104是13的倍数。这是3478点之后又一个极重要的顶部。

由此可见，从1664点至1949点共208周的时段内，从头至尾贯穿着DNA13的控制力，要么是13的整倍数，要么是其黄金分割比率，体现了DNA“13”对市场波动的主宰作用。

2. 1664点以来的划浪及波的比率

1664点为A浪，3186点是B浪，1949点为C浪。从太极出发，运行至B浪的3186点为104周，104是DNA13的8倍，104恰好又是这次循环周期总长度208周的0.5位置。众所周知，0.5是仅次于0.618黄金分割的重要比率。

认定3186点为B浪顶部的另一个重要技术依据是，C浪底部与3186点存在0.618的黄金分割关系（1949/3186＝0.611）。换言之，1949点处在螺旋的0.382收缩点上！

由3478点第一次下跌至2319点，处在0.666的修正位置上。第二次下跌处在0.614的修正位置上（1959/3186＝0.615）。0.666与0.615，两次跌幅都属于黄金分割的范畴内（图9.6.1）。

请读者朋友注意，艾略特波浪理论特别重视波与波之间的比率关系，常常用比率关系预测计算上升或下跌目标，并取得神奇的应验。以本文为例，已知第一次下跌幅度为1159点，假定从3186点下跌的比率约与第一次等幅，就可以计算出2000点附近极可能成为中期底部（3186－1159＝

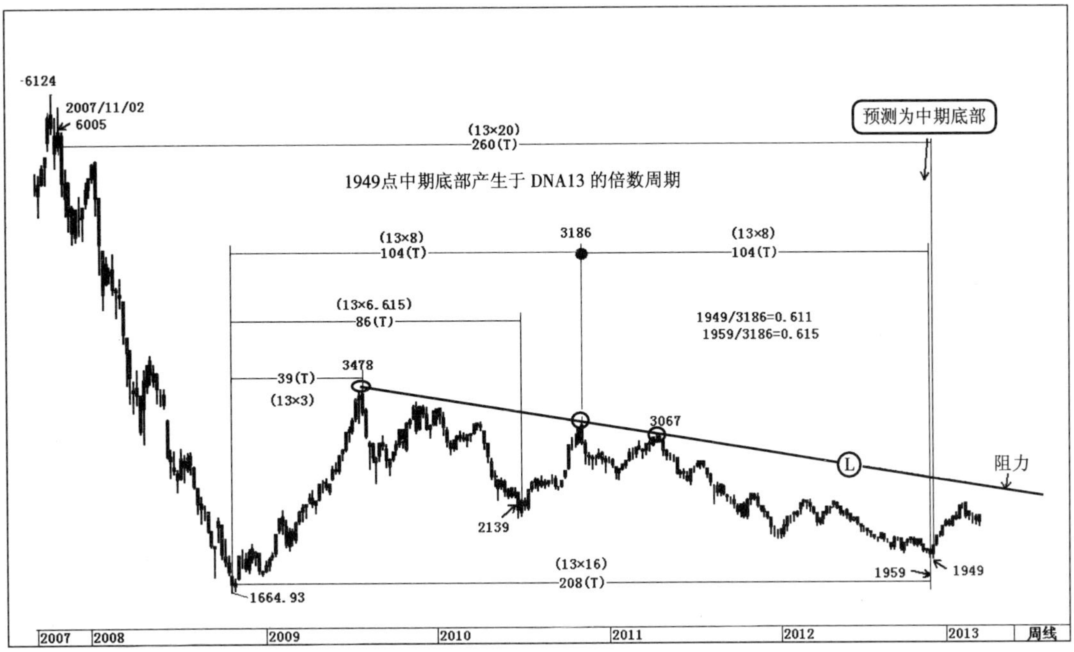

图 9.6.1　上证指数 1949 点时空预测

2027)。另一计算是，3186×0.611=1946.64 点。因此，在 2000 点附近，就可以做出战略性的买入部署。

实际底部是 1949 点。几乎与上述假设没有差误，这就是波浪理论的实战应用。

曾记否，早在 2011 年年底，本栏文章就提出了 2012 年要打响 2000 点保卫战的预测，并且指出，2000 点正负 50 点，是打响保卫战的战区。由此可见，1949 点之为底，实际上是 2000 点保卫战的预测点位。

本栏文章还多次强调，325 点接 998 点是一条长期上升趋势线，它应该有很强的支撑力。2012 年年末，此线大约处在 2000 点至 2100 点一带，此线不会一跌就破。在 2000 点附近多空反复争夺是必然的事情。

本文为 2012 年收官之作，算是对过去一年的回顾和明年的展望。在此，谨祝各位读者朋友，元旦节日快乐，顺利获取市场送给大家的新年礼物。

作者自评：

（1）时间为第一要素。DNA 核数及其倍数反复重现是永恒不变的股市规律。1949 点底部产生于 DNA13 的倍数周期中。

（2）1949 点成为中期底部，成为 2000 点保卫战的引爆点。此种预测的依据源自波浪理论的波幅计算。

（3）截至2013年3月底，上证指数在2300点上下争夺。此种走势是本文预料到了的，现在可以说，2300点的得或失，决定了2013年全年走势是升是跌。

（4）2012年4月，上升趋势线L在2280点，当月被有效跌穿，至12月1949点见底反弹。2013年2月，以2444点回抽L线，确认破线有效，然后展开新一轮下跌，后市再次考验1949点底部（如图9.6.2所示，2013年6月跌穿1949点，见1849点）。

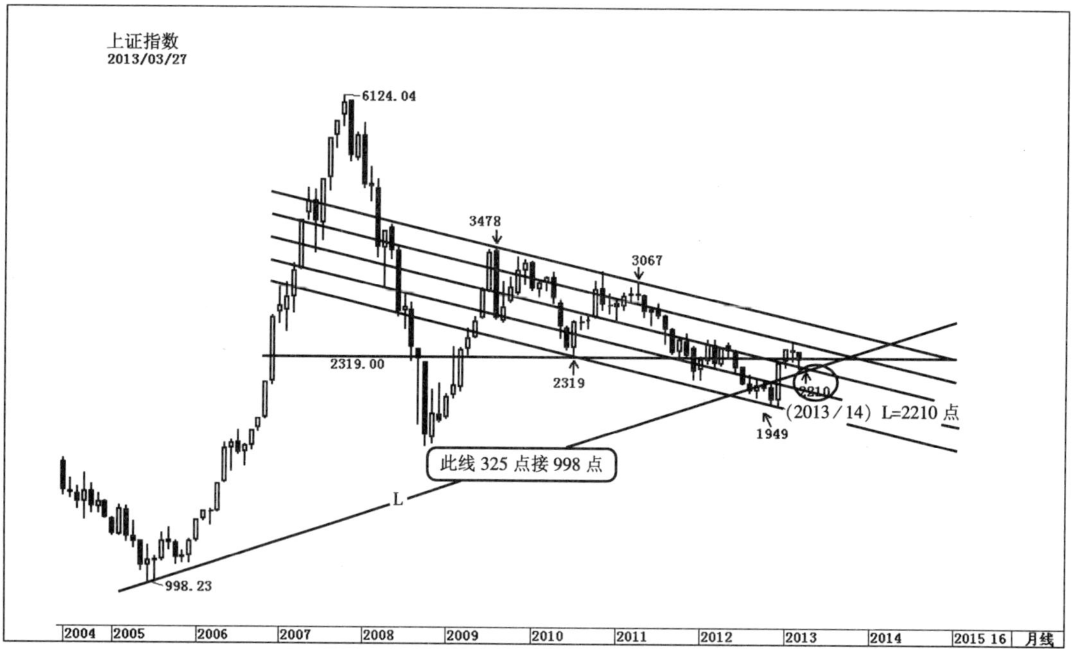

图9.6.2　2210点是2013年的牛熊线

第七节　可在短线回调的低点买入强势股

（本文发表于2013年2月26日的《股市动态分析》）

图9.7.1给出了两组温德森速阻线，一组以3478点为太极，是向下的角度线。图中显示，3186点及3067点两个顶部均是受阻于其上边线，而去年2132点底部则是受到下边线的有效支撑。事实上，这里还是两组速阻线

的交点。另一组速阻线以1664点为太极，是向上的角度线。图中显示，去年3月2478点顶部受阻于两组速阻线的交点，或者说受阻于第二组上边线。速阻线交点形成“天罗地网”这常是市场变盘的时空。

就最近而言，2012年12月4日的1949点正好准确地受到下边线的有效支撑，而2013年1月4日星期五，2296点受阻于中位线而回软。即使不是顶，也差不多了。这条中位线还是1664点接2132点的上升趋势线，阻力是很大的。况且，1949点以来已见周线级的5连阳，回调整固更有利于后市的向上拓展。

图中有个“天罗地网”指向2013年2月22日这一周（即春节放假后的第一周），此周还有219、181、116等卦位数群聚，同时还是1959点以来的11周，长短周期的共振极易引发市场转向，出现顶部的可能性极大。

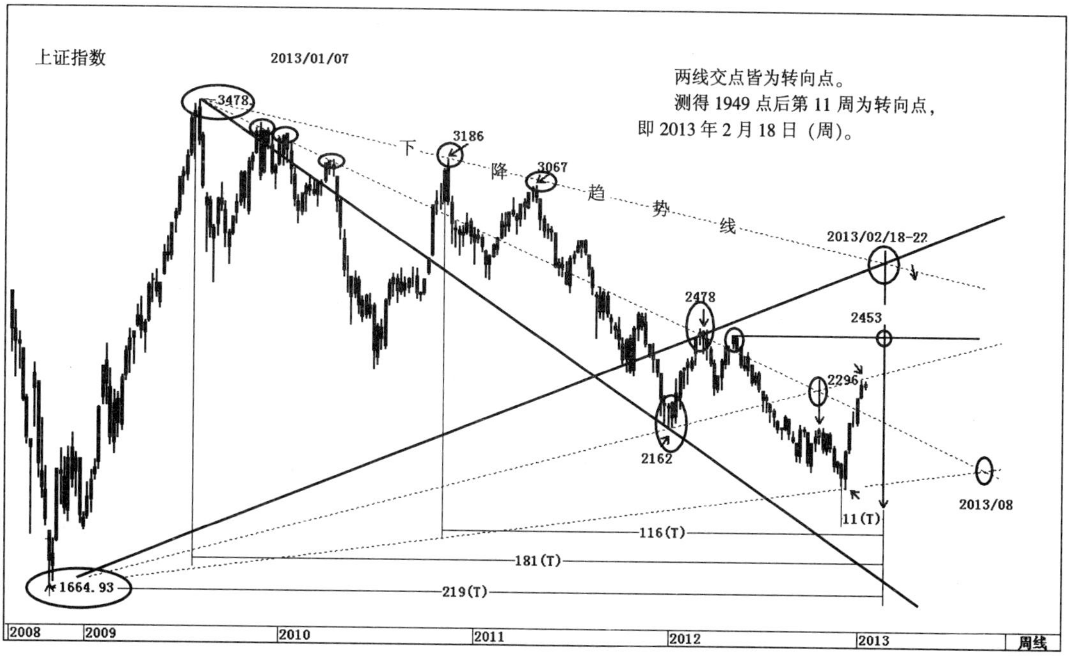

图9.7.1 两组温德森速阻线

（作者注：图9.7.2绘制于2013年2月22日，即春节放假后，是后加的补充图表。此图证明了预测准确，春节后第一周变盘了。）

作者自评：

本文结束前，引用2013年春节放假之前制作的《两组温德森速阻线》图表，指出春节假后的第1周将面临市场变盘。理由是，该周不但有中、短期的多组卦位数群聚，还有更重要的长周期181周（对称性集合）。116

坎卦周期，11 周兑卦数等长中短周期在此周出现。更为显眼的是，两组温德森速阻线交点构成的“天罗地网”，直指春节假后的第 1 周。

市场果如预测——春节假后的第一周，变盘了。上证指数触高 2444 点结束了始自 1949 点以来的强势反弹。当周急速下跌至 2308 点。在 2314 点收市，是一根实体为 127 点的长阴周线，揭示 2444 点顶部成立，见图 9.7.2。

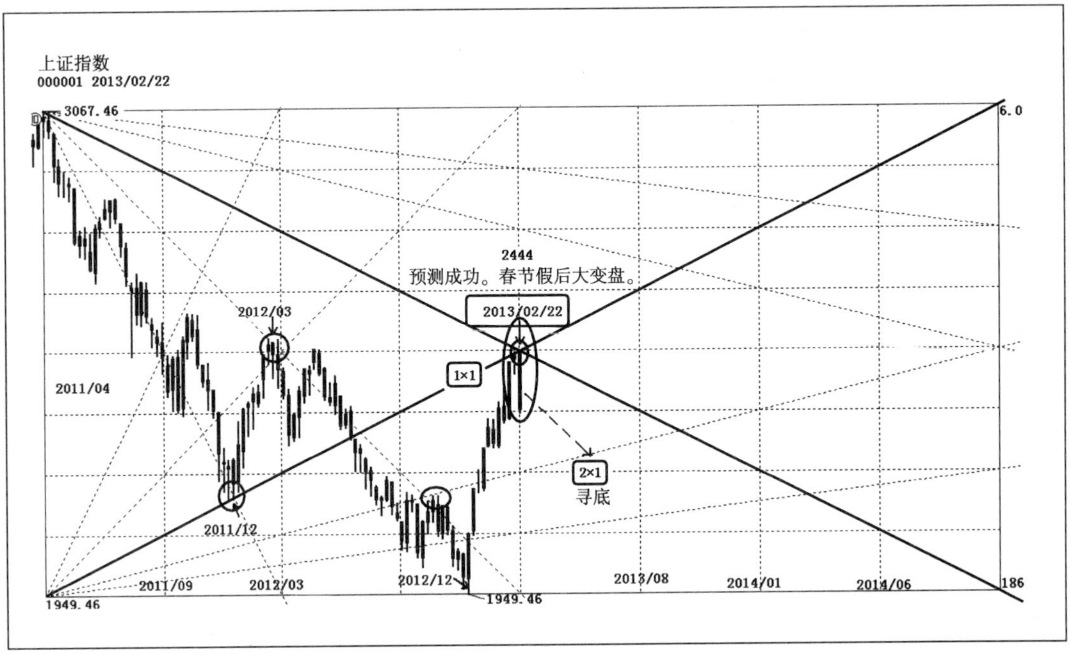

图 9.7.2　上证指数触高 2444 点结束 1949 点以来的强势反弹

图 9.7.2 中标示，2444 点见顶于两条 1×1 线交点的“天罗地网”之下，并用虚线指示要向下方的 2×1 线寻底。后市在 4 月 26 日（周）跌穿了 2×1 线后，翌周展开为时 4 周的反弹，至 5 月底，在 2334 点见顶再度回落，直奔最下方的 4×1 线。

下篇
BG均线系统实战篇

古人云：凡事预则立，不预则废。今人有俚语：人无远虑，必有近忧。都说的是对事物发展要有前瞻性。参与股票买卖，更应对股市的波动趋势、循环周期有一个大致的预测，为制定操作策略提供依据。

预测与操作是两个完全不同的概念，只有预测系统而缺操作系统，犹如一个人断了一手一脚。预测为操作提供依据，在操作实践中，执行买卖纪律是获利的基本保证。从这个角度来看，操作系统是应变的系统、纠错的系统。预测一旦发生失误，操作系统可以纠错，用止损、止盈的买卖纪律纠正之，让获利合理，损失减少到最低。

第十章 六大底部形态

第一节 底部长阳

底部长阳又称“穿头破脚”“横空出世”“一柱擎天”。

一、“底部长阳”描述

此形态出现在长期下跌之底部区域，由两根K线组成，第一根K线出现之前，曾有过向下跳空裂口，或长阴K线，或带下影的星线，此根K线阴阳不限，阳十字星最好。第二天，出现带量的长阳，其实体完全覆盖上日的K线，甚至覆盖前两天的K线，给人以横空出世，一柱擎天的感觉，显示多头力量已经完全占据了优势，一轮强劲升势喷薄而出。这根K线就叫作“一柱擎天”或“横空出世”。

二、市场机理

“一柱擎天”是长期下跌、深度下跌之后出现的报复性做多形态。第一根带下影的星线实际上已经显示下跌动能衰竭，不像前期那样深跌下去，空头力量黔驴技穷。此时多项技术指标皆呈现底背离状态，从另一个侧面揭示了下跌趋势将发生逆转。第二根长阳K线的价与量都覆盖上日K线，向市场宣示多头力量已经完全占了上风，市场趋势逆转了。

三、市场举例

1. 信维通信（300136）

（1）信维通信在本图例有两个底部长阳形态，一个出现在本轮上升行情的太极点——2011 年 6 月 23 日之 16.53 元底部；一个出现在本轮上升过程中的调整浪末端的 2011 年 10 月 25 日之 19.20 元底部。形态所出现的市场运行位置很重要，即本节形态描述中所说的“底部长阳多出现于长期下跌的末端，或上升过程的调整段末端”。如果不是在两个“末端”时段出现长阳包阴的 K 线，很可能是一个将要见顶的信号。

近似形态出现在市场运行的不同阶段，就会有完全不同的，甚至是截然相反的解读。

（2）信维通信本图例（图 10.1.1）的运行周期分别为：43 日艮卦数，39 日坤卦数，17 日巽卦数，构成“隔代相传自相似”：

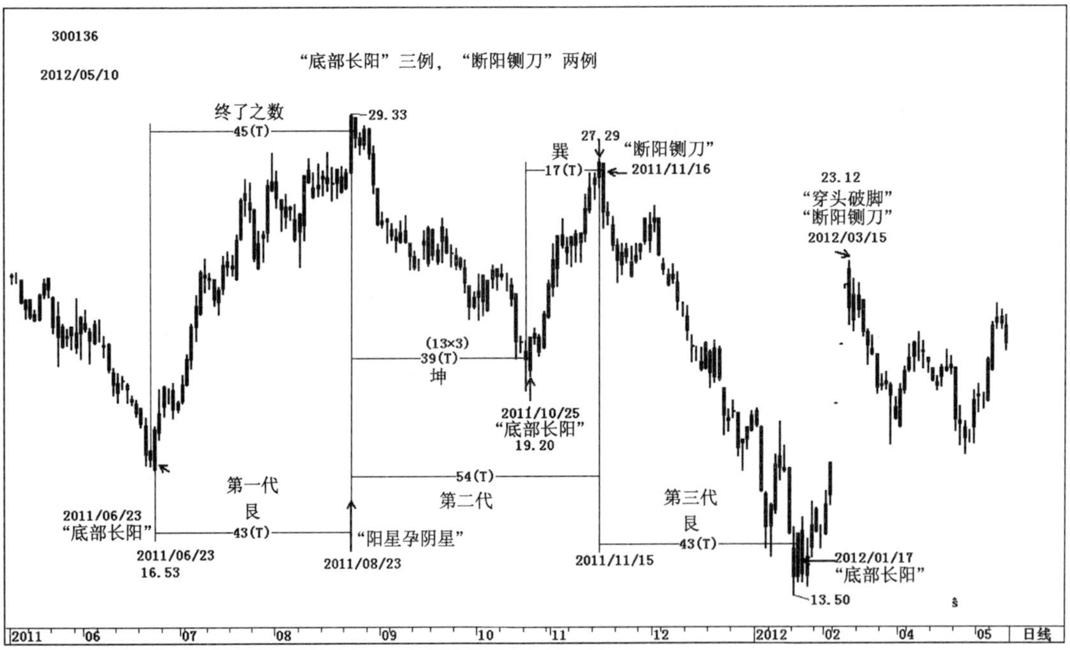

图 10.1.1　信维通信

运行 43 日见底—运行 56（39 + 17）日见顶—运行 43 日见底

（第一代）　　　　（第二代）　　　　（第三代）

"隔代相传自相似"是股市生命繁衍的一种模式。在每一"代"的时间转向点上出现的形态适逢卦位数，比如艮卦数"43"，终了之数"45"，其形态就值得特别注意。如2011年8月23日的顶部形态阳星孕阴星；2011年10月25日的底部形态——"底部长阳"和2011年11月16日的顶部形态——"断阳铡刀"等。

（3）本图例共出现三次"底部长阳"和两次"断阳铡刀"，这种现象彰显了股市生命基因"自相似"功能，又暴露了该股大庄家的个性喜好——他喜欢在市场的转向点上制造相似的形态。

炒作这只个股，就要熟悉庄家的脾气，与庄共舞。

2. 兰花科创（600123）

（1）本图例（图10.1.2）兰花科创共有两个"一柱擎天"形态（又称"横空出世"）分别是2011年6月14日的17.58元底部；2012年1月9日的18.03元底部。"一柱擎天"形态的重现，一方面彰显了股市生命的形态"自相似"遗传功能，一方面反映了庄家的造市喜好。每次上升都以"一柱擎天"告示市场。我们可以善用庄家的这个脾性。

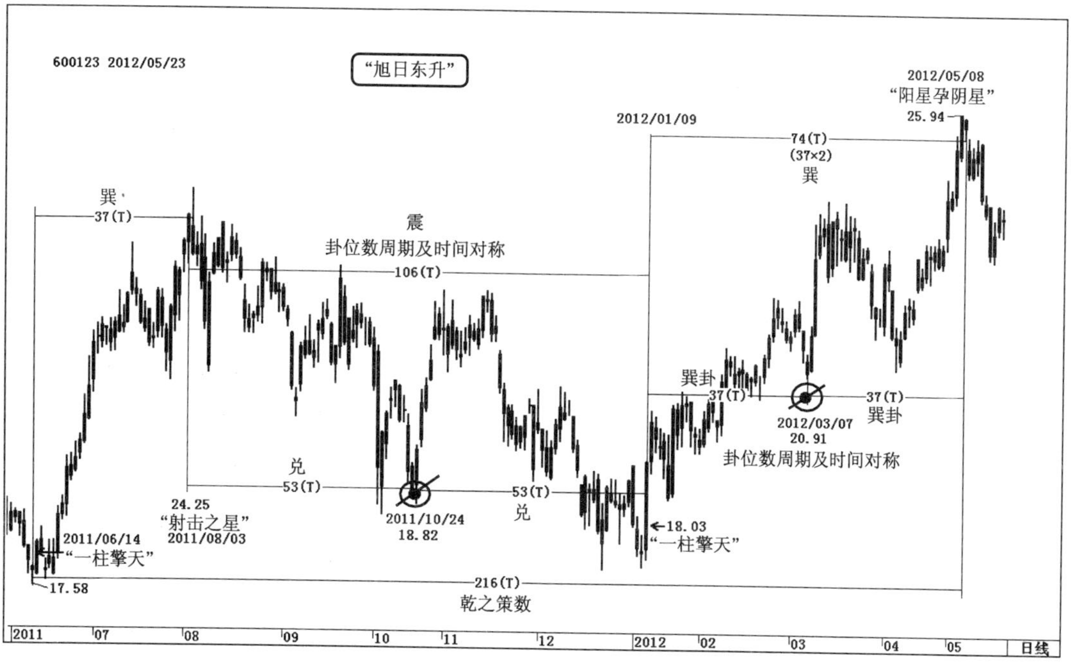

图10.1.2 兰花科创

（2）庄家特别喜欢用卦位数周期及时间对称作为市场波动的转折点。比如本轮行情由17.58元底部至25.94元顶部，运行乾之策数216日——《易·系辞》上说："乾之策二百一十六，坤之策一百四十四。乾坤一转，合三百六十匝。"运行了一个圆形360°，216/360 =0.6，0.6是螺旋线的扩张点。乾卦为老阳之卦，老阳造顶，正合时宜。

这期间内的市场显著转向点出现在53日×2和37日×2的对称点上，庄家喜欢在卦位数的时间对称点上逆转趋势。37是巽卦之数，图10.1.2中共出现了3次。53是卯酉线上的兑卦数，而53+53=106，106是卯酉线上的震卦数。图10.1.2中的全部市场转向点，皆出自卦位数。

（3）一个长周期为216日，一个中周期为106日，两个53日和3个37日为短周期，形成了周期的"套中套"势态，这其实也是市场常见的周期现象。即所谓"轮中轮"。

本书所选市场案例，皆随机而拾。不经意间，反映了股市运行的周期规律。此例似乎刻意告诉我们：市场趋势的转向点必然会发生在后天八卦方圆图的卦位数上，从卦位数上寻找转向点是有效的方法。

3. 深证综指（399106）

在图10.1.3中，从1087点跌至2012年1月9日，出现"横空出世"底部形态。从这里反弹几天后，再度回落，在2012年1月17日，又再出现了一个811点的"横空出世"底部形态。至此形成了两个"横空出世"的形态对称。

图中左端，2011年11年15日，1087点顶部是个"断阳铡刀"形态；右端，2012年3月14日，1020点顶部也是个"断阳铡刀"形态。一左一右，形成了完美的形态对称。其实，"一柱擎天"与"断阳铡刀"是一组形态对称。前者为"长阳包阴"，后者为"长阴包阳"，形成对称（错纵）之美。"正对称"原理是股市生命基因"自相似"的遗传重现，"错纵对称"原理是阴阳之道，是八卦系统中"飞伏卦"在股市的具体展现。换言之，"对称"是股市内在规律之一。

从时间方面来分析，1087点"断阳铡刀"下跌巽卦数37日，出现2012年1月9日"横空出世"底部形态，中间隔了7天，出现另一个"横空出世"。这次从底部上去又是37日，形成"隔代相传自相似"的模式。其实，对称不但出现在时间上，也出现在形态上。本节的两个顶部是以长阴为特征的"断阳铡刀"，两个底部都是以长阳为特征的"一柱擎天"。底与顶，阴与阳，长阴对长阳，形成完美的阴阳对称。

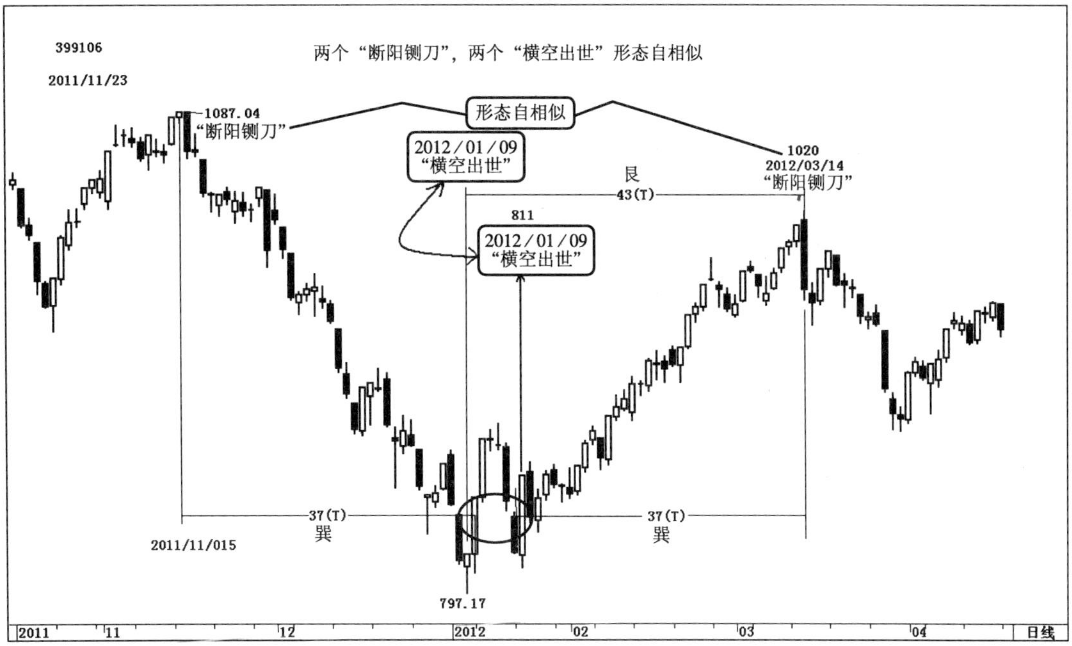

图 10.1.3　深证综指

对称即对偶，是宇宙四大规律之一，当然也是股市运行规律。对称是股市结构赖以稳定的一种自我保护机制。明机理，抓规律，并应用于发现市场趋势的临界点，是具有指导性的启示。

第二节　“单针探底”（又称“底部锤头”）

一、“单针探底”描述

“单针探底”出现于一轮长期下跌的末端，或者出现于调整 2 浪或三波下跌的 C 浪末端，已有相当大的跌幅，它与“射击之星”顶部形态是一组对称形态。前者指天，后者笃地，最容易辨识。“单针探底”由一根 K 线组成，其形态形成之前，或见长阴，或见向下跳空缺口。形态形成当日是长下影线锤头，或十字星，但其下影线必须在实体的 2.5 倍以上。“单针探底”K 线形态阴、阳不限，收阳 K 线更为标准。

二、市场机理

这个形态不论出现在长期下跌末端，还是上升过程的调整浪末端，形态出现之前必须要见长阴 K 线或向下跳空缺口，这是“单针探底”形态形成的前提条件。因为未经长阴深跌或跳空下跌的过程，跌势或未透彻，此时出现的长下影 K 线，有时会是假信号。在经历深跌之后，某日出现“单针探底”形态，则显示其跌势戛然而止，再难有大幅度的下跌。这是多头发出的由守转攻的信号。

如果形态出现后的第二天收阳 K 线，则显示多头已完全主动，可以买进股票。

三、市场举例

1. 深证综指（399106）

2012 年 7 月 2 日，深证综指出现 890 点“单针探底”见底形态（图 10.2.1），前推 53 日兑卦数，即 2010 年 4 月 13 日的 1256 点“单针探顶”形态（又称“射击之星”），顶部与底部形成完美的形态对称。

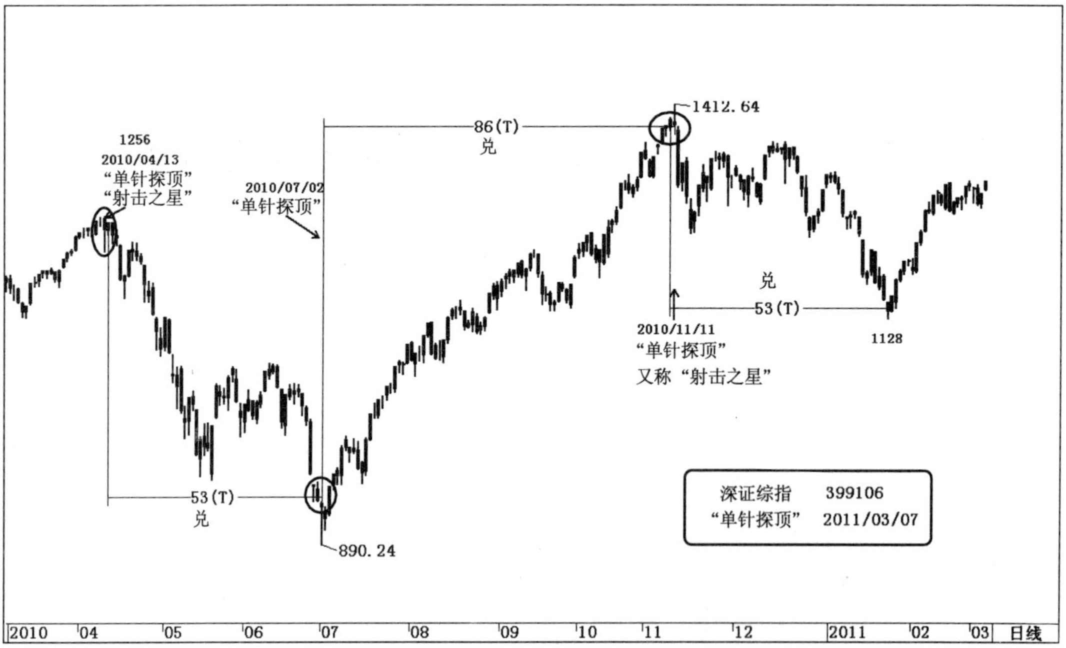

图 10.2.1 深证综指

（作者注：在顶部区域出现锤头形态，可读为“射击之星”，即将长下影读为长上影。）

深证综指本例呈现“隔代相传自相似”的生命繁衍模式：

运行53日见底—运行86日见顶—运行53日见底

（第一代）　　（第二代）　　（第三代）

形态对称以及“隔代相传自相似”是股市规律性的东西。掌握规律，有助于投资人辨识形态，抓住市场转向点。

2. 康芝药业（300086）

本图例的特征点与深证综指一样（图10.2.2），都喜欢玩形态对称。

图10.2.2　康芝药业

（1）2012年11月6日，13.97元以“射击之星”形态见顶。下跌21日艮卦数，于2012年12月4日的9.77元以“单针探底”形态见底，下跌幅度为30%。构成顶与底的形态对称——“单针探底”对“射击之星”。

（2）子午线和卯酉线是重要的天文线，市场运行至此，常常出现市场转向。本例从9.77元“单针探底”底部运行子午线离卦位数61日，到达2013年3月7日，出现一根“射击之星”见顶形态。又一次构成底与顶的形态对称——“单针探底”对“射击之星”。

读者朋友记住了，形态对称是股市规律之一。运用此规律便于发现底部和顶部。

3. 数码视讯（300079）

本例有两个“单针探底”（图 10.2.3），前者是在长期深跌之后出现于 2012 年 9 月 12 日的 13.06 元“单针探底”，此底是从 2012 年 9 月 12 日 18.55 元顶部下跌 55 日（天地之数）产生的，下跌幅度为 -29.56%。第二个“单针探底”则出现于 2013 年 1 月 18 日的 18.55 元顶部。这里是以 A、B、C 三波调整 37 日的 C 浪末端，调整幅度为 -21.16%。

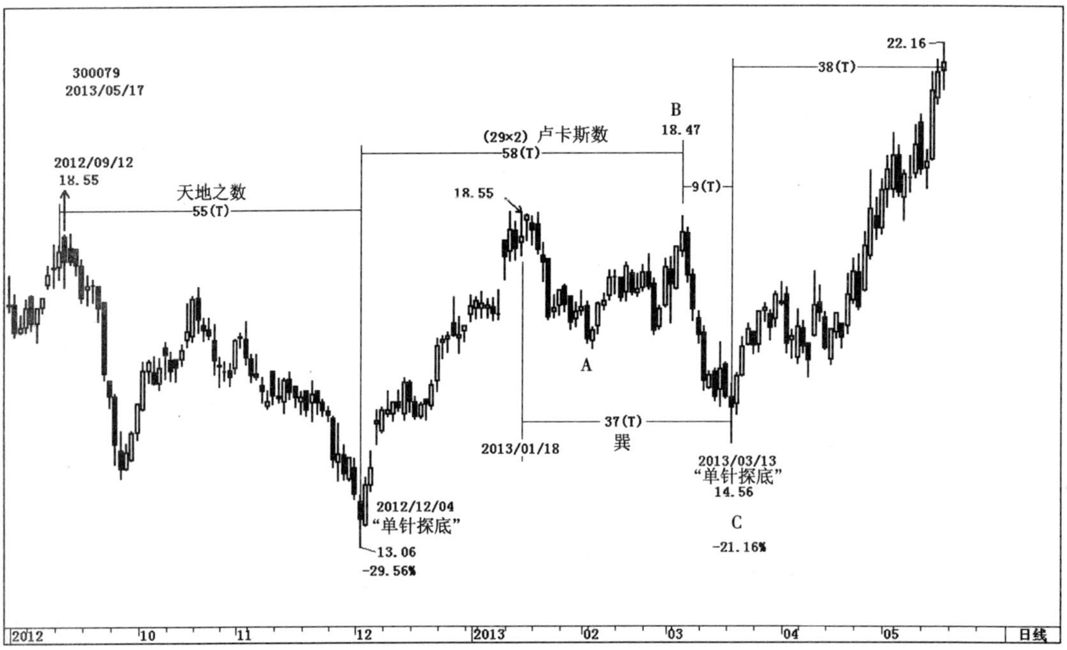

图 10.2.3 数码视讯

很多个股都会出现这样的情况：一轮行情的原始底部是“单针探底”（如本例的 13.06 元底部）。那么，第 1 浪见顶后的 2 浪调整，也常会在 2 浪之 C 的末端出现“单针探底”形态（如本例的 14.56 元底部）。这种现象的实质是形态“自相似”，是股市生命基因的遗传功能所致，是股市规律之一。运用这一规律，有助于我们发现底部形态（或顶部形态）。

第三节 “曙光之星”

一、“曙光之星”描述

“曙光之星”形态常出现于长期下跌的末端，已有一段较大的跌幅。“曙光之星”形态由两根K线组成，其前边的一根K线是中阴或长阴线，后边的一根K线必须向下跳空开市，并低开低走，收市时却形成一根带长下影的锤头。若是阳K线则更理想，但这根K线的收市价仍处在上日向下跳空裂口的下方，“曙光之星”形态即告成立。裂口尚未补齐是跟“阳光初现”形态的区别所在。若能在翌日出现一根“阳光初现”或“旭日东升”，则见底的意味更浓。

二、市场机理

长期下跌的末端已有很大跌幅，再出现向下跳空低开的星线，宣泄做空能量。当日又能收带下影的星线，下影线印证了下跌力度已经衰竭。揭示这个缺口可能是竭尽型缺口。而翌日不跌了，收出阳K线，更证明了多头力量已占主动。这根阳K线若是价量双覆盖上日的“曙光之星”，则更理想，这是多头发出的信号。“曙光之星”形态出现的当日可以试探性买入，在第二日的阳线中加码买入。

三、市场举例

1. 塔牌集团（002233）

塔牌集团从2011年9月21日“射击之星”的13.62元顶部跌下来，用60日甲子终了之数，在2011年12月22日出现“曙光之星”形态，以7.64元见底，下跌幅度为－43.9%。够深了，第二天，出现一根“旭日东升”形态，这是一根实体为0.78元的大阳线，价量覆盖了上两日的K线，是强烈的造多信号。

本图例整段上升行情分A、B、C三波（图10.3.1）。

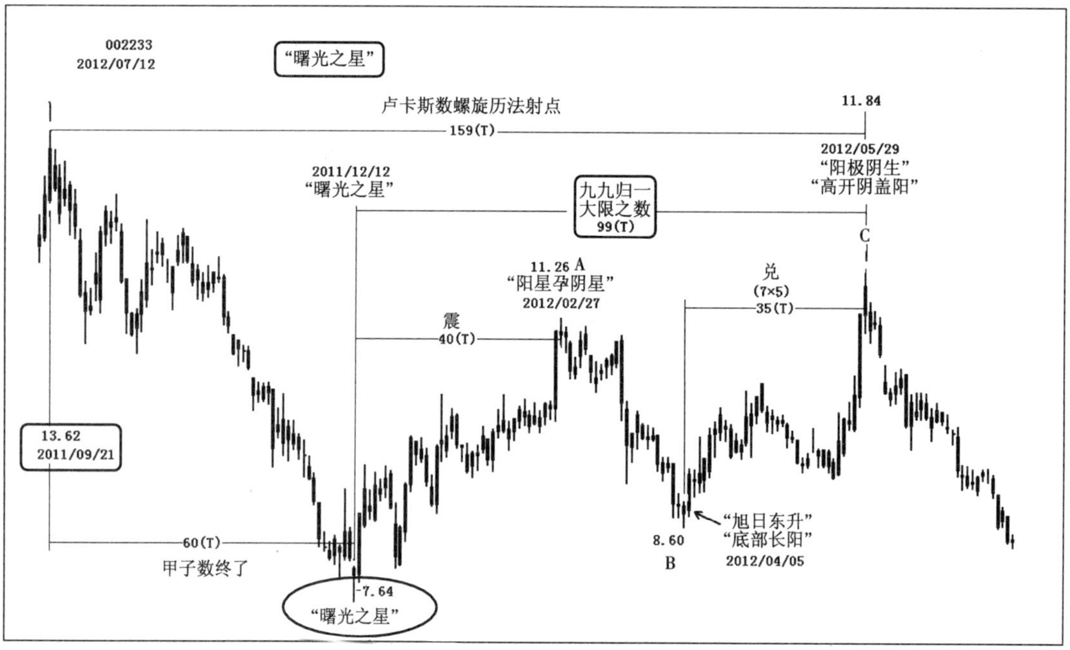

图 10.3.1　塔牌集团

（1）从7.64元底部出发，运行40个交易日（震卦数），在2012年2月27日之11.26元见顶，升3.62元或47.38%。

（2）从7.64元底部出发，运行99个交易日（大限之数），在2012年5月29日之11.84元见顶，升4.20元或升约55%。

从13.62元顶部到11.84元顶部，运行159个交易日（2011年9月21日至2012年5月29日）。159是卢卡斯数的一个螺旋历法射点，可在本书的上篇查到。159同时又是中国股市的一个很重要的DNA核数——上证指数从325点至6124点，运行159个月。这在作者的文章中多有提及，特此多一笔，意在证明股市的中、长期运行周期，数出皆必有据。

比如从2011年12月12日7.64元"曙光之星"底部运行99日到达11.84元"阳极阴生"，99，就是一个"大限之数"，大周期的"终了之数"。见顶后又陷深幅调整。

本书全部文字，亦在证明"时间第一"。在老子－斐波纳契数、卢卡斯数、后天八卦方圆图卦位数的三套周期数之中，在股市实践中印证最多的当属"卦位数"。市场运行至某一卦位数时，特别是周期较长的卦位数时，就要特别注意有否出现底部或顶部形态，以及波的比率。

2. 宁波联合（600051）

宁波联合从2011年7月7日的“射击之星”最高价17.81元下跌123日（卢卡斯数），在2012年1月6日出现“曙光之星”形态，当日最低价为7.86元，下跌幅度为55.86%。

123是卢卡斯周期数，卢卡斯数的排列从3开始：

3、4、7、11、18、29、47、76、123…无穷无尽。

继上例出现卢卡斯螺旋历法射点之159，本例又出现卢卡斯数列的第9位数123。事实上，在作者10多年的研究数据中，卢卡斯数出现的频率是仅次于卦位数的第二位周期数。

“曙光之星”和“旭日东升”或“阳光初现”常常联袂出现，以宣示一轮下跌趋势的终了。本例亦是如此。在出现“曙光之星”的下一个交易日，即出现“旭日东升”，两个形态联在一起，向市场强烈宣示，一轮上升行情开始了。

为了强调这两个底部形态联袂出现的强烈见底意义，图10.3.2中特意标示了“最佳拍档”4个字，提示这是最常见的技术现象，提请读者注意——抓住市场转向点。

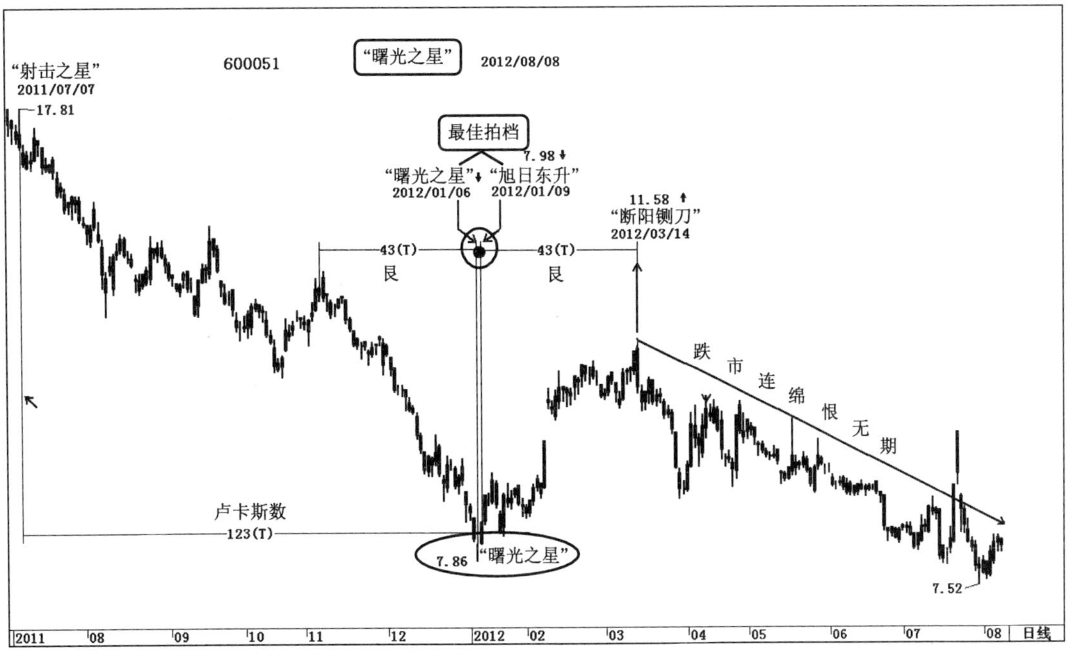

图10.3.2 宁波联合

本图例的又一个技术特征是，运行周期的“代代相传自相似”。下跌43日，上升43日，合计86日。构成一组升与跌的对称。86是后天八卦方圆图卯酉线兑卦数，处方位在西，西方是日落之所。宁波联合在此挂上了“断阳铡刀”，将一轮属于阳的升势给断了。这倒也合天意。见顶之后，“跌市连绵恨无期”！从11.58元至2012年9月26日，已见6.65元，跌穿了启动本轮行情的底部7.86元。其下跌时间之长，下跌幅度之大，宁波联合的弱势表现，很令投资者无奈。事实上，后市跌至2012年12月3日的5.90元见底，跌49%。若从11.91元顶部计算，则跌去66.87%。

3. 瑞茂通（600180）

本例的“曙光初现”出现于2012年8月1日的6.25元底部（图10.3.3）。其形成的过程是，从2012年5月30日的10.20元顶部下跌46日子午线坎卦数，于6.25元见“曙光之星”底部，形态形成前，连续3天出现向下跳空跌停板开市。形态形成的当天，跌停板开市的6.25元是最低价，然后拉升，最终在向下跳空的裂口中收一根带上影的小阳K线，是很特殊的，也很标准的一根“曙光之星”形态。见底后运行A、B、C三波反弹，最高见10.89元，升幅为74.24%。

图10.3.3 瑞茂通

第四节 “阳光初现”

一、“阳光初现”描述

“阳光初现”出现于长期下跌末端，或上升过程中的调整浪末端。此时已有相当大的跌幅（-20%以上）。“阳光初现”形态由两根K线组成，第一根是中阴或长阴K线，第二根是低开高走的阳K线，这根K线的实体已经嵌入上一交易日阴线的实体，但其收市价仍然低于上一交易日的开市价，这根K线就叫“阳光初现”。

二、市场机理

股价经过长期下跌，已见相当跌幅。在下跌的末段频现向下跳空缺口，见中阴或长阴K线，向下跳空裂口加中长阴的K线组合，显示空头力量得到了极大的释放，市场已经进入了下跌趋势的末端。长阴之后的翌日，出现一根低开高走的阳K线，这根K线的收市价已经嵌入上一日阴K线的实体之中。与“曙光初现”相比较，“阳光初现”是多头力量较强的表现。前者未能完全收复向下跳空的缺口，而后者不但完全收复了缺口，且其阳线实体已嵌入上一日的阴线实体之中。显示市场的多头力量开始进场，一扫下跌的颓势，且多头略占上风，进入了阴极阳生的状态。

“阳光初现”形态是趋势逆转的试探性信号，投资者可以在形态出现当日试探性买入股票。

三、市场举例

1. 金飞达（002239）

（1）金飞达本图例有两个“阳光初现”形态（图10.4.1），第一个“阳光初现”形态出现于2012年1月19日太极的6.37元底部，第二个

“阳光初现”出现于2012年3月16日之6.57元底部。此现象彰显股市生命基因的“自相似”功能。

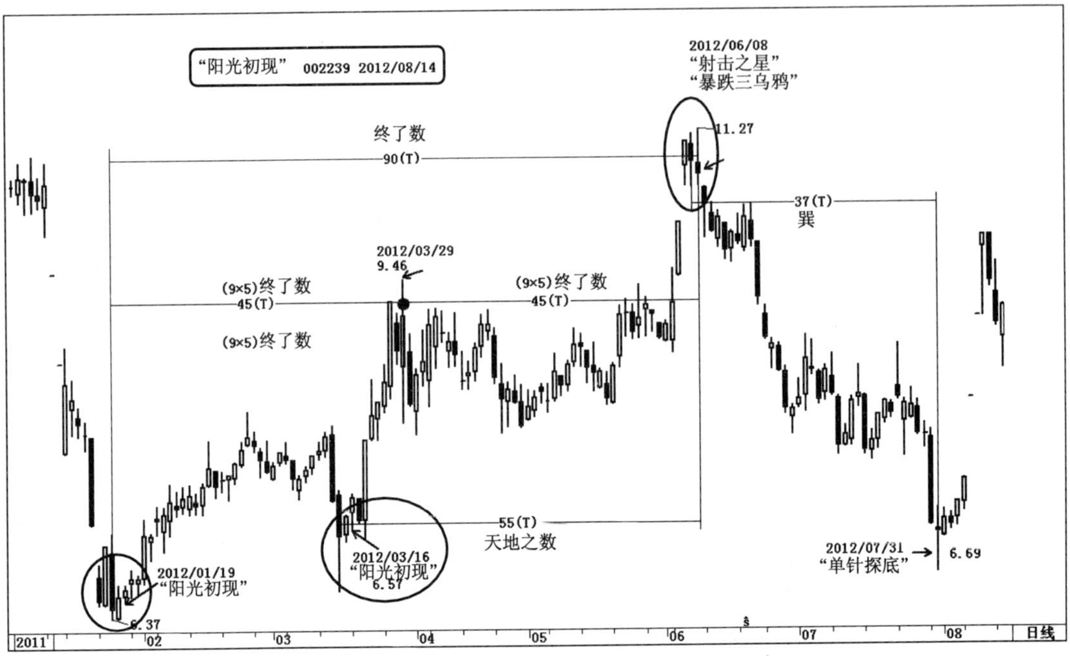

图10.4.1 金飞达

（2）从太极出发，运行45个交易日，见9.45元顶部；又运行45个交易日，在2012年6月8日之“射击之星”11.27元见顶，由此构成45×2的时间对称。此现象彰显股市生命的“代代相传自相似”形式。

（3）90个交易日之内，呈现45日×2对称。45和90，都是《周易》的“终了之数”，亦即是在后天八卦方圆图的卦位角度上发生市场转向，这是股市波动的规律之一。转向点几乎都发生在卦位数上。比如本图例的45日、90日、55日、37日都是市场的转向日，而这些运行日数都是“易”数或卦位数（55，天地之数；37，巽卦数）。

（4）从6.37元“阳光初现”底部到11.27元“射击之星”顶部，升幅约为1.764倍，这是老子－斐波纳契数比率，而运行时间是45＋45的“终了之数”。典型的时、空、价三维交融，是清仓的绝好时机。

后市跌了37个交易日，从11.27元至6.69元，跌幅为40%。

2. 大华股份（002236）

（1）大华股份“阳光初现”形态在2011年10月21日和2012年1月

19 日两次出现（图 10.4.2），分别处于本轮行情的原始太极和上升过程中的调整浪末端，这种形态重现的现象彰显股市生命基因的“自组织、自相似”功能。

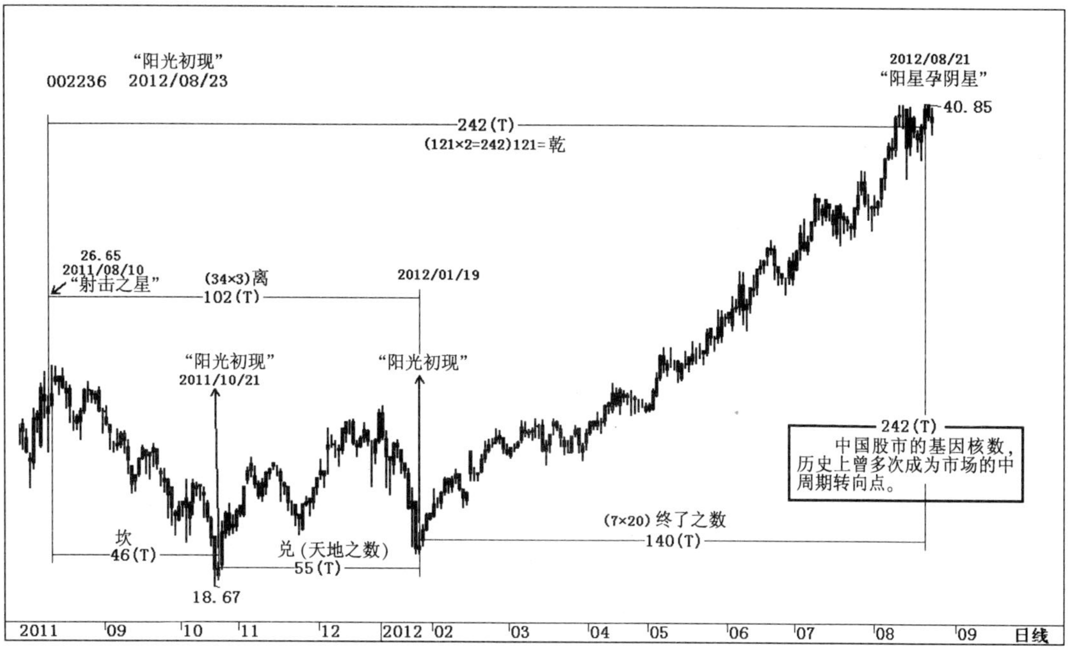

图 10.4.2　大华股份

（2）大华股份的运行周期皆为卦位数及其倍数。比如，从 2012 年 1 月 19 日“阳光初现”底部至 2012 年 8 月 21 日“阳星孕阴星”顶部，运行 140 日，140 的核数是“7”。7，是一个充满神奇色彩的玄数；7，是天体运行的节律之数。上证指数从 325 点到 1510 点顶部，运行 140 周，再运行至 2245 点，则是 343 周。140 与 343，其核数都是“7”。343 是 7 的 49 倍，是后天八卦方圆图艮卦之数。

（3）本图例左上角和右上角分别出现两个顶部，两顶之间的时间距离为 242 日。242，是乾卦数 121 的倍数；242，是中国 A 股的一个重要 DNA 核数。上证指数从 1994 年 7 月 325 点底部运行至 1999 年“5·19”底部，时间为 242 周。这个底部曾经是作者准确预测的一个市场案例。预测成功的要素之一是 DNA242 的重现。应用的规律就是股市生命基因的“自相似”遗传功能。读者朋友，应从中悟出一点儿什么吧？

（4）本图例左上角顶部至 2012 年 1 月 19 日的“阳光初现”，运行 102 个交易日。102，是离卦数 34 的 3 倍；102，亦是中国股市的一个最为典型的周期核数。上证指数历史上就出现过连续不间断的5次102周周期，每一次都准确对应着市场的显著转向点。由此可见，大华股份很好地承传了中国股市生命的基因遗传。

本图例着重强调的是，DNA核数的重现是股市生命基因的“自相似”遗传功能所致。比如34、102、121、242、343等DNA核数会在个股中，在后市中不断地重复出现。这是辨识形态、捕捉市场转向点的一个有用要素。

3. 瑞丰高材（300243）

本图例着重周期分析（图10.4.3）。

图10.4.3 瑞丰高材

（1）本图例出现“隔代相传自相似”：

运行39（T）—运行57（T）—运行39（T）

（第一代） （第二代） （第三代）

（2）全部市场转向点皆出现于后天八卦方圆图卦位数或其倍数：39（T）是坤卦数13的3倍。13，是中国股市最重要的DNA核数，几乎无处不在。本书上篇有大量市场案例。57（T），57也是坤卦数。股市是小宇宙，每一只个股是更小的宇宙，所谓物物各有太极。换言之，股股各有所好。比如本例之瑞丰高材，它的爱好是“坤卦周期数”，喜欢复制“自相似”。

第五节 “旭日东升”

一、“旭日东升”描述

此形态常出现于长期下跌的末端或上升过程中的调整浪末端，并已有20%以上的跌幅。“旭日东升”形态由两K线组成，第一根K线是经过多次向下跳空开市，或者是连续深跌之后的阴线，跌幅已见稍有减缓。第二根K线一反颓势，收一根量价双覆盖上一交易日K线的阳K线，这根K线就叫作“旭日东升”形态。

二、市场机理

“旭日东升”形态出现之前，是一轮跌市的末段，市场已经进入了筑底阶段。通常已见到跌势有减缓迹象，表现为小阴小阳，或阴线的实体较前的阴线为小。某日，突然出现一根久违了的中阳，甚至是长阳K线，这根K线从价格与成交量两个方面都覆盖了上一交易日的K线，称之为“旭日东升”。此形态比之于“阳光初现”，是其收市价格已经升越了上一交易日的开市价，呈包盖状态。这种形态显示了多头力量的全面胜利，是非常强烈的转势信号。

“旭日东升”出现的上一交易日，多半会出现向下跳空开市的“曙光之星”。因此，“旭日东升”和“曙光之星”联袂出现，是市场转势的强烈信号，可以在“旭日东升”当日加码买入股票。我们可以在市场中找到大量例证。

三、市场举例

1. 乐谱医疗（300003）

（1）本图例从2012年9月7日11.15元下跌57日至2012年12月4日7.65元见底（图10.5.1），是一根“旭日东升”底部形态。见底之前，曾经历了长阴K线，向下跳空开市等空头力量宣泄的过程。“旭日东升”形态出现之前数天，是向下跳空之后的几根小阴线，显示空头力量已经衰竭。

图10.5.1　乐谱医疗

事实上，从图左之9.87元顶部（2010年10月17日），下跌离卦数34日，到达7.65元“旭日东升”形态。由此可见，“旭日东升”底部形态是57日和34日汇聚共振的产物。

“旭日东升”形态见底后又运行坤卦数57日，到达2013年3月6日“射击之星”的11.99元顶部，构成坤卦数57日×2时间对称。此对称彰显股市生命的“代代相传自相似”繁衍模式，或者说，是57的“倍数生成”模式。“倍数生成”是股市最常见的生命繁衍模式。掌握此特点，有助于我们辨识形态、捕捉转向点。

（2）如上所述，57是坤卦数，34是午子线离卦数。57+34=91，而91是坤卦数。两个节点之间的数学联系仍然是“卦位数”。这表明，后天八卦方圆图卦位数常是市场转向的周期数。

2. 郑州煤电（600121）

（1）郑州煤电2010年7月2日以7.52元（图10.5.2），与大盘同时见底。见底形态是一根“单针探底”，翌日低开高走，收一根“旭日东升”

形态。连续两天出现两个底部形态，多头力量一个比一个力度更强。这是底部确认的双保险，可信度很高，是强烈的趋势逆转信号。投资者可放心买入股票。

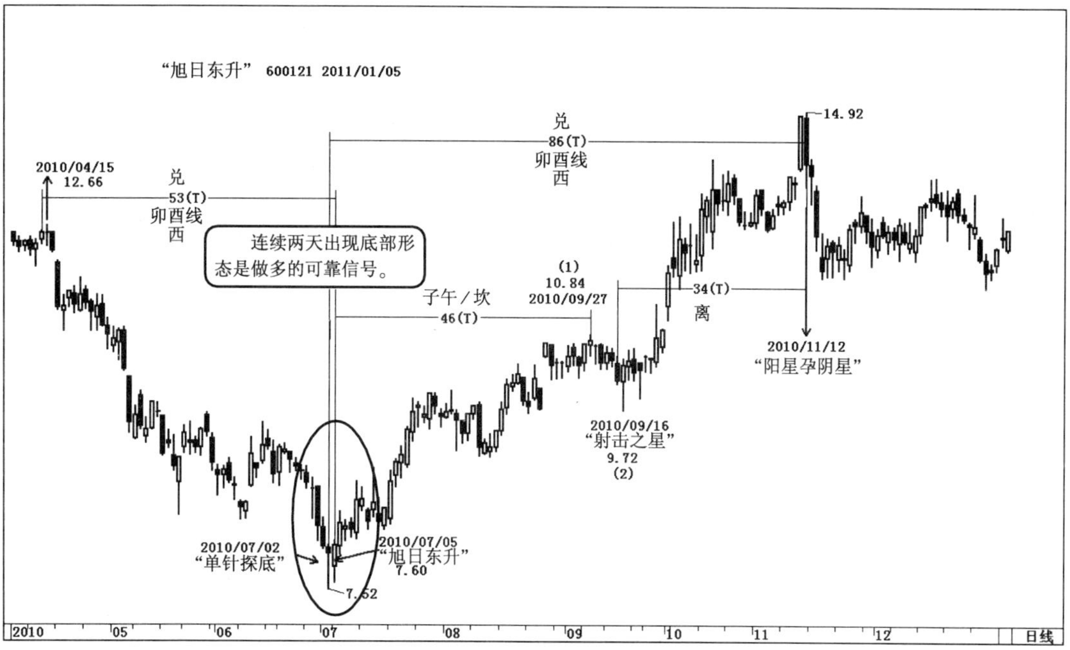

图 10.5.2 郑州煤电

（2）“旭日东升”形态出现后，运行卯酉线兑卦数 86 个交易日，在 2010 年 11 月 12 日以 14.92 元见顶。见顶形态为“阳星孕阴星”（又称“一阳挑诸阴”）。其后两日连续收阴线，演变为“暴跌三乌鸦”。

（作者注：在本书中，“一阳挑诸阴”“双飞乌鸦”“暴跌三乌鸦”等，统归纳到“阳星孕阴星”形态中去。）

“暴跌三乌鸦”形态是 100% 的中期转势信号。在本图例中，见顶后连续三日收中阴或长阴，是典型的“暴跌三乌鸦”见顶形态。这是最后的出逃机会，此时不走，更待何时！闭着眼睛出货绝对没错。事实上，2010 年 11 月 12 日以 14.92 元见顶，“暴跌三乌鸦”形态出现后，郑州煤电又陷入了以“年”为时间单位的长期调整，反复下跌至 2012 年 12 月 4 日的 6.38 元，跌幅为 8.54 元，或 −57.23%。下跌时间为 2 年零 1 个月。

3. 宏图高科（600122）

（1）宏图高科有一组“隔代相传自相似”：

运行23日见底—运行70日见顶—运行23日见底

（第一代）　　　（第二代）　　　（第三代）

（2）所有市场转向点皆出自后天八卦方圆图卦位数：31日坤卦数，23日坎卦数，46日坎卦数，70日，艮7的终了之数，50日，大衍之数，等等。

（3）2012年12月4日出现3.53元“旭日东升”见底形态，此前数日，曾经历过长阴深跌，向下跳空开市等空头宣泄的经历。“旭日东升”当天的形态是一根中阳K线，对上一日的中阴实现了价量双覆盖。这是比较可信的中期见底信号，可小量资金买入股票。

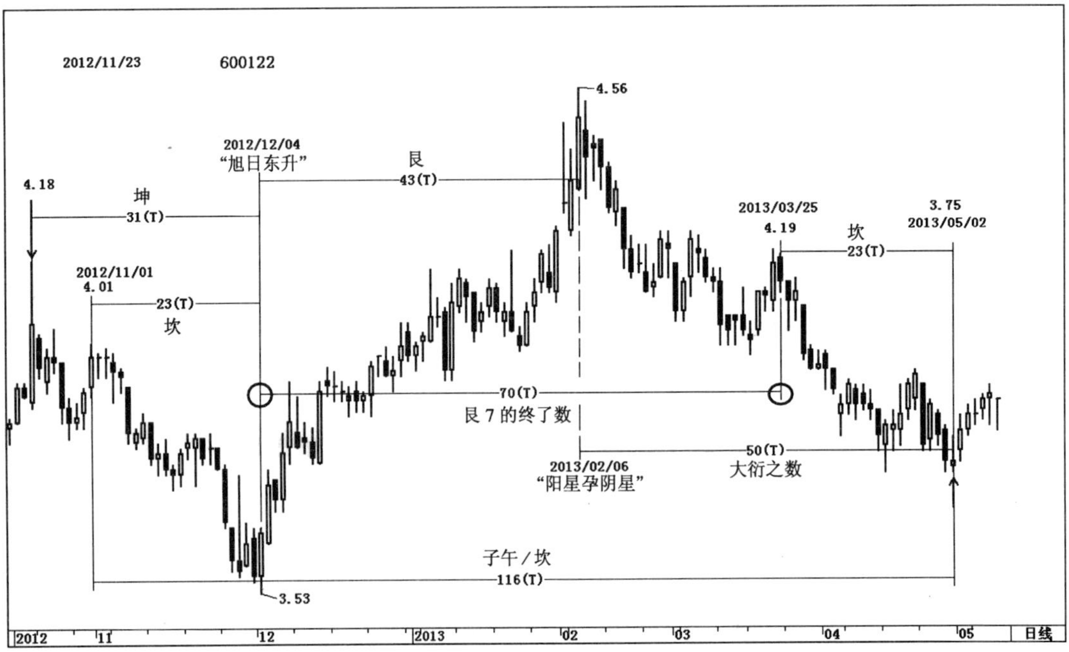

图10.5.3　宏图高科

第六节　“突破底平台”

一、“突破底平台”描述

此形态常出现于长期下跌并充分调整之后，跌幅已相当巨大。在下跌的末端，做空动能已十分衰竭，没力量再深跌下去了。于是，由多根小阴小阳组成磨底小平台（3～5 根，阴阳不限，特点是突体较小）。某个卦位数周期日，突然出现一根阳 K 线，此 K 线一举升破这个底平台的上边线，吞噬数根 K 线，这根 K 线就叫作“突破底平台”形态。

二、市场机理

市场经深度下跌之后，在底部区域出现阴阳交错的小 K 线，波动空间十分窄小，构成一个底部小平台，显示多空力量在这里取得相对平衡。多空双方都在伺机寻找突破点。某日，突然出现一根升破小平台顶端的带量阳 K 线，这已经明白无误地向市场宣示，空头在小平台构筑期间已无力将市场再砸下去了，多方已在小平台构筑的小阴小阳过程中蓄势完毕。一举升越小平台上边线，并发出“冲锋”信号：上升趋势开始了。

“突破底平台”形态显示，这是一个绝对的趋势逆转形态。这个形态出现后都会有一波相当可观的上升行情，是做多买入的可靠信号。

三、市场举例

1. 露天煤业（002128）

露天煤业有着非常突出的个性喜好（图 10.6.1）：

（1）一段下跌行情中，其顶部形态与底部形态喜欢以对称形式出现（“反对称”）。比如，2011 年 11 月 16 日之 17.57 元顶部是“阴星陨落”形态（在图之左上方），又可称“突破顶平台”，与本例“突破底平台”（可称“阳星冲天”）是一组工整的形态对称。细读这两个形态，可品尝对称之美。

（2）露天煤业不但喜好形态对称，还在意时间周期的对称。作者应用太极可读为“0”，也可读为“1”的周期规则，共录得 4 组 37 个交易日周期。

（3）作为露天煤业的基因核数 37 个交易日能够连续 4 次出现，一方面彰显股市生命基因顽强的“自组织、自相似”功能；另一方面彰显后天八卦方圆图卦位数的控制力无处不在。37，是巽卦时空数。

综上所述，一是形态对称，二是时间对称，三是卦位数周期。可以抓住并利用这三个特点（这是多数个股都具备的特点），帮助我们辨识形态、

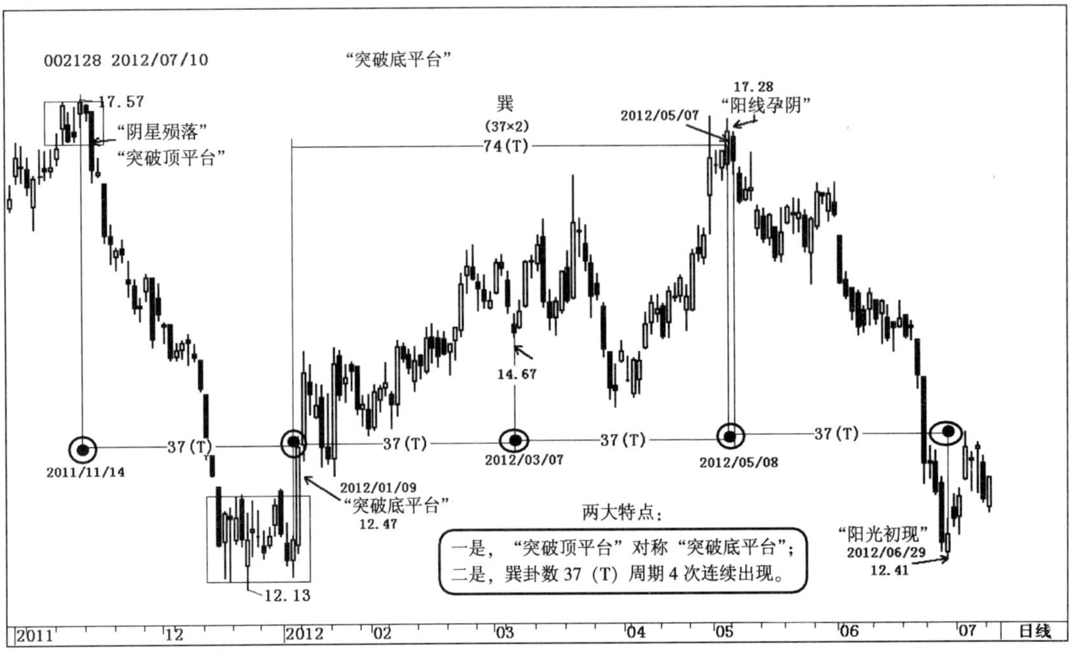

图 10.6.1　露天煤业

捕捉市场转向点。其实，这就是宇宙四律中的对偶律，及股市生命“代代相传自相似”的一种衍生模式。

2. 恒星科技（002132）

我们常说，每只个股因为其庄家的脾性不同，在具体操作中就会有不同的取向。每次造顶或造底，都会下意识地造出了相同的形态。比如本图例（图 10.6.2），整段上升行情有三个底部，而这三个底部不约而同地是“突破底平台”形态。相信庄家是不自觉的，并非刻意为之。这正如 20 世纪最伟大的科学家爱因斯坦评价我们的《易经》八卦一样：没有经过实验室的实验，也没有用上形式逻辑，硬是（把结果）做出来了。

“突破底平台”硬是反复做出来了。这是股市生命基因“自相似”遗传功能使然。我们可以视之为规律，并应用到判断形态的实战中去。

从 2009 年 3 月 16 日的“突破底平台”起算，至 2009 年 7 月 20 日之 5.83 元顶部，运行 96 日。96 是子午线离卦数。由 2008 年 11 月 6 日之“突破底平台”的 1.74 元底部起算，运行乾卦数 169 日，到 2009 年 7 月 20 日之 5.83 元顶部，上升 2.35 倍，是一段不错的获利。上升途中，有三个可以出货的顶部和两个筹码补给的底部。因为本节文字只着重于形态识别，故炒股操作策略在后边的章节中展开。

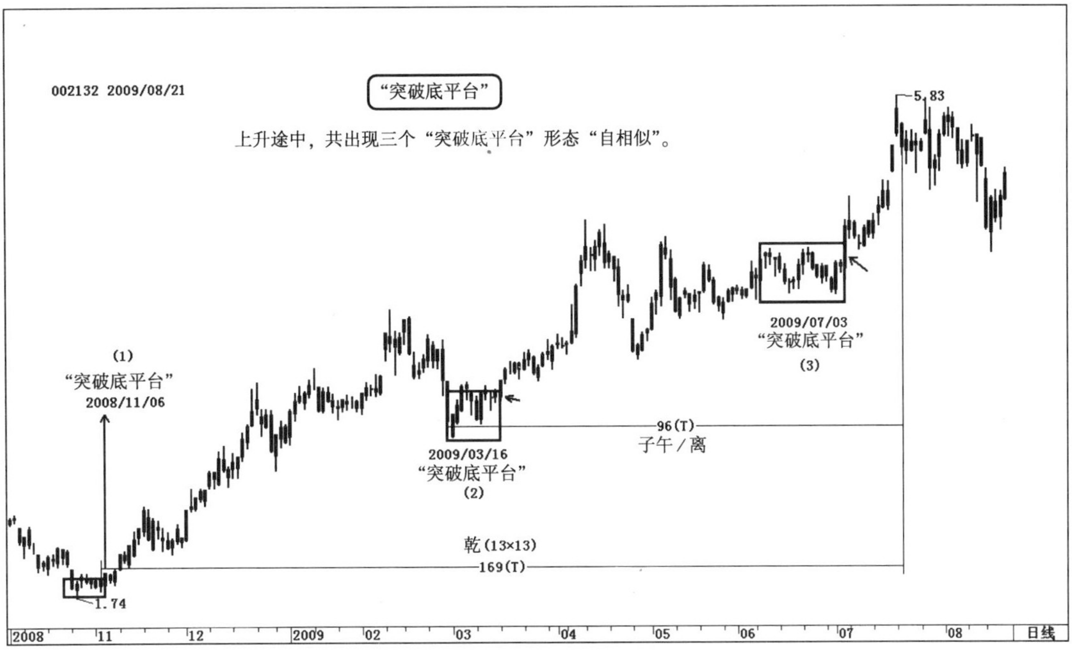

图 10.6.2　恒星科技

3. 荣盛发展（002146）

从图 10.6.3 中的左端之 12.82 元顶部下跌 77 日，于 2012 年 9 月 27 日的 8.15 元出现"突破底平台"形态；从底部上升 75 日，于 2013 年 1 日 21 日，产生 15.85 元"阳星孕阴星"顶部，升幅为 94.47%。（15.85/8.15）运行周期 75 日是子午线离卦数 15 的 5 倍生成，顶部出于重要卦位数上。事实上，本例若将"太极可用为 0，也可用为 1"的读数规则稍做技术性处理，即可得出图之左与右的两个顶部，是出现在 75（T）×2 的时间对称点上。凡对称点即市场趋势的临界点，遇顶要逃是炒股指引。

读者朋友还可以细细品味图中用方框圈着的"突破底平台"形态，其形成的过程相当规范——经深度下跌之后用 6 天时间构筑了底部小平台，然后一根中阳 K 线将其一举吞噬。这就是"突破底平台"形态。前面说过，"突破底平台"形态是可靠的多头信号，重仓买入将会获得好收益。

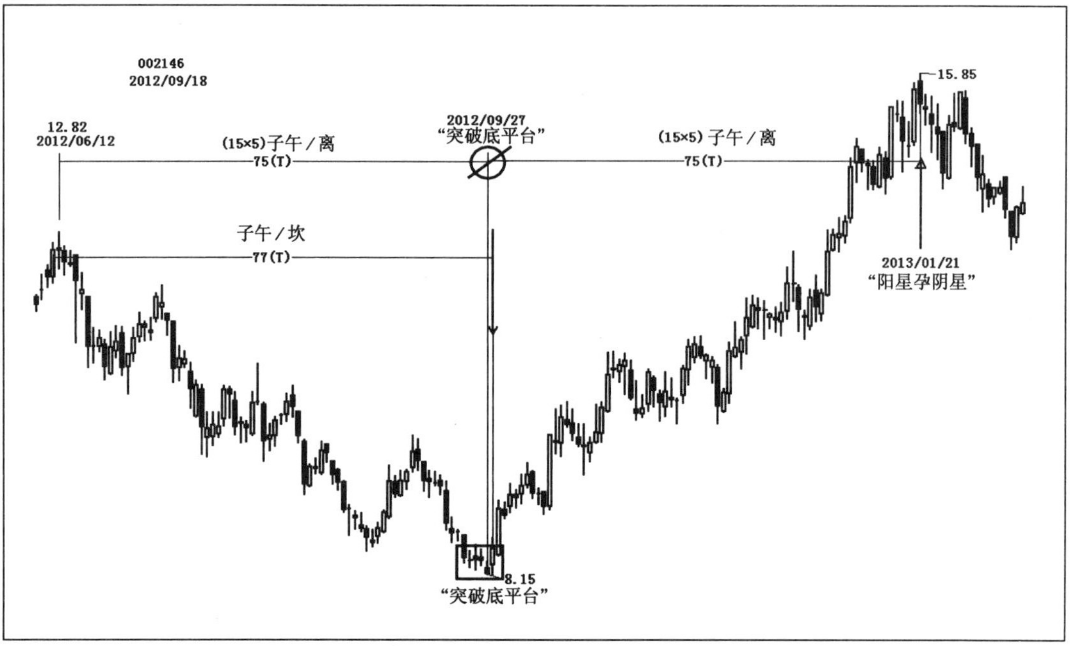
002146
2012/09/18
12.82
2012/06/12
(15×5)子午/离
75(T)
2012/09/27
"突破底平台"
(15×5)子午/离
75(T)
15.85
子午/坎
77(T)
2013/01/21
"阳星孕阴星"
8.15
"突破底平台"

图 10.6.3　荣盛发展

第十一章 七大顶部形态

第一节 “射击之星”（又称“倒吊锤头”）

一、“射击之星”描述

“射击之星”形态由一根K线组成。

股票已上升了一段时间，且有一定涨幅。在卦位数指向之某日，出现一根长上影的星线，其上影是实体的2.5倍或以上，有时甚至高达10倍以上，这根K线就叫作“射击之星”。

长长的上影线是“射击之星”形态的最大特征，其长度要超过实体2.5倍以上是基本条件，达不到这个比例的，就不是“射击之星”形态。长上影线宛若后羿之弓，要将太阳射落。市场从阳变阴，上升趋势转化为下跌趋势。

二、市场机理

在一个上升波的末端，多方力图将股价继续向上推升，但是却遭到空方的强力阻击，沉重的抛压使股价再也升不上去而回落，因而产生了长长的上影线。上影线的长度越长，对比实体的倍数越大，则显示空头抛压的力度越大，趋势转向的概率就越高。通常，“射击之星”形态出现的当天，收市前15分钟即可确认。这是最佳的离场机会，要在收市前15分钟内，尽早清仓。

三、市场举例

1. 日照港（600017）

上升57日在2011年4月22日收一根最高价为4.96元的“射击之星”见顶形态（图11.1.1）。57是坤卦之数，坤为老阴之卦，老阴宜造底而却出现顶部。逆天时卦义，大不利于后市。

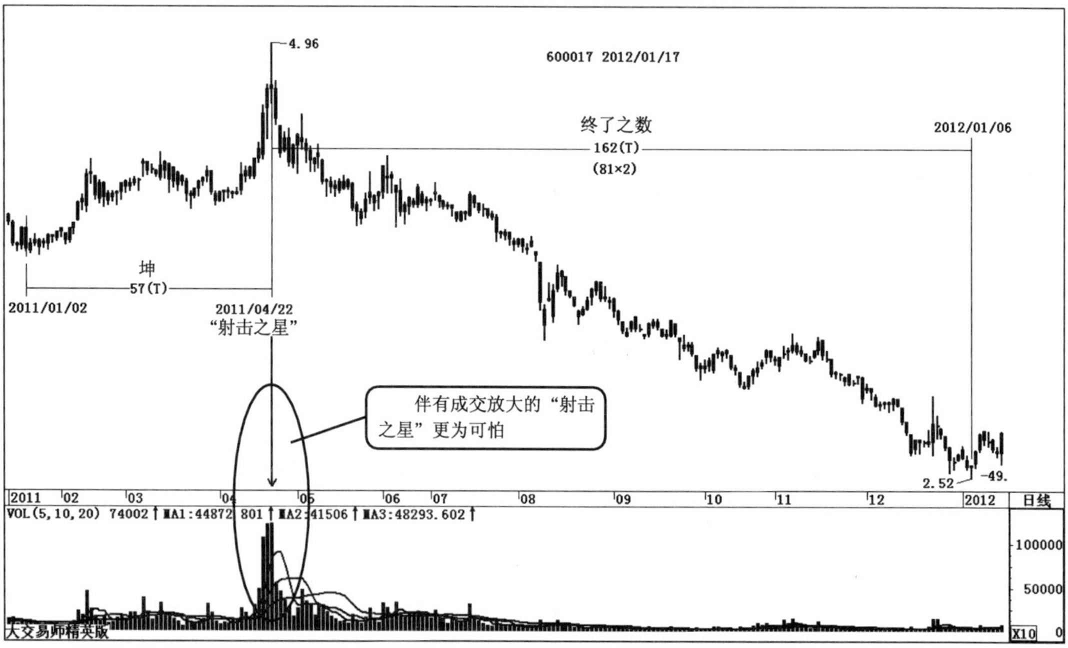

图11.1.1　日照港

此“射击之星”形态的上影为0.25元，实体为0.02元，比率为12.5倍。很夸张的长上影线。正如“射击之星”形成机理所言，“上影线的长度越长，对比实体的倍数越大，则显示空头抛压的力度越大”。更可怕的是，当日的“射击之星”伴以急剧放大的成交量，显示抛压之严重。大量持股者择荒而逃，很为可怕。果然，后市下跌162个交易日才喘定，该股在4.96元见顶后下跌至2.52元，跌2.44元，或-49.10%。

此例告诉我们，在“射击之星”形态形成的当日，收市前15分钟是最后的逃命机会。

2. 宝钢股份（600019）

图11.1.2为宝钢股份的走势图，从2011年12月19日之“单针探底”底部形态上升46个交易日（坎卦数），在2012年2月29日出现“射击之星”顶部形态，在子午线坎卦数上水火相冲而致顶。卦位数周期中出现完美的“单针探底”与“射击之星”形态对称。其后下跌25个交易日（乾卦数），在2012年4月10日又出现“单针探底”的底部形态，形成了“射击之星”顶部的左右两边都是“单针探底”的完美对称。“射击之星”的长上影指天，“单针探底”长下影笃地，是美妙的形态对称。这组对称共有三个市场转向点，都出在卦位数中。我们可以应用对偶律（对称）和卦位数的结合，轻松识别形态。在审美的享受中相应操作，盈利就快乐到手了。

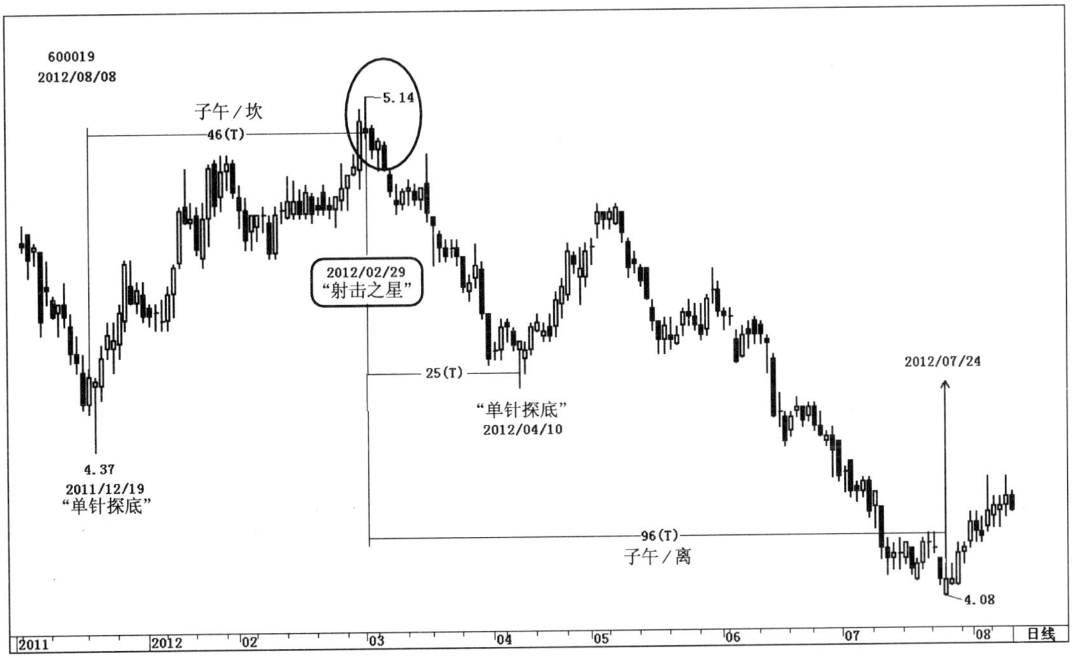

图11.1.2 宝钢股份

作者强调，在高位出现“射击之星”是必须清仓的，特别是这个“射击之星”伴以急剧放大的成交量时，后市将会出现时间长、幅度大的下跌。本节第一例跌了162个交易日，跌幅超过49%。本例则跌了96个交易日，跌幅20%。

3. 古越龙山（600059）

本图例（图 11.1.3）想强调的是，为了资金的安全，一旦遇到上升运行时间长、升幅大的“射击之星”顶部形态，清仓离场是必要的。本图例的“射击之星”出现于 2012 年 5 月 31 日，当日的最高价为 16.82 元，其上影线的长度为 0.87 元，是其实体（0.08）的 10.875 倍。这个“射击之星”是从图左下角的 9.34 元底部上升 92 日后形成的。92 个是子午线坎卦数 46 的倍数，此顶是水火相冲的产物。上升时间 92 日也够长了，升幅为 0.8008（16.82/9.34）也算很大了。更为重要的是，这个比率约近老子－斐波纳契数的 0.809。换言之，这个“射击之星”是时间、空间、比率三维交融的产物，清仓离场是不需犹豫的。

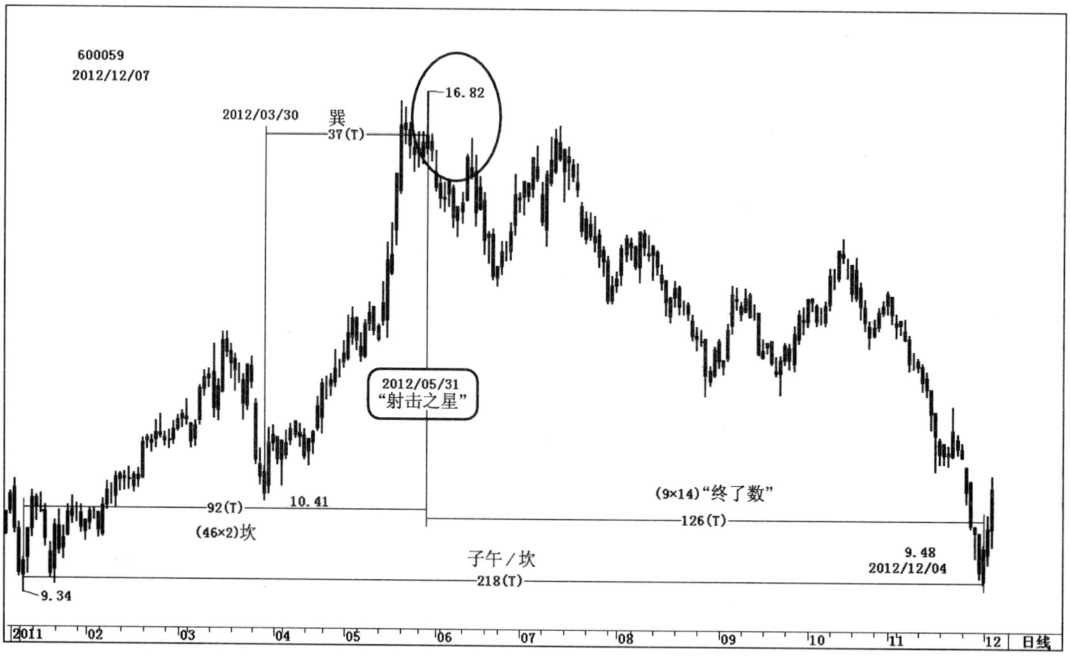

图 11.1.3　古越龙山

事实上，在 16.82 元“射击之星”见顶后下跌了 126 日。126，是“终了之数”9 的 14 倍，或是艮山之数 7 的 18 倍。很显然，这是一个极具长周期意义的数。在 2012 年 12 月 4 日的 9.48 元见底，尚差 0.14 元就回到“解放前”的 9.34 元了。玩了一趟“过山车”。

从图左之 9.34 元底部至图右的 9.48 元底部，其相隔时间为 218 日。查后天八卦方圆图，218，是子午线坎卦之数。本图标示了 92 日、37 日、126

日和218日等4个运行周期数，每个皆为卦位数或其倍数。这是股市的运行周期规律。

第二节 “阳极阴生”（又称“最后疯狂”）

一、“阳极阴生”描述

“阳极阴生”形态由一根K线组成，多出现于次级反弹的顶部区域，出现于一轮中级上升行情顶部的较为少见。该形态出现之前，可见A、B、C三波反弹，并已有一段颇大升幅。在卦位数的某日，大幅度向上跳空高开，但立即回落，收一根中阴或长阴K线，或高开后虽然继续上升，却又后劲不继，遇阻回落，当日收一根带上影的阴K线。

“阳极阴生”形态的技术特征：一是产生一个向上高开的缺口；二是全天趋势总体向下，但能在缺口上方收阴K线。显示“阳至极”而“一阴生”的阴阳转折点特征。

“阳极阴生”形态形成的缺口，是一个竭尽形缺口，常是趋势由升转跌的预警信号。后市多会出现时间长、幅度大的调整。“阳极阴生”形态出现的当日，常伴有成交量的急剧放大，显示其抛压沉重。

二、市场机理

“阳极阴生”出现之前的阳K线，上升趋势完好。“阳极阴生”出现当日向上跳空高开，显示多头力量企图凭借上升惯性将股价进一步推升，但却遭到空头力量的迎头痛击，涌现大量抛压，致使当天收出阴K线。所谓“阳极”，意指上升的势头到达了临界极致，被空头痛击即是明证。所谓“阴生”，是指一段上升趋势未段生出的第一根阴线，但这根阴线的收市价仍比上日阳线的收市价要高，形成一个向上跳空的竭尽缺口。

“周而复始”“阳极阴生”是《周易》揭示的自然法则，宇宙万物无可一免。股市更是当然。升得多了就要跌，跌得多了就会升，这是朴素的股市辩证法。阴阳相互依存是市场结构赖以获得平衡的手段。

形态出现当日伴有成交量急剧放大，却未能将股价有效推高，有力地揭示了多头力量已经衰竭。若翌日再收阴K线并将昨日缺口补完，则趋势陡转已成定局。投资人应在“阳极阴生”形态已成定局的当日收市前15分钟内迅速出货，才能保住利润。

“阳极阴生”形态多出现于反弹顶部而少见于一轮上升趋势的顶部(并非完全没有)，这是因为，反弹时的升幅相对于主升段的升幅不是很大，庄家认为在升势完好的前提下在某日向上跳空高开，不会惹起市场的太大注意，容易将股价造上去。殊不知，情况恰恰相反，因为反弹已经到达临界点，惹来市场巨大抛压，升势止于此。庄家失算。

三、市场举例

1. 振东制药（300158）

“阳极阴生”形态的位置出现在反弹顶部。振东制药连收数阳后，以向上跳空的涨停板的方式在2012年2月24日14.40元出现“阳极阴生”形态（图11.2.1）。当日，第4次向上跳空高开，略走高后总体呈下滑走势，收一根带上下影线的中阴K线，但收市价仍站在裂口上方。这根K线就叫作“阳极阴生”形态。

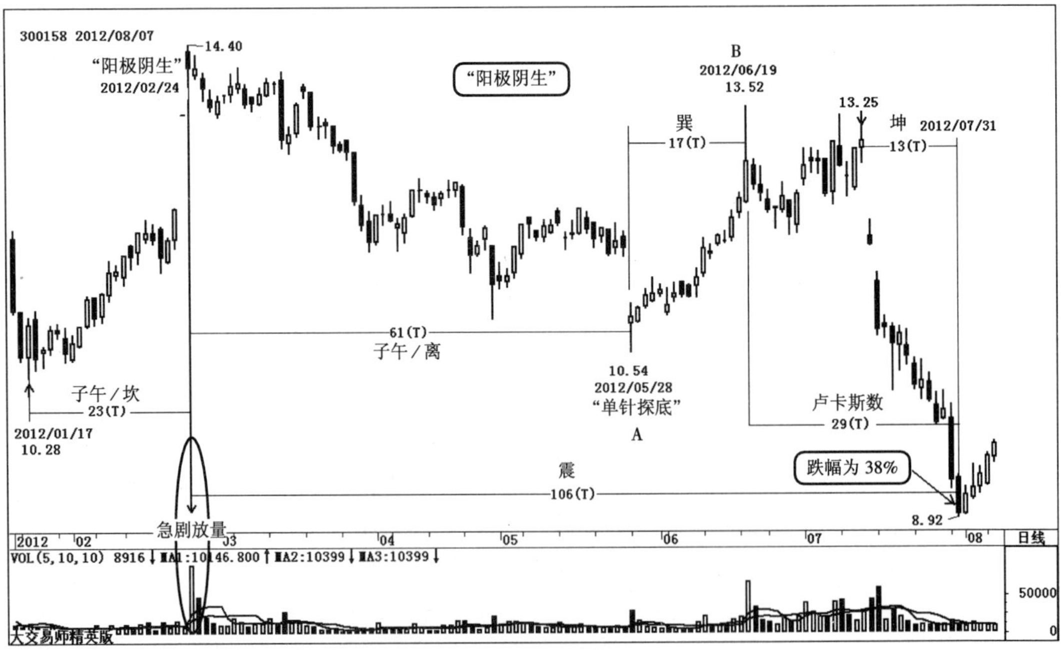

图11.2.1　振东制药

我们说过，“阳极阴生”形态是一个强烈的见顶信号，是大调整开始的形态。投资人唯一正确的做法是第一时间出逃，特别是“阳极阴生”形态形成的当日伴有大成交量的情况，更是非逃命不可。

在本图例中，事实上在本“阳极阴生”之14.40元见顶后，以大型的A、B、C三波下跌了190个交易日，才在2012年12月4日的7.71元见底，跌幅达-46.45%。足见“阳极阴生”形态的可怕。本图例只是其中截取的一段走势。

从“阳极阴生”之最高价14.40元起，下跌了106日（卯酉线震卦数），至2012年7月31日的8.92元见底反弹，跌5.48元或38%。0.382，老子-斐波纳契数比率，0.618的倒数。振东制药此次的调整比率可谓中规中矩。

反弹23日造出“阳极阴生”，下跌106日卯酉线震卦数见底反弹。事实上，此轮下跌分A、B、C三波，A波下跌了子午线离卦数之61个交易日，B波反弹了巽卦数17日等。所有市场显著转点，皆出自后天八卦方圆图的卦位数上。由此可见，“（易）可弥沦天下之事”，何况股市乎。这是股市的运行规律之一。

2. 秀强股份（300160）

本图例（图11.2.2）的技术特征有：

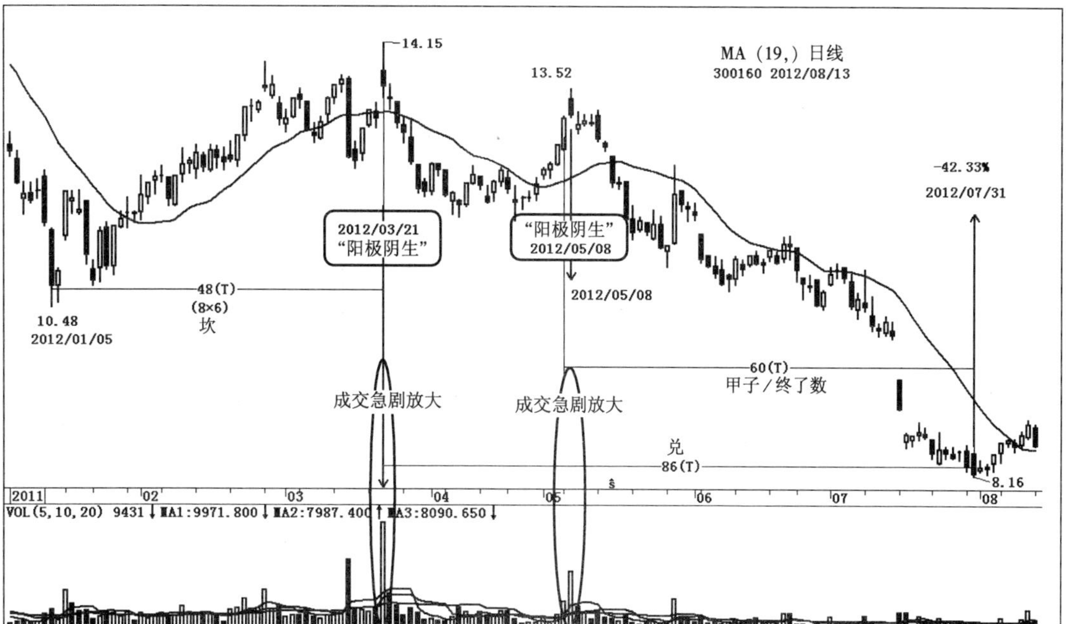

图11.2.2 秀强股份

(1) 从2012年1月5日之10.48元底部运行48个交易日（8×6，坎卦数），至2012年3月21日，当日向上跳空高开高走，摸高14.15元，后劲不济，纵使有急剧放大的成交伴随，亦未能将股价进一步推高。全日总体上呈下滑势态，收一根带长上影的“阳极阴生”形态，显示抛压严重，空头力量弥漫市场，向市场发出调整信号。

事实上，在“阳极阴生”之14.15元见顶后，调整了171日（对称性结构），才在2012年12月4日6.46元见底反弹。注意，仅仅是反弹而已，并非反转。足见“阳极阴生”形态的可怕。

(2) 2010年12月8日，出现第二个13.52元之“阳极阴生”形态。此形态出现之前已见六连阳，可谓“阳之至极”也。形态出现当日是第7天了，“七日复得，天行健”。于是阳极而生阴，反弹至此结束。

本图例仅仅是长期下跌过程中的一段截图，13.52元见顶后，用了甲子之数60日，才在2012年7月31日的8.16元见底。如果从第一个“阳极阴生”顶部形态起算，则下跌了兑卦数86个交易日，跌去5.99元，或42.33%。痛苦了4个月，从高位蒸发了约43%。这滋味是不好受的。

本图例短期内两次出现“阳极阴生”形态，顶部一个比一个低，显示庄家黔驴技穷。所有市场显著转向点皆出于卦位数时间，如48日（用太极为1，可读为乾卦49日）、60日、86日等。

由此可见，无论顶部、底部的运行时间，皆受后天八卦方圆图卦位数或易数的控制。先量度时间，后审视形态，再看成交量有否异动，然后做出判断，这是看市的要诀。

3. 鄂武商A（000501）

本图例有两个顶部（图11.2.3），前者是2011年3月16日的17.70元顶部，后者是2012年6月21日17.64元的“阳极阴生”顶部。一顶比一顶低，显示多头力量疲弱。两顶之间相隔61日，61，是子午线离卦数，彰显卦位数之无处不在。

2012年6月20日，鄂武商A跳空高开并在涨停板收市，成交额为2787万元。6月21日，向上跳空在16.70元开市并高走至17.64元，后劲不济，下滑至15.66元企稳并缓慢盘升，在16.60元报收，是一根带着长长上下影线的阴十字星，成交量急剧放大，为33374万元，是上一交易日的11.97倍。形态及成交额说明了什么？说明了当日的多空双方进行了惨烈的搏杀，空头大胜。当日就是一根典型的“阳极阴生”形态。在17.64元“阳极阴生”形态见顶后，反复下跌111日，在2012年12月4日的

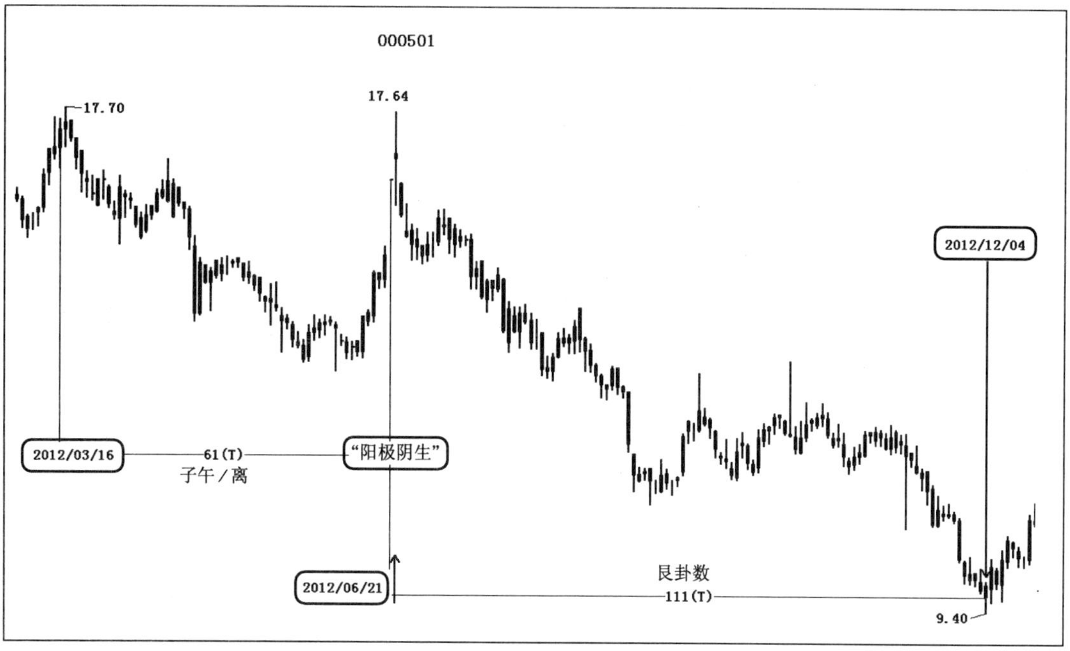

图 11.2.3　鄂武商 A

9.40 元见底反弹。从高位跌去 8.24 元，或 46.71%。111，是艮卦之数，艮山止跌而为底。61，是子午线离火之数，水火相冲，又见顶部。

第三节　"穿头破脚"（又称"多头溃败"）

一、容易辨识的见顶形态和不容易辨识的见顶形态

顶部形态，有些是很典型的，比如"射击之星"、"断阳铡刀"和本例的"穿头破脚"等，有些却是小阴小阳，K 线不显眼，一切看似平淡无奇，实际蕴藏着危机。不知不觉中，顶部已现，很容易会被忽略而错过。我们做不到先知先觉，也要力求做到后知后觉。最可怕的是，虽然"后觉"了，却因为股价已跌去些许而不愿意出货，这就往往会一错再错而被深度套牢。

凡是见顶形态，都具备股价已经历了一段上升时间，且已有一定升幅的两个条件。所谓一段时间，微浪级是 9 ~ 15 个交易日，次级浪是 18 ~ 25 个交易日，中级浪是 37 ~ 46 个交易日，有时也会达到 50 ~ 57 个交易日，

超过60个交易日以上的，多为长期大浪，特别是超过“大限之数”100个交易日的，一定是长期大浪。所谓“一定升幅”，没有固定的概念。细级别上升波的升幅在10%～20%之间，中级（子浪级）或中级以上的推动浪，其升幅在20%以上，乃至若干倍。对于升幅，只是一种参考因素，不必拘泥于某一具体数字。重要的是，学会在卦位数时间中发现顶部（底部）形态，学会在螺旋线的扩张点上——黄金分割比率的位置上，或0.5比率上发现顶部（底部）形态。

作者认为，不要求在最高价位出货，能够在顶部区域的平均价位出货，你就是一个优秀的炒股之人。若错过了最佳卖出点，要在其后的反弹中，抓次级顶部出货，这仍不失为成功者。买入时，要设止损点；卖出时，要设止盈点。不要一错再错，不要惋惜出不到最好的价而犹豫不决，这是被深度套牢的原因。

相对地，也不要求买到最低价，能在底部区域买到股票的，就是高手。买股票要分批分次，最好是将资金分为三份。首次在K线的底部形态买入，宜用1/3资金，且要设立止损点。升势看准了，分次加码，最好是等待“震出东方”形态出现之后才100%投入资金。

二、“穿头破脚”描述

“穿头破脚”形态多出现于上升波段的末端，有时亦出现于调整浪中的B浪反弹顶部。比如上升推动浪的2浪顶部，“穿头破脚”形态一旦出现，显示上升趋势或反弹高度已到尽头。接下来的是杀伤力极大的C浪或3浪下跌。

“穿头破脚”形态由两根K线组成，第一根K线为阳线，第二根向上跳空高开，穿过了上一交易日阳线之头，即升越了上一日阳线的收市价，即所谓“穿头”。可是，全天却呈下滑之势，其收市价低于上一日阳线的开市价，即所谓“破脚”。当日收出一根长阴K线，把上一日的阳线从头到脚吞噬了，故名之曰“穿头破脚”。

三、市场机理

第一根阳线虽然显示上升趋势仍然完好，但已属上升末段了，如果第二根K线高开低走，收一根把上一日阳线完全吞噬的长阴线，显示多空双方形势陡然突变，多头力量已被空方兵力包围歼灭。“长阴吞阳”，呈现多方“完全溃败”。因为猝不及防，多方手上仍有大量股票，不甘心一击即溃，常会伺机反扑，做出一个次级顶部，以达到最大限度派发目的。这是来不及在“穿头破脚”形态出货的持股人之第二个逃命机会，唯一正确的选择是在这次反弹择高出逃。

“穿头破脚”形态是比之“高开阴盖阳”和“低开阴包阳”形态更为严重的趋势转向信号。此形态出现后，常见一段猛烈下跌。

四、市场举例

1. 万马电缆（002276）

（1）从6.49元底部上升43日（艮卦数）到2010年4月13日，出现10.74元“穿头破脚”顶部形态（图11.3.1）。当天以略高于上一日收市价的10.37元开市，几分钟内攀高至10.74元即告回落，形成“穿头”之势，呈下跌走势，最低下探至9.69元，在9.92元报收。将上一日的阳线开市价包盖，形成所谓“破脚”之势。这根K线就叫作“穿头破脚”形态。

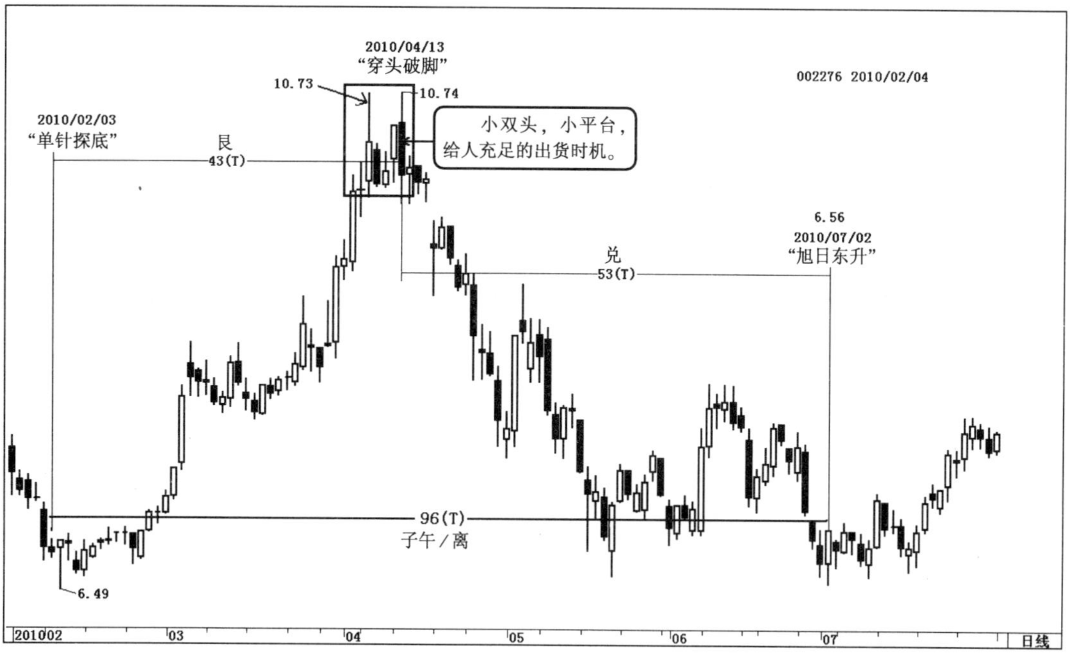

图11.3.1 万马电缆

事实上，5日前就出现过一根最高价为10.73元的长上影阳K线，与“穿头破脚”形成了小双头。在高位构筑了一个以10.73元和10.74元为双头的小平台，小双头见顶后，以大型A、B、C三波形态反复下跌至2012年1月5日4.40元底部，下跌时间为400个交易日，跌6.34元，从高位跌去59%。足见“穿头破脚”形态的可怕。

（本节图例只是截取了下跌的其中一小段）其实，万马电缆在10.00元上下的顶部区域震荡，前边以长上影的K线警示，后边以“穿头破脚”形态发出清仓指令，中间用5天时间构筑的高位小平台给投资人充足的出货时间。

（2）2010年4月13日10.73元“穿头破脚”下跌53日，53，是卯酉线兑卦数，在6.56元喘定反弹。

（3）若从2010年2月3日6.49元底部至2010年7月2日6.56元底部，则用去了96个交易日，从哪里升上来，跌回哪里去！96，是子午线离卦之数。

（4）在这96日周期内，完成了一次升跌循环。上升43日艮卦数，下跌53日兑卦数。数数皆为卦位数！

2. 路翔股份（002192）

2012年7月2日和3日，路翔股份（图11.3.2）用两天时间营造了一个“穿头破脚”形态，最高价为21.89元，“穿头破脚”是可怕的。形态出现后，连续多日向下跳空急跌、深跌，根本就不给你逃命的机会。仅用10天时间就从21.89元跌至14.65元，跌7.24元，或跌33%，令持股人心惊肉跳。用21日艮卦数跌至13.60元，跌去8.29元，或跌去37.87%，约近老子-斐波纳契数比率0.382。我们强调，“穿头破脚”形态就是一个清仓的指令。

本图例的“穿头破脚”形态是从2011年12月22日“单针探底”形态的12.85元底部升上来的，运行81个交易日。众所周知，81不但是老乾之数，还是“九九归一”的终了之数。其终止一轮上升趋势的时间意义非常显著。空间上，12.85元至21.89元，升9.04元，或升70.35%，升幅也够巨大了。庄家主力在“九九归一”的时点上，用一根“穿头破脚”演绎了这段行情的“最后疯狂”。

本图例上升用了81日，下跌用了21日，合计为102日。102，是离卦数34的3倍。作者曾多次指出，34、102是A股生命的DNA核数，曾无数次作为市场重要转向的周期数。路翔股份只是父系基因的继承而已。

图 11.3.2 路翔股份

上升时，日均升幅为0.1116元；下跌见底时，日均跌幅为0.3947元，跌速比升速快3.5倍多。揭示这个数字意在强调，最佳卖出点是在“穿头破脚”出现的当天。

3. 日照港（600017）

2012年5月21日，日照港出现最高价为3.50元的“穿头破脚”见顶形态（图11.3.3）。从运行时间上看，此顶出现于三个卦位数的汇聚点上：2.52元底部运行兑卦数86日、3.11元顶部运行天地之数55日和2.78元顶部运行坤卦数31日。数据表明，日照港几个显著的市场转向点均发生在卦位数之中，“穿头破脚”更是产生于多卦位数和谐共振的周期点上。

3.50元的“穿头破脚”形态见顶后，下跌卯酉线震卦数40日，在2012年7月17日见2.57元底部，跌幅为0.93元，或跌26.57%。为什么下跌幅度这样小呢？原因是本图例3.50元的“穿头破脚”形态是经过长期下跌之后的最后一个小顶，其本轮下跌的大顶是2010年3月5日的5.60元，跌幅为3.03，或54.10%。不过，下跌40日，跌幅为26.57%，也令投资人很不好受。若在顶部逃跑，回笼资金并投放到机会更好的股票上，则能充分利用资金的周转创造利润的最大化。

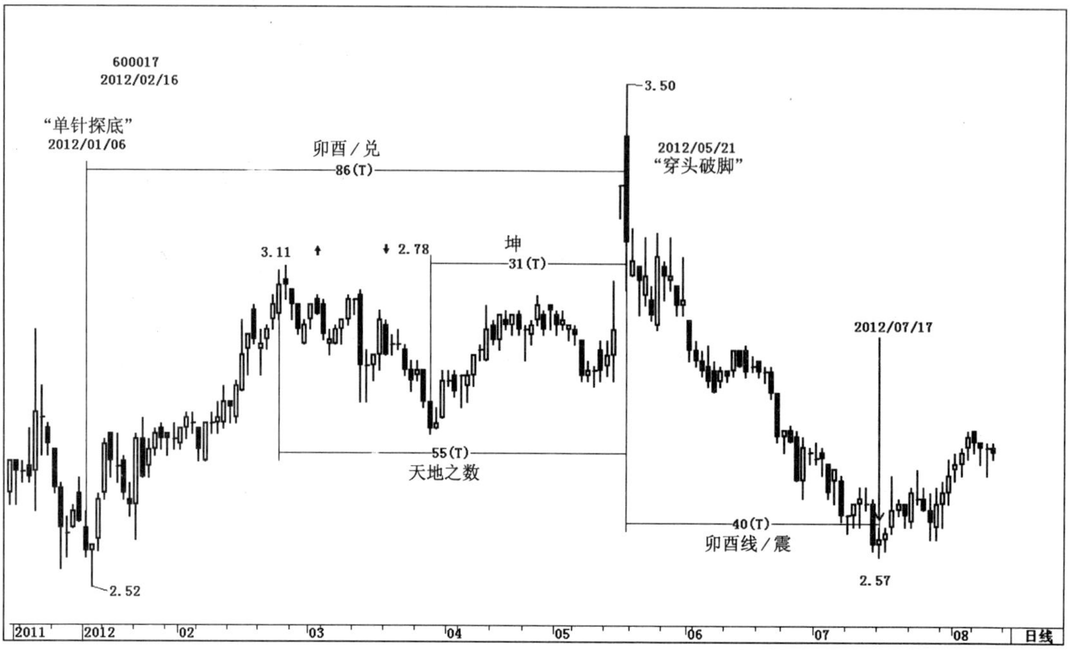

图 11.3.3　日照港

第四节　"断阳铡刀"

一、"断阳铡刀"描述

在一轮上升行情的末端，出现一根长阴 K 线，这根 K 线的实体覆盖此前两根或两根以上 K 线，这是区别于"穿头破脚"的特征，显示其空头力量比之"穿头破脚"更强大，此形态是对多方的摧毁性打击。这根 K 线就称之为"断阳铡刀"形态。它出现的位置在相对高位的顶部区域，这一点很重要。在不同的位置上出现相似于"断阳铡刀"的形态，就会有完全不同的含义。比如，在长期下跌的末端出现一 K 线吞掉此前数根 K 线的大长阴，这并不是"断阳铡刀"，而是将要见底的预警信号。因为，这根连吞数日 K 线的大长阴，是空头力量的最后宣泄。若翌日收长下影的星线，则底部已现。

二、市场机理

顾名思义，“断阳铡刀”就是把股市之阳——上升趋势一刀斩断的“铡刀”。要想这样做，并且有能力这样做的，当然只有主力庄家了。主力庄家这样做的原因可能是多种多样的，或者是赚够了，要撤庄，或者是出现意外的特大利空，不得不撤庄，或者是资金链断了，被迫舍命撤庄。总而言之，根本原因是庄家急于逃命，要撤庄了。这就是“断阳铡刀”形成的市场机理。

一般而言，“断阳铡刀”形态出现后，这只个股会在相当一个时段内没戏，剩下逃不掉的小散户则挨日子吧。

三、市场举例

1. 中体产业（600158）

中体产业在2010年11月12日出现“断阳铡刀”形态（图11.4.1）。此把“断阳铡刀”以放量之态一刀吞灭了此前10根日K线，可谓夸张至极，令人恐怖。当日最高价为10.34元，见顶之后，一口气下跌53日（卯酉线兑卦数），至2011年1月27日的6.45元才喘定。事实上，这个底部只是下跌A浪，B浪反弹也无力，只见7.98元又再度下跌，后边的C浪又是漫长的106个交易日下跌（106是卯酉线震卦数）。根本不给投资人在较好价位出货的机会。

A浪下跌，卯酉线兑卦数53日，53处在西方；C浪下跌，卯酉线兑卦数106日，106处在东方。两次下跌的时间在同一条卯酉线上东西呼应。数字又显示，C浪的下跌时间是A浪的1倍（106/53）。

事实上，中体产业在“断阳铡刀”见顶后，以A、B、C三波反复下跌了182个交易日。182，是坤卦数91的倍数。在2011年8月9日之5.10元见底（老阴见底），喘定反弹，从高位跌去50%以上。

再次强调，在“断阳铡刀”形态出现的当日清仓是最佳选择。通常情况下，当天收市前15～30分钟，已可判断出当日是一根“断阳铡刀”。抓住这收市前的15分钟，应不问价格，当天果断逃命。当天出不完货，第二天也要不问走势如何，不管价位高低，开市后15分钟清仓完毕。

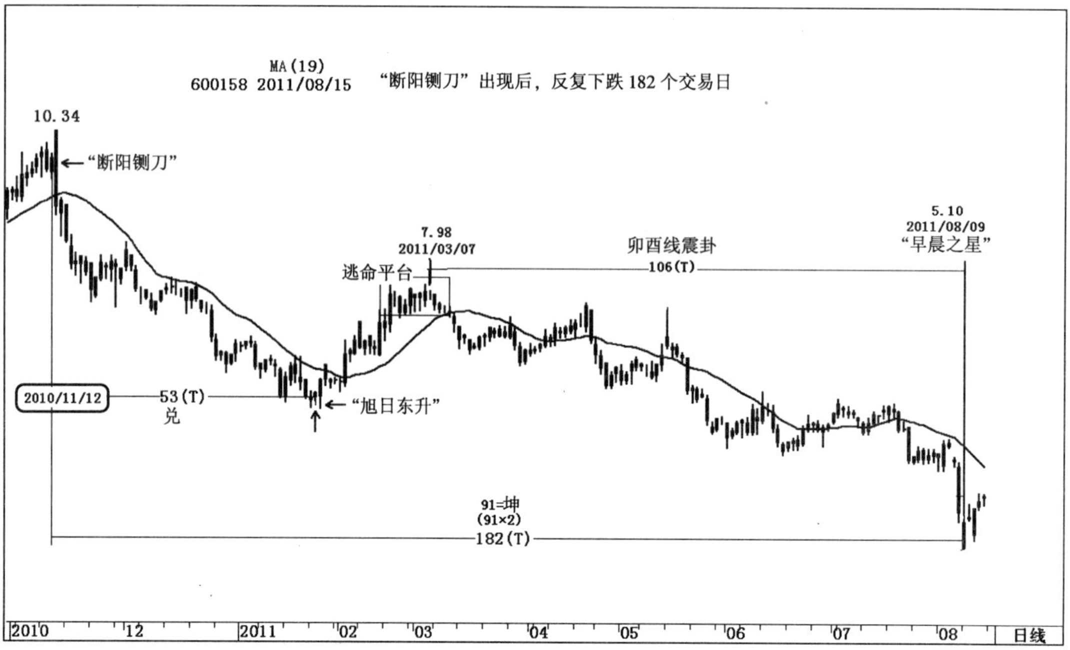

图 11.4.1　中体产业

2. 南玻 A（000012）

（1）本图例南玻 A（图 11.4.2）出现两个“断阳铡刀”，彰显其形态“自相似”的生命特征。

（2）第一个“断阳铡刀”形态出现于 2011 年 1 月 16 日 12.70 元顶部，见顶后以 A、B、C 三波下跌到 2012 年 9 月 27 日的 6.66 元，跌 6.04 元，或 47.55%。下跌时间为 200 个交易日，即两个“大限之数”周期。

（3）从 2012 年 1 月 4 日 7.79 元底部反弹 43 个交易日，至 2012 年 3 月 14 日 11.28 元顶部，出现第二个“断阳铡刀”形态。见顶后下跌 121 日至 6.66 元见底，下跌幅度为 40.95%。

上述几个市场转向点运行时间录得为“大限之数”200 日、乾卦数 121 日和艮卦数 43 日，第二个“断阳铡刀”的下跌时间为乾卦数 121 日。第一个“断阳铡刀”的调整幅度约为老子－斐波纳契数比率的 0.382（11.28 元跌 4.62 元至 6.66 元），中规中矩。市场的中级调整大多在 0.382～0.5 之间。可见南玻 A 的两次调整无论是从时间上看或幅度上看，都遵循惯例。

同一天空下，没有新鲜事——与第一例的中体产业一样，“断阳铡刀”出现后，短期内根本就不给投资人逃命机会。应该在“断阳铡刀”当日收市前不问价位逃命，出不完货的，翌日择机清仓。

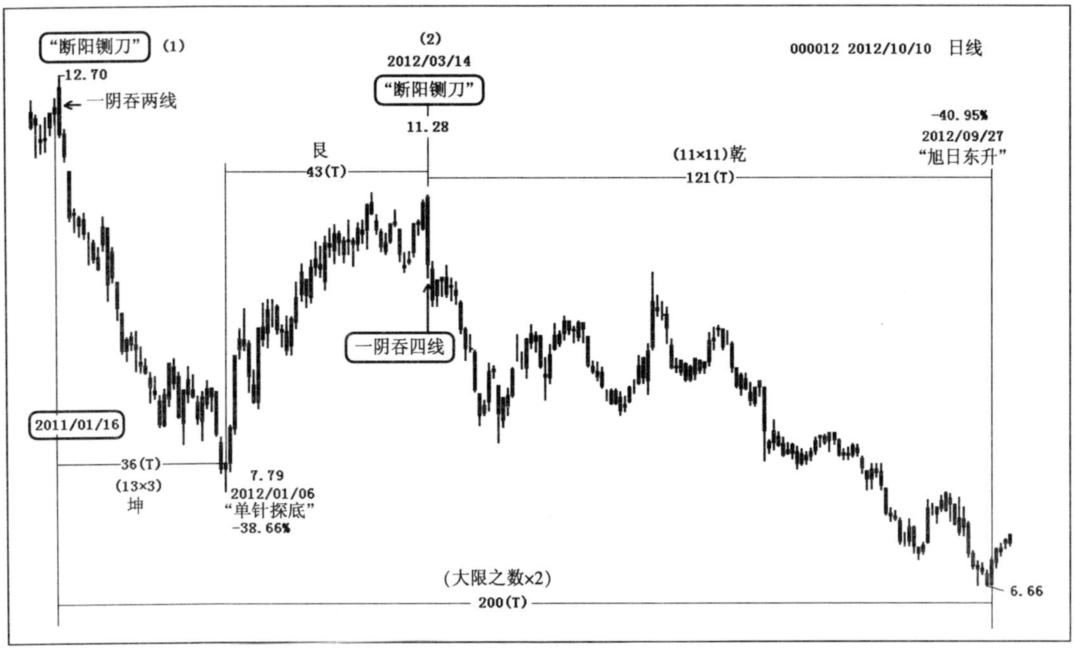

图 11.4.2 南玻 A

3. 硅宝科技（300019）

图 11.4.3 硅宝科技

从2010年2月3日16.42元底部上升43日（艮卦数），于2010年4月13日出现29.51元之“断阳铡刀”见顶形态（图11.4.3），艮山阻升而成顶。见顶后下跌坎卦数23日，在2010年5月18日之15.66元见底，比之上升前的16.42元底部还要低0.76元，可见“穿头破脚”的恐怖。

第五节　“低开阴包阳”

一、“低开阴包阳”描述

此形态出现于高价区域，已有一段上升时间及上升幅度。形态由两根K线组成，第一根K线是中阳或长阳线，第二根K线跳空向下低开低走，全日呈下跌走势，收中阴或长阴线，收市价低于上日的开市价，其实体将上日K线完全包盖，有时甚至涵盖两根以上K线。此形态与“高开阴盖阳”的区别在于，前者是高开低走收长阴，后者是低开低走收长阴。前者盖阳头，后者包阳脚。两个形态都属转向信号，而后者的转向概率更高。

二、市场机理

第一根中阳或长阳K线显示升势仍在持续，看不到趋势有变化的迹象。第二根K线发生突变，低开低走，且收出实体包着上一交易日阳线开盘价的长阴线，显示多头彻底溃败，空头力量已经完全占领市场。“低开阴包阳”形态是一个比之“高开阴盖阳”更为强烈的转势信号，投资者应及时将股票卖出。

三、市场举例

1. 大湖股份（600257）

（1）本图例（图11.5.1）彰显股市生命基因的“自组织、自相似”功能。图中有三个底部，其形态都是“单针探底”；有两个顶部，两个都是“低开阴包阳”形态。这显示，太湖股份的主力庄家喜欢玩K线形态“自相似”。

图 11.5.1 大湖股份

(2) 两个“低开阴包阳”形态从底部上升的运行时间都是卯酉线兑卦数 28 个交易日。28 日周期共出现 3 次。这表明太湖股份的主力庄家喜欢玩运行时间“自相似”。

综上所述，太湖股份表演了 K 线形态“自相似”和运行时间“自相似”，这些现象佐证了“同一天空下，没有新鲜事”的《圣经》名句和“历史会重演”的股市名谚。我们从中收获了什么？愚者愕愕，智者自明。

(3) 所有市场显著转向点皆发生在卦位数中，依次为：

28 日兑卦数，由底至顶；23 日坎卦数，由顶至底；28 日兑卦数，由底至顶；

28 日兑卦数，由顶至底；65 日巽卦数，由顶至底；115 日坎卦数，由顶至底。

由第一个“低开阴包阳”之 7.19 元顶部至“阳光初现”2.70 元底部，运行 115 个交易日。115，是子午线上坎卦数 23 的 5 倍，跌 4.49 元跌幅为 62.44%，这是黄金分割率。时间上，（115 日）在子午线上水火相冲；空间上，处黄金分割位（下跌比率），或者说，处在螺旋的收缩点上。

由此可见，太湖股份的市场波动中规中矩。作为股市中人，只要知规律，懂规矩，就可以挥洒自如，进退有方。

2. 外运发展（600270）

（1）本图例外运发展（图 11.5.2）有两个底部皆为“旭日东升”形态，有两个顶部皆为“低开阴包阳”形态。彰显其股市生命的 K 线形态“自相似”功能。

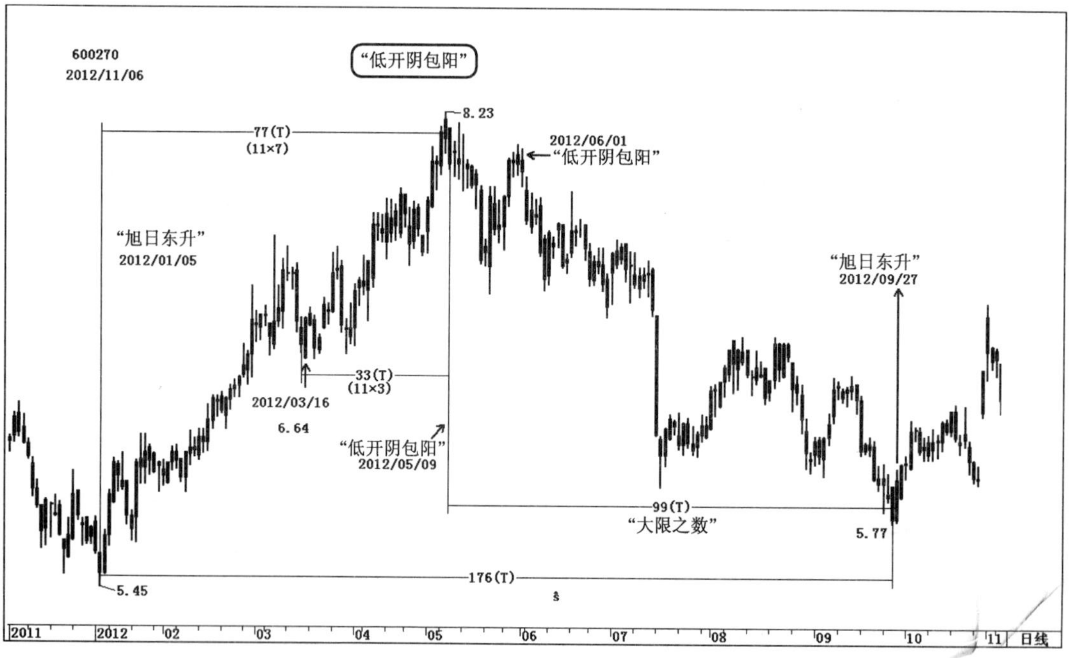

图 11.5.2　外运发展

（2）第一个 8.23 元“低开阴包阳”形态（2012 年 5 月 9 日）运行时间为子午线坎卦 77 日，同时亦是 33 日（11×3，卯酉兑）汇聚之点，见图中标示。从 5.45 元底部到 8.23 元“低开阴包阳”见顶，涨升 2.00 元，或升 33.77%。0.333 是 100% 的三分位置，是一个常见比率。《太玄》就以三、六、九为节点。

（3）从第一个“低开阴包阳”形态之 8.23 元顶部到 2012 年 9 月 27 日之 5.77 元底部，下跌 99 日，跌势“终于九”，于是见底。99，是著名的“大限之数”，是一个股市长周期的终极之数，见底有理。

（4）从本图例 5.45 元底部（2012 年 1 月 5 日）至 5.77 元底部（2012 年 9 月 27 日），一升一跌，几近“回到家乡”，其下跌时间之长也是够烦人的。这表明，“低开阴包阳”顶部形态的出现，就是出货指令，执行指令是炒股的第一纪律。本图例的第二个“低开阴包阳”形态，是第二次出货指令，这里是次高点，也是最后的逃命点。

3. 赛为智能（300044）

从2012年12月4日4.46元上升34个交易日，到达2013年1月24日的16.78元“低开阴包阳”见顶形态（图11.5.3）。34是子午线离卦之数，A股DNA核数。升幅为1.493倍，远远超过大市的升幅。

图11.5.3 赛为智能

“低开阴包阳”见顶形态的特征是，一方面是低开，显示多头力量不足；另一方面是阴线的收市价（实体）包裹着上一交易日的阳线开市价，显示多空双方的力量对比已经发生了变化，空方已由先前的弱势转化为强势。事实上，赛为智能在“低开阴包阳”见顶后，调整了60个交易日，在2013年5月2日的6.81元见底。

上升时间运行34日离卦数，下跌时间运行60日甲子数，下跌时间是上升时间的（60/34）1.764倍，两者的数学关系呈准确的老子－斐波纳契数比率。

有人说，牛短熊长是中国股市的一大特征，这应该是从某一波局部走势上说的。从一个循环周期上看，未必是如此（请参阅上篇的“周期律”一章）。

第六节 “高开阴盖阳”（又称“乌云盖顶”）

一、“高开阴盖阳”描述

“高开阴盖阳”形态由两根K线组成，第一根K线是中阳线或大阳线，第二根K线跳空高开，但股价未能顺利向上推高，而是向下走低，全日呈一路下滑状态，最后在全天最低价附近收盘。其收盘价已经嵌入上一交易日阳线的实体之中，开盘价则将上一交易日的阳线死死盖住。这两根K线组合就叫作“高开阴盖阳”形态。

二、市场机理

第一根K线是中阳线或大阳线，这代表先前的上升趋势得以延续，还看不出上升趋势有什么破绽。第二根K线跳空高开，显示多头力量仍然希望将股价进一步向上推升，但是，却遭到空方的强大阻压。全天呈一路下滑走势，且其收盘价在当日最低价附近，显示多头力量无以为继。空头力量终止了此前连续收阳的涨势，已经完全控制了盘面。

“高开阴盖阳”形态出现后，股价常会迅速下跌，其反转意义强烈。第二根阴线的实体越大，越接近上一日阳线的开盘价，则表明股价趋势反转的概率越大。“高开阴盖阳”形态是一个强烈的卖出信号。

三、市场举例

1. 山西汾酒（600809）

（1）卦位数时间周期主宰市场波动，其顶其底，皆出于卦位数中。比如，卯酉线震卦数40个交易日造出“高开阴盖阳”形态（图11.6.1），艮卦数43个交易日见29.59元“阳光初现”底部（艮山止跌），乾卦数25日见36.62元反弹顶部（老阳止升），又下跌子午线离卦数34日见25.00元底部（离火冲而为底）等。

图 11.6.1　山西汾酒

（2）从 2011 年 6 月 20 日 31.22 元底部上升震卦数 40 个交易日，在 2011 年 8 月 15 日 44.68 元以“高开阴盖阳”见顶，其后以 A、B、C 三波形态下跌，用 102 个交易日（离卦 34 的 3 倍）在 25.00 元见底。102 是 A 股大盘的 DNA 核数，经常反复出现。

（3）此波下跌 19.68 元，或跌幅为 44%。44 是兑卦 11 的倍数，由此可见，时间与空间（比率），皆为卦位数。

（4）三波下跌过程中，A 浪运行艮卦数 43 日以“阳光初现”形态见底，B 浪运行乾卦数 25 日，以 36.62 元见顶，C 浪运行离卦数 34 日，以“阳光初现”形态见底，见图中标示。细数市场显著转向点，无一不在卦位数中。后天八卦方圆图的卦位数，是无所不在的周期数，是市场的转折点。

2. 天坛生物（600161）

（1）天坛生物在 16.76 元底部上升 46 日（坎卦数），到达 2009 年 11 月 3 日之 34.29 元“高开阴盖阳”形态见顶（图 11.6.2），上升 17.53 元，升幅为 1.04 倍。升幅大且遇卦位数（46 日），正是出货的好时机。

（2）“高开阴盖阳”形态 34.29 元见顶后，下跌 163 日（子午线坎卦数），至 2010 年 7 月 5 日之 17.85 元见底反弹，至此已经跌了 16.44 元，或跌 52%。后市表明，这里并非中期底部，只是长期下跌途中的一个驿站，

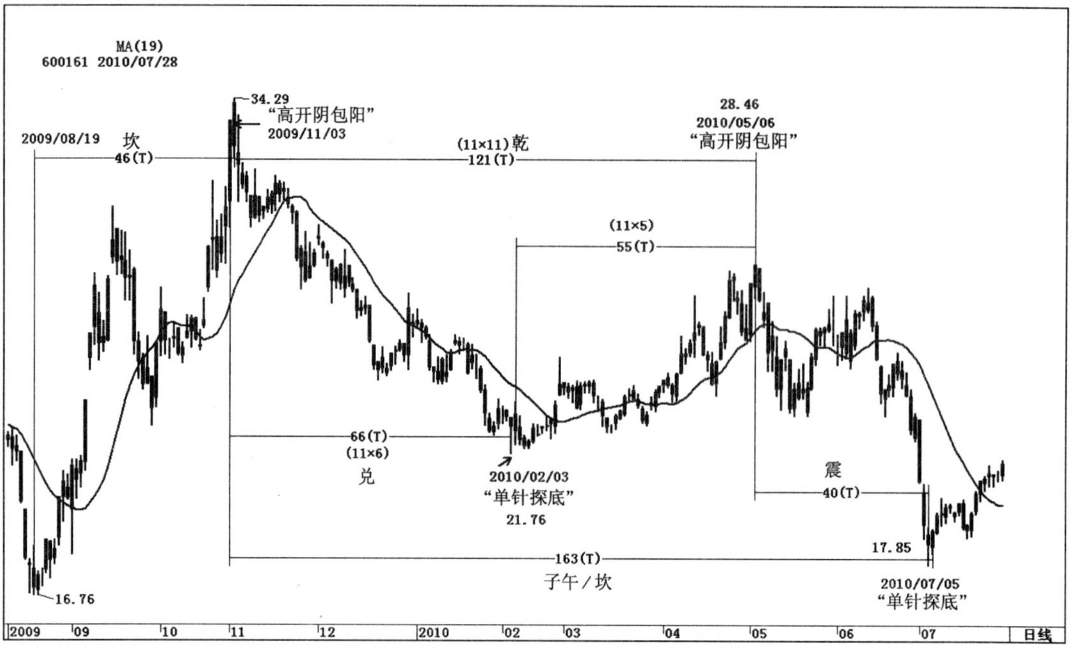

图 11.6.2　天坛生物

反弹结束后还要跌下去。这个例子表明，遇“高开阴盖阳”形态必须清仓离场。

（3）卦位数时间主宰天坛生物的市场转向。本图例中的几个见顶见底周期按顺序依次为：

46 日，坎卦数，见 34.29 元“高开阴盖阳”形态顶部；

66 日，兑卦数，见 21.76 元“单针探底”形态底部（11 ×6，11 是兑卦数）；

55 日，天地之数，见 28.46 元“低开阴包阳”形态顶部（11 ×5）；

40 日，震卦数，见 17.85 元“单针探底”形态底部。

由此可见，天坛生物的运行周期准确地受控于后天八卦方圆图卦位数。

（4）两个顶部“高开阴盖阳”与“低开阴包阳”是一组错综性形态对称（反对称）。

（5）两个底部都是“单针探底”，构成形态对称。彰显该股生命基因的“自组织、自相似”功能。

上述各点，皆为股市运行规律，善于应用股市规律，寻找市场转向点，可获益匪浅。

3. 神马股份（600810）

本例出现两个“高开阴盖阳”顶部形态（图 11. 6. 3）。

第一个“高开阴盖阳”在 6. 89 元见顶后下跌 46 日（子午线坎卦数），在 2012 年 12 月 4 日的 4. 43 元“阳光初现”形态见底。上例天坛生物是 46 日见顶，本例是 46 日见底，刻意标示“子午线坎卦数”字样，意在向读者强调，子午线上的坎卦数和离卦数，是水火相冲的数，特别容易诱发顶部或底部。

图 11. 6. 3　神马股份

第二个“高开阴盖阳”形态出现于 2013 年 3 月 4 日，当天最高价为 7. 75 元，比之上一交易日的阳线，是一根放量长阴 K 线，大成交量而未能将股价向上推升，通常意味着市场趋势逆转。7. 75 元“高开阴盖阳”形态见顶后，下跌了 23 日坎卦数，在 5. 18 元喘定反弹。神马股份以急跌的方式不给投资人较好的出货机会。这又提示我们，凡在顶部区域遇上“高开阴盖阳”形态，第一时间出逃是最好的选择。

第一个“高开阴盖阳”形态见顶后下铁子午线坎卦数 46 日见底，第二个“高开阴盖阳”形态见顶后下铁子午线坎卦数 23 日见底。两次调整时间都出于“子午线坎卦数”。这就是上面提到的刻意标示“子午线坎卦数”

字样。意在向读者强调，子午线上的坎卦数和离卦数，是水火相冲的数，特别容易诱发顶部或底部。

作者曾介绍过，40 个交易日前后为次级波浪的运行周期，而 19 ~ 25 个交易日则是细浪级的运行周期。

第七节 “阳星孕阴星”（又称“阳星孕双阴”）

一、“阳星孕阴星”描述

“阳星孕阴星”见于一轮上升行情的末端，也常见于反弹顶部，是一个最多见的顶部形态。它包含“双飞乌鸦”“暴跌三乌鸦”等典型的见顶形态。形态的共同特点是，在上升阶段的末端，一根中阳线（或长阳）的后边挑着 N 根阴星，可以是一阴星，可以是二阴星（如“双飞乌鸦”），也可以是三阴星（如“暴跌三乌鸦”），更可以是一阳之后带出五连阴、七连阴、九连阴等，带出的阴线越多，中长期调整的意味越浓。

“阳星孕双阴”形态重点在一个“孕”字。一个特征是“阴线被上日阳线的实体包裹着”，好像女人怀孕一样。另一个特征是阳 K 线所孕的阴线最少要有两个，即连续两日收阴，“阳星孕双阴”形态才能成立。所以，“阳星孕双阴”形态要由一阳二阴三根 K 线组成。

二、市场机理

阴星孕出之前的阳 K 线，是一轮上升行情的最后一根阳线。此前是阳多阴少，甚至是多日连阳的多头走势。某个卦位数之日，却出现了一根阴 K 线，第二天又连续收阴，这三根 K 线的一阳孕二阴的组合，显示市场趋势发生了微妙的变化。“阳星孕阴星”形态孕出的第一根阴星多在上日阳 K 线的实体之内，是一根较小阴线，转势的迹象不明显，更具隐蔽性。冒进而张扬的主力庄家喜欢采用“阳极阴生”或“高开阴盖阳”等方式，做出见顶形态，做事作风快刀斩乱麻。所以，在一轮调整行情的开始段常常呈现快速下跌势态，让人措手不及，找不着逃命机会。碰上这样脾性的庄家，你只能“维适其变”。稳健而内敛的主力庄家则喜欢采用“阳星孕阴星”

的方式，为了不让自己要出逃的意愿明显暴露，庄家会多次采用一手拉高，一手派发的操作手法。这就是在一轮下跌过程中，“阳星孕阴星”常会多次重现的合理注释。“阳星孕阴星”形态形成之翌日——即第4天，多会出现一根小阳线，这是给投资人提供的又一个出逃的机会。与这样的庄家共舞，比较容易踏准节拍。

摸准主力庄家的脾性，把握主力庄家的操作习惯，即在“历史重演”的节点上买入卖出，这是胜于一般投资人的制胜法宝。市场上的赢家，多会选定数量不多的几只个股，（不超过10只）长期跟踪观察，研究其走势特点，掌握庄家特性，踏准其节拍，长期反复炒作这几只个股，与庄家共舞共赢，因而能够获取长期稳定的正收益。

三、市场举例

1. 黑猫股份（002068）

本图例黑猫股份（图11.7.1）特点：

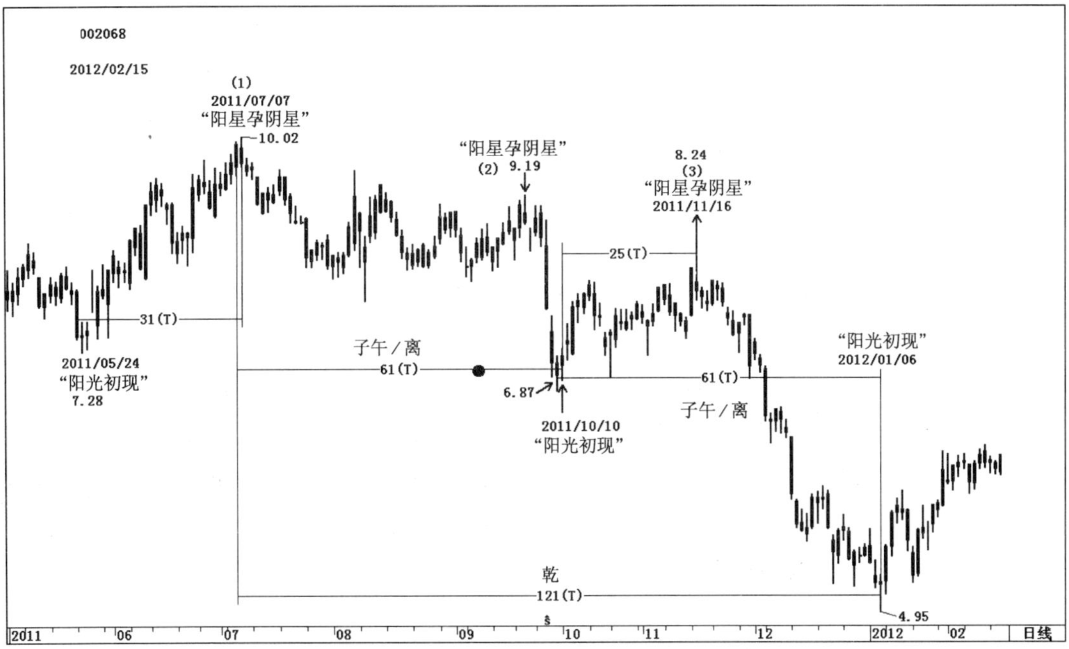

图11.7.1 黑猫股份

（1）3个“阳星孕阴星”。3个“阳光初现”。1个61×2对称周期。

一方面，这些现象是股市生命基因的形态“自相似”和时间“自相似”功能在黑猫股份的具体表现。一方面也暴露了主力庄家的脾性及其操作喜好。我们应该摸透庄家脾性，学会与庄共舞。

上述两个方面的“自相似”是股市的共有规律，并非黑猫股份所独有。熟悉规律、应用规律是炒股的取胜之道。

（2）从本图例的时间标示中我们看到，任何一个市场的显著转向点，无不出现在卦位数或其倍数之中。比如，第一个“阳星孕阴星”形态的形成用去坤卦数 31 个交易日，其后的 A、B、C 三波下跌用了子午线离卦数 61 个交易日，第三个“阳星孕阴星”则用去了乾卦数 25 个交易日等，见图中的标示。

“阳星孕阴星”是出现次数最多的顶部形态，可以在一轮上升行情的顶部，也可以在反弹顶部出现。是否须要清仓离场，请看 BG 八卦均线系统的操作提示，这里不展开。

“阳星孕阴星”如果演变为“暴跌三乌鸦”形态，多揭示后市还会深跌。遇上这些形态，应在反弹中择机先出货，持币观望为妥。

2. 南京中北（000421）

南京中北以“终了之数”54 个交易日在 2012 年 6 月 25 日构建了一根“阳星孕阴星”顶部形态（图 11.7.2），最高价为 6.04 元。事实上，此前的 2012 年 5 月 11 日就出现了一根“高开阴盖阳”的见顶形态，最高价亦是 6.04 元（两个见顶形态相隔 30 个交易日）。由此构成了双头形态，颈线为 5.28 元，其理论上的最小跌幅目标为 4.50 元，实际见底价格为 4.05 元。

由此得知，2012 年 6 月 25 日构建的“阳星孕阴星”顶部形态，已经是第二次出货指令了。“阳星孕阴星”在 6.04 元见顶后，下跌了 110 个交易日（5 个月）。110，是“天地之数五十有五”的倍数，在 2012 年 11 月 30 日 4.05 元见底，跌 1.99 元，跌幅为 32.84%。在第二次出货指令之“阳星孕阴星”顶部形态当日清仓是正确的，而被套的时间远不止 110 个交易日，什么时候能回到 6.04 元，恐怕会是两三年后的事了（注：后市在 4.05 元反弹至 2013 年 1 月 30 日 5.22 元又再度下跌，4 月 12 日又见 4.42 元，下跌趋势未完）。

3. 新和成（002001）

本图例之新和成共标示了 7 个出现于不同时间段的“阳星孕阴星”形态（图 11.7.3），图之左端，从 18.90 元底部运行 37 日巽卦数，到达 2012 年 6 月 18 日出现第一个“阳星孕阴星”顶部形态，见顶后下跌 116 个交易

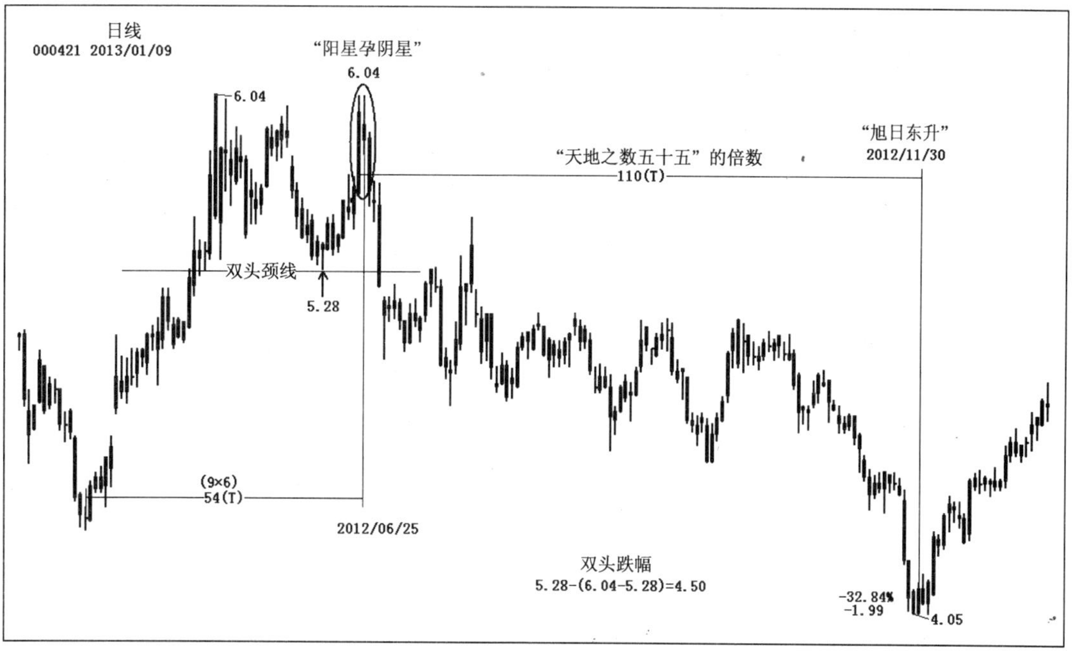

图 11.7.2 南京中北

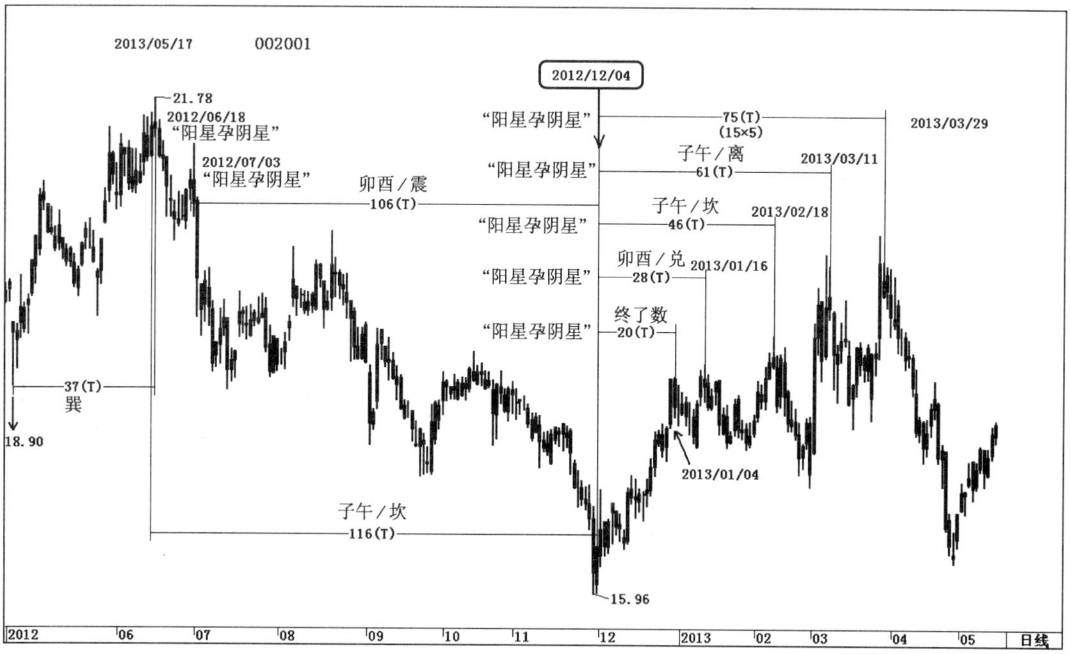

图 11.7.3 新和成

日到达2012年12月4日15.96元底部。116，是子午线坎卦时空数。

第二个"阳星孕阴星"顶部形态出现于2012年7月3日下跌途中的反

弹顶部，见顶后下跌106日卯酉线震卦数，到达上述的15.96元底部。106日和116日都超过“大限之数”100，属于长周期范畴。以2012年12月4日的15.96底部为太极，在不同的时间段共出现了5个“阳星孕阴星”顶部形态，如图中的标示。其中运行20日终了数、28日卯酉线兑卦数的两个“阳星孕阴星”属于细浪级范畴；运行子午线坎卦数46日的“阳星孕阴星”顶部属于次级浪范畴；而运行子午线离卦数61日和75日的两个“阳星孕阴星”属于中级浪范畴。明白各个顶部处在什么波浪属性（级别）是决定如何操作——卖出或持股的重要依据。这就需要结合本篇第12章关于BG八卦均线系统的“震出东方”“升越艮山”“安全地带”有关阐述及指引了。

“阳星孕阴星”形态无所不见。我们要知道的是，一般运行时间少于15日的“阳星孕阴星”形态是可以忽略不计的，换言之，即可以继续持股观望的。特别是BG八卦均线系统已经发出“震出东方”及“升越艮山”等中期行情信号时，少于15日（离卦数）的“阳星孕阴星”更加可以“视而不见”。

上述一段话，读者应该把它视为操作指引，牢记心中。

第八节　K线形态的操作指引

技术派的一个重要理论依据是，“K线形态包含了市场的全部信息，包括对该股业绩的判断，估值的预期，消息的反应”，等等。K线理论的重要性由此可见。换言之，K线理论是股市中投资人的一门必修课。好在K线理论并不难学，它是“形而下”的东西，“有形有款”，看得见摸得着。比如，市场要见底了，给我们发出的最直观的信号就是“底部形态”，如第十章所介绍的“横空出世”“单针探底”“曙光之星”“阳光初现”“旭日东升”“突破底平台”等六大底部形态。比如，市场要见顶了，给我们发出的最直观的信号就是“顶部形态”，如本章所介绍的“射击之星”“阳极阴生”“穿头破脚”“断阳铡刀”“低开阴包阳”“高开阴盖阳”“阳星孕阴星”等七大顶部形态。每一轮行情的最低价买入点就是这轮行情的太极——原始底部，其底部的辨认特征是“K线形态”。然而，任何事情都不是绝对的，都存在一个概率问题。K线形态的真与伪，亦都存在概率问题。

比如，出现了“底部形态”，并不能保证这是个100%的底部，有时或还会出现更低点的“底部”。因为这个缘故，我们在“底部形态”出现的当天买入该股，一般宜用少量资金试探性买入，并应以其最低价设置止损点。万一“底下有底”，就应止损离场。不管怎么样，“底下有底”是小概率事件，“底部形态”为真是大概率事件。特别是经过长期下跌，而跌幅很大的背景下出现的“底部形态”，可信度很高。

在“底部形态”买入股票，是最佳的第一买入点。熟悉形态特征，提高形态的辨识水平，是“K线理论”的第一课。相对来说，底部形态还是较好辨认的，捕捉底部是较容易的事情。而顶部形态在上升过程中隔三差五地经常出现，哪个形态是真，哪个形态是假，该卖出股票或继续持有，真有点儿不好说。所以，市场上流传着一种说法，“会买是学生，会卖才是老师”。此话诚然不假。如何较准确地捕捉市场卖点，即捕捉“顶部形态”，是一门必修学问。

作者认为，做“较准确地捕捉市场卖点”就可以了，即在市场的高位区域中，找到一个“顶部形态”就行，或者说，在高位区域中能以平均价卖出股票，你就是一位股市高手。如何做到“较准确地捕捉市场卖点”，首先要确立两点：一是预设你的卖出价位。这里说的“价位”，指的是一个“价格区间”，而不是一个僵化的价格。这个“价格区间”目标可以用老子－斐波纳契数比率确定，比如0.236、0.382、0.5、0.618等，应该因应当时的市场强弱选用某一参数。当股价进入某一“价位区间”时，你就应对K线形态特别留心了。二是确立时间概念。这一点很重要，因为，“时间是股市三要素中的第一要素”，时间决定市场波动。在某一特定的时间上，就会出现特定的K线形态。作者根据经验，对一些顶部形态出现的时间与后天八卦方圆图卦位数相结合，界定如下：

乾卦9日至坤卦13日出现的顶部形态，属于微浪级顶部；

离卦15日至坎卦23日出现的顶部形态，属于细浪级顶部；

乾卦25日至离卦卦34日出现的顶部形态，属于次级浪顶部；

震卦40日至乾卦49日出现的顶部形态，属子浪级顶部；

超过大衍之数50日的顶部形态，属于中级浪顶部；

超过大限之数100日的顶部形态，属于长周期顶部。

每个级别之间未包括的时间，并无很严格的界定，可根据实际向前或向后一档归列。上述波浪属性的界定，主要在于大概地明白该股运行在什么样的阶段（位置）上，从而确定在这个位置上出现的顶部形态该如何操作。

本书下篇的重点是介绍 BG 八卦均线系统。在 K 线底部形态的第一买入点买入股票之后，就移交给 BG 均线系统管理了。但是，卖出点还得依靠 K 线的“顶部形态”。换言之，一轮行情操作的一头一尾，都得依靠 K 线形态。BG 均线系统管理的是一轮行情的中间段，主要作用在于对“底部形态”的确认，确认行情的中级属性，并为投资者提供安全可靠的“最佳”买入点。

具体内容在本篇的第十二章至第十四章中展开。

第十二章 BG 均线系统综述

第一节 BG 均线系统战法与操作指引

BG 均线系统战法是八卦形态与 K 线形态的综合应用。八卦是中国古老的东西，而 K 线形态是现代西方股市理论的一部分。两者的融通是古今中外两大系列理论的综合应用，可以相互弥补各自的不足。K 线形态的优势是凸显一段行情的最佳买入点和最佳卖出点。然而，K 线形态也有其缺憾，有时会发出假信号。而 BG 系统发出的信号要迟于 K 线形态发出的信号，但却是比之 K 线形态更为有效的确定性信号。比如，一轮行情的原始太极（最低价买入点）是由 K 线形态发出的，但这个信号难保 100% 为真。所以，投资者在原始太极买入股票时，应该轻仓尝试性买入，而且一定要设置止损点，以防中了假信号之招。

原始太极出现之后，很快就会出现 BG 系统的确定性信号，比如日线级别战法的“震出东方”形态，是对此前 K 线形态是原始底部的确认，是中期行情已从这个底部展开的确定性信号。

“升越艮山”形态的出现，是对行情为中期属性的进一步确认。此形态出现的同时，“安全地带”开始构建。在此后的行情发展中，MA19 和 MA43 将成为后市的双保险。只要“安全地带”的下沿线——MA43 未被有效跌穿，行情就有延续下去的可能。

BG 均线系统的战法将在下面各章的市场案例中详细展开。

一、BG 均线系统形态简述

日线级形态均线参数：第一条均线为 MA19 日（震卦）；第二条均线为 MA43 日（艮卦）；第三条均线为 MA86 日（兑卦）。由这三条参数为后天八卦方圆图卦位数组合的均线系统，在市场行情的发展中将依次出现五个特定形态："震出东方""升越艮山"（"安全地带"）"空中加油""三山重叠"和"复合形态"。需要说明的是，其他时间周期均适应。

1. "震出东方"形态描述

当股市经过漫长的深度下跌并已经见底回升，此时的 MA19 亦由下行势态逐渐走平。随着股价的不断回升，某日，MA19 勾头上行，转化为向上的势态，显示市场已由原先的长期下降趋势转变为上升趋势，当日股价在 MA19 上方收市，这根 K 线无论是阴线或阳线，都称之为"震出东方"。阳 K 线更为标准。

MA19 处在后天八卦方圆图卯酉线的震卦数上，方位为东方，震属雷。"震出东方"形态的出现，宛如一声春雷，将长期下跌的阴霾轰散，东方的天空现出曙光，揭示市场阴转阳。市场下跌趋势已转化为上升趋势，雷声就是确认转势的信号，所以此形态命名为"震出东方"。"震出东方"形态之前，已经出现 K 线的底部形态，但是这个底部是不是真正的底部，并无 100% 把握。"震出东方"形态的出现，是对这个原始底部的技术确认，是中期行情确立的信号。

"震出东方"形态的出现，股价实际上已经上升了一段（微浪级，上升时间一般为 7～13 个交易日）。当股价升近 MA43 日，特别是升至 MA86 日时，会受到这两根均线的回压，常会出现回调整固。多数情况下，在这个区域内发生的调整，下跌幅度不大。最常见的是 MA19 和 MA43 两条均线会成为此次回调的有效支撑。操作上，只要不再造新低（不跌穿原始底部），就可以放心持股。如图 12.1.1 所示的标准股份走势图，从原始底部上升 9 日，升至 MA86 均线受阻回调，后又在 MA19 和 MA43 受到有效支撑，重新展开升浪。

"震出东方"形态出现的当天，如果收市价高高地悬挂在 MA19 的上方，更表明股价已经上升了一大截。此时的"震出东方"形态实际上是将要见顶的警示信号，回调整固马上就要发生。回调的终极幅度仍是回踩 MA19。这里是先卖出股票还是持股观望，投资者可根据自己的喜好决定。

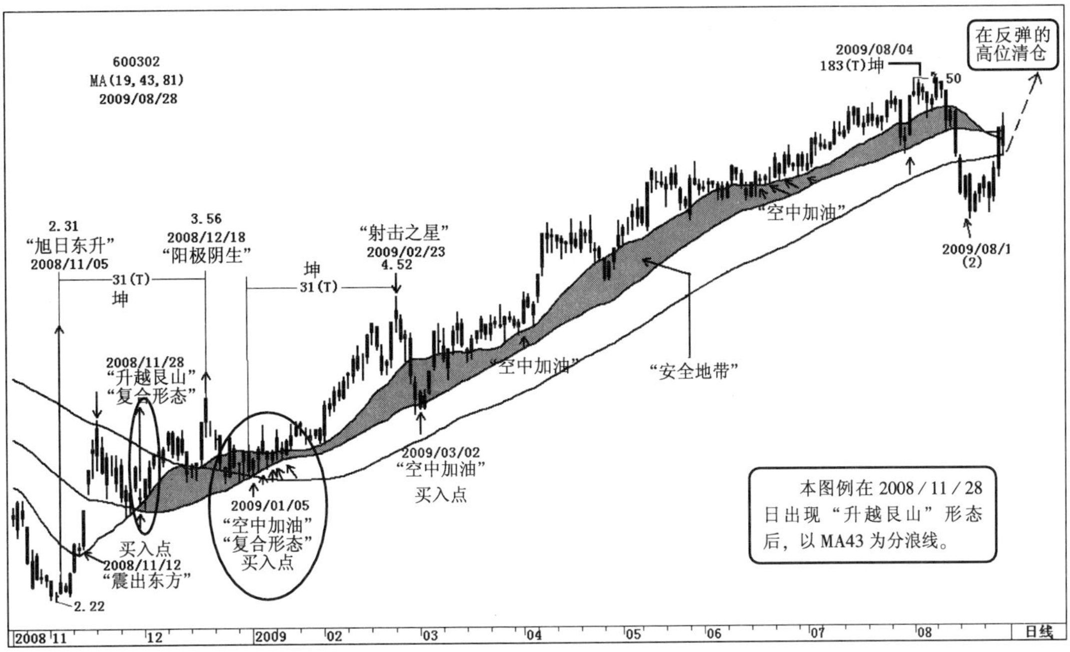

图 12.1.1　标准股份

需要指出的是，“震出东方”形态为中期行情确立的信号没有发生改变，“震出东方”仍然是一个趋势逆转的确定性信号。如果你是一个中期持有股票的投资者，可以继续持股，减少操作次数不失为稳当的选择。如果“震出东方”形态出现的当日，股价是贴着 MA19 上方收市的，这是“空中加油”形态。换言之，这是“震出东方”与“空中加油”形态的重叠，作者称之为“复合形态”。

在市场实践中，“震出东方”与“空中加油”形态重叠的“复合形态”经常出现，这是 BG 均线系统中出现的第一个“复合形态”，是本轮行情的最佳买入点。何谓“最佳”？一是股价仍处于相对低位；二是既安全又赚钱。一旦遇上这个“复合形态”，应当第一时间在当日抢先以重仓买入该股。

我们应该养成每天收市后复盘的习惯，复盘的一个重要目标是寻找“空中加油”和“复合形态”。找到了，你就中了六合彩，特别是上面指出的“复合形态”。

2. “升越艮山”形态描述

第二条均线是 MA43 日，艮属山，其主要特征是山为阻隔。在股市，若此前是上升趋势，则会遇到山的阻挡而成顶；反之，若此前是下跌趋势，则会遇到山的阻挡而为底。

“震出东方”形态出现后，经历了上面指出的第一小波上升和回调整固后，股价继续上升，某日，MA19 升越 MA43 发生金叉，股价收在两条均线上方，这根 K 线命名为“升越艮山”。

在 BG 系统日线级之两线操作中，此根“升越艮山”是营造“安全地带”的始点。所谓“安全地带”，是指 MA19 和 MA43 构成上升行情的双保险。只要 MA43 未被有效跌穿，则行情还会继续。关于“安全地带”，后边还有注释。

“升越艮山”形态的作用主要是继“震出东方”形态之后，对本轮行情为中期性质进一步确认。

3. “三山重叠”形态描述

MA43 处在坤艮线的艮卦一方，属性为山，MA86 处在卯酉线兑卦上，86 是 43 的 2 倍。当 MA43 升越 MA86 时，三个“山”重叠一起，故命名为“三山重叠”。“三山重叠”形态出现于“震出东方”和“升越艮山”之后，实际上，行情已处于中段，有时甚至是行情的末段。因此，“三山重叠”形态的出现，主要是提示在后市的调整中，MA86 不会一次性就被跌穿，而是会成为有效支撑。当股价触及此线时，会诱发反弹，提示投资者在反弹中逃跑。

4. “空中加油”形态描述

无论是 MA19，或者 MA43，或者 MA86，凡是处于上行状态的，而股价又是贴着这三根均线中的任何一根收阳线的，这根 K 线均称为“空中加油”形态。它所反映的实质是，该均线在目前市况下是有效支撑，可以继续持股或增仓买入。

“空中加油”形态出现在第 1 浪或第 3 浪开始段的，都是很好的筹码补给点。反之，若“空中加油”形态是出现在第 1 浪或第 3 浪末端的，则是“顶已将至”的警示性信号。虽然此时还看不到见顶迹象，尚显示上升趋势依然完好，但已是“隐患其中”了。同一个形态出现在市场的不同阶段，比如是初段，还是末端，就会有完全不同的市场含义和不一样的技术含义。这是投资者所必须明白的。举个典型例子，如锤头形态，它的形态特征是带有长长的下影线，出现在底部区域，是见底形态，称为“单针探底”；这个锤头但凡出现在顶部区域，下影线就要解读为上影线，则是一个见顶形态，称为“射击之星”。由此可见，“空中加油”形态出现在不同的市场运行阶段，就会有完全不同的市场意义。投资者要学会甄别，不可以一概而论。

5. “复合形态”描述

凡是“震出东方”“升越艮山”，或者“三山重叠”形态出现的当日，如果是贴线收阳的，都称之为“空中加油”形态。实质上，是两个形态在当天重叠，所以也称之为“复合形态”。

凡是K线底部形态出现的当日（如六大底部形态中的任一种形态），如果是贴线收阳的，都称之为“空中加油”形态。实质上这是K线底部形态与“空中加油”的重叠，所以也称之为“复合形态”。

换言之，“复合形态”是两个造多信号的重叠。因此，“复合形态”出现的当日是最安全的，也是赚钱的买入点，可以重金“抢”买这只股票。买入后，这只股票会立即加速上行，常会获得轻松快乐的赚钱感觉。如果“复合形态”是与“震出东方”一起出现的，则显示第1升浪要进入拉升阶段；如果“复合形态”是与“升越艮山”一起出现的，则显示第3主升浪要进入拉升阶段，常常会享受到连续涨停板的快乐。

总而言之，在“复合形态”买入股票，有点儿像中了六合彩。但是，选择“复合形态”要比中六合彩容易多了，几乎每一只个股的中级行情都有“复合形态”出现，而且常常不止一个。

如图12.1.2所示的标准股份走势图，该图中出现两个“复合形态”，都是很好的买入点。比如，2009年1月5日出现的“复合形态”，当日最低价2.97元，收市价3.08元。当天在这区间内买入股票，可持股坤卦数31日，至2009年2月23日的4.52元卖出，获利约50%。

长线投资者亦可采用BG均线系统关于“安全地带”的操作指引，股价未有效跌穿“安全地带”的下沿之前一直持股，至2009年8月4日的7.50元顶部才卖出，则是持股坤卦数183日。理论上获利约1.5倍（7.50/3=2.5）。

请读者朋友注意，“复合形态”是最佳买入点，是普遍规律，并非只是这只个股。善用这个规律，保你赢家有道。

6. “安全地带”形态描述

MA19升越MA43，出现“升越艮山”形态，此形态同时是构建“安全地带”的始点。“安全地带”的技术含义是，MA19和MA43成为后续行情的双支撑。“安全地带”始点出现的当天，如果股价高悬在MA19和MA43

两线上方，显示乖离已经很大，很快就遇上小波段的顶部，有一个回调整固的过程。多数情况下，回调不会深跌，大多会在触及 MA19 时重拾升势，终极的调整目标是下沿的 MA43。绝大多数情况下，股价在触及 MA43 时，即会被一只无形之手拉起，继续展开上升行情。从中期行情的角度上说，“安全地带”是一个安全信号。反之，“升越艮山”形态（即“安全地带”）出现的当天是贴线收阳的，则是与“空中加油”重叠的“复合形态”。这又是一个很好的买入点。

“安全地带”的终点是“震落艮山”形态。经过一段漫长的上升，在第 3 浪见顶后，MA19 勾头向下，并跌穿 MA43（死叉），发生“震落艮山”形态。这里是“安全地带”的终点。“安全地带”终点出现后，彻底宣告一轮上升行情已经在此前的高点结束。

二、MA19 勾头向下的技术含义

MA19 即股价 19 日内的平均成本。MA19 勾头向下显示当日的股价要低于 19 日平均价。换言之，“19 日”趋势发生了逆转。多数个股显示，此前的高点是一个“次级顶部”，而一段中期行情，多会出现两次“MA19 勾头向下”的情况。第二次勾头向下之前的高位，多会是“第 3 波顶部”，即本轮中期行情的终点。这个高点以 K 线的“顶部形态”为技术特征，在这里逃顶将会获得最大利润。

当然，股市无奇不有。在同一时间段内，有些个股只出现一次“MA19 勾头向下”，这轮行情就结束了。基于这种情况，凡是已经上升（反弹）50 日左右出现的 K 线“顶部形态”，先出货观望是合理的操作选择。如图 12. 1. 2 所示，巨化股份从 2012 年 11 月 30 日 7. 52 元“阳光初现”底部形态买入后，持股 49 日乾卦数，于 2013 年 2 月 18 日出现“阳星孕阴星”顶部形态。后市表明，这个形态就是“MA19 勾头向下”之前的顶部形态，是“先出货观望”的卖出点。

关于“逃命点”。所谓“逃命点”，即 MA19 向下勾头之后，产生的“第一个反弹高位”。反弹一般含 A、B、C 三波，大多宜取 A 波的高位为“逃命点”，如果取 C 波的高位为“逃命点”，当然会获得较 A 波高的价格，但这是要冒一定风险的，因为有些个股并没有 C 波出现。巨化股份的“逃命点”价格比前边的“正统顶部”为高，这只是特例，不足为鉴。

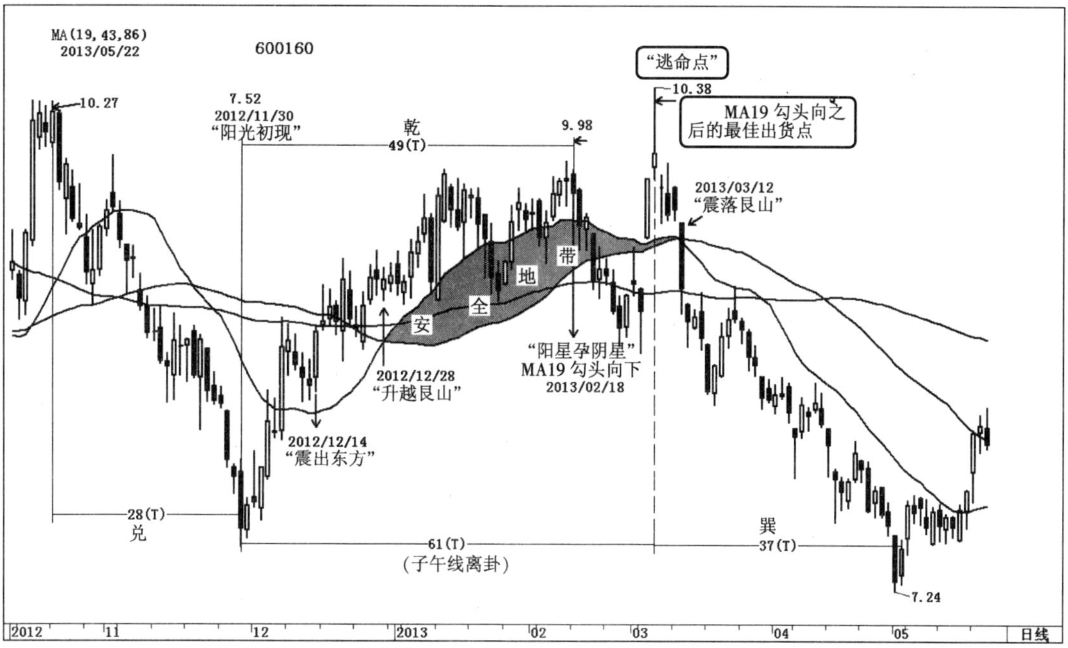

图 12.1.2 巨化股份

第二节 "复合形态"的实例分析

一、红日药业（300026）

如图 12.2.1 所示，红日药业在 2012 年 12 月 19 日当日最低价 19.63 元，出现"震出东方"与"空中加油"重叠的"复合形态"，买入后，19 个交易日到达 26.71 元顶部，37 个交易日到达 29.81 元顶部。

2013 年 3 月 13 日，当日最低价 26.05 元，出现"阳光初现"与"空中加油"重叠的"复合形态"，买入后 14 日到达 31.00 元顶部，36 日到达 33.70 元顶部。

2013 年 4 月 19 日 MA19"将死不死"，最低价为 28.08 元，出现"空中加油"形态，11 日后是 2013 年 5 月 8 日，33.70 元顶部。

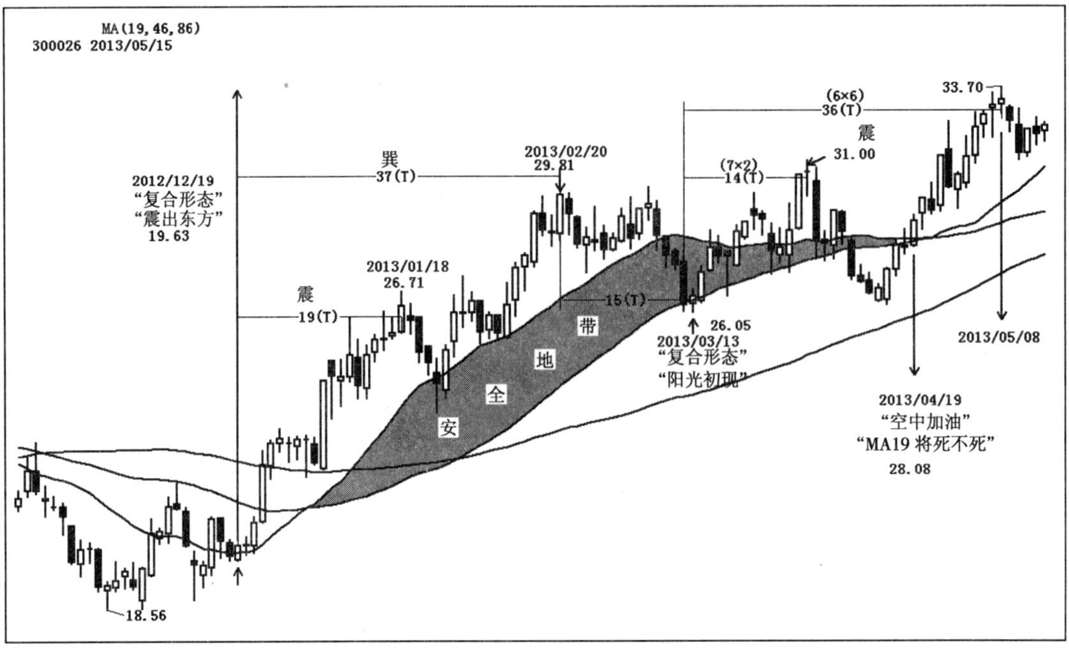

图 12.2.1　红日药业

二、华谊兄弟（300027）

如图 12.2.2 所示，华谊兄弟在 2013 年 2 月 18 日从 20.75 元顶部下跌 32 日（8×4，坎 8 倍数），于 2013 年 4 月 8 日出现 15.76 元的“旭日东升”见底形态，当日的 MA86 处在上行状态，而又贴着此线收阳，这是一根“空中加油”形态，与 K 线底部形态重叠一起，形成“复合形态”。这是个安全的买入机会，买入后持股 21 日艮卦数，即见 29.37 元顶部，轻松获利 86.35%。

2013 年 1 月 18 日，当日的 MA19 升越 MA86，而股价又贴线收阳，是一根“空中加油”形态。在 14.30 元买入后持股 11 日兑卦数，到达 2013 年 2 月 18 日的 20.75 元顶部，可轻松获利 45.10%。

三、万顺股份（300057）

如图 12.2.3 所示，万顺股份在 2013 年 1 月 7 日 MA19 金叉 MA43 和 MA86，三条均线交融一起。当日的 K 线贴着其上方收阳，这是典型的“升越艮山”与“空中加油”重叠的“复合形态”，这个“复合形态”，意味着

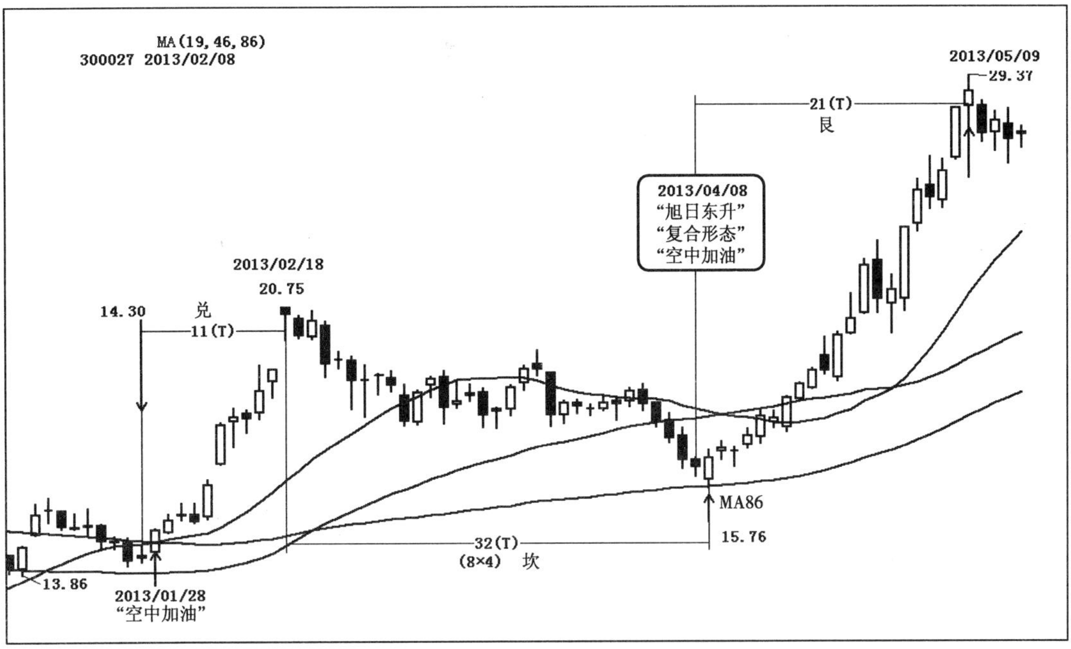

图 12.2.2 华谊兄弟

该股受到了三条均线的有效支撑，且三条均线都处在上行状态中，上升趋势蓄势待发，该股将在三条均线强有力的保护下，加油起航。

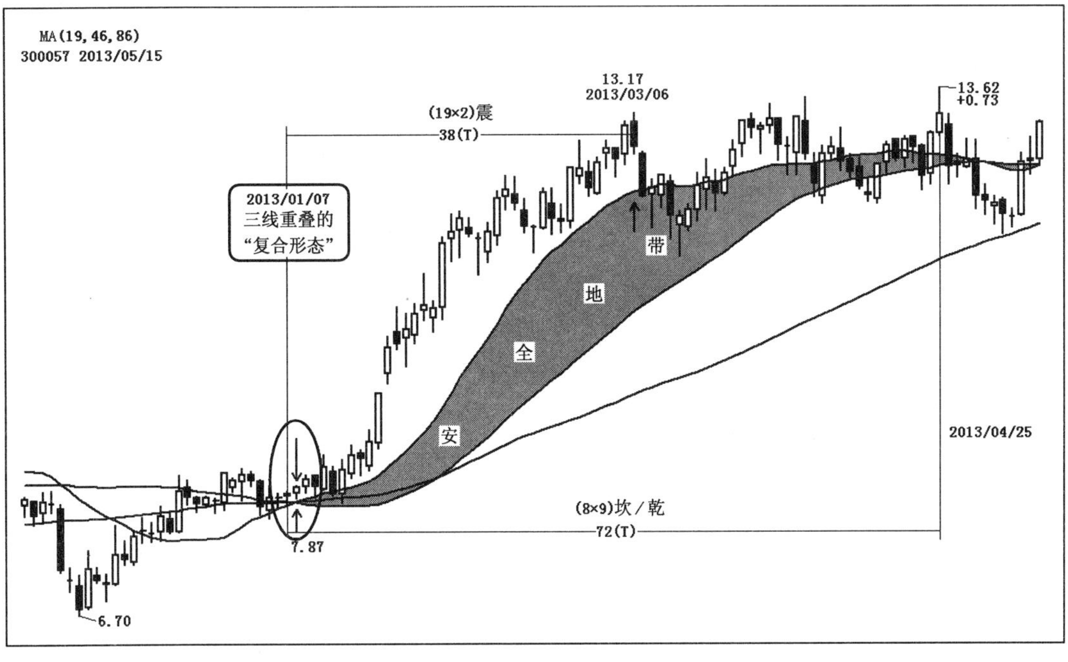

图 12.2.3 万顺股份

从图中的左端看出，该股此前已运行了一个上升波。三线重叠的“复合形态”之出现，揭示该股很快就要进入第3波的主升段。果然，5日后庄家开始拉升，从“复合形态”运行38日震卦倍数到达2013年3月6日的13.17元顶部，理论上获利67.34%。

四、浦发银行（600000）

如图12.2.4所示，浦发银行在2012年12月5日MA19、MA43和MA86三条均线交融一起，且又都从平走状态转为上行状态，表明中期行情要从这里发起。当日收一根长阳K线，是一根颇为特别的“复合形态”，此形态吹响了冲锋的号角。抢先冲锋买入没商量。买入后，该股大升小调运行在MA19的上方，回调整固时根本不踩MA19，呈超强趋势。从“复合形态”7.41元底部买入，持股40日艮卦数，到达2013年2月4日的12.27元顶部，获利65.58%。升幅比率表明，这是黄金分割的螺旋扩张点(0.618~0.666为黄金分割范畴)，又在震卦40日的螺旋射点上见顶。清仓离场，没商量。

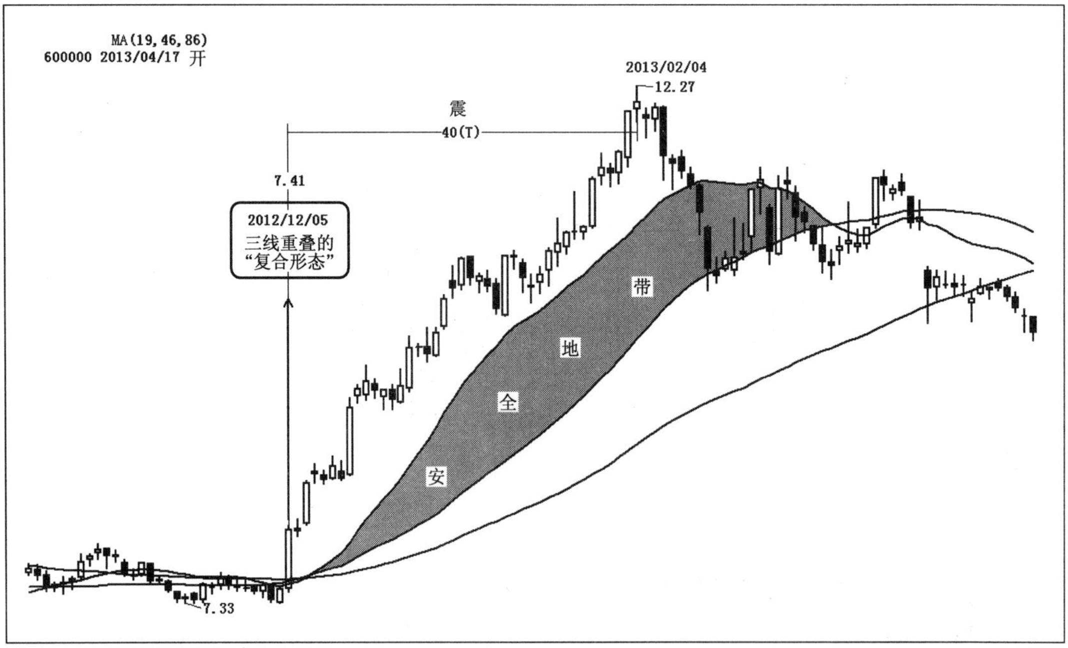

图12.2.4 浦发银行

五、武钢股份（600005）

如图 12.2.5 所示，武钢股份在 2012 年 11 月 29 日 MA19 金叉 MA43，形成“升越艮山”形态，由此构筑“安全地带”。行情受到 MA19 与 MA43 的双线保护。“升越艮山”形态的当天是一根长阳 K 线，正式吹响主攻段的冲锋号角，当日的最低价为 2.46 元，投资者可抢先买入。从买入日起算，运行 31 日坤卦数到达 3.10 元顶部，运行 40 日震卦数到达 3.03 元顶部，运行 61 日卯酉线离卦数到达 3.09 元顶部，“三个顶部都是卦位数”。按常规操作，应在 2013 年 1 月 15 日的“射击之星”的 3.10 元顶部出货，此时获利 26%。而第 3 个顶部之 3.09 元运行 61 日，已经远远超过 40 日左右的中级波运行时间，又与此前的 3.10 元构成大双顶，本身又是一根刺眼的“射击阴星”。清仓离场，没商量。

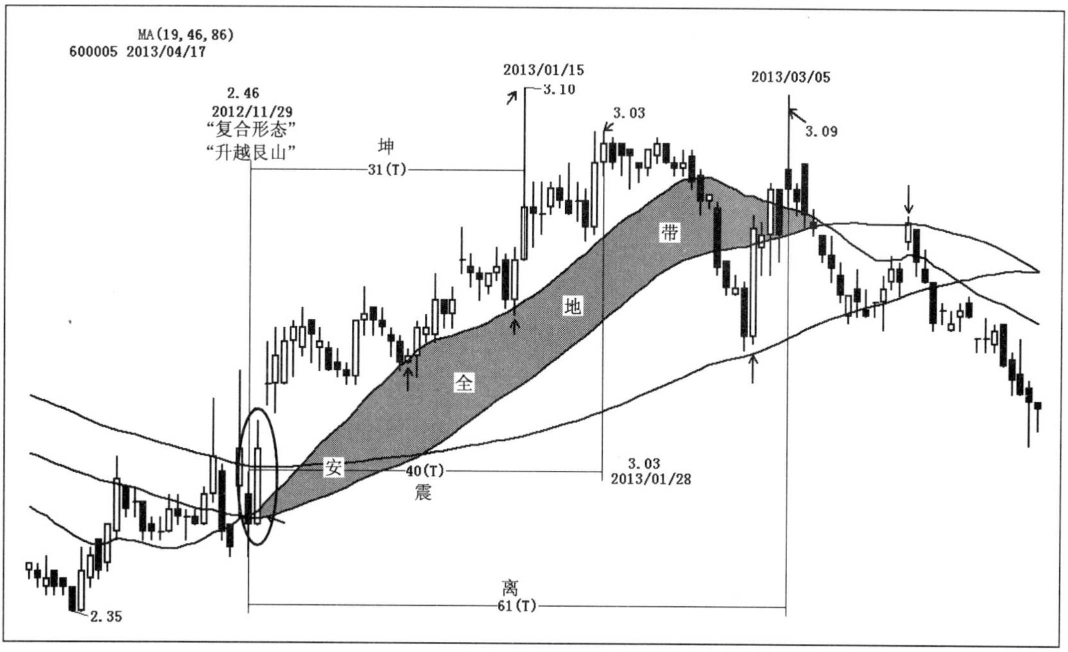

图 12.2.5　武钢股份

六、海虹控股（000503）

如图 12.2.6 所示，海虹控股在 2012 年 7 月 31 日 MA19 勾头向上，股价贴线收阳，这是“震出东方”与“空中加油”重叠的“复合形态”。安全赚钱的机会来了，可以重资买入该股。这里有4个卖出点：第35日，7的5倍数，即2012年9月17日，7.72元“射击之星”顶部卖出。第73日，艮卦数，即2012年11月15日8.85元“射击之星”顶部卖出。第102日，离卦34的3倍，即2012年12月26日，9.75元顶部卖出。第144日，坤之策数，即2013年3月6日16.87元顶部。

事实上，本例可分4次操作，即上述的每个顶部都卖出，然后在图中标圆圈的三个“复合形态”中买入。妙的是，这三个买入点都是K线底部形态与“空中加油”重叠的“复合形态”，都是调整时触及“安全地带”下沿之MA43，即被一只无形之手立即拉起的中途底部。

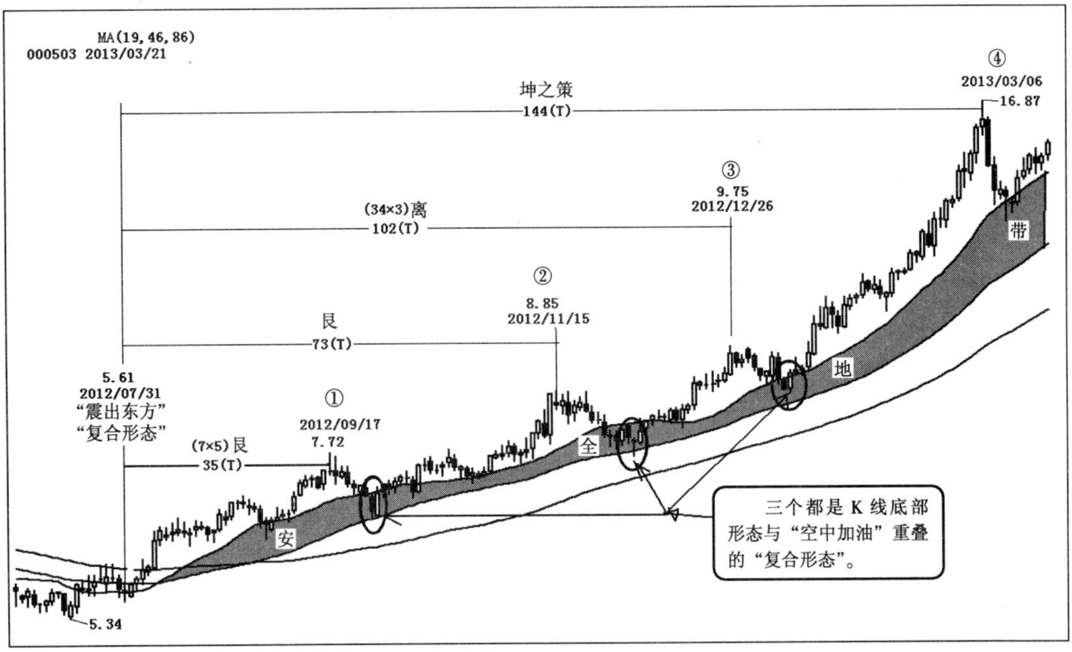

图12.2.6 海虹控股

七、银基发展（000511）

如图12.2.7所示，银基发展在2013年3月15日MA19将欲死叉MA43，当日早市最低曾下跌至3.95元立即被拉升，并在两条均线上方收市。MA19“将死不死”是个很好的买入点。翌日，MA19勾头向上，当日收中阳，是一根“震出东方”与“空中加油”重叠的“复合形态”，确保了买入该股的安全性。7 日之后出现 4.88 元“射击之星”顶部，快速盈利 23.54%。

特别指出的是，“将死不死”稍前的 2013 年 3 月 5 日，就出现过 3.85 元的“复合形态”，这个形态是“阳光初现”与“空中加油”形态的重叠，买入后持股 15 日离卦数，即到达上述顶部。本例的第一个“复合形态”出现 2013 年 1 月 14 日的 3.77 元底部，这里买入后持股 11 日兑卦数，即到达 1 月 29 日 4.17 元顶部，上升幅度为 10%。

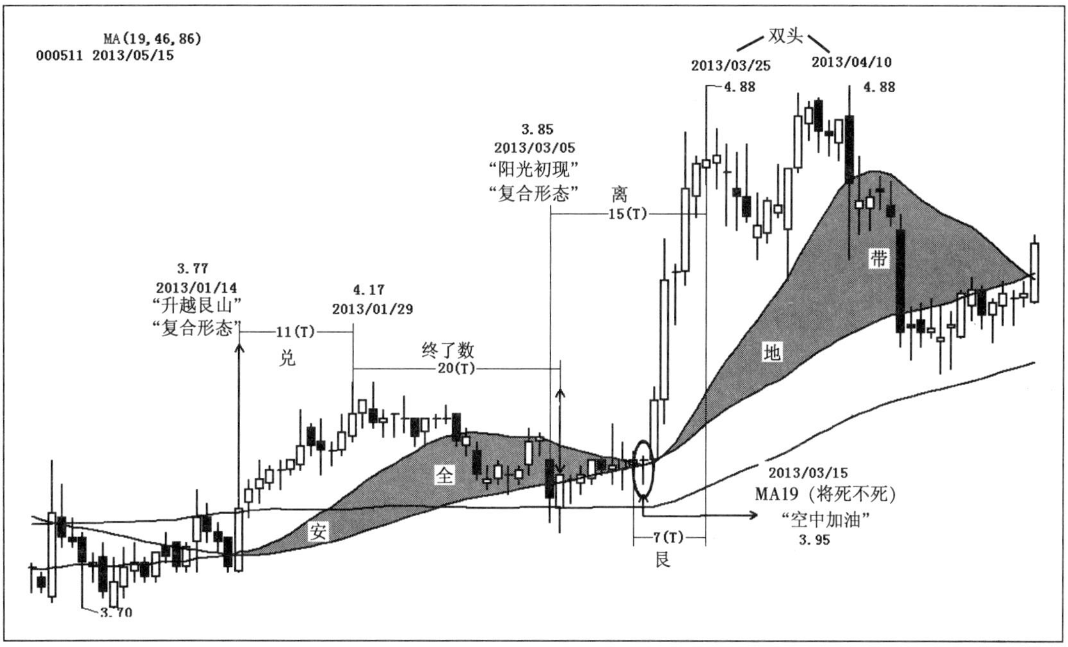

图 12.2.7 银基发展

第十三章
BG 均线系统实战精讲

第一节　实战 2009 年 10 例精讲

一、白云机场（600004）

如图 13.1.1 所示，白云机场有几个技术特征：

（1）两次出现时间周期的“隔代相传自相似”。

50 日大衍之数（由底至顶）66 日兑卦 11 的倍数（由顶至底）50 日大衍之数（由底至顶）

37 日巽卦数（由底至顶）34 日子午线离卦数（由顶至底）37 日巽卦数（由底至顶）

（第一代）　　　　（第二代）　　　　（第三代）

两组“隔代相传自相似”的交错出现，为我们提供了多个市场转折点。我们可以依据上述的运行节奏，在“换代”的时间点上，底部买入和顶部卖出股票（见图中时间标示）。

（2）K 线形态“自相似”。

2009 年 2 月 14 日和 4 月 22 日两个顶部形态都是“穿头破脚”形态。

（3）BG 均线“自相似”。

2009 年 1 月 14 日“复合形态”和 2009 年 6 月 15 日“复合形态”，还有 2009 年 5 月 22 日“复合形态”。至于“空中加油”形态出现的次数太多了，请看图中的箭头指向。

图例中一轮行情分割成三个“空中地带”，因此分三段操作（图中深

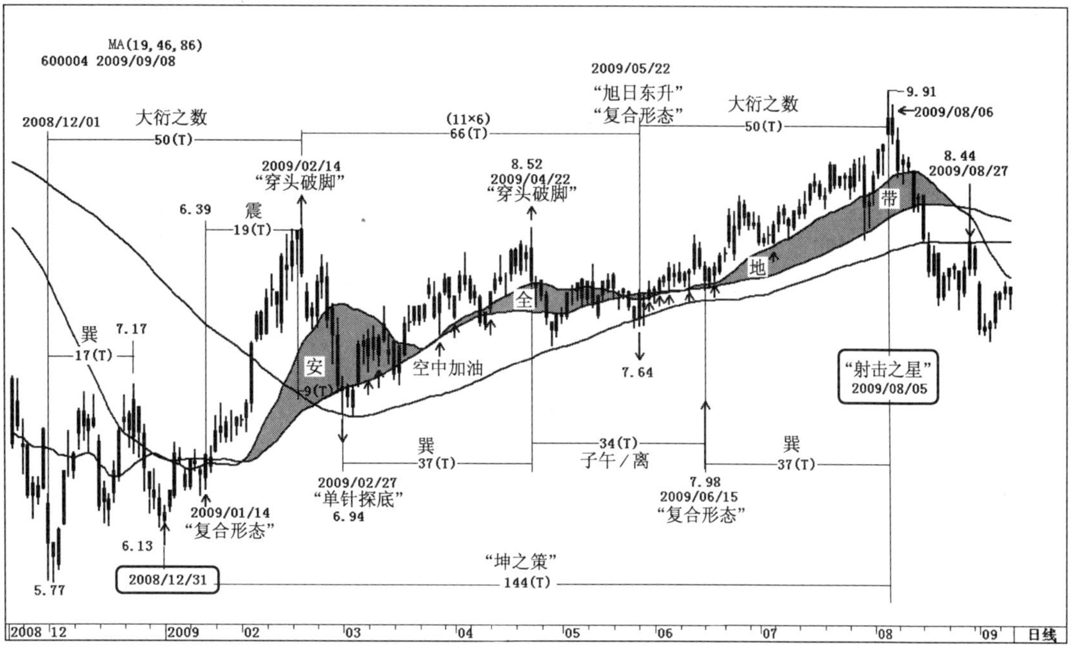

图 13.1.1　白云机场

色的区域，即为“安全地带”)。第一次 2008 年 12 月 1 日的 5.77 元“曙光初现”形态少量资金买入，以 5.77 元为止损点。买入后持股 17 日巽卦数，出现 7.17 元顶部，属细浪级顶部，至此已有 24.26% 升幅。操作上可先卖出，或减仓观望。

2009 年 1 月 14 日，MA19 从下行中勾头向上，日 K 线贴着 MA19 收阳，产生“震出东方”与“空中加油”重叠的“复合形态”。最低价为 6.39 元，收市价为 6.62 元。我们指出过，“复合形态”是安全赚钱的最佳买入点。“震出东方”是中期行情确立的信号。1 月 22 日，MA19 升越 MA43，产生“升越艮山”形态。这个形态是对中期行情的进一步确认，并揭示股价将进入拉升阶段。果然，白云机场在“复合形态”当天买入后，以拉升的势态用 19 日（震卦数）时间在 2 月 14 日的 8.51 元以一根“穿头破脚”见顶，此段升幅为 33.17%。

从本轮原始底部 2008 年 12 月 1 日 5.77 元起算，至此运行了大衍之数 50 日，升幅为 47.48%，时间与升幅均已达到次级浪的水平。应清仓观望。

第二次买入点在 2 月 27 日 6.94 元“单针探底”形态，可以试探性买入。3 月 4 日，股价贴着上行中的 MA43 收阳，出现“空中加油”形态，进一步揭示该股要进入第二次拉升。可以在当天加码买入股票。在 2 月 27 日的 6.94 元“单针探底”买入股票，持股 37 日（巽卦数），至 4 月 22 日又再现 8.53 元“穿头破脚”的见顶形态。当天卖出股票，此段升幅为22.91%。

第三次买入点在5月22日，MA86再次成为支撑，股价在开市时触及此线即被强势拉起，收中阳线，此乃“空中加油”形态。当天开市价7.69元，收市价7.92元，最低价7.64元。可在当日以第一时间抢买股票，买入股票后，白云机场多次出现“空中加油”形态，每次都是投资者补仓的机会。6月15日，MA19升越MA43，股价贴着两线收阳，是一根“复合形态”。当天是安全赚钱的最佳买入点。8月5日，出现本轮行情的最高价9.91元，当天收一根“射击之星”。翌日低开低走，收一根“阳星孕阴星”形态。两形态合在一起，更加证明顶部已现。此9.91顶部的周期关系有始自6月15日“复合形态”的37日（巽卦数）；始自5月24日“空中加油”的50日大衍之数；始自2008年12月31日6.13底部的144日（坤之策）。可见此顶成于卦位数的汇集点上，是大衍数之顶，亦是老阴之坤的顶。逆天时而为顶，后市会深跌（跌至7.53元）。

从2008年12月31日的6.13元底部起算，上升幅度为1.618倍（精确为1.616，9.91/6.13）。换言之，此顶成于黄金分割率的螺旋扩张点上，是非常准确的“时间、空间、价格三维交融。”

本例的全部市场转向点皆出现于卦位数中。巽卦数37日周期就出现了两次，大衍之数50周期出现了两次，典型顶部形态“穿头破脚”出现了两次，揭示底部的“复合形态”出现了三次。这些现象彰显了股市生命基因“自相似”功能的普遍存在。“自相似”（即历史会重演）是股市的内在规律，善用规律，踏准运行节奏，捕捉底、顶部K线形态和BG均线形态是股市取胜之道。

二、广州发展（600098）

（1）后天八卦方圆图卦位数是市场的转向点。

图13.1.2中有很多个显著的市场转向点，这些“点”全部对应后天八卦方圆图的卦位数。按时序依次如下：①40日震卦数（由底至顶）；②31日坤卦数，（由底至顶）；③15日离卦数（由顶至底）；④46日坎卦数（由底至顶）；⑤13日坤卦数（由顶至底）；⑥37日巽卦数（由底至顶）。

上述数据充分佐证了后天八卦方圆图卦位数的无处不在。先读数，后读图（读形态），决定波浪级别，决策买与卖，是BG均线系统应用的步骤。发现并抓住“复合形态”是操作关键。

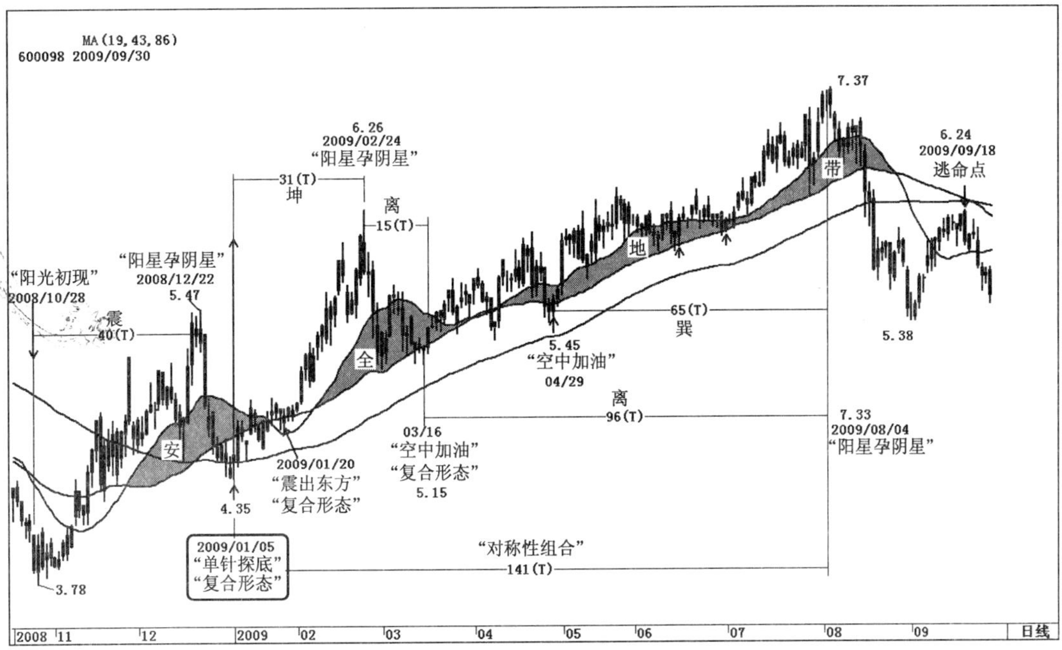

图 13.1.2 广州发展

（2）“复合形态”是最佳买入点。

“复合形态”是既安全、又能在较低价格买到股票的最佳买入点。本例标示了三个“复合形态”，见图 13.1.2。第一个是 2009 年 1 月 5 日 4.35 元“复合形态”，这是“单针探底”与“空中加油”的重叠形态，买入后持股 31 日坤卦数，见 6.26 元“阳星孕阴星”顶部，理论上盈利 43.90%（其余两个“复合形态”分析省略）。

（3）应用上升比率“自相似”规律，决定买入和卖出点。

本图例根据上升比率自相似规律，可以做出分三次买卖的策略选定：①2008 年 10 月 28 日的 3.78 元底部买入，2008 年 12 月 22 日的 5.43 元顶部买卖出，上升比率为 0.436 倍；②2009 年 1 月 5 日的 4.35 元“复合形态”买入，2009 年 2 月 24 日的 6.26 元顶部卖出，上升比率为 0.439 倍；③2009 年 3 月 16 日的 5.15 元“空中加油”买入，2009 年 8 月 4 日的 7.37 元顶部卖出，上升比率为 0.431 倍。三次买卖的上升幅度都是 43% 左右，这就是比率“自相似”。

如果你不会读卦位数时间周期——40 日震卦数、31 日坤卦数和 96 日子午线离卦数，如果你不会辨识三次顶部形态：三个见顶形态都是“阳星孕阴星”（彰显形态“自相似”的生命功能），因而错过了三次赚钱的机会，那么应该认真补课，学习技术了。三次赚钱机会都错过了，“逃命点”就一定要逃跑了。所谓“逃命点”，是指7.37元“阳星孕阴星”形态出现后不久，MA19勾头向下，这是中期行情已在此前高位结束的信号。MA19勾头向下之后的第一个反弹高位，2009年9月18日的6.24元，就是“逃命点”。按照BG均线系统操作法，虽然错过了7.37元顶部的最佳卖出机会，但从第一个“复合形态”之4.35元底部计算，仍可安全获利43.44%（6.24/4.35）。

三、明星电力（600101）

如图13.1.3所示，第一买入点是2008年10月27日3.25元底部，此底是从2008年1月15日的11.05元跌下来的，下铁185日（巽卦数37的5倍），下跌幅度为（11.05－3.25）7.80元，或－70.58%，跌得够惨的了。在3.25元底部买入后，上升33日兑卦11倍数，至2008年12月11日的4.66元顶部卖出，升幅43.38%。见顶后下跌13日（坤卦数），在2008年12月30日出现3.92元“复合形态”。当天是一根价量齐的长阳K线，可重仓买入。2009年的行情从这个“复合形态”开始，进入第3波拉升阶段。股价一直在MA19上方震荡上行，持股看涨很舒服。买入后持股28日（兑卦数）到达2月17日原5.79元“阳星孕阴星”顶部，这一波段的升幅为47.70%。如果从本轮行情的3.25元底部计算，至此已经上升了78.15%，升幅已大。兑卦周期又现顶部形态，宜清仓观望。卖出后第10个交易日是终了之数，在3月5日出现4.63元“阳光初现”形态，当天以小量资金买入，至3月26日，出现MA19金叉MA43的“复合形态”，由此构建“安全地带”。此后MA19未勾头向下之前，MA43是有效支撑的。因此，是一个可以重仓买入的安全点。

其后在上升途中，出现了4个顶部形态，因为MA19一直稳健上行，每次小调整都是触及MA43即被一只无形之手拉起。所以，这4个小顶可以不操作。技艺高超善于短炒者，当然可以做小波段价差。大多数投资者可以继续持股待涨，直至2009年7月20日出现了一个8.04元“阳星孕阴星”顶部形态，宜清仓离场观望。清仓的理由是：①从去年12月30日3.92元“复合形态”买入起，至8.04元顶部运行133日，133是坤卦数，坤为老阴，老阴造顶犯了天时大忌；况且，此时升幅已达1倍强；②造顶之日，还有离卦数96日，震卦数69日，天地之数55日，巽卦数37日等长短周期群落。如此多周期的共振力量而致顶，显示这是一个中长期的顶部，逃命是最明智的选择。如果你还没有在7月20日的8.08元出货，那么，9月21日的7.39元反弹顶部给你一个逃跑机会，仍可安全获利88.52%。

图13.1.4是明星电力的又一起市场案例，该例分两次买卖：①图左下

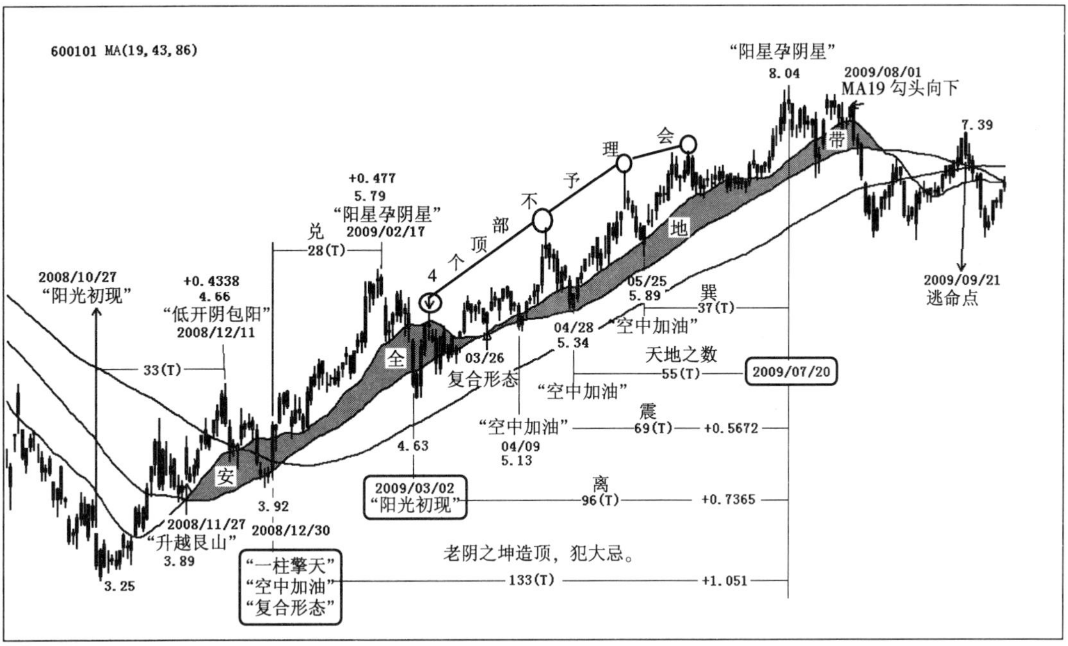

图 13.1.3　明星电力

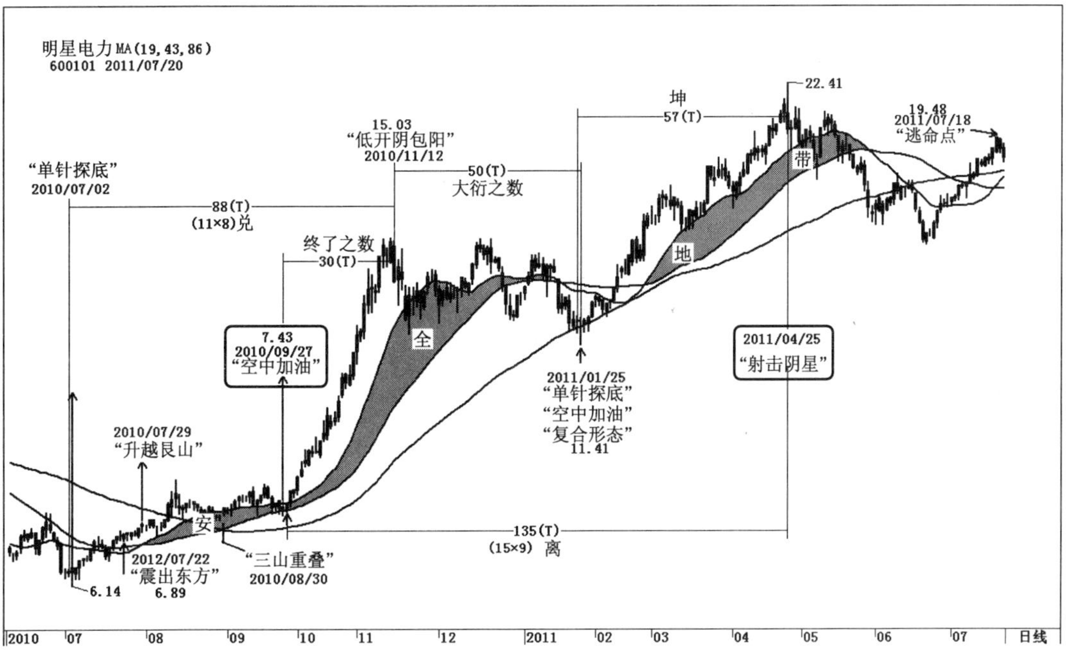

图 13.1.4　明星电力

方的6.14元底部买入，运行88日（兑卦11的8倍）在2010年11月12日15.30元卖出，升幅144.78%；15.30元顶部卖出后，该股横向箱形调整，不参与；持币 50 日大衍之数，一个新的生命周期来临。至 2011 年 1 月 25 日等来了最佳买入点，以 11.41 元为底部的“复合形态”；②在上述 11.41 元“复合形态”形态买入，持股 57 日坤卦数，至 2011 年 4 月 25 日，22.41 元“射击阴星”形态卖出，升幅为 96.40%；老阴之坤造顶是逆天时之作，后市反复跌 394 交易日，至 2012 年 12 月 4 日的 7.32 元见底，从高位跌去 15.09 元，或 -67.33%。

四、包钢稀土（600111）

如图 13.1.5 所示，第一个可试探性少量资金的买入点是 2008 年 11 月 7 日 1.86 元“旭日东升”底部，并设止损点。买入后，持股 23 日（坎卦数）到达 2008 年 12 月 9 日 3.14 元的“射击阴星”见顶形态，此顶是在 MA86 的反压下形成的，宜出货观望。此段升幅为 68.81%。

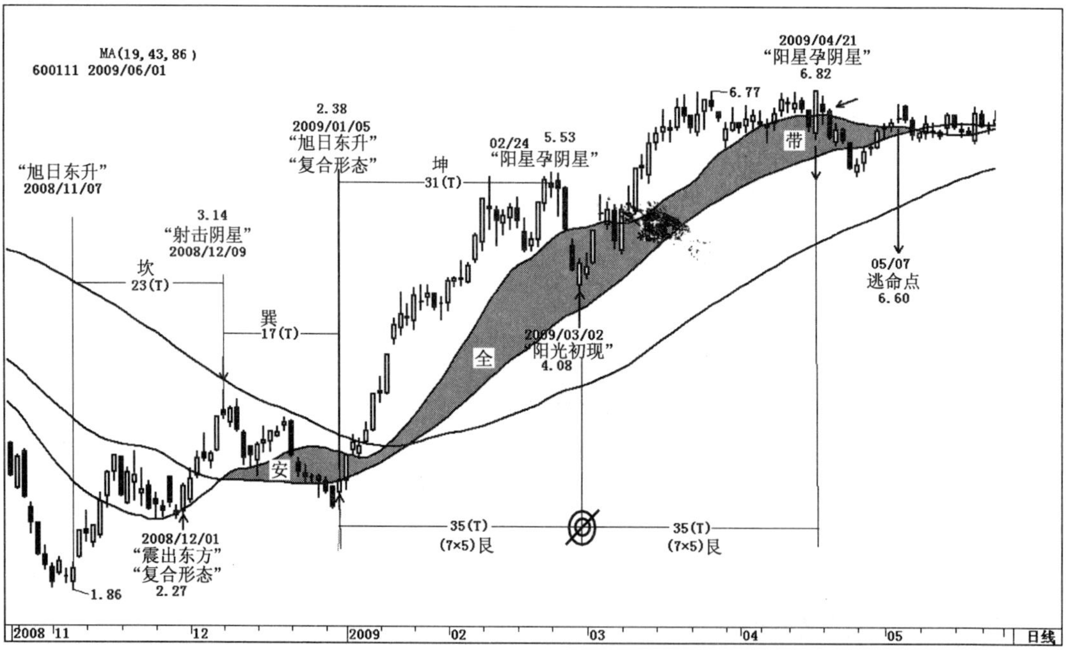

图 13.1.5　包钢稀土

第二次买入点是 2009 年 1 月 5 日 2.38 元“旭日东升”与“空中加油”重叠的“复合形态”，2009 年的行情从这里开始，可在当日重仓买入股票。翌日，再收一根中阳 K 线，是“空中加油”形态。两日 K 线组合，一根比一根强劲，揭示股价将进入拉升阶段，即展开第 3 波。果然，当股价升越

MA19 和 MA86 之后，展开快速拉升。以 31 日（坤卦数）到达 2 月 24 日 5.53 元“阳星孕阴星”顶部，运行时间及升幅均已达到次级浪水平（升 132.35%），宜卖出股票观望。卖出股票后，快速下跌 5 日，至 2009 年 3 月 5 日，以 4.08 元“阳光初现”形态见底。由 1 月 5 日 2.38 元“复合形态”至此 5.53 元顶部，相隔 35 日。由 2009 年 3 月 5 日 4.08 元“阳光初现”底部至 2009 年 4 月 21 日 6.82 元顶部，运行 35 日。这里构成 35 日 ×2 的时间对称。凡对称性顶部都清仓离场，这是操作指引之一。此段升幅为 67.15%。两段操作合计升幅为 199.50%，约近 2 倍。

整倍数升幅遇上对称性顶部形态“阳星孕阴星”，运行时间又是艮卦数 7 的 10 倍，是典型的时间、空间、比率三维交融的产物，清仓离场没商量。MA19 勾头向下之后的第一个高位，即“逃命点”，出现在 5 月 7 日 6.60 元。

五、苏州固得（002079）

如图 13.1.6 所示，苏州固得录得三个顶部皆为“阳星孕阴星”形态，又录得两个底部皆为“单针探底”形态，彰显其生命基因的“自组织、自相似”功能，如图中所示。这是股市规律，帮助我们辨识 K 线形态。

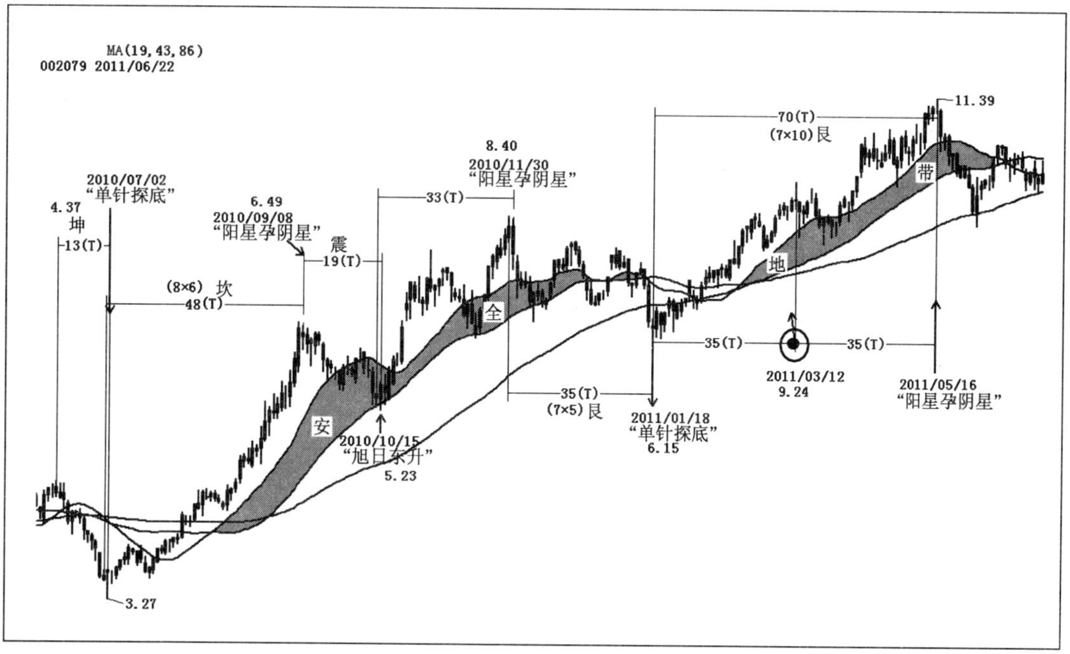

图 13.1.6 苏州固得

苏州固得所有市场转向点皆出自后天八卦方圆图卦位数，按时序从左到右，分别为13日坤卦数由顶至底；48日坎卦8的倍数，由底至顶；19日震卦数，由顶至底；33日兑卦数11的3倍数，由底至顶；35日艮卦7的倍数，由顶至底。事实上，后市又出现35日×2对称，形成了35×3的时间对称链（见图中标示）。

2011年1月18日6.18元“单针探底”形态之后，运行了一次35日×2的时间对称，到达2011年5月16日的11.39元“阳星孕阴星”顶部，此段时间对称内的升幅为84.30%。时间对称点上出现顶部形态，清仓离场，是操作指引之一。事实上，这里见顶后，下跌了378个交易日，至2012年12月4日的3.52元才见底，跌去7.87元，或-69%。

上述三个底部、三个顶部就是最佳买入点和最佳卖出点，图中深颜色区域为“安全地带”。从2010年8月9日出现“升越艮山”形态后开始同步构建，MA19和MA43成为行情发展的双支撑。上升过程中的多次回调，下触MA43时，即被一只无形之手拉升，实质上是源自“安全地带”下沿MA43的强大支撑力。

六、大港股份（002077）

强调两点：第一，“升越艮山”形态出现后，开始构建安全地带。股市在安全地带区域内是安全的。第二，“三山重叠”形态出现后，MA86就成为有效支撑。股价调整至该线若被拉升并收日阳线，可考虑买入。

图13.1.7显示，该股从5.35元顶部下跌坎卦数23日，到达2008年11月6日3.49元“突破底平台”形态。这是一个做多意愿强、底部概率高的信号，可用50%资金买入股票。几天后，在2008年12月2日出现“震出东方”形态，正式确认一轮中期行情在此前的3.49元底部展开了。该股连续几日收阳，至2008年11月19日出现5.08元小顶，这是第一个上升小波，升幅已有45.55%，可清仓观望。

2008年12月1日，出现“空中加油”形态，当日最低价为4.32元，可少量资金买入股票。翌日，出现“升越艮山”形态，“安全地带”由此构建。此后的股价波动只要满足本文开头时强调的，只要MA19还在上行状态中，则可以持股待涨，不理会途中的多个顶部。

如果以波段操作为指导，底部以来运行巽卦数65日的“射击阴星”是应当出货的。理由是上升时间长（65日），上升幅度也可观（94.26%）。出货后该股调整，至2009年3月2日，以5.21元下触MA86时被无形之手

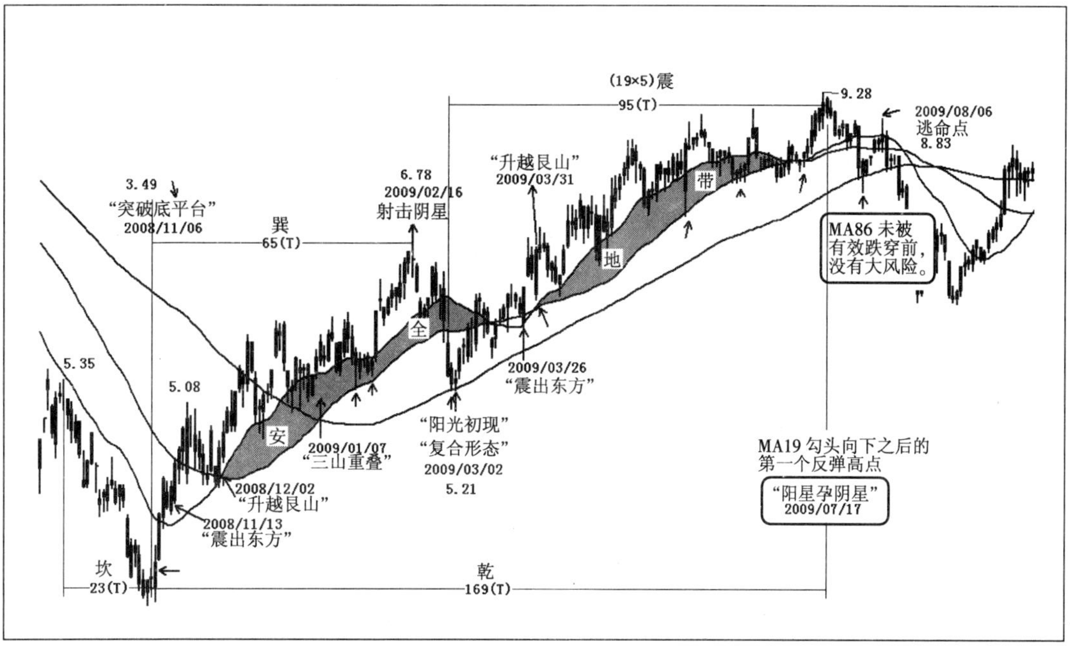

图 13.1.7 大港股份

拉起，当日收“阳光初现”形态。这里实际上是“阳光初现”与“空中加油”重叠的“复合形态”，可以再次重仓买入股票。买入后不久，相继出现“震出东方”与“升越艮山”形态（见图中的标示），确认又一次中期行情已经在5.21元的“复合形态”展开。

从2009年3月2日5.21元“复合形态”买入股票，持股95交易日（震卦数19的5倍）至2009年7月17日9.28元“阳星孕阴星”顶部形态卖出，升幅为78.11%。它是MA19勾头向下之后出现的第一个反弹高位，属于必须“清仓离场”之列。

查看周期关系，这里是原始底部3.49元以来的第169日，是巽卦数，169还是坤卦13的平方数，具有强烈的周期意义。还有，震卦数19的5数生成之数95日群落于此日，有强化顶部的意味。

查看空间关系（比率反映空间）上升了1.659倍（9.28/3.49），这表明，此顶出现于黄金分割的螺旋扩张点上，是标准的“时、空、价”三维交融现象。

当MA43金叉MA86，出现“三山重叠”形态后，MA86就成为有效支撑。2009年3月2日的5.21元“复合形态”就是例证，这是设置MA86的用处，标记“三山重叠”形态的作用。

根据“安全地带”操作指引，在MA86的支撑点上之2009年3月2日

5.21 元底部买入股票，并持股至“逃命点”之 8.83 元高位卖出，仍可以无风险地安全获得约 69.48% 的利润。

七、华芳纺织（600273）

尝试用简洁的笔墨，有重点地阐释图表。无论是上升还是调整，其运行时间都是后天八卦方圆图的卦位数或其倍数。换言之，每一个市场转向点，都出自卦位数。这一点很重要，它是判断 K 线形态的前提依据。具体数字不详述了，请读者自行审阅图表中的标示。

有道是“复合形态”是最安全又赚钱快的买入点。图 13.1.8 就专述三个“复合形态”，其他省略。

第一个“复合形态”出现于 2009 年 1 月 5 日，当天最低价为 2.63 元，买入后持股 31 日坤卦数，在 2009 年 2 月 24 日的 4.04 元“射击之星”顶部卖出，升幅 53.61%。第二个“复合形态”出现于 2009 年 3 月 2 日，当天最低价为 3.18 元，买入后持股 25 日乾卦数，在 2009 年 4 月 7 日的 4.72 元“射击之星”顶部卖出，升幅 48.42%。第三个“复合形态”出现于 2009 年 4 月 28 日，当天最低价为 3.79 元，买入后持股 57 日坤卦数，在 2009 年 7 月 21 日的 6.90 元“穿头破脚”顶部卖出，升幅 82%。

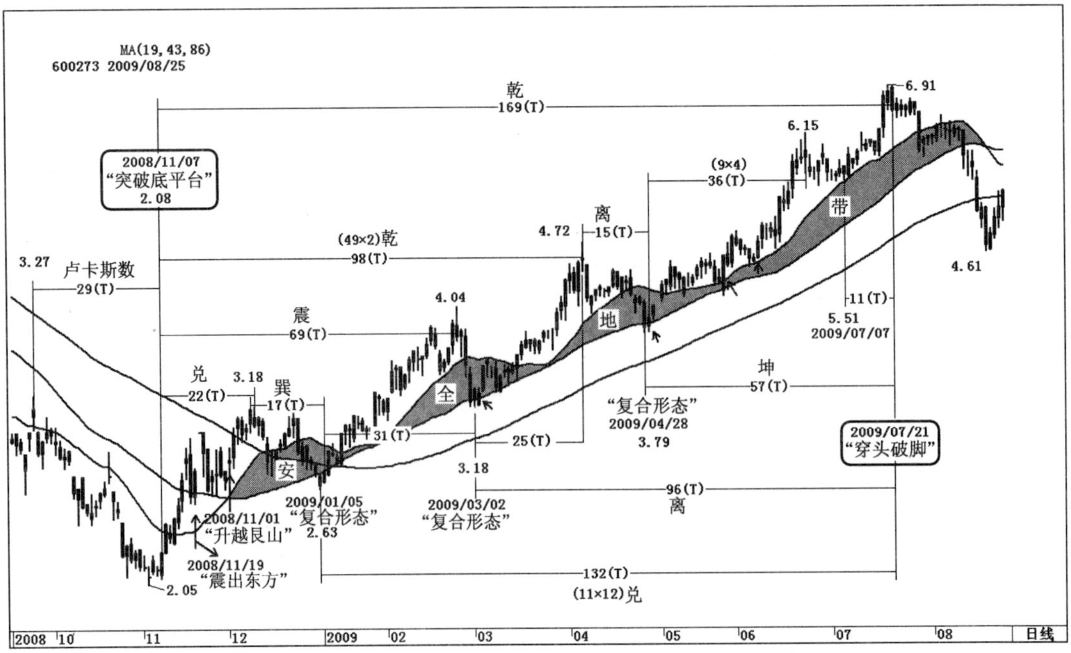

图 13.1.8 华芳纺织

三次买卖累计盈利184%。第三次买入后，持股36日，在2009年6月23日，出现6.15元“射击阴星”顶部形态，也可以在此卖出股票。

三次买卖的操作依据是BG均线系统发出的指令，每一个买入点之“复合形态”，全都受到MA43的有效支撑。

八、亿利能源（600277）

如图13.1.9所示，亿利能源2008年11月10日的1.92元底部既是“震出东方”，又是“突破底平台”，更是“空中加油”，这是一个集诸多做多形态于一身的“复合形态”。当日一根阳线吞噬了此前9根K线，是强烈做多信号，可重仓在当天买入该股。买入后运行163日子午线坎卦数，到达2009年7月28日的6.92元“穿头破脚”顶部。众所周知，“穿头破脚”是典型的头部形态。当日还有90日终了之数同汇于此，典型形态特殊周期合璧，清仓离场是无须迟疑的。至此的升幅为2.604倍，这个是黄金分割的螺旋扩张点。真是“造顶有理”，“清仓有据”。

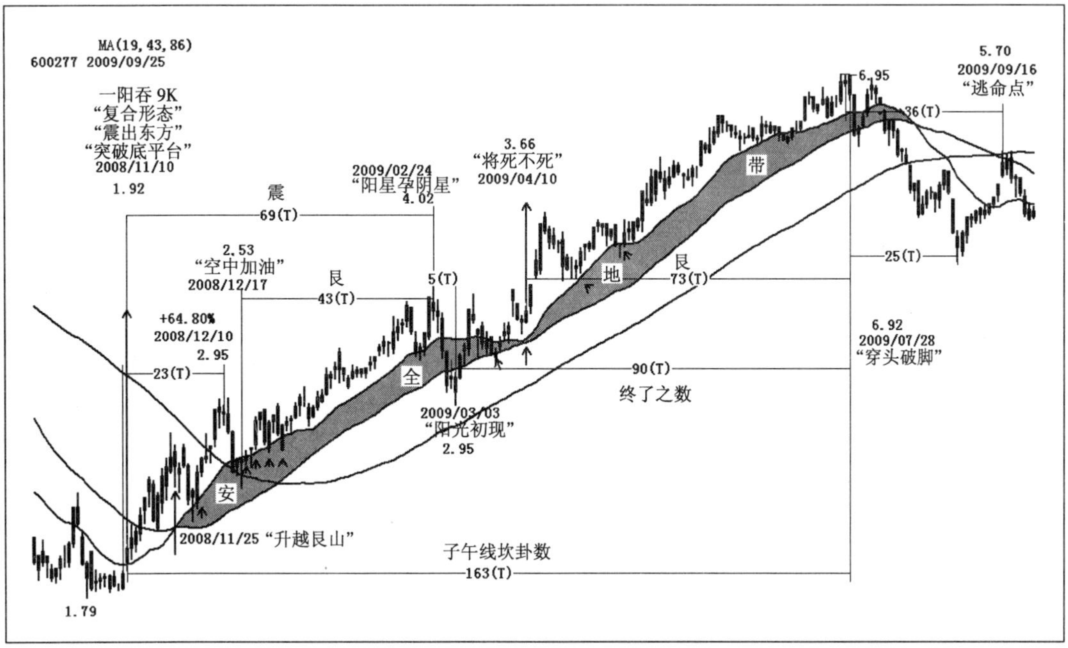

图13.1.9　亿利能源

一次性卖出的操作依据是“安全地带”的保护作用。整段行情只有两天跌破过MA43，其余100多天时间皆在MA19上方运行。如此强势而稳健的走势是可以放心持股，一次性卖出的。当然，也可以分两段操作。从原始底部1.92元买入股票，持股69日到达2009年2月24日，当天产生最高价为4.02元的“阳星孕阴星”见顶形态，69日是卯酉线震卦数。上升时间不短，又在卯酉线上产生顶部，此时升幅达1.093倍，过倍的升幅很不错了，宜清仓观望。

第二次可在2009年3月3日的2.95元“阳光初现”形态买入，持股90日（终了之数），在2009年7月28日6.92元“穿头破脚”卖出，升幅为134.57%。

MA19勾头向下之后的第一个反弹高位（“逃命点”）在2009年8月27日5.42元出现，在原始底部1.92元买入后持股至“逃命点”卖出，仍有1.822倍的盈利空间。

九、东方创业（600278）

在图13.1.10中只有一个“安全地带”可以一次性操作，即在2008年11月6日的2.90元“旭日东升”底部形态买入，持股至2009年8月6日8.91元“低开阴包阳”顶部形态卖出。全程持股183个交易日坤卦数，升幅为2.072倍。这个顶部的周期是很特殊的，首先，运行183日是坤卦数。坤为老阴，不宜造顶。另有艮数140日（重要的DNA核数），巽数135日，69日震卦数群聚，多卦位数集中指向2009年8月6日。其所出现的顶部形态，具有长期顶的意义，应清仓离场。大市见顶于2009年8月4日3478点，与本例的最高价9.11元同日出现，其后陷入数年的漫长调整。清仓离场的原因，还有就是此轮行情升幅达2倍强，应落袋为安了。

自2008年12月2日出现“升越艮山”形态，构建“安全地带”起，该股就未曾有效跌穿过“安全地带”的下沿MA43。换言之，MA43就成了铁打的保护屏障。

2009年1月6日，当日最低价为3.76元，贴着MA43收一根“突破底平台”形态，一举吞盖7条K线，是一根安全赚钱的“复合形态”。21日×2对称性底部，见图中的标示。此时该股已受到“安全地带”的保护，在MA19上方震荡上行，MA43从未被有效跌穿，多次出现触线就被拉起的神奇。当天买入股票，持股140日，安全到达2009年8月6日的8.91元“低开阴包阳”顶部。140是艮卦数7的20倍终了数，应清仓离场观望，此段升幅为1.369倍。

事实上，2009年1月6日，3.76元“突破底平台”形态买入，可以分

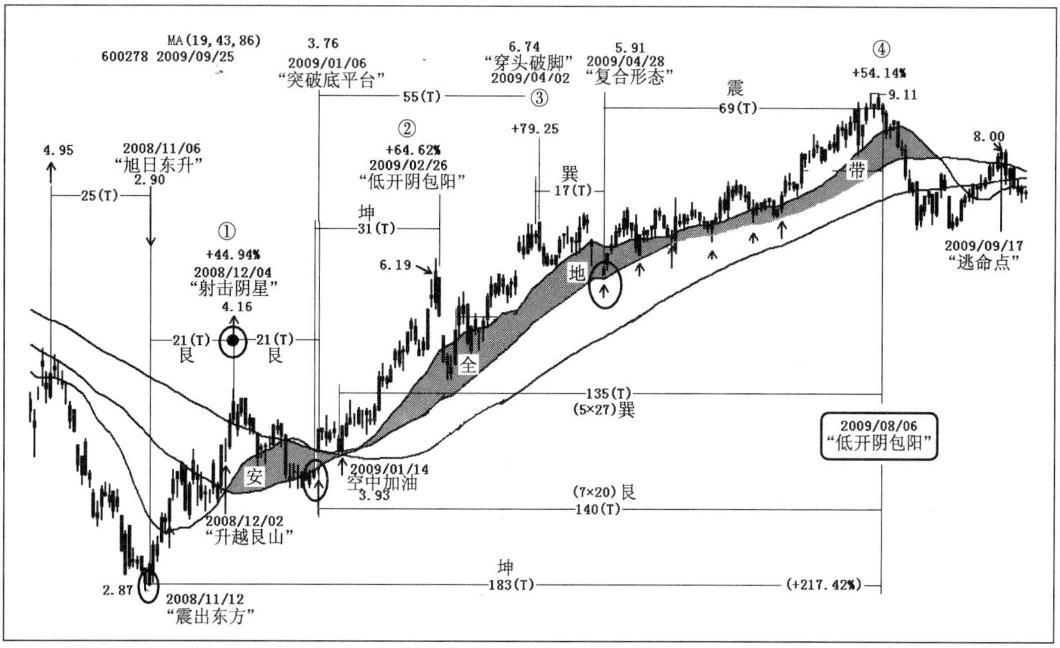

图 13.1.10 东方创业

段操作。第一次在 2009 年 4 月 2 日的 6.74 元“穿头破脚”形态卖出，持股 55 日天地之数，升幅为 79.25%（中途还有一个 6.19 元顶部可以操作，这里省略了，见图中的标示）。第二次在 2009 年 4 月 28 日的 5.91 元底部买入，这里是“阳光初现”与“空中加油”重叠的“复合形态”。换言之，是一个安全赚钱快的买入点。买入后，股价一直沿着 MA19 震荡上行，而 MA43 则是有效支撑。上升过程中的每次调整，触及该线则又被无形之手拉起，产生了六个“空中加油”形态。此波行情运行卯酉线震卦数 69 日，到达上面提到的“低开阴包阳”8.91 元顶部，当日卖出，即有 50.76% 的升幅。

回过头来看，2008 年 11 月 6 日 2.90 元“旭日东升”底部是第一个买入点，买入后顺风顺水，于 11 月 12 日出现“震出东方”形态，中期行情由此确认。其后上升因 MA43 的回压而震荡，但不会有效跌穿 MA19。这是 BG 均线系统的常见现象，可静观不动。12 月 2 日，出现“升越艮山”形态。一方面是对中期行情的再确认，一方面由此构建“安全地带”，MA19 和 MA43 成为行情的双保险。

以 2008 年 12 月 4 日 4.16 元“射击阴星”为太极中心，左螺旋是艮数 21 日的 2.90 元“旭日东升”底部；右螺旋艮数 21 日的 3.76 元“突破底平台”底部。一组 21×2 的时间对称产生一顶两底，中间的 4.16 元顶部是可以卖出操作的，此段盈利43.44%。然后在对称的右端——2009年1月6日3.76元“突破底平台”买入。凡是对称点都是变盘点，这个底部是一根长阳K线，升越了MA43、MA86和MA19三条均线，事实上是个与“空中加油”重叠的“复合形态”。

我们反复提过，BG均线系统的“复合形态”绝对是买入良机。请看图13.1.10，买入后31日（坤卦数）即见6.19元顶部，此处卖出，盈利64.62%。

本例出现多个“复合形态”，换言之，为投资者提供了多个买入机会。比如，上面提到的2009年4月28日就出现了5.91元“复合形态”。事实上，本例的“震出东方”“突破底平台”，还有2009年3月4日的“空中加油”都是“复合形态”，都是极好的买入良机。

2009年8月6日8.91元“低开阴包阳”形态没有出货的“逃命点”，在2009年9月17日8.00元顶部。

十、重庆港九（600279）

MA43升越MA86，称为“三山重叠”形态。如图13.1.11所示，重庆港九以2009年1月21日6.07元“三山重叠”形态为买入点，运行“大限之数”100日周期，到达2009年7月24日之11.20元“阳极阴生”顶部，顶部形态出现之两天前，是两个向上跳空开市的漲停板。第三日，又是涨停板开市。可事不过三，开市后一路下滑，收一根长阴K线，是为11.20元“阳极阴生”见顶形态。这个“阳极阴生”，早不现迟不见，偏偏要出现在“大限之数”周期点上。大限之顶，清仓离场没商量。此波升幅为84.51%。

MA43属艮，艮为山，MA86虽然属兑，但它包含两个43艮山。MA43叠在MA86上边，名曰“三山重叠”。在长周期中，当“三山重叠”形态出现后，MA86就会成为有效支撑。以本例而言，2009年4月16日9.24元见顶后回落调整，在4月28日受到MA86的有效支撑而出现7.41元“阳光初现”底部形态，从而再掀升浪。其后震荡上行，多次受到MA86的有效保护。图中标示箭头的都是保护点。

本图例标示了25日×2和34日×2两个时间对称点。凡对称点皆是市场的转向点。其所指向，见底部形态则买；见顶部形态则卖。无须思考，执行指令就对了。以本例而言，25日×2对称性指向2008年12月17日的7.15元顶部，卖出获利73.12%。34日×2对称性指向2009年4月16日的

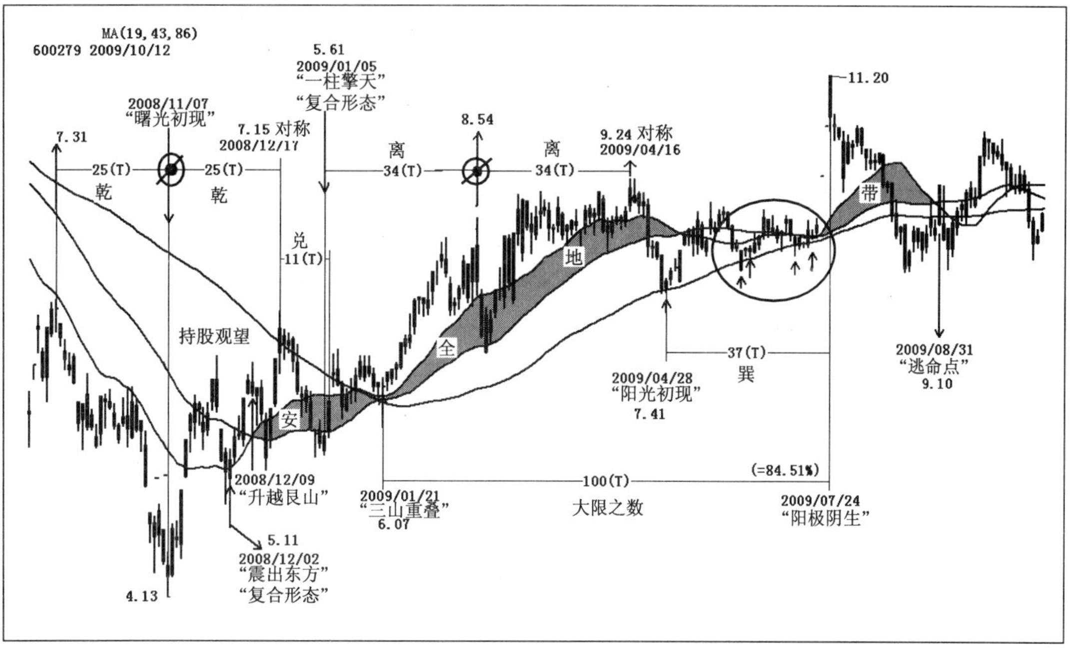

图 13.1.11 重庆港九

9.24 元顶部，卖出获利 64.70%。其实这 34 日 ×2 的太极中心是 8.54 元顶部，属于可操作或不操作之列。

凡“复合形态”都是既安全又赚钱快的最佳买入点。本图例就为投资者提供了 5 个“复合形态”，见图中打了圆圈的数字。所谓“安全”，是指买入后短期内不会跌穿买入当日的最低价，可以持股待涨。所谓“赚钱快”，是指买入后多见股价很快就进入拉升阶段。

请读者将此段文字对照图 13.1.11 仔细鉴别，从中领悟出自己的理解，以后用起来就会得心应手。

行情刚从原始底部上升，在 MA19、MA43 和 MA86 限定的区域内出现小顶，震荡整理是 BG 均线系统的常态。绝大多数情况下，MA19 会是有效支撑（图中用方框框着的区间），本例从 6.56 元见顶后调整两日，第三天以 4.94 元瞬间探底，即反弹至 MA19 上方收市。翌日出现“震出东方”形态，确立中期行情。12 月 9 日，出现“升越艮山”形态，再次确认中期行情，并开始建立“安全地带”，如图 13.1.11 所示。图中标示，2008 年 12 月 17 日是艮数 25 日 ×2 的时间对称点，当天出现 7.15 元顶部形态。我们常常强调，“对称点就是变盘点”，卖出没商量。此段升幅亦有 73.12%。君不见，见顶之后是连续 10 根阴 K 线，很让人害怕。

10 根阴 K 线之后，即第 11 日（兑卦数）2009 年 1 月 5 日“一柱擎天”

与“空中加油”重叠的“复合形态”。我们常说，“复合形态”是既安全又赚钱的最佳买入点。在2009年1月5日的5.61元底部买入后，持股68日，到达2009年4月16日的9.24元，34日×2对称点顶部。“对称点即是市场的变盘点”。对称点上见顶，出货无疑问。从5.62元“复合形态”买入至此，持股34日，盈利64.70%。这顶恰恰出现在黄金分割率的螺旋扩张点上，可谓中规中矩。

如果上述这么多的顶部与再买入点你都未能把握住，那么就等到MA19第二次勾头向下之后的第一个反弹高点逃命吧。2009年8月31日的9.10元就是“逃命点”。图中的后边有个更高的价位，可这个高点是可有可无的，前面9.10元“逃命点”才是保险的。

第二节　实战2010年10例精讲

一、鄂武商A（000501）

如图13.2.1所示，鄂武商A第一个买入点是2010年7月5日13.58元之“阳光初现”底部。2010年7月16日，MA19勾头向上，产生“震出东方”形态，当日股价贴着MA19上方收市，是一个与“空中加油”重叠的“复合形态”。这是个可靠的做多信号，可以重仓买入股票。7月25日，MA19金叉MA43，产生“升越艮山”形态，“安全地带”由此构建，MA43成为有效支撑。后市股价在“安全地带”区域内运行，是完全安全的。9月28日22.87元见顶后，调整了9日（终了之数），至10月18日下跌至18.60元，瞬间跌穿了MA43，立即被一只无形之手强势拉起，当日收长下影线的“单针探底”形态。翌日，又出现一根“空中加油”，彰显MA43作为“安全地带”下沿的支撑力，反弹继续。

从第一个买入点13.58元起算，持股60日甲子数，到达9日29日，当日是一根“阳星孕阴星”见顶形态，上一交易日是一根带上影线的中阳K线，最高价为22.87元，两根K线的组合，证明了见顶无疑。至此，已见68.40%升幅，出货是最佳选择。如果你不在此顶出货，“安全地带”操作指引指出，MA19勾头向下之后的第一个反弹顶部是“逃命点”。11月10日收长阳K线，翌日，低开低走，出现“阳星孕阴星”见顶形态，此顶成

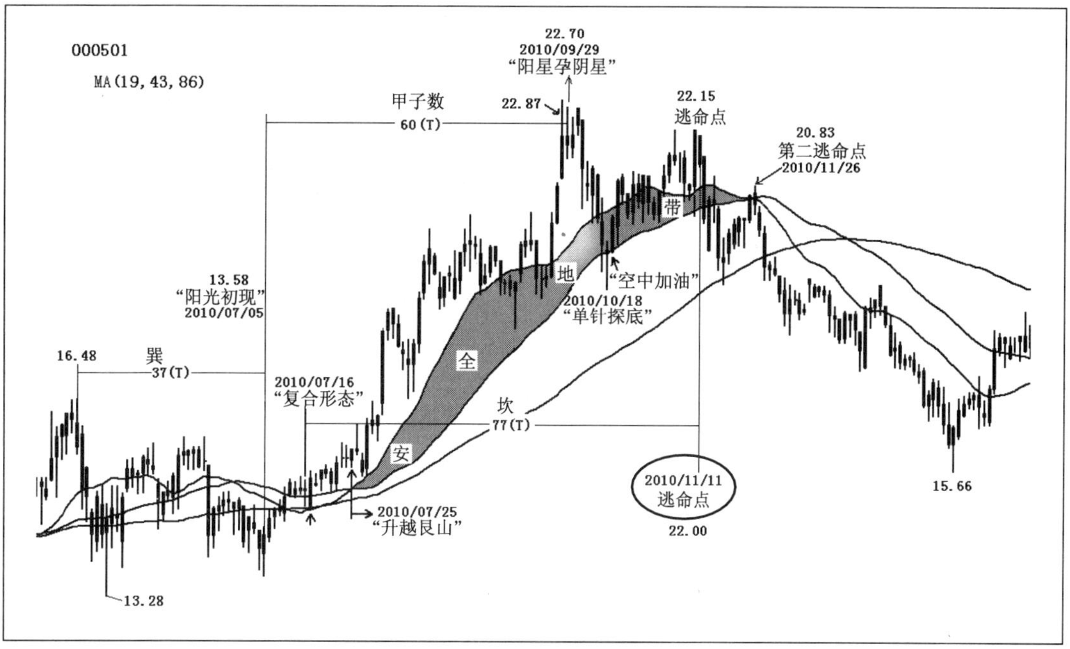

图 13.2.1　鄂武商 A

于坎卦数 77 日。水火相冲，顶部意义强烈，是“逃命点”！当日最高价为 22.00 元，在这天逃命，仍可安全地赚取 62% 利润。

二、中润资源（000506）

如图 13.2.2 所示，中润资源第一个买入点是 2010 年 7 月 2 日的 5.10 元底部，它是从 6.84 元顶部下跌巽卦数 17 个交易日而成底的，其后上升离卦数 34 日在 2010 年 8 月 18 日 6.65 元见顶，升幅为 30.39%。子午线离卦之顶，宜清仓观望。见顶后下跌兑卦数 28 日至 2010 年 9 月 30 日在 5.34 元“旭日东升”形态见底。在设置止损的前提下重仓买入股票，其后股价震荡上升。遇上 MA86 和 43 有小调整，是 BG 均线系统常见现象，只要不跌破 MA13 就可持股不动。

10 月 21 日，出现“震出东方”形态，宣告中期行情确立。10 月 29 日，出现“升越艮山”形态，“安全地带”由此构建，行情受到 MA19 和 MA43 的双线保护。上升途中的小顶小调，可不予理会。过程中还享受了几个涨停板。持股 40 日（震卦数），到达 12 月 15 日 12.58 元“阳星孕阴星”顶部，从 9 月 30 日 5.34 元之“旭日东升”买入计，升幅已有 1.355 倍。卦位数周期，顶部形态，高升幅比率三合一，宜出货清仓。

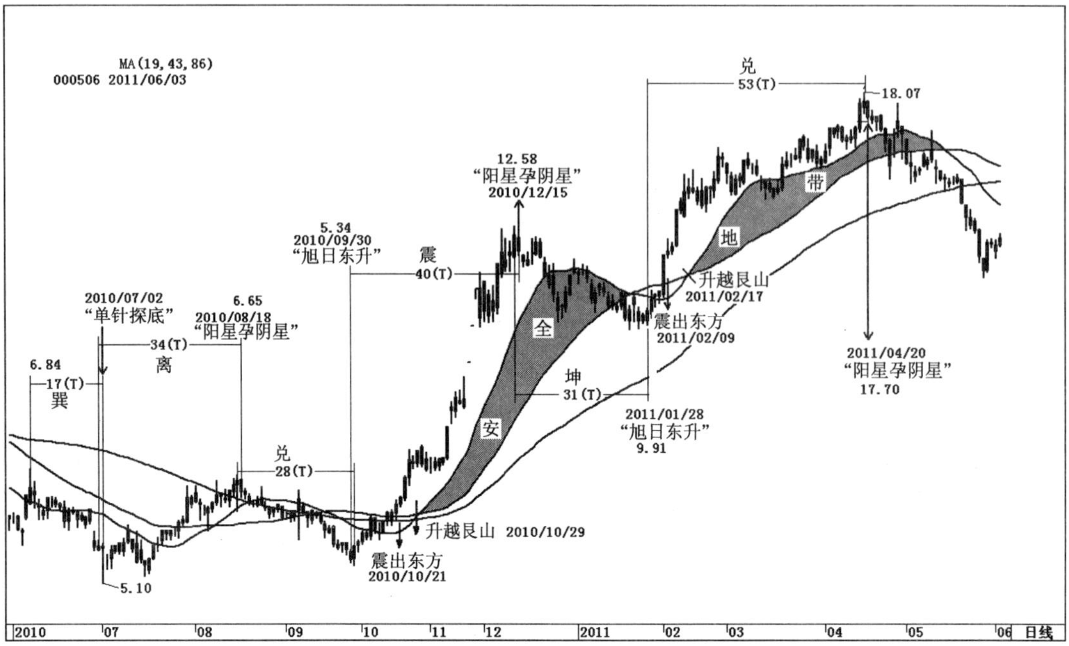

图 13.2.2　中润资源

见顶后调整 31 日坤卦数在 2011 年 1 月 28 日出现 9.91 元“旭日东升”底部形态，轻仓买入。2011 年 2 月 9 日出现“震出东方”形态，中期行情确立，重仓买入股票。17 日出现“升越艮山”形态，“安全地带”由此构建。在 MA19 上方出现的小顶可不予理会。持股兑卦数 53 日在 2011 年 4 月 20 日的 17.70 元“阳星孕阴星”形态当日卖出股票，并清仓离场。从第二个买入点的 9.91 元计算，至此获利 78.60%。两次操作共获利 214.78%（1.355 +0.786）。

三、江特电机（002176）

如图 13.2.3 所示，江特电机第一个买入点是 2010 年 3 月 16 日的 3.51 元“阳光初现”形态。当月 9 日出现“升越艮山”形态，由此构建“安全地带”，股价一直在 MA19 上方运行。4 月 13 日，摸高 4.87 元后急速回落，最低价为 4.27 元，恰好触及 MA19 即被拉起，当日收一根带上下影的阴线，很有点儿吓人。但后市证明有惊无险，什么原因？是“安全地带”的第一道支撑 MA19 在起保障作用。直至持股坤卦数 31 日，即 4 月 28 日，出现一根长上影的“射击阴星”见顶形态。这里应该出货了，因为老阴之坤造顶，不合时宜。当日最高价为 5.22 元，从底部 3.50 元计算，升幅已有

49.14%。见顶后调整40日震卦数，至7月1日出现3.81元之“阳光初现”底部形态。这里要特别指出的是，大市从4月15日3067点见顶后，下跌至7月2日见2319点年内新低，而江特电机不但没有创年内新低，而且比大市提早了一日见底。人们常说，要寻找强势于大市的个股买入。江特电机就是这样的强势股。

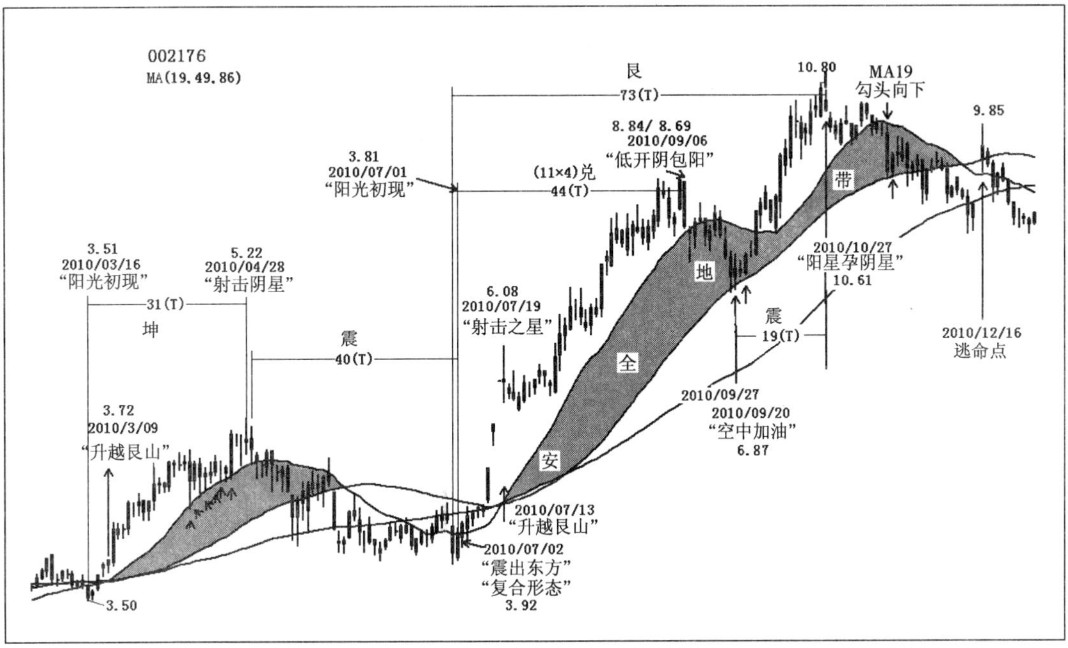

图 13.2.3　江特电机

7月2日，MA19勾头向上，股价贴着其上方收市，这是“震出东方”与“空中加油”的“复合形态”。当日的最低价为3.81元，可以在当日重仓抢购该股。买入后股价顺利升越MA86和MA43两条均线。上方已无阻力，一片坦途。7月9日，向上跳空高开并高走，当日收一根长阳。股价立即拉升，连拉三个涨停板，至7月19日，出现一根6.08元“射击阴星”顶部形态。此时可先卖出，理论上可获利59.58%。也可以不予理会，持股待涨。有把握吗？有！因为7月2日出现的“震出东方”之“复合形态”是一个可靠的中期行情信号，而至7月19日的“射击之星”顶部形态仅仅相隔10个交易日，哪有10日就玩完的“中期行情”？

后市确实如此，7月19日见顶后只小调几日，回调时根本就没有触及MA19，股价又在其上方继续前行。7月1日3.81元买入该股后，持股44日（兑卦数），于9月5日出现一根8.69元的“低开阴包阳”（小双头）

见顶形态，应该出货观望了。理由之一是，上升时间 44 日已达中级行情的时长范围；理由之二是，升幅已有 1.32 倍。

9 月 5 日 8.84 元见顶后调整 11 日兑卦数，在 9 月 20 日 6.87 元之“空中加油”形态见底。当天重仓买入。买入理由是屡试不爽的“安全地带”保障作用——股价瞬间跌穿 MA43 时即被一只无形之手强势拉升，MA43 欲破不破，安全地带仍安全。后市果然如此，9 月 20 日 6.87 元买入后，持股 19 日震卦数，即到达 2010 年 10 月 27 日的 10.61 元“阳星孕阴星”顶部。事实上，7 月 1 日 3.81 元的底部运行至此为 73 日。这里是中、短周期 73 日和 19 日的共振点，且 73 乃艮卦之数，艮山止隔一轮升势；震卦 19 从“震出东方”变为“震落西山”了。卦义提示见中期顶。升幅为 183.46%，已超过中期顶部要求，这里该清仓离场了。

11 月 11 日 MA19 勾头向下，提示此前高位为中期顶部，清仓正确。如果你没有在见顶日出货，那么，12 月 16 日 9.85 元“射击之星”就是逃命点了。此处盘点，从原始底部买入，至此卖出仍有 158.50% 的盈利。

四、黄河旋风（600172）

如图 13.2.4 所示，黄河旋风从 6.58 元顶部下跌 39 日（坤 13 的 3 倍）出现 3.70 元“单针探底”形态，当日为 2010 年 7 月 2 日，与大市同步见底，可用 30% 资金试买入股票。买入后股价碎步儿上行，阳多阴少，显示强势特征，可在上升过程中择机加码。

至 7 月 23 日出现“震出东方”形态，此乃中期行情确立的信号。6 月 6 日，“升越艮山”形态出现，“安全地带”由此构建。此后股价受到 MA19 和 MA43 的两线保驾护航，沿着 MA19 震荡上行。过程中出现三次顶部形态（见图中标示“顶”字样）可不理会，继续持股。从 7 月 23 日“震出东方”买入后，持股 63 日（艮 7 的终了数）到达 8.48 元“射击之星”顶部，运行时间及上升幅度均已超过中级行情，可卖出股票观望，此时获利 1.29 倍。

卖出后第 11 日兑卦数，在 11 月 15 日 6.45 元出现“阳光初现”见底形态。这里是“阳光初现”与“空中加油”重叠之“复合形态”，此形态揭示，因为受到“安全地带”的护航，该股还要再上一层楼，可以在当天重仓买入股票。后市果然如此，在 6.45 元买入后，持股震卦数 19 日，即到达 2010 年 12 月 15 日 10.02 元的“射击之星”顶部。此波段的升幅为 55.34%。

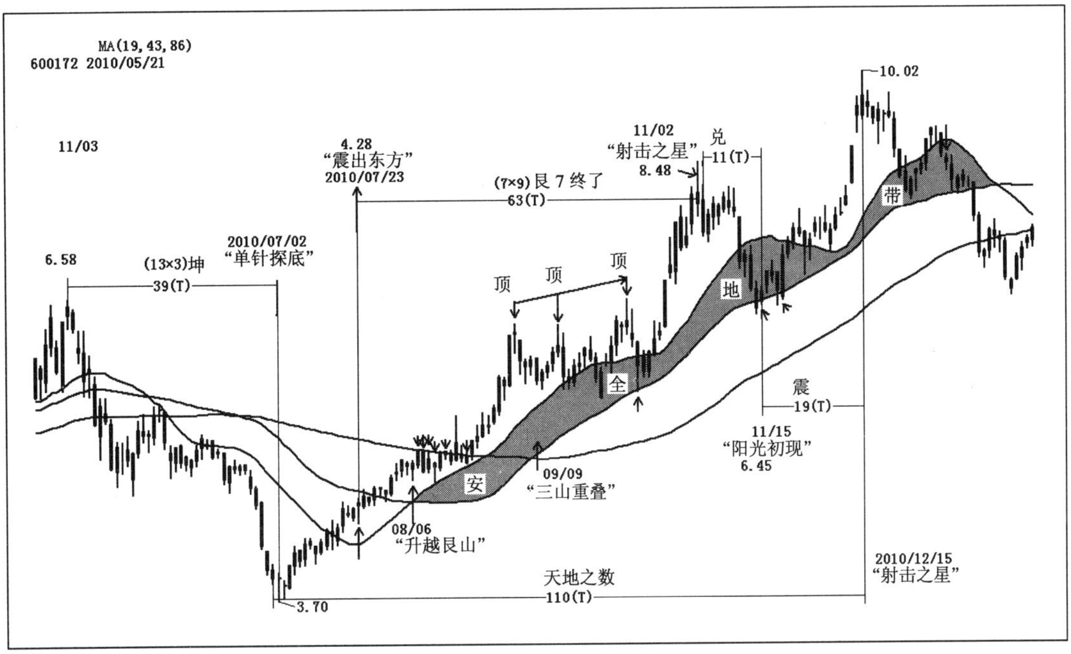

图 13.2.4　黄河旋风

考核本轮行情，从 7 月 2 日 3.70 元“单针探底”起算，运行了两个天地之数 110 日，已是一个中长周期，升幅已大，为 1.708 倍，清仓离场没商量。况且，这顶是 MA19 勾头向下之后的第一个反弹高位，技术上称之为“逃命点”！更应清仓离场。

五、光电股份（600184）

如图 13.2.5 所示，光电股份的第一个买入点是 2010 年 7 月 2 日 15.22 元“单针探底”。该底部成于 49 日乾卦数周期。买入后该股碎步儿上升，至第 9 个交易日，即 7 月 14 日摸高 17.86 元受 MA19 下压而做小调整。此时已有 17.34% 升幅，短线高手可出货做价差，一般投资者可以持股观望。7 月 16 日，探低至 16.27 元即拉起，当日收小锤头阳线。翌日是一根中阳，第 3 天是一根带量长阳，走势漂亮。当天（7 月 20 日）已可预计到 MA19 即将勾头向上，因此可以增资买入。后市果然如此，7 月 22 日出现“震出东方”形态，中期行情确立。

8 月 5 日，MA19 升越 MA43，发出“升越艮山”信号，“安全地带”由此构建。因为有了“安全地带”的保障，此段上升走势中每次下调触及 MA19 即又被一只无形之手拉起，产生多个“空中加油”形态，我们可以

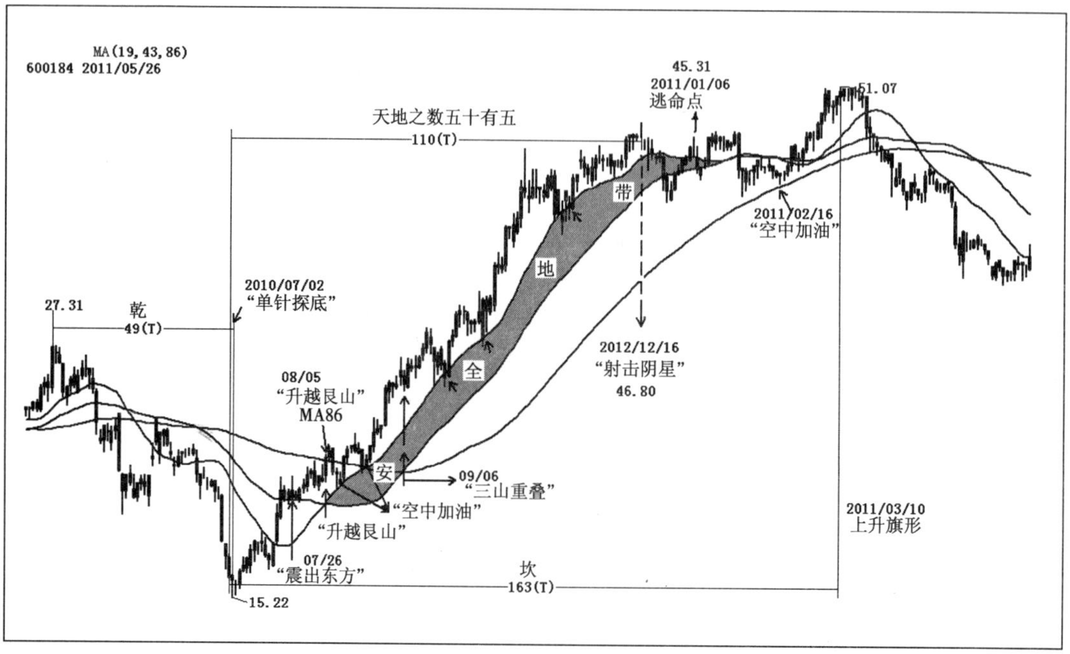

图 13.2.5 光电股份

随势“加油”。2010 年 8 月 23 日 20.71 元的“空中加油”就是个很好的买入点，买入后运行 73 日艮卦数到达 2012 年 12 月 16 日 46.80 元“射击之星”顶部。此波升幅为 125.97%。

从本轮底部 15.22 元起算，至 46.80 元“射击阴星”见顶形态，运行 110 日（两个“天地之数”），长周期见顶部形态，而升幅亦有 2 倍强。如果买入股票后一直持股至 MA19 勾头向下之后的 2011 年 1 月 6 日 45.31 元——“逃命点”离场，仍可安全获利 1.97 倍。

六、金种子酒（600199）

如图 13.2.6 所示，金种子酒的买入点是 2010 年 5 月 21 日 8.14 元“一柱擎天”。买入后连收 6 阳。2010 年 5 月 24 ~ 27 日，连续 4 天贴着处在上行状态中的 MA86 收阳，是 4 根连在一起的“空中加油”形态。在这 4 天中的任一天“加足油”了，可享受“赚钱之旅”。6 月 2 日出现“震出东方”形态，确立中期行情。6 月 7 日，出现一根 9.63 元的“空中加油”形态，股价立即拉升。用 11 日兑卦数，到达 6 月 24 日 12.98 元“阳星孕阴星”顶部，升幅为 34.78%，日均升幅 3.16%。

6 月 22 日出现“升越艮山”形态，由此构建“安全地带”，MA19 成为

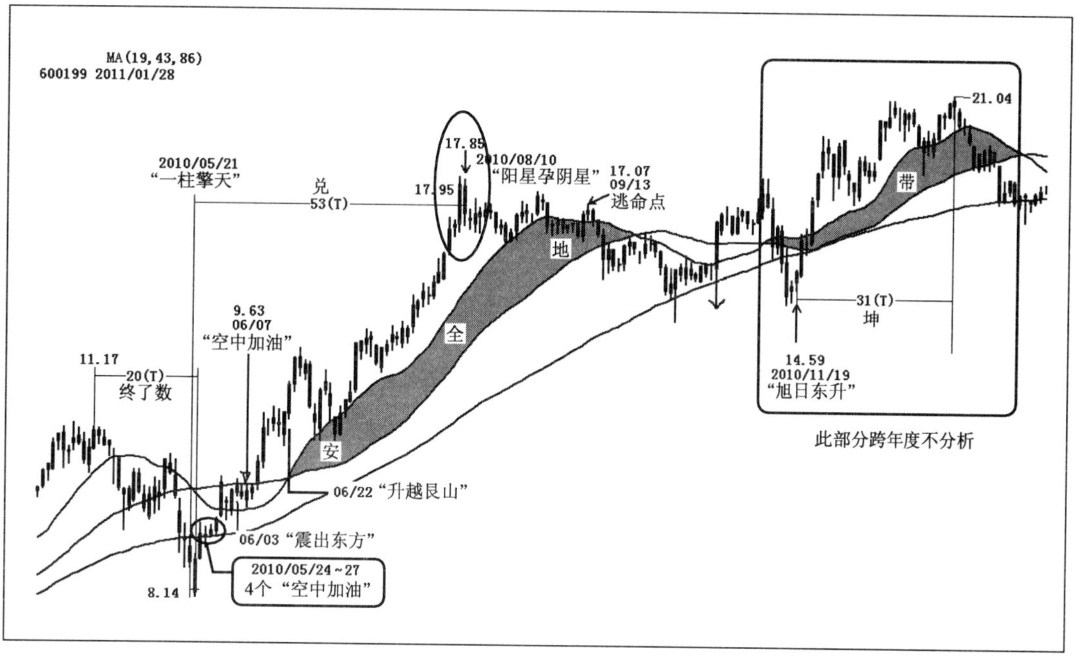

图 13.2.6 金种子酒

市场波动的有效支撑。只要股价在 MA19 上方运行，出现的顶部可卖出或继续持有股票，投资者可根据自己的喜好自行决定。2010 年 8 月 9 日，出现一根中阳 K 线，最高价为 17.95 元。翌日，报以一根中阴，最高价为 17.85 元，两日 K 线组合为“阳星孕阴星”见顶形态。其上升的时间已运行了 53 日兑卦数，即卦位数见顶。由原始底部之 8.14 元计算，则已上升 1.05 倍，升幅已大，应该清仓观望。

见顶后 4 天内，股市在高位窄幅震荡，给未出完货的人继续出货。8 月 30 日，一根小阳线，最高价为 17.47 元，仍然是出货良机。9 月 3 日 MA19 勾头向下，揭示一段趋势已在此前高点的 17.95 元见顶，卖出是正确的选择。MA19 勾头向下之后的第一个反弹顶部是 2010 年 9 月 13 日的 17.07 元，这里是“逃命点”。

七、钱江水利（600283）

如图 13.2.7 所示，我们重点分析钱江水利运行 83 日的 14.23 元顶部，运行大限之数 100 日的 15.44 元顶部，以及运行坤之策 144 日的 19.42 元顶部。

（1）从 2010 年 7 月 6 日 7.51 元“旭日东升”底部至 2010 年 11 月 10 日 14.23 元“阳星孕阴星”顶部，运行 83 日。83 是中国 A 股的 DNA 核

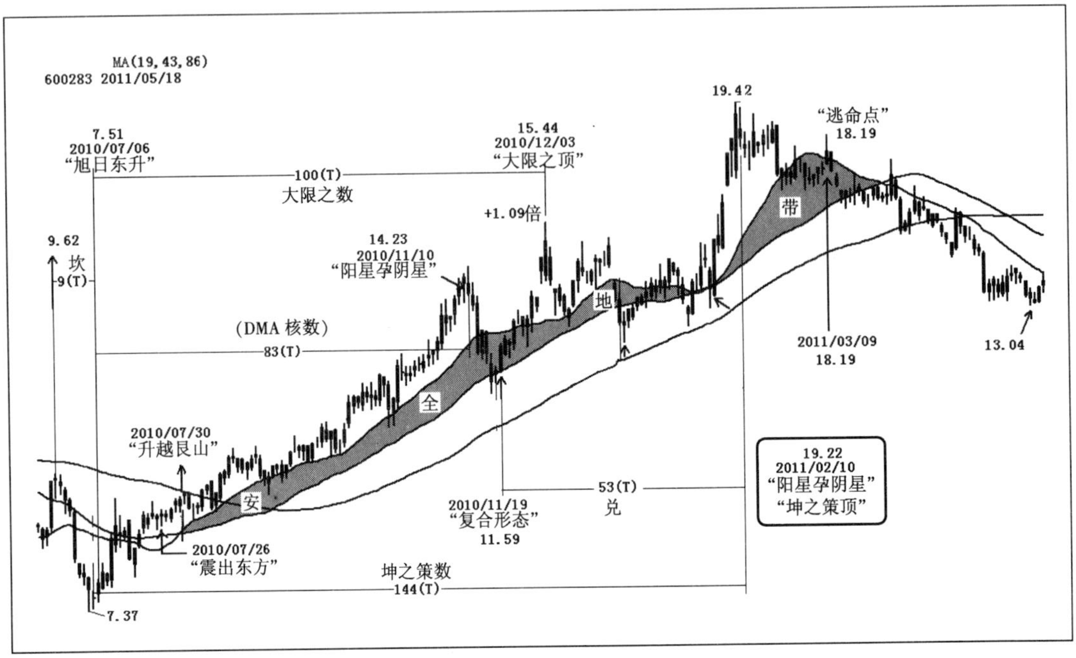

图 13.2.7　钱江水利

数，曾多次成为中长期趋势的逆转点，此波行情至此已有 89.48% 升幅。

（2）从上述的 2010 年 7 月 6 日 7.51 元"旭日东升"底部至 2010 年 12 月 3 日 15.44 元"大限之数"顶部，运行 100 日。100 是大限之数，是事物发展变化的一个"限"数。股市在"限"数周期中出现顶部形态，宜出货回避风险。此波段升幅为 105.59%。

（3）从上述的 2010 年 7 月 6 日 7.51 元"旭日东升"底部至 2011 年 2 月 10 日 19.42 元"阳星孕阴星"顶部，运行坤之策 144 日。"乾之策二百一十六，坤之策百四十有四。乾坤一转，八卦成焉。"144 策是老阴之坤的极数，这里却出现阳刚之物——"阳星孕阴星"顶部形态，这是逆天时的人为之作。单凭此点，清仓离场没商量。从买入日之 7.51 元"旭日东升"起算，运行 144 日，升幅 1.5858 倍。

如果三个顶部都不操作，那么，2011 年 3 月 9 日的 18.19 元"逃命点"就一定要逃跑了，至此仍可安全获利 1.422 倍。

八、九龙电力（600292）

如图 13.2.8 所示，九龙电力从 12.76 元顶部下跌子午线坎卦数 46 日，到达 2010 年 7 月 2 日 8.03 元"单针探底"底部形态，可试探性买入。其后两天均收阳，进一步确认 8.03 元为底，可以分批次加码。7 月 8 日出现“震出东方”形态，中期行情确立。9 月 20 日出现“升越艮山”形态，进一步确认中期行情，并从此构建“安全地带”，行情受到 MA19 和 MA43 的双线保护。事实上，“升越艮山”形态出现的当天是第一根涨停板，其后连拉 4 个涨停，超乎一般的强势。第 5 天因为股价与 MA19 乖离太大，出现一根长阴 K 线，当日在 13.87 元开市，最低下探至 12.46 元，收市 12.63 元，阴线实体为 1.24 元，很吓人。相信大多数持股人还沉浸在连拉 4 个涨停板的快乐之中，都会措手不及，来不及出货。遇到这种情况怎么办？我们应该心中有数。“升越艮山”是一个再确认中期行情的信号，信号才发出 5 日，行情就玩完了吗？应该不会，这是大概率事件。既然来不及出货，那就拿着股票吧。后市证明，上述基本判断是对的。该股有惊无险，翌日又再拾升途。相信多数人会被长阴吓怕，在第二日的小阳 K 线中出货了，此日出货仍有不错的盈利。

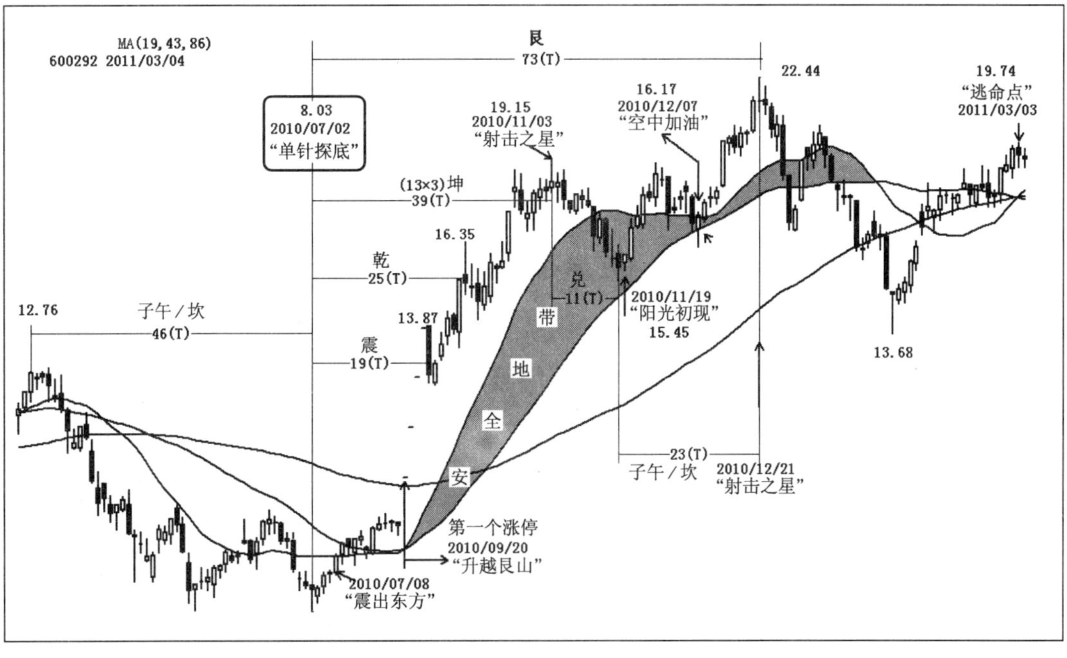

图 13.2.8　九龙电力

从底部运行 25 日乾卦数，又见 16.35 元“射击阴星”见顶形态，可以做出货处理，亦可按兵不动。其依据是 MA19 仍然处在上行状态中，而股价仍然平稳地在 MA19 上方运行，显示上升趋势完好，现顶部只是庄家的洗盘行为。

运行39日，到达2010年11月3日，当天出现19.15元“射击之星”见顶形态。在坤卦数13的3倍数见顶，是一个需要特别关注的周期。所谓事不过三也。本系统统计数据显示，一般会在底部上升40日左右出现中期或次中期顶部，而且此时的升幅已达1.384倍，刚好是老子－斐波纳契数比率的1.382附近。显示这是一个“时间、空间、价位”三维交融的顶部，清仓观望是稳妥的做法。

见顶后，调整11日（兑卦数）在11月19日15.45元出现“阳光初现”形态，这是卖出之后的买入点。买入后持股23日（子午线坎卦数），至12月21日，因水火相冲而见22.44元“射击之星”顶部形态，此波段升幅为45.24%。

从原始底部之8.03元“旭日东升”形态起算，至上述的22.44元顶部，升幅则是1.794倍，接近老子－斐波纳契比率1.809，而运行时间是73日艮山之数。一轮升势，遇山而阻。注意到了吗？短周期则是子午线坎卦数23日。子午线是水火线，上冲而遇艮山之阻，中顶成矣。见顶后调整至13.68元见底反弹，从高位跌去8.76元，或－39%。

如果两个顶部都不出货，按“安全地带”操作指引，只在MA19勾头向下之后的第一个反弹高位，即2011年3月3日的19.74元“逃命点”逃命，这样从8.03元底部买入之后一次性卖出，仍可安全获利1.458倍。

本图例只选择在两个顶部卖出的依据是“安全地带”的双保险作用，即MA43的有效支撑，然后参照运行时间和上升比率，做出买卖选择，无所谓对或错，赚钱就是硬道理。

九、紫光古汉（000590）

如图13.2.9所示，紫光古汉从图左端10.08元顶部下跌坤卦数31日，在2010年7月4日的5.79元“单针探底”，与大市同日见底。翌日为“曙光之星”，两个底部形态接连出现，可试探性买入。买入后碎步儿上升，至2010年7月27日出现“震出东方”形态，中期行情确立。买入后，在MA86与MA43区间内发生的小调整是意料之中，可不理会。2010年8月12日，出现最低价为6.97元的“升越艮山”形态，中期行情再次确认，并由此构建“安全地带”，此后行情将受到MA19与MA43的双线护航。“升越艮山”出现当日，事实上是与“空中加油”重叠的“复合形态”。

我们屡次强调，“复合形态”是最安全的买入点。在当日买入，紫光古汉的庄家立即拉升，仅用6个交易日就高见9.23元，升幅为2.26元，或

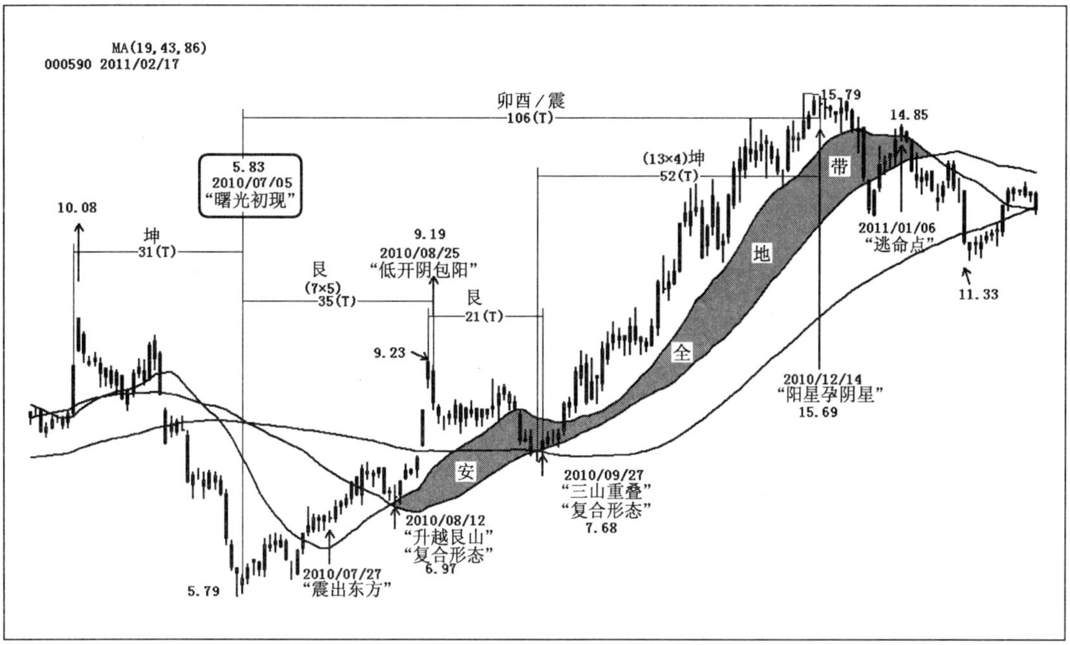

图 13.2.9 紫光古汉

32.42%，日均升幅为 5.40%。

从原始底部之 5.79 元“单针探底”形态运行子午线离卦数 34 日，到达 9.23 元顶部，翌日，即 2010 年 8 月 25 日，出现 9.19 元“低开阴包阳”见顶形态，此时从底部至此已有 59.41% 升幅，上升时间 34 日，基本符合中期波段的要求，清仓观望。

见顶后下跌艮卦数 21 日，至 2010 年 9 月 27 日 MA43 金叉 MA86，出现“三山重叠”形态，当日贴着两条均线收阳，是“空中加油”与“三山重叠”交融的“复合形态”。常说“复合形态”是最佳买入点。闭着眼重仓买入该股吧。果然，之后顺风顺水，直达 12 月 14 日的 15.69 元“阳星孕阴星”顶部。从 5.79 元原始底部起算，运行卯酉线震卦数 106 日，太阳被震落了，升幅为 1.709 倍。

BG 均线系统的一个特点是，“震出东方”形态是一个中期行情的确认信号，而稍后出现的“升越艮山”是对中期行情的再确认。从波浪属性上看，“升越艮山”形态的出现仅仅是此轮中期行情要进入主升段的初始阶段，这就意味着后市还有较长的上升时间和较大的升幅。而且，“升越艮山”的出现又是“安全地带”构建的初始点，后市将受到 MA19 和 MA43 的双线保护。只要“安全地带”的下沿线 MA43 未被有效跌穿，特别是与 MA19 两线并肩，仍处在上行状态时，对于其间出现的顶部形态，我们是可以置之不理，或选择性操作的。就本例而言，我们有把握从5.83元底部买入后，持股震卦数106日，在2010年12月14的15.69元“阳星孕阴星”形态出现的当日才卖出股票。若按此操作一次可获利1.691倍。如果你对15.69元这个顶部把握不定，怀疑右边还会不会有更高的顶呢？那么，你就继续持股吧。不久，即出现跌破MA43及MA19的景象。这种现象揭示，稍前的高点15.69元就是本轮顶部了。那么，退而求其次，我们在“逃命点”逃跑吧。MA19勾头向下之后的第一个反弹高位，即“逃命点”，出现在2011年1月6日的14.85元，应该逃跑了。此时清仓，仍可安全获利1.547倍。即便逃跑时不能出到最高价，以当日的中位数14.61元计算，也能盈利1.5倍强。

十、青海明胶（000606）

如图13.2.10所示，青海明胶在2010年7月2日以4.53元“单针探底”形态，与大市同步见底，见底后连收数阳，底部基本确认，可分批次逢低买入。买入股票后的初始段，约是20个交易日左右，市场会在MA19、MA43和MA86三条均线的区域内发生小调整，只要MA19不被有效跌破，可以持股观望，破则止损。事实上，本例买入后，股票一直在MA19上方稳健运行，并先后出现“震出东方”和“升越艮山”形态，对中期底部的属性进行了确认、再确认，直至从底部买入后持股46日坎卦数，到达2010年9月6日的6.61元“阳星孕阴星”顶部，此时的升幅为45.91%，约近46%。与运行46日，发生波幅比率与时间的共振，宜清仓观望。清仓后第15日，即2010年9月30日，出现5.76元“空中加油”与“突破底平台”重叠之“复合形态”。在此买入可以享受庄家拉升的乐趣。买入后25日乾卦数，到达2010年11月10日的9.36元“阳星孕阴星”顶部，此时的波段升幅为0.625倍，是黄金分割率的螺旋扩张点，宜清仓观望。见顶后庄家意犹未尽，于2010年11月29日再次出现9.25元“阳星孕阴星”顶部形态，从而构成双顶。从5.76元“复合形态”计，运行巽卦数37日；从原始底部4.53元计，运行离卦数96日。这是个水火相冲之顶，升幅为4.53元，或1倍强。若还有股票，宜第二次清仓。逃命点在2010年12月15日的8.99元。

本例三个顶部都是“阳星孕阴星”形态，投资者耳熟能详，应该很好识别。

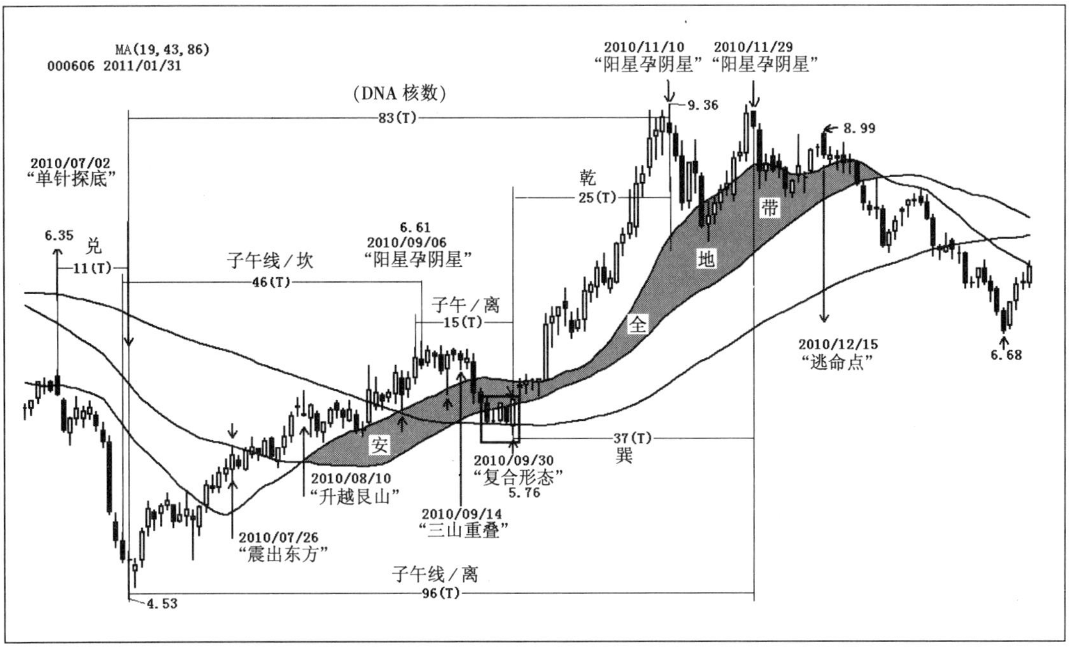

图 13.2.10　青海明胶

第三节　实战 2011 年 10 例精讲

一、廊坊发展（600149）

如图 13.3.1 所示，图中标示了廊坊发展三个安全的买入点——“复合形态”。

（1）2011 年 2 月 25 日，最低价 4.86 元，当天是一根“震出东方”与“空中加油”重叠的“复合形态”。买入后持股 8 个交易日，于 2011 年 3 月 8 日出现 5.50 元顶部，升幅为 13.16%。若从本轮行情的原始底部 2011 年 1 月 25 日 4.44 元起算，至 5.50 元顶部运行 25 日乾卦数，升幅为 23.87%。

（2）2011 年 3 月 16 日 5.17 元“复合形态”，此乃是“空中加油”与“旭日东升”的重叠形态。当日买入后持股 17 日巽卦数，到达 2011 年 4 月 12 日 7.15 元“射击之星”顶部，此段升幅为 38.2%。这是准确的老子－斐波纳契数比率，日均升幅为 2.24%。若从原始底部起算，则运行 46 日，

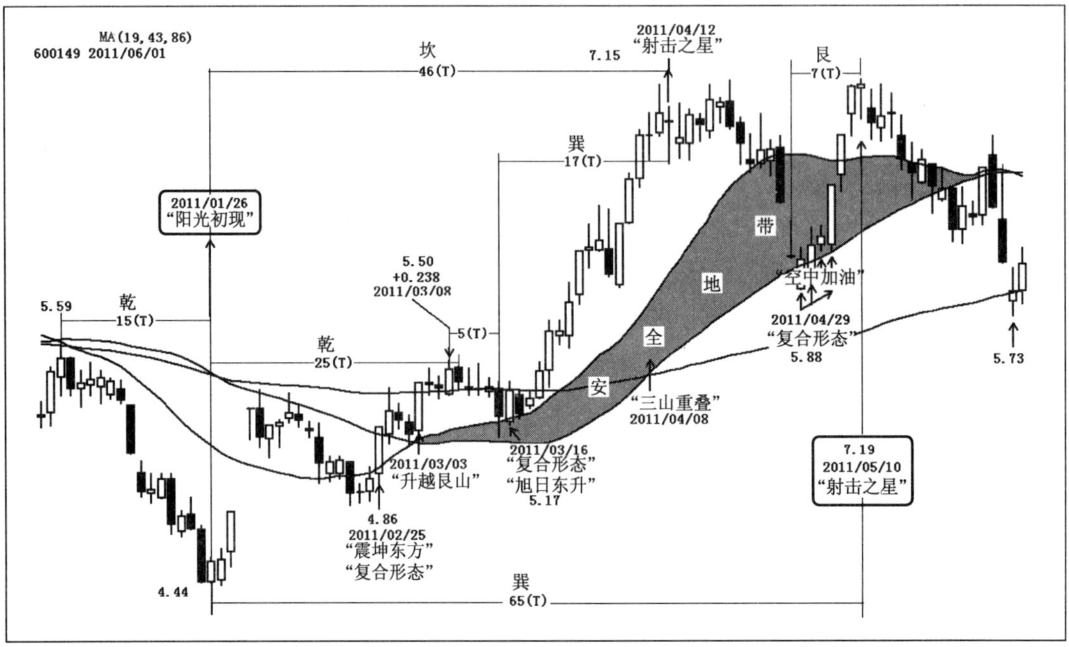

图 13.3.1 廊坊发展

这是子午线坎卦数，此顶乃水火相冲的产物，升幅为 61%，这又是黄金分割率螺旋线的扩张点，清仓离场观望。

（3）2011 年 4 月 29 日出现 5.88 元之“空中加油”与“阳光初现”重叠的“复合形态”，买入后持股 7 个交易日艮卦数，艮山止升，遂成 7.19 元“射击之星”顶部。这里与此前 7.15 元的“射击之星”构成双箭冲天的头部形态，清仓离场。此段升幅为 22.27%，若从 4.44 元原始底部起算，则运行巽卦数 65 日，升幅为 0.619 倍（惊叹于顶部出在黄金分割点上）！

二、维科精华（600152）

如图 13.3.2 所示，维科精华从图左上方 8.23 元顶部下跌 13 日（坤卦数），至 2011 年 1 月 26 日出现 6.02 元“阳光初现”底部形态，是第一个买入点，可以少量资金试探性买入。买入后 21 个交易日内只有 3 根小阴 K 线，形成 18 阳对 3 阴的壮观走势，预示这只个股后市走势稳健，不会大起大落，易于跟庄炒作。事实上，从 2011 年 2 月 18 日出现“震出东方”形态，中期上升信号确立之后，股价一直在 MA19 上方波动，偶有调整亦不会有效跌穿 MA19，多次下调触及 MA19 即被一只无形之手拉起，重归升途。图中标示了6个箭头，都是可以加码买入的“空中加油”形态。

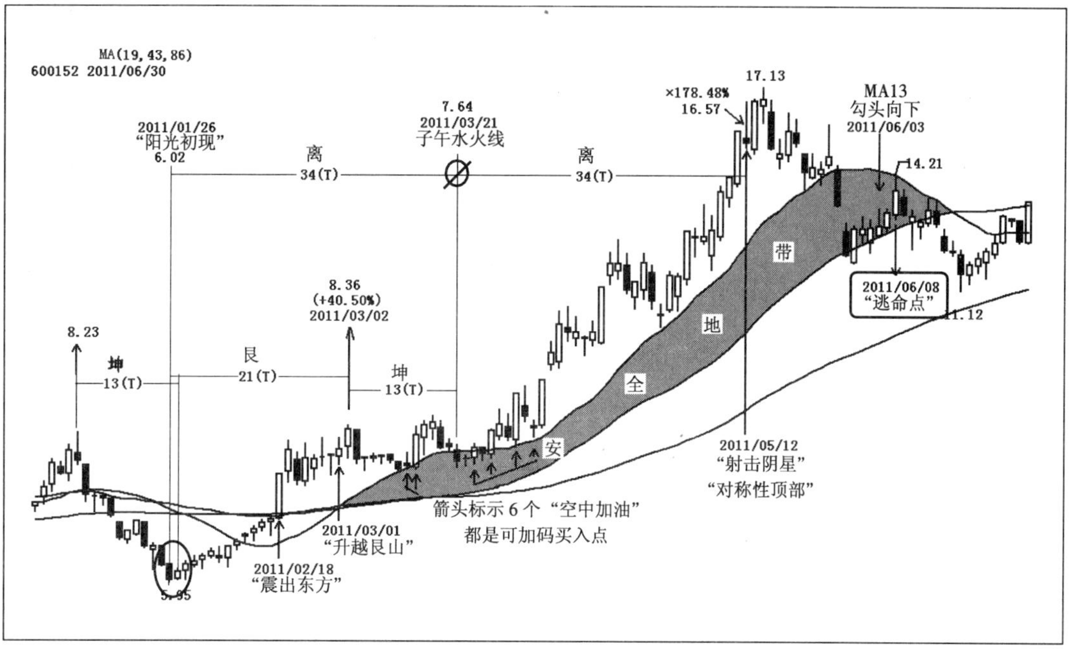

图 13.3.2 维科精华

2011年3月1日出现“升越艮山”形态，“安全地带”由此构建，翌日出现8.36元顶部。从6.02元“阳光初现”买入，至此运行21日艮卦数，升幅已达0.388倍，约是老子－斐波纳契数比率0.382。可先卖出股票，观望。

本图例标示了13日“隔代相传自相似”和34日“代代相传自相似”两个案例，其所对应的点都是买入或卖出点。比如上面的8.36元顶部就是卖出点，2011年1月26日6.02元是买入点，构成一个波段。

2011年3月21日，当日最低价是7.64元，这里是34日×2的太极中心，亦即34×2“代代相传自相似”的一个对应买入点。买入后持股34日，到达2011年5月16日16.57元“射击之星”顶部，此段升幅为116.88%。这里是一个“对称性顶部”形态，对称点即市场转向点。显然是一个中期属性的顶部，清仓离场没商量。出货后的第2天，出现了一个股价更高的17.13元顶部，这是一个可遇而不可求的“非正统”顶部。前面出了货用不着惋惜，这个点不易把握。

“安全地带”出现后MA19和MA43就成为有效支撑，只要MA19处在上行状态中，股价又在其上方运行，则显示行情的上升趋势完好，其间可能会出现多个顶部形态，卖不卖股票，确实很难决定，所以有“会卖才是师傅”的说法。所谓“会卖”，并无一个标准答案，也不可能每次都卖在一个波段的最高价上。怎样卖？就看个人的预定目标了。这个目标，一要看运行时间，二要看上升比率，三要看运行是否到达某个卦位数。时长达到哪一级波浪的范畴？上升比率满意了吗？是否恰好约是某一老子－斐波纳契数比率，比如0.236、0.382、0.50、0.618等，然后综合判断，做“卖出股票”或“持有股票”的决定。一旦卖出了，就不要后悔卖早了，能赚钱就是对的。如果你认为这只股票后市还有机会，可以继续寻找再买入的“空中加油”或“复合形态”。

股市中，机会永远存在。BG均线系统的其中一个战法是，在原始底部买入股票后（比如本例的2011年1月26日6.02元底部）一直持有股票，上升过程中出现的顶部形态可以不操作，直至MA19勾头向下之后的第一个反弹高位（逃命点）才卖出股票。就本例而言，可持股至2011年6月8日的14.21元顶部，一次性操作仍可安全获利136%。

三、青岛碱业（600229）

如图13.3.3所示，青岛碱业在图左端的7.45元顶部下跌37日巽卦数，至2011年1月18日出现5.33元“阳光初现”底部形态，可试探性买入股票。买入后一路碎步儿上升，运行37日，至2011年3月17日出现7.25元“射击之星”顶部形态，这个顶是巽卦数37日×2的对称点。对称点见顶，卖出股票持币观望，获利36%，基本上达到次级波浪的收益。

2011年3月24日，出现“空中加油”形态。当日最低价为5.49元，重新买入股票。买入后19日震卦数，至2011年4日20日出现“阳星孕阴星”顶部形态，当日最高价为8.31元。这里不但是震卦19的射点，同时是六十甲子周期见顶，宜清仓观望。卖出可获利51%，两次操作加起来就有87%的利润。

卖出股票后的第11日兑卦数，即2011年5月6日出现“突破底平台”的“复合形态”，当日最低价6.70元，在这天再买入股票，持股23日坎卦数，到达2011年6月8日11.84元“射击之星”顶部，这一天同时是坤卦数91日周期，有强烈的“终了”之意，当日清仓离场。第三次操作获利76.71%，三次操作共获利163.71%。

本例从2月11日出现“震出东方”形态确立中期行情，2月25日出现

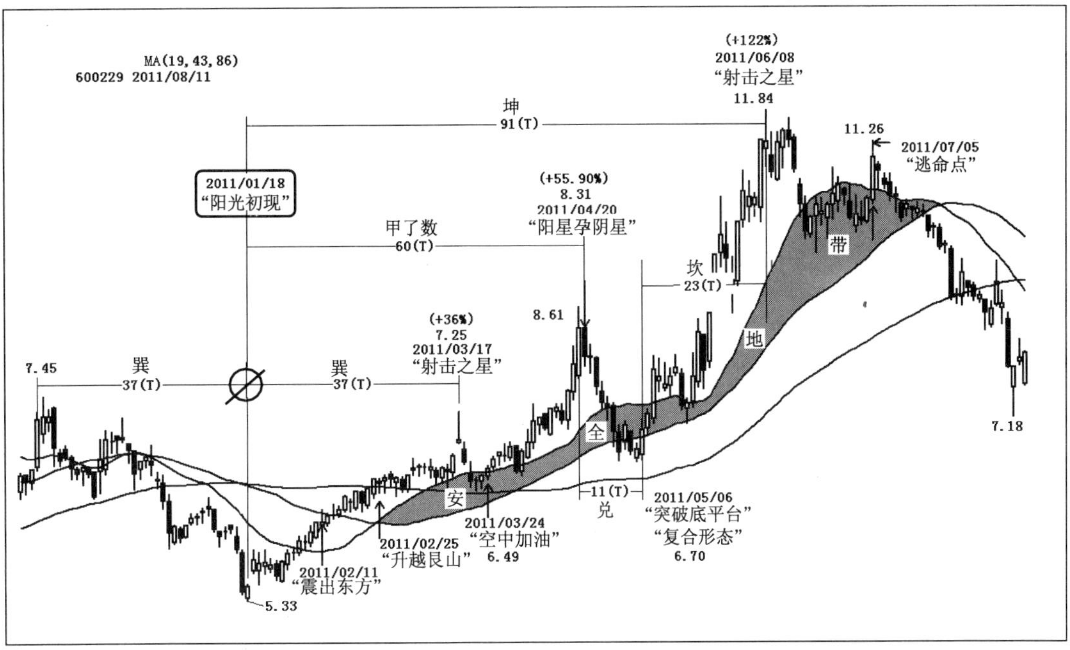

图 13.3.3　青岛碱业

“升越艮山”形态，构建“安全地带”。“安全地带”的操作指引给定了一个“逃命点”，MA19 没有勾头向下之前，可以持股不动。本例的三个顶部都可以“视而不见”，而是只买入一次，在 11.26 元“逃命点”卖出一次，理论上仍可安全稳妥地获得 111.25% 的利润。

四、桂冠电力（600236）

如图 13.3.4 所示，桂冠电力从 5.49 元顶部下跌震卦数 40 日，到达 2011 年 1 月 4 日 4.25 元“突破底平台”形态，当天可少量资金买入股票。买入后 7 个交易日，上升至 4.85 元受阻于 MA86 而回落调整，可出货也可持股，止损位为 MA19 日均线。事实上，在 1 月 18 日跌穿 MA19，第二天即被拉起收长阳 K 线，显示 MA19 的有效支撑作用。这是 BG 均线系统的普遍性现象。已卖出股票的可在当天补回。1 月 21 日，出现“震出东方”与“空中加油”的“复合形态”，这里是最佳买点，可重仓买入。1 月 28 日，“升越艮山”形态出现，“安全地带”由此构建，MA19 与 MA43 成为后市的两道支撑。

1 月 21 日在“复合形态”当日买入，先后升越 MA19、MA43、MA86 三条均线后，一直在 MA19 上方运行，表现稳健而强势。第一个卖出点是 2

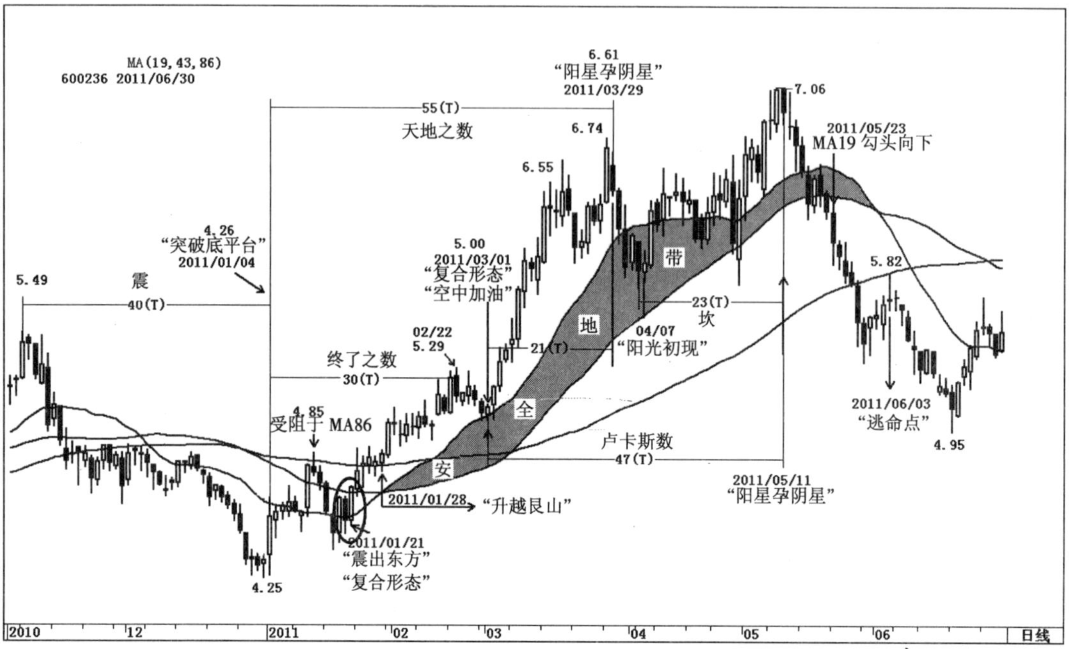

图 13.3.4　桂冠电力

月 22 日“阳星孕阴星”形态之 5.29 元顶部，持股时间为坤卦数 31 日，升幅为 24.47%。

第二次买入点是 3 月 1 日 5.00 元之“复合形态”，持股艮卦数 21 日，在 3 月 29 日 6.61 元“阳星孕阴星”顶部卖出，获利 32.20%。

第三次买入点是 4 月 7 日 5.77 元“阳光初现”形态，买入后持股坎卦数 23 日，至 2011 年 5 月 11 日 7.60 元“阳星孕阴星”顶部卖出，获利 22.35%。

三次买卖共获利 79.02%，打 8 折仍有 63.21% 的盈利。

MA19 勾头向下之后的第一个反弹高位是 2011 年 6 月 3 日 5.82 元。“安全地带”的操作指引指出，这是一个“逃命点”，必需清仓离场。在 1 月 4 日 4.25 元底部买入，在 5.82 元“逃命点”卖出，就只有 36.94% 的盈利。

五、成城股份（600247）

如图 13.3.5 所示，成城股份的最佳买入点是 2011 年 3 月 4 日 5.28 元之“复合形态”，买入后该股立即拉升，持股 17 日巽卦数，即到达 2011 年 3 月 28 日 9.47 元“阳星孕阴星”顶部，升幅为 79.35%，日均升幅为 4.66%。

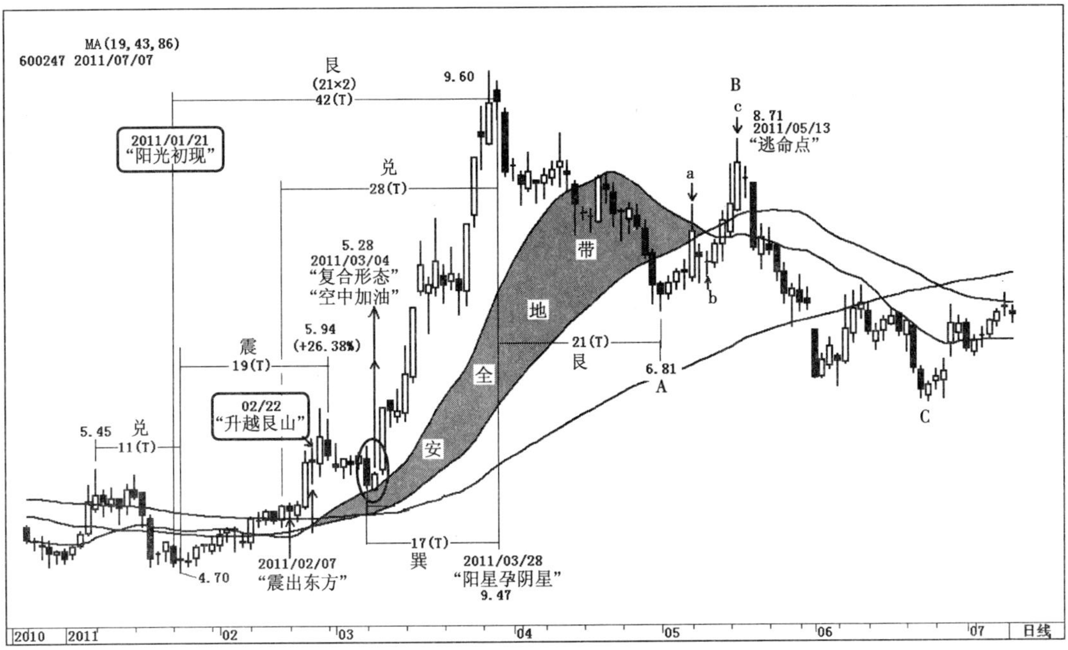

图 13.3.5　成城股份

上述的9.47元顶部是必须清仓离场的，因为，从本轮原始底部之4.70元想起算，上升时间为42日（21×2，艮卦数），已达中级波浪的时间范畴。当天还有28日兑卦数聚焦在一起，形成多卦位数共振（见图中的标示），且升幅为1.04倍，很不错了。

本图例的第一个买入点是2011年1月21日4.70元“阳光初现”底部形态，当天以少量资金买入股票，买入后该股稳健上升，顺利升越三条均线。2月7日，出现“震出东方”形态，确立中期上升信号。2月22日，出现“升越艮山”形态，从原始底部运行19日震卦位数，到达2011年2月24日出现5.94元“阳星孕阴星”顶部形态。此波升幅为26.38%，可先买卖出股票观望。卖出后第7日艮卦数，即到达本文开头所述的2011年3月4日5.28元之“复合形态”，在这天重仓买入股票，17日内获利79.35%。

如果你错过了3月28日9.47元顶部出货机会，那么，逃命点是MA19勾头向下之后的反弹高位——2011年5月13日8.71元。从原始底部4.70元买入后一直持股至此处逃命，仍可获利85.31%。

六、安纳达（002136）

如图 13. 3. 6 所示，安纳达有三个“安全地带”，全过程可分三段操作。

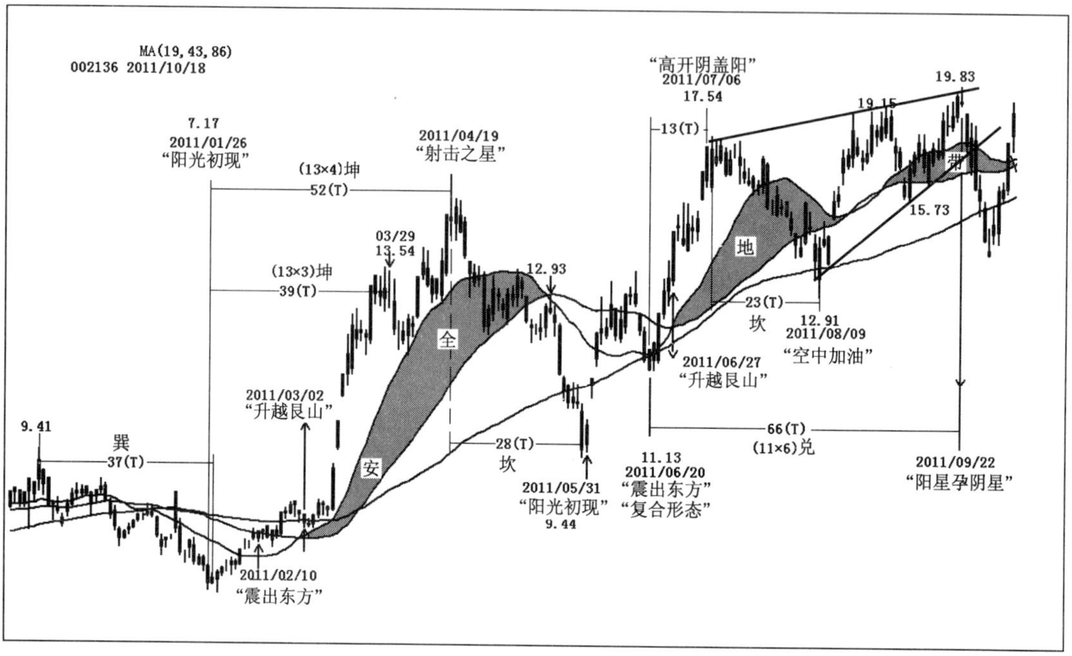

图 13. 3. 6　安纳达

第一段操作，买入点为 2011 年 1 月 26 日 7. 17 元“阳光初现”底部，卖出点在同年 4 月 19 日 16. 48 元“射击之星”顶部，运行 52 日，52 是坤卦数 13 的 4 倍，此段盈利 1. 298 倍。其间还有 13. 54 元顶部可操作，如果你在此卖出股票而没有参与后边的一段，也是对的。因为已有 88. 84% 的获利空间。

第二段操作，买入点为 2011 年 5 月 31 日 9. 44 元“阳光初现”底部，卖出点在同年 7 月 7 日 17. 54 元“高开阴盖阳”顶部，运行 27 日。9 ×3 终了之数，升幅 0. 858 倍。特别指出，上升途中的 2011 年 6 月 20 日 11. 13 元底部是个“复合形态”，在此买入仅持股 13 日坤卦数，到达 7 月 6 日 17. 54 元“高开阴盖阳”顶部，此段升幅为 57. 59%，日均升幅为 4. 43%。在“复合形态”买入股票既安全又赚快钱。

第三段操作，买入点为 2011 年 8 月 9 日 12. 91 元“空中加油”底部，卖出点在同年 9 月 22 日 19. 83 元“阳星孕阴星”顶部，运行 31 日坤卦数，升幅0.536倍。

三次操作的原则是，该股进入了“安全地带”之后，在MA19没有勾头向下之前所出现的顶部是否要出货，可视当时的升幅大小，以及是否运行在卦位数中，做出自己的决定。没有死规定，具有随意性，原则是有赚就行，但一定要注意的是“逃命点”。“逃命点”一定要清仓观望。

七、苏州固得（002079）

如图13.3.7所示，苏州固得出现3个35日×3的时间对称点，后边的两个35日都是顶部，一个是2011年3月22日9.24元“射击之星”顶部，一个是2011年5月16日11.39元“射击之星”顶部。运行时间相同，见顶形态相似，这是股市生命基因“自相似”遗传的表现。对称性顶部，属于清仓离场之列。前一个顶获利50.24%；后一个顶之前的最佳买入点是2011年4月8日8.31元的“复合形态”，至11.39元顶部，持股仅25日乾卦数，即获利37.06%，日均升幅为1.48%。

本例实际上是一组35日×3的连续性时间对称，或者说时间核数的“代代相传自相似”，这是股市生命的一个常见繁衍模式。读者应从中悟出读市的智慧，“代代相传自相似”即对称，对称即市场转向点。

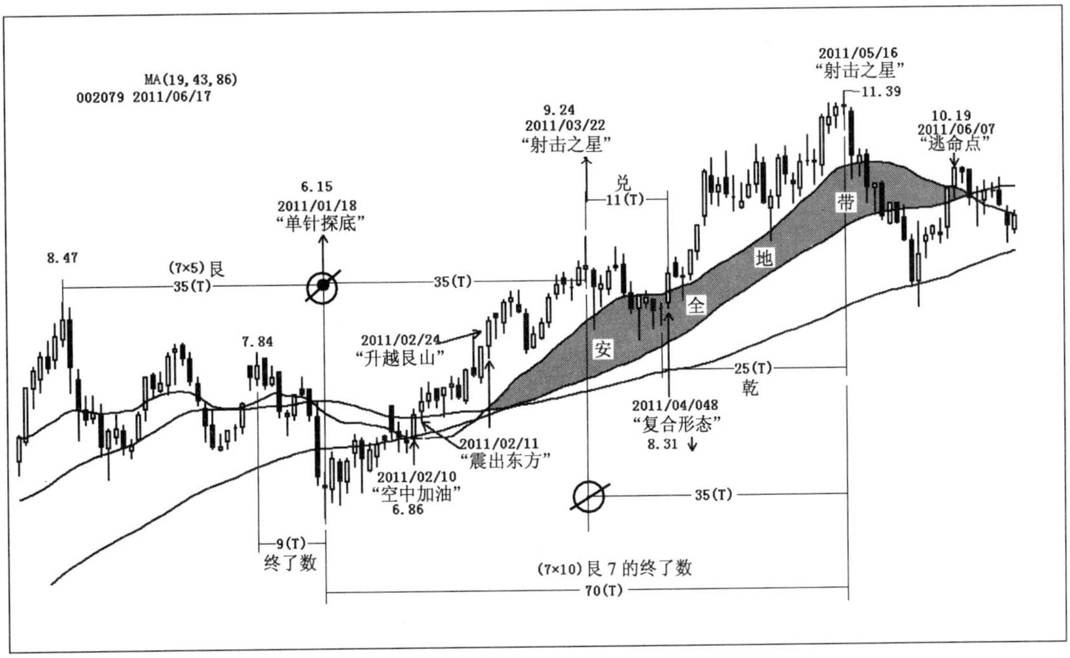

图13.3.7 苏州固得

由原始底部6.15元至11.39元顶部，运行70日，这是艮7的10倍终了之数，一轮上升趋势遇“艮山”而止，此时的升幅是85.20%。在全年走势以下跌为主的2011年能有这样的升幅，跑赢了大市，已算不错。且对称点即市场的逆转点，清仓离场没的商量。

此前出现的两个顶部形态，都在MA13上方，后边还有没有更高的顶，难说。该不该出货，没有100%的理由，只能任君选择了。出了货的，没错，因为赚到了该赚的钱。没出货的，也没大错。因为BG均线系统设了一个“逃命点”，你在“逃命点”一定要清仓离场。这样还可以保证你获得一定的利润。本例的“逃命点”在2011年6月7日的10.19元，买入后一次性在此卖出，仍可安全获利65.69%。

八、万丰奥威（002085）

如图13.3.8所示，万丰奥威从图中的左端之12.29元顶部下跌28日卯酉线兑卦数，于2011年1月26日产生9.29元“阳光初现”底部，可试探性买入。按一般的操作规则，图中标示的15日×2的对称点上的12.43元顶部是必须出货的，至此升幅为3.14元，或33.80%。这又是“三分法”的重要比率，出货是对的。如果你没有出货，则稍后还有一个运行震卦数19日的12.33元顶部，形成小双头，常规操作亦要出货。但是，我们也可以从另一角度考虑问题，即2010年2月17日和2月28日，相继出现“震出东方”和“升越艮山”形态。我们在每一个市场案例中都指出，“震出东方”是对此前底部为中期行情底部的确认，而“升越艮山”则是对中期行情的再确认。而且还指出，绝大多数次中级（或中级）顶部多会出现在40日前后。比如巽卦数37日、艮卦数43日或坎卦数46日等。现在这两个顶部，一个出现于15交易日，一个出现于19交易日，显然是更小级别的顶部。又从趋势上看，原始底部以来一直强势在MA19上方运行，还未回踩过MA19，下边还有MA43做双保险呢。基于BG均线系统的上述分析，我们对两个顶部又可做“持股观望”处理。当运行至巽卦数37日时（2011年3月24日），14.94之“阳星孕阴星”顶部形态出现了。此时已接近40个交易日，且升幅已达63.63%。请注意，这个比率是黄金分割的螺旋扩张点。时空分析都叫我们“出货清仓”没商量。从原始底部运行69日震卦数，到达2011年5月18日15.39元“断阳铡刀”顶部，这是很好的“逃命点”。

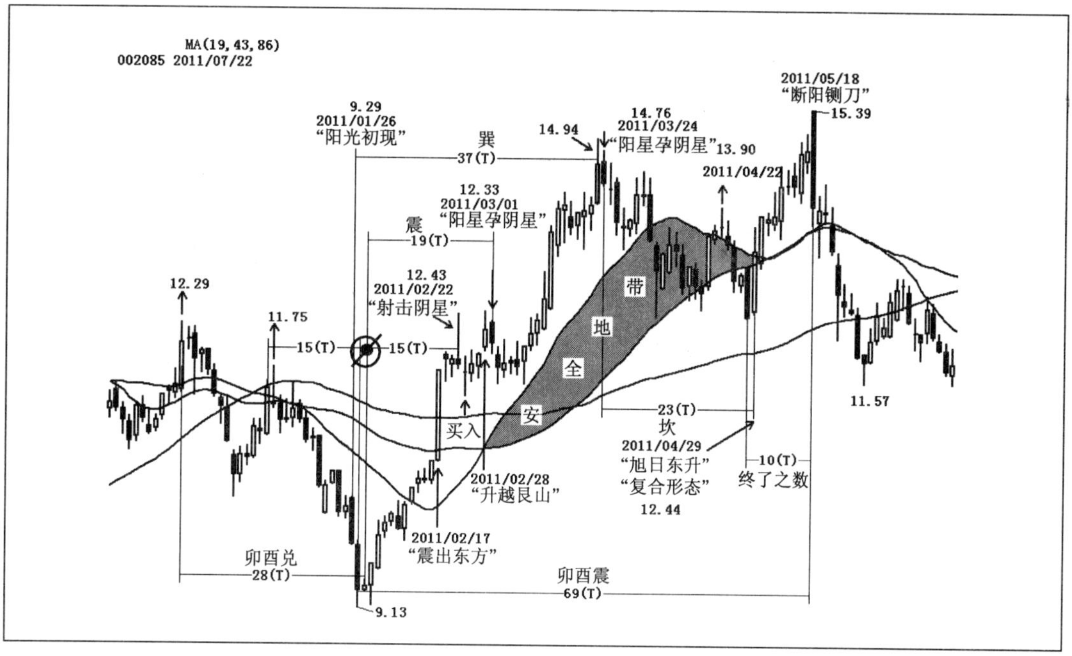

图 13.3.8　万丰奥威

九、上海机场（600009）

如图 13.3.9 所示，上海机场从图中左边的 4.47 元顶部下跌 37 日巽卦数，于 2010 年 12 月 29 日的 11.15 元“阳光初现”形态见底，可试探性买入股票。翌日收长阳。第 3 日，即 2010 年 12 月 31 日出现“震出东方”形态，此形态确立 11.15 元为中期底部，可逢低增持该股。2011 年 1 月 14 日出现“升越艮山”形态，进一步确认中期行情，同日开始构建“安全地带”，MA19 及 MA43 将成为后市的双保险。稍前的震荡发生在三条均线的区间内，预料 MA19 会有强支撑，只要不被跌破，就可持股。1 月 11 日出现 11.85 元之“空中加油”形态，可在此日加码。

从 11.15 元原始底部运行兑卦数 28 日，在 2011 年 2 月 15 日出现 14.30 元“射击之星”见顶形态，此时升幅为 28.25%，可先出货落袋为安，亦可持股观望。因为上升时间未到中期行情的 40 交易日左右，且该股一直在 MA19 上方运行，上升趋势完好。做好可能下踩 MA19 的心理准备，就可持股。对于一般技术不太熟练的投资者，持股较好。2011 年 3 月 10 日，此时从原始底部 11.15 元已经运行了 46 日（子午线坎卦数，水火相冲）见 14.71 元“阳星孕阴星”的顶形态，此时升幅约为 32%，宜清仓离

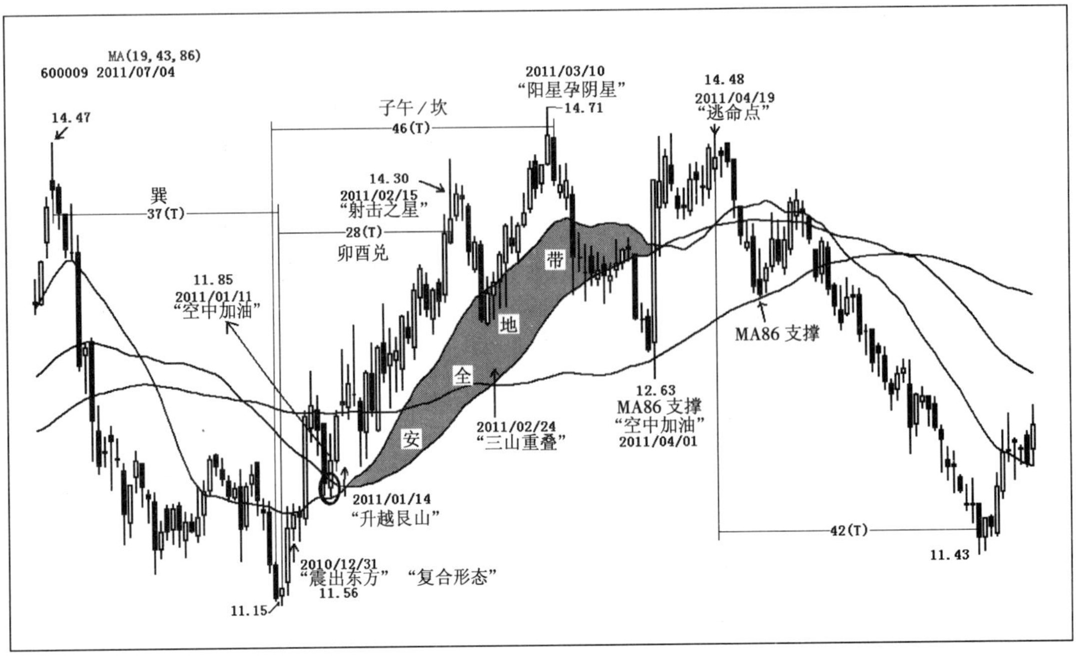

图 13.3.9　上海机场

场。不久，MA19 勾头向下，确认此轮行情在 14.71 元结束。MA19 勾头向下之后的第一个反弹高位是 2011 年 4 月 19 日的 14.48 元，这是很好的“逃命点”。如果在此不“逃跑”，后市调整 42 日的 11.43 元底部等着你，股价差不多回到本轮行情的启动点。

十、如意集团（000626）

如图 13.3.10 所示，如意集团于 2011 年 1 月 27 日的 7.14 元“曙光初现”形态见底，可试探性买入。买入后一路小幅上升，至 2011 年 2 月 16 日出现“震出东方”形态，确立 7.14 元为中期底部。3 月 1 日，“升越艮山”形态出现，进一步确认中期行情。3 月 15 日，MA19 金叉 MA86，一根小阳踩着 MA19 收市，是为“空中加油”形态，当日最低价为 8.24 元，可在当日追加筹码。在此买入仅仅 9 日（终了之数）即见 10.87 元高位，理论上快速盈利 31.91%。事实上，当天是原始底部以来的 43 日艮山之数，已进入中期行情的时间段，又逢“艮山止升”，顶部遂成。此波升幅为 52.24%，宜清仓观望。见顶后调整 21 日艮山之数，山止跌，遂为底。顶也艮山；底也艮山。

2011 年 4 月 29 日出现“阳光初现”与“空中加油”重叠的 8.85 元

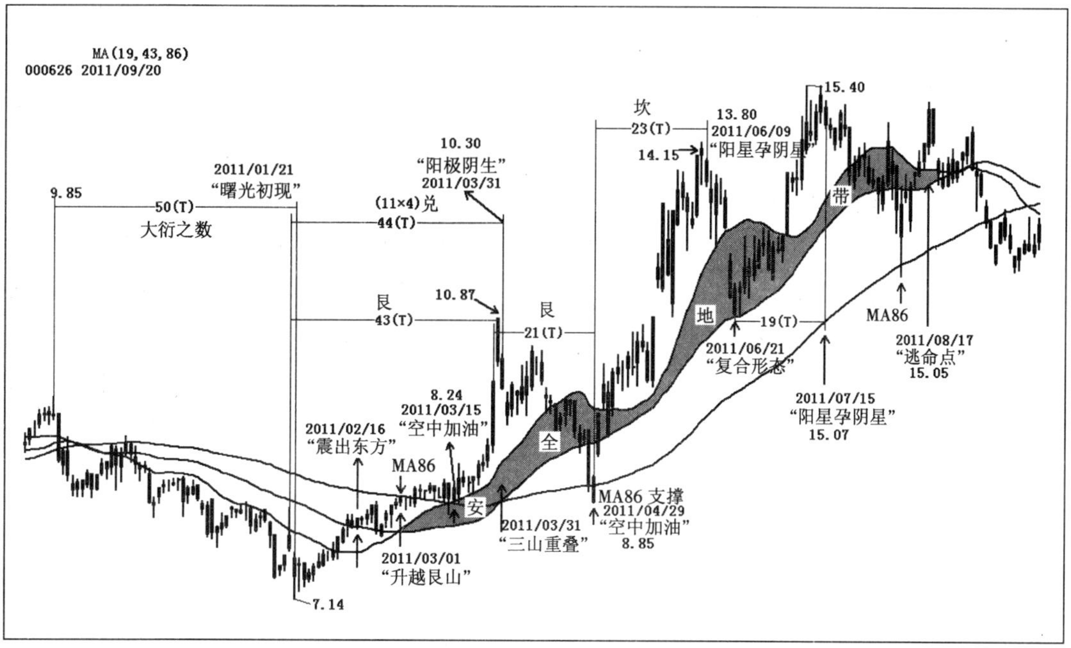

图 13.3.10 如意集团

“复合形态”。“复合形态”是个绝对安全的买入良机。买入后股价即进入主升段，仅用23个交易日，于2011年6月9日出现13.80元“阳星孕阴星”形态。上一日最高价为14.15元，此段升幅为59.88%，宜清仓观望。

2011年6月21日，又一个10.91元的“复合形态”出现了，买！买入后持股19个交易日，即到达2011年7月15日，又见15.07元“阳星孕阴星”顶部形态。稍前的最高价为15.40元，此段升幅为41.15%。

三段升幅1.135倍，“逃命点”在8月17日15.05元。在原始底部7.14元买入后持股至此卖出，一次性安全获利1.1078倍，与分三段操作差不多。

第四节 实战2012年8例精讲

一、民生银行（600016）

如图13.4.1所示，这是一例由2012年9月至2013年2月的跨年度行情。从图中左边的5.89元顶部下跌坤卦数13日，在2012年9月27日出现

5.44 元“突破底平台”形态，一阳涵盖 6 阴，是一个强烈的做多信号，当日可以重仓买入该股。2012 年 10 月 12 日，出现“震出东方”形态，中期行情确立。2012 年 10 月 24 日，出现“升越艮山”形态，“安全地带”由此构建，MA19 成为重要支撑。之后，股价一直沿着 MA19 稍上方碎步儿上行。2012 年 11 月 19 日至 12 月 4 日，出现多个“空中加油”形态，每个都是“加油”的机会。在 12 月 4 日最后一个“空中加油”完成“油料”补给，股价就开足了马力上涨。仅用 44 个交易日（兑卦数 11 的 4 倍），就从 6.17 元上升至 11.91 元，升幅达 93%。可见这个“空中加油”是安全快捷赚钱的买入点。有趣的是，这个点还是 44 日 ×2 的对称的太极中心。由 2012 年 9 月 12 日 5.44 元“突破底平台”买入，持股 88 个交易日，到达 2013 年 2 月 7 日，当天出现“低开阴包阳”形态，宣告本轮行情在上一日的 11.91 元结束，升幅为 1.189 倍。

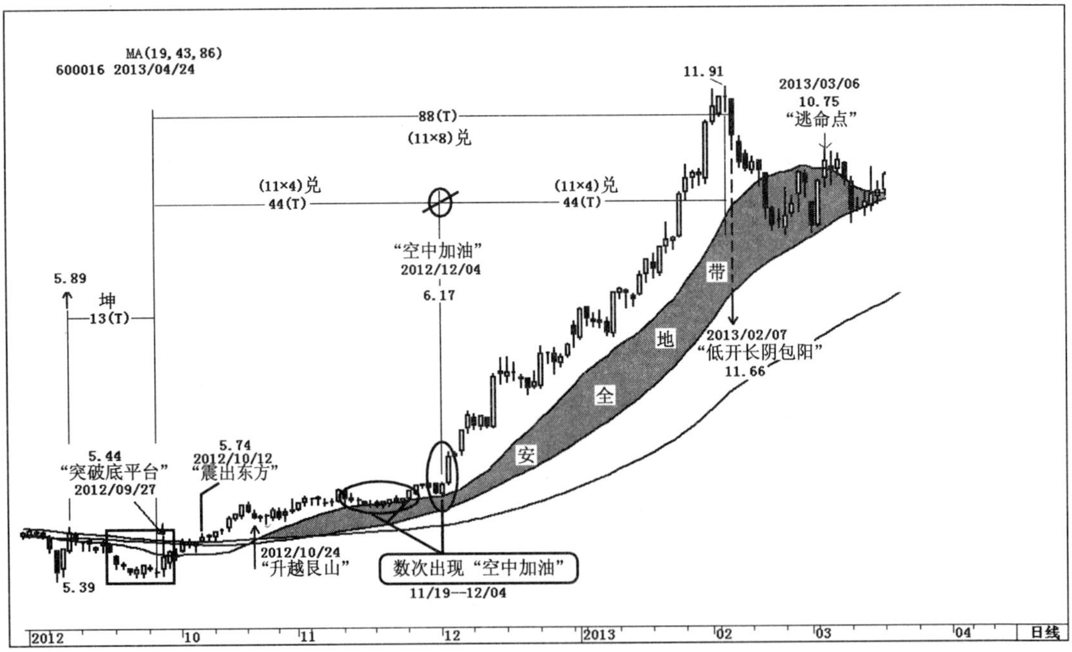

图 13.4.1 民生银行

本例是最容易操作的。自 5.44 元底部买入后，一路碎步儿上升。“震出东方”出现后，股价就没有下破过 MA19，直至到达顶部，一路风调雨顺，无风无险。持股 88 日至 2013 年 2 月 7 日的 11.66 元“低开阴包阳”顶部卖出。如果你不懂在 44 日 ×2 的对称性顶部出货，那么，2013 年 3 月 6 日 10.75 元“逃命点”就应该清仓了。

二、华测检测（300012）

如图13.4.2所示，华测检测从图左端的9.83元下跌34日离卦数，在2012年1月19日产生7.14元“单针探底”形态，可试探性买入股票。买入后连升6阳，可以在上升过程中分批增资买入。2012年2月9日出现“震出东方”形态，中期行情确立。2月22日出现“升越艮山”形态，进一步确认中期行情，“安全地带”由此构建。MA19和MA43成为行情的双保险。

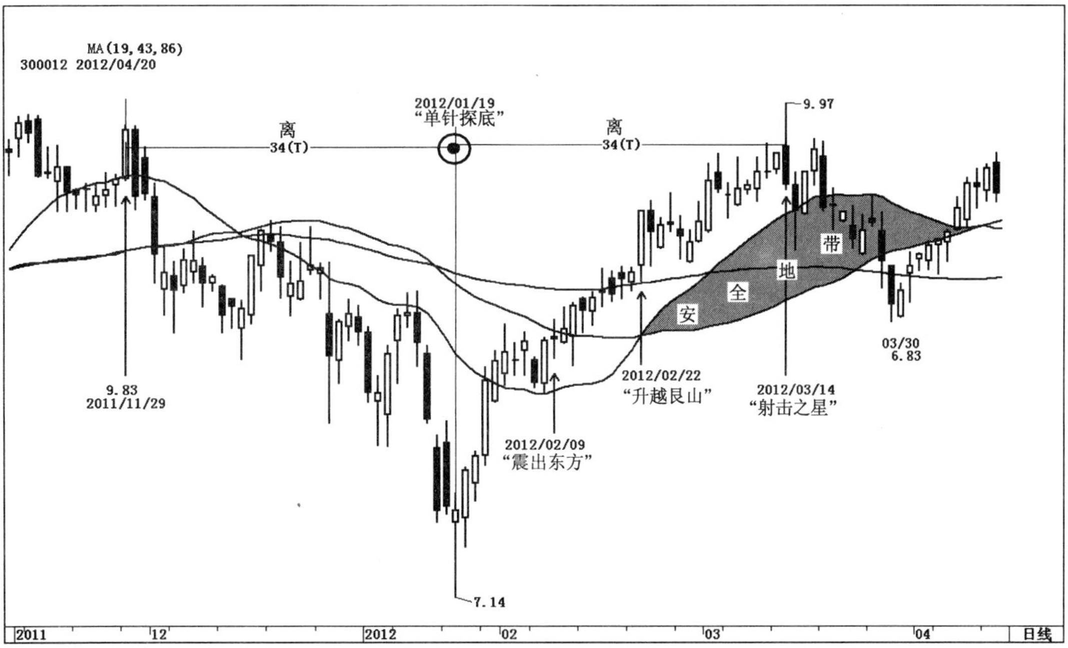

图13.4.2 华测检测

从7.14元“单针探底”形态底部买入，运行离卦数34日，到达2012年3月14日出现9.97元“射击之星”见顶形态，此时盈利空间为39.63%，这里是34日×2的对称点。作者强调，对称性顶部必需清仓离场。

以本例而言，3月14日9.97元见顶后，下跌坤卦数13日，在3月30日的6.83元“阳光初现”见底，此时从高位跌去3.14元，或-31.49%。如果不在对称性顶部出货离场观望，将损失大部分利润。

三、泰亚股份（002517）

如图13.4.3所示，此图例重点谈持股心态，及为什么要逃顶？从图中左端之6.45元顶部下跌离卦数15日，在2012年4月5日出现7.00元的“一柱擎天”底部形态，买入后一路上升，至第8日，出现“震出东方”形态；第9日，即4月18日，一根“穿头破脚”的长阴K线在8.49元见顶。按照K线的常规操作，这里是一定要出货的。此时已有21%的升幅，获利也是不错的。但按照BG均线系统的操作指引，上一交易日才出现中期行情确立的“震出东方”信号，这就意味着中期行情才刚刚起步，只要MA19仍在上行状态中，股价仍在MA19上方运行，就可以持股待涨，但你要有股价下踩MA19的心理准备。事实上，多数情况下，每次调整都会在下触MA19时就有一只无形的手将股价托住并拉升。因此，你要有下探MA19的承受力，要有一颗市道下跌我心坦然的平常心，你就可以持股不动，相信后市还会上涨。

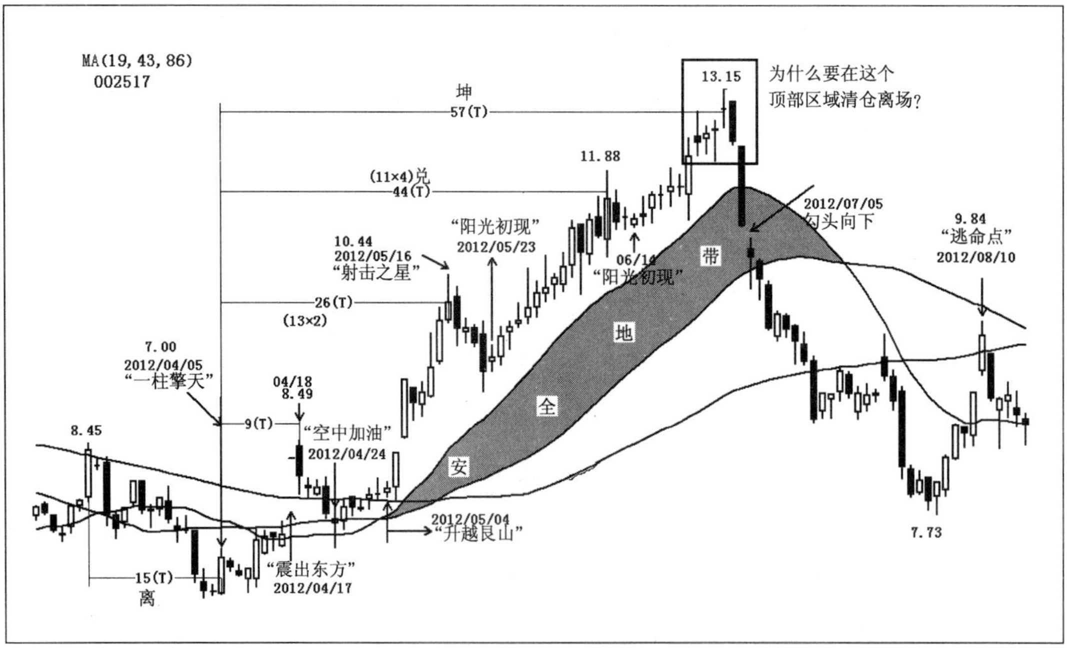

图13.4.3　泰亚股份

后市确实如此。4月24日，从8.49元跌下来，瞬间跌穿MA19立即被拉起，并贴着MA19收阳，是一个“空中加油”形态。如果你把股票卖了，这天就是补买点，当日最低价为7.42元，调整幅度为-12.60%。后面的5月16日10.44元“射击之星”顶部和6月11日11.88元“阳星孕阴星”顶部，都属于可卖出也可持股之选，持股人要有后市下探MA19的心理准备。事实上并没有发生，泰亚股份一直在MA19上方强势运行。若两次顶部都卖出了，可在图示中的见底形态再买入，按指令操作就对了。熟悉K线形态，懂短炒技术的，当然是每次顶部皆可做价差，能够使利润最大化。但是，节拍踏不准，会被甩出去的。

从7.00元原始底部买入后，持股57日坤卦数到达2012年7月2日13.15元“射击阴星”顶部，这个顶部不同于此前提到的几个小顶，这里是必须“清仓离场”的顶部，理由如下：

（1）从7.00元底部起至此上升57日，时间已长，超过了一般的中级波浪运行时间，且57是老阴之坤卦数。老阴而造顶，逆天时之作。

（2）上升87.85%，升幅已大。

（3）从2012年6月27至7月3日，连续4天都是带上下影的“星线”，高位剧烈震荡，多空搏杀激烈，而且日K线阴多阳少，表明多方已经力竭。这4根“星线”是明显的“造顶区域”，任何一天择机卖出，都是正确的，中间价约在12.56元。

事实上，见顶之后根本就不给投资者一个价位较好的“逃命点”。向下跳空、长阴K线接连不断。直至2012年7月16日的8.67元才喘定，从高位跌去4.48元，或跌34%。“逃命点”是2012年5月10日反弹高位9.84元，仅有几日弱势反弹又再度陷入了漫漫熊途，反复下跌震卦数106个交易日，至2012年12月4日6.40元见底反弹。如果不在上面提到的“顶部区域”出货清仓离场，不知猴年马月才回到12.56元区间。

四、中威电子（300270）

如图13.4.4所示，中威电子的“安全地带”分成三块，两边大、中间细（涂了阴影的区域即为“安全地带”）。操作上随之为4次买入，4次卖出。在头部形态卖出，在底部形态买入，按照BG均线系统来操作（图中已有详细的标示）。下面只选一头一尾两个大的“安全地带”进行叙述。从图中的左端14.97元下跌兑卦数53日，至2012年6月11日出现8.63元“突破底平台”形态，当日重仓买入股票，只要不再做新低，则持股。至2012年7月5日，出现“震出东方”形态，中期行情确立。翌日出现“升越艮山”形态，“安全地带”由此构建。我们从图中可以看到，当天是一根中阳 K 线，受阻于 MA86 而回调数日，7 月 17 日，瞬间下破 MA19 触及 MA43 即被无形之手拉起，并在 MA19 上方收阳。这是“安全地带”所起的保障作用而致。7 月 17 日当天是一根“空中加油”形态，可在此“加油”。加码买入该股票后进入拉升阶段。从 6 月 11 日 8.63 元原始底部起算，运行兑卦数 53 日，到达 2012 年 8 月 24 日，在 53 日 ×2 的时间对称点上出现“阳星孕阴星”顶部形态。操作指引称，凡在时间对称点上出现顶部形态，必需清仓离场。这一段行情的升幅是 86.22%。

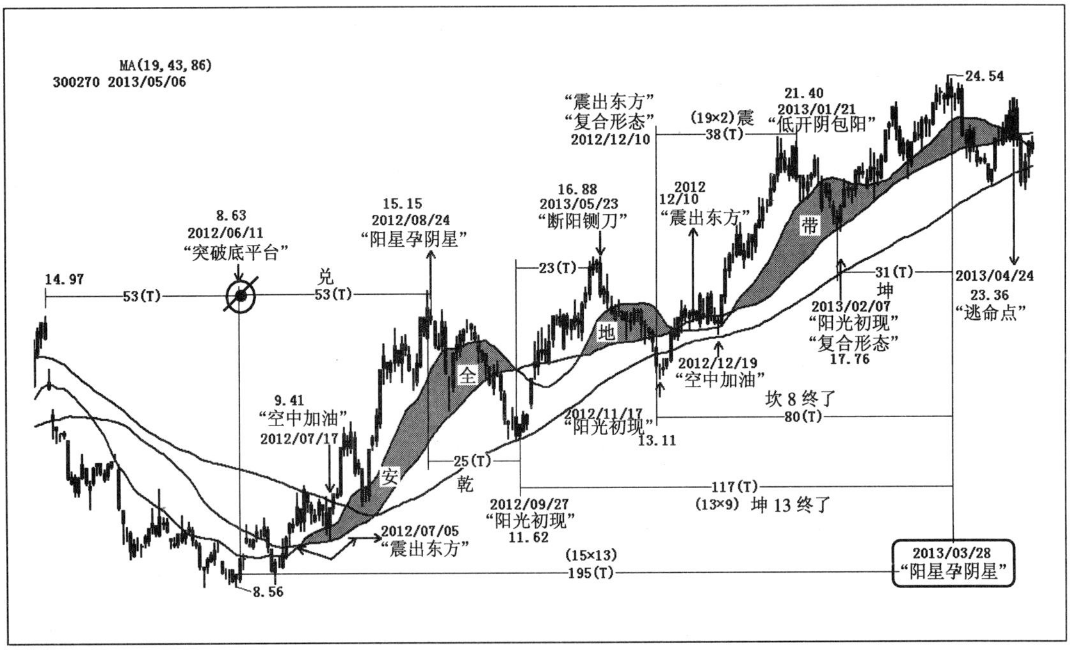

图 13.4.4 中威电子

最后一段行情的买入点是 2012 年 11 月 17 日 13.11 元“阳光初现”形态，买入后 80 日（坎卦数）到达 2013 年 4 月 25 日“阳星孕阴星”顶部。上一交易日的最高价是 24.54 元，此段升幅是 87.18%。

两段合计升幅为 1.734 倍，打 8 折后仍有 1.387 倍的获利。如果最佳卖出点错过了，2013 年 4 月 24 日的 23.36 元“逃命点”等着你，这里是 MA19 勾头向下之后的第一个反弹高位。

五、招商地产（000024）

如图 13.4.5 所示，招商地产的第一个买入点是从图左端的 18.40 元顶部下跌离卦数15日（2011年11月21日）的15.68元“阳光初现”底部。11月24日，出现一阳吞数K线的“突破底平台”的做多信号，当日可重仓买入。12月6日，MA19勾头向上，出现“震出东方”形态，中期行情确立。同时，MA19升越MA46，出现“升越艮山”形态，“安全地带”由此构建。事实上，这天出现的是难得一遇的“复合形态”，应全仓买入该股。买入后，“安全地带”的MA19与MA43构成双保险，招商地产一直在沿着此两条均线震荡上行，多次下踩MA43即被一只无形之手拉起。MA43欲破不破，很多人是经不起这样震荡的，早早就逃跑了。这就是相不相信“安全地带”的保障作用，有没有一颗平常心的问题了。其实，这段震荡走势除了彰显MA43的强支撑作用之外，还有两个特点：一是阳K线多，阴K线少。反映多头力量一直占据优势。二是每次调整均不超过两日，阳K线又出现了。上述特点是带规律性的，任何一只个股出现类似走势，都可持股待涨。其实，在这段震荡走势中，曾出现多个“空中加油”形态，手上没有这只股的投资者，可以在“空中加油”时进入该股。2012年2月24日，出现一根踩着MA19、MA43两条均线的“空中加油”形态（图14.4.5中有标记），当日最低价为17.93元，这里是最佳买入点。买入后，招商地产进入拉升阶段，拉升多日之后在2012年3月2日出现一根实体为1.03元的长阳K线。翌日，即3月5日，高开低走，收带长上影的倒吊阴锤头，这是一根“阳星孕阴星”的顶部形态，当日最高价为21.74元。检查此股的时空数据，发现从15.68元底部运行至此为68日，68是子午线离卦34×2的周期数，此时的升幅为38.64%。这是0.618的倒数0.382比率。由此可见，3月5日之顶是“时间、空间、价格”三维交融的产物，应该在这里卖掉大部分股票。从3月5~9日，该股在高位平台震荡。手上还有股票的，应该在高位平台择机清仓离场。3月12日，出现实体为1.20元的“断阳铡刀”形态，与稍前实体为1.03元的长阳K线形成完美的阴阳对称。底部运行至此为艮山之数73日，山为阻隔，一波上升趋势至此落幕。艮山73日卦位数周期遇上“断阳铡刀”形态，明白无误地宣布第一波行情已在稍前的21.74元见顶。

见顶后下跌坤卦数13日，于3月28日出现18.74元“阳光初现”底部形态，可试探性买入该股票。翌日见长阳，重上“安全地带”之MA43上方运行，当天是一个“空中加油”形态，可重仓买入，享受第3波涨升。之后的股票进入第3波拉升阶段，4月11日，重现“震出东方”形态，第3波行情确立。从第3波的底部18.74元起算，运行七七四十九日（乾卦数）到达6月12日26.60元“射击之星”顶部。4月15日又现“断阳铡

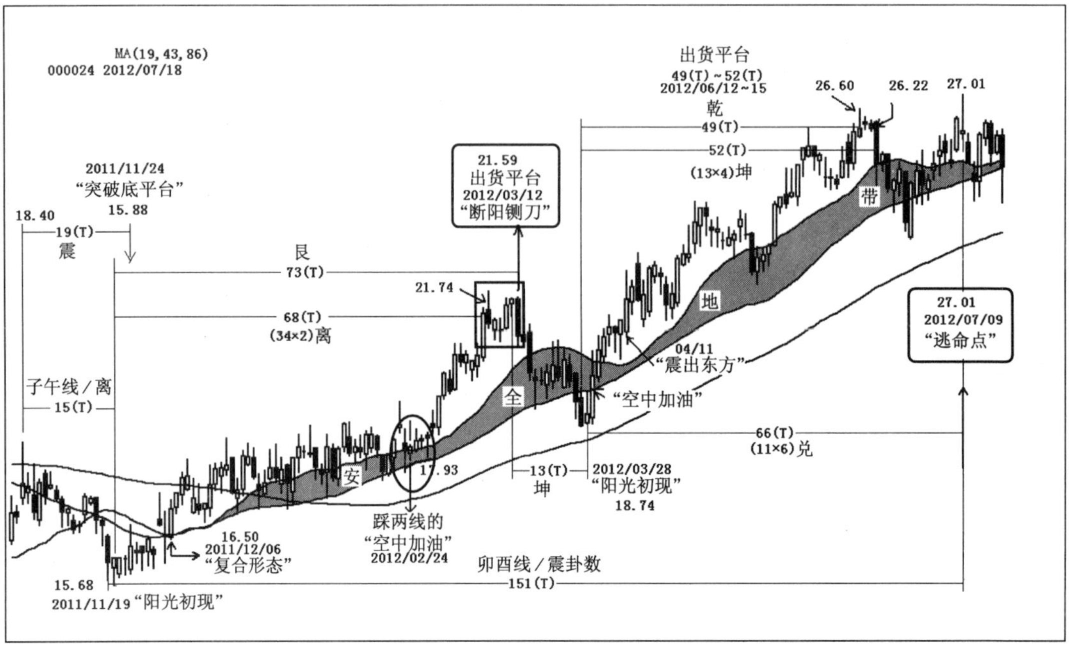

图 13.4.5　招商地产

刀”，这是“断阳铡刀”2 次重现了，其作用与先前一样，宣布第 3 波行情在26.60 元结束。之后的几天高位平台择机清仓。第 3 波升幅约为41.94%。

稍后，MA19 勾头向下，确认顶部成立，其后的第一个反弹高位，即“逃命点”在2012 年7 月9 日的26.01 元出现。

六、长安汽车（000625）

如图 13.4.6 所示，长安汽车本轮行情是从 2011 年 11 月 16 日 3.31 元底部启动的，本图例只截取了本文行文至此的 2012 年 11 月至 2013 年 5 月 8 日的走势图。当天的 11.70 元已经升越了 2007 年 10 月之 11.10 元历史大顶，这在 A 股是罕见的。从 5.75 元下跌坤卦数 31 日，即 2012 年 11 月 30 日之 5.08 元“阳光初现”底部，是试探性买入点。12 月 5 日，出现“震出东方”形态，一轮中期行情确立。12 月 19 日，MA19 金叉 MA43，出现“震出东方”“升越艮山”“空中加油”三种形态重叠的“复合形态”，当日最低价为 5.33 元，是一根大长阳 K 线，罕见地宣布多头的强势，中期行情完全确立。这里应该全仓买入该股票。“安全地带”亦由此构建，MA19 与 MA43 成为行情的双线保护。其后，该股进入拉升阶段，在 MA19 上方强势运行。

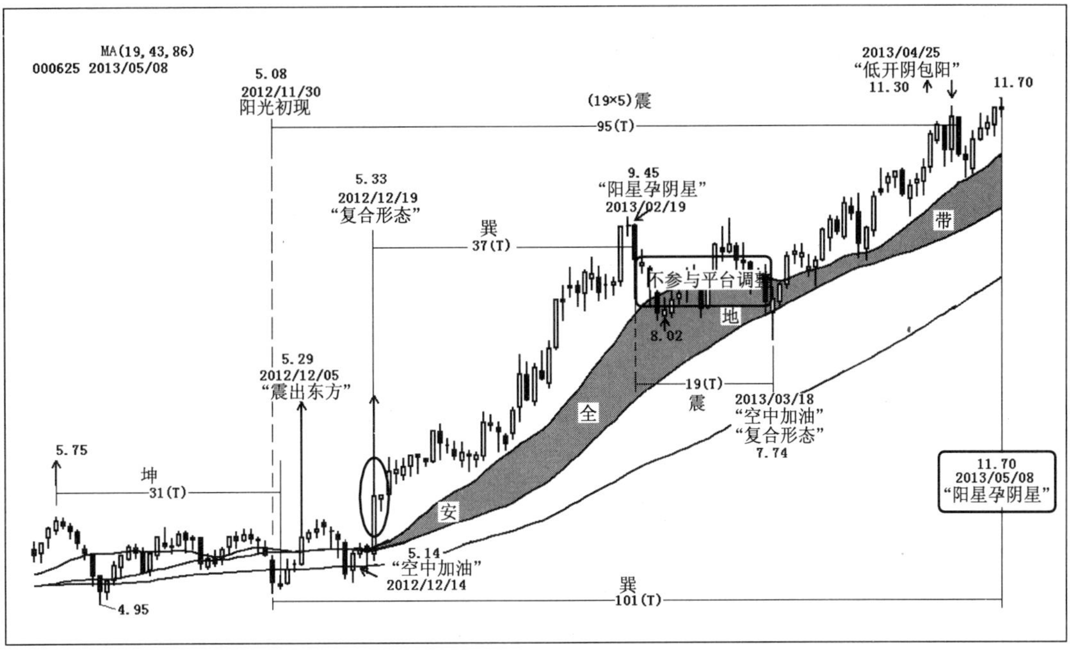

图 13.4.6　长安汽车

从 12 月 19 日 5.33 元的“复合形态”起算，运行 37 日巽卦数，至 2013 年 2 月 19 日出现高价为 9.45 元的“阳星孕阴星”顶部形态，此段升幅为 77.29%，升幅不小了，宜清仓观望。见顶调整之后有一反弹波是可以操作的。为行文简结，略去不叙。

从本轮行情的 2012 年 11 月 30 日 5.08 元原始底部“阳光初现”计算，运行巽卦数 101 日，到达 2013 年 5 月 8 日（当日写作本文），见最高价为 11.70 元的小阴十字星，至此升幅为 1.3 倍。作者认为，101 日是“大限之数”周期，应清仓离场为稳妥。

七、吉林森工（600189）

如图 13.4.7 所示，吉林森工从图中左端的 10.10 元顶部下跌 36 日，于 2012 年 1 月 9 日出现 5.91 元为底部的“旭日东升”形态，与上一交易日的 5.80 元“单针探底”形态同时出现，中期底部成立，可放心买入该股票。当天买入后，该股运行对称三角形。形态理论告诉我们，在底部区域出现的三角形，向上突破是大概率事件，只要不再造新低，则可放心持股。事实上，2012 年 2 月 3 日，出现向上突破三角形的“震出东方”形态，中期上升行情确立。从此，股价在 MA19 上方运行。

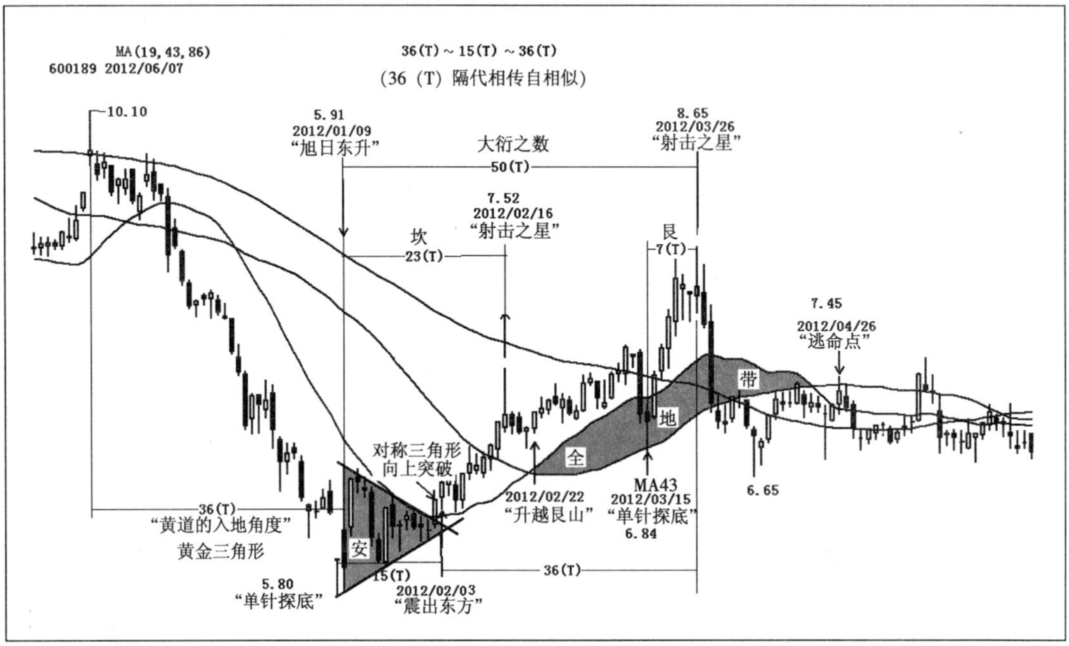

图 13.4.7 吉林森工

从底部运行 23 日坎卦数，于 2 月 16 日出现 7.52 元“射击之星”顶部，至此升幅为 29.65%。善短炒者出货做价差，一般投资者可持股不动。

2 月 22 日出现“升越艮山”形态，“安全地带”由此构建，MA19 和 MA43 成为后市的双保险。从原始底部运行大衍之数 50 日，到达 2012 年 3 月 26 日，当天出现长上影的 8.65 元“射击之星”顶部形态，此间升幅为 49.13%，接近重要比率 0.5，又是产生于股市生命周期“大衍之数”的顶部，宜清仓离场。事实上，从 2012 年 2 月 3 日之“复合形态”至此运行 36 个交易日，是 36 日“隔代相传自相似”的对称点。有道是，对称点即市场转向点，清仓出货没商量。后市的实际走势是，反复下跌 169 日乾卦数，才在 2012 年 12 月 4 日的 5.21 元见底，跌 3.44 元，或 -39.76%。“逃命点”出现于 2012 年 4 月 26 日的 7.45 元，底部买入至此卖出仍可安全获利 28.44%。当然要比 49.13% 差多了。

八、浙江广厦（600052）

如图 13.4.8 所示，浙江广厦的走势图是较易操作的，全图一个“安全地带”分两段操作。第一个买入点是 2012 年 1 月 6 日的 3.03 元“单针探底”形态，买入后只要不见新低，就可放心持股，震荡上升的小顶可不操作。2月8日出现“震出东方”与“空中加油”重叠的“复合形态”。我们强调，这是安全系数很高的最佳买入点。当日最低价为3.31元，买入后持股25日乾卦数，即到达2012年3月14日5.05元“断阳铡刀”顶部，此段理论上获利52.26%，日均升幅为2.09%。这里做“清仓”处理的另一依据是，从原始底部3.03元之“单针探底”起算，至此为艮卦数43日，“艮山止升”；又已达到“40日左右中级波段”的时间幅度，升幅为66.33%，这是黄分割比率的螺旋扩张点。标准的“时、空、价”三维交融之产物。这样的顶部是必须要清仓出货的。

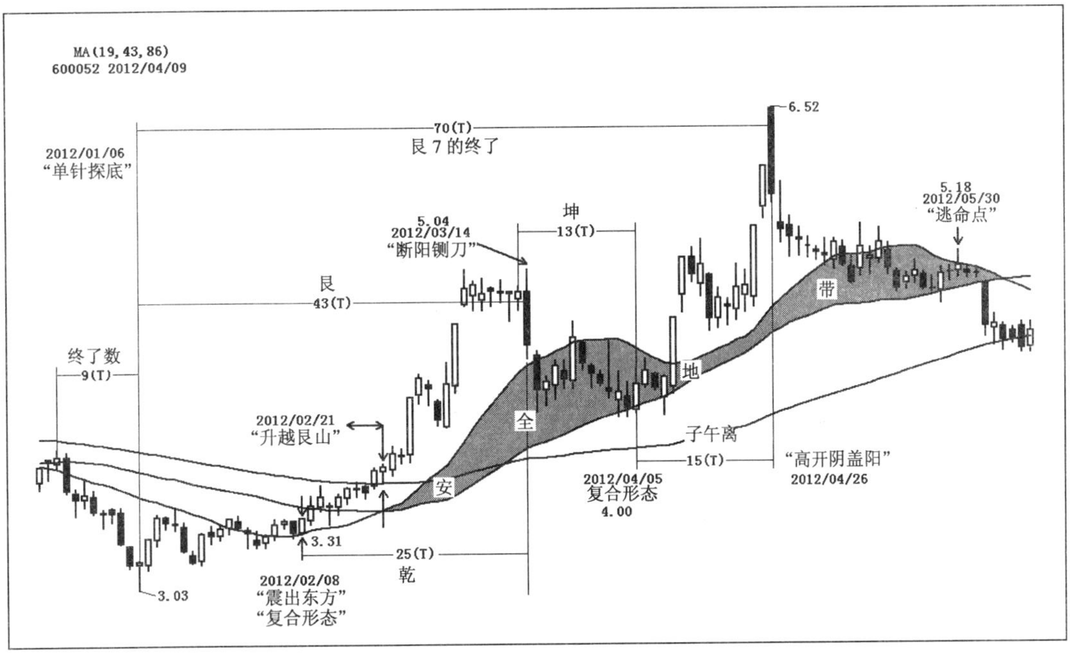

图13.4.8　浙江广厦

见顶后13日（坤卦数），于2012年4月5日出现最低价为4.00元的“复合形态”，这是又一个安全获利的最佳买入点，买入后持股离卦数15日，即到达2012年4月26日的6.52元“高开阴盖阳”顶部，这是一根醒目而夸张的长阴K线，近乎光头光脚，其阴线的实体为0.84元，当日振幅为15.51%。计算运行时间，从原始底部起算是70日，艮卦数7的终了之数，与上述的25日同聚。计算升幅，是1.151倍，清仓离场没商量。如果这样典型顶部还不出货，那么后边的“逃命点”就不太好看了，其高位只有5.18元。

第五节　实战 2013 年 10 例精讲

一、中材科技（002080）

如图 13.5.1 所示，中材科技从 9.65 元顶部下跌兑卦数 53 日，于 2012 年 12 月 4 日产生 6.50 元“阳光初现”底部，可少量资金试探性买入。第二天收长阳 K 线，一举吞没此前 4 根阴 K 线，是“突破底平台”形态，可增资买入股票。上升途中，分别在 MA19 和 MA43 受阻做小调整，可持股观望。12 月 21 日 MA19 勾头向上，当天收“震出东方”形态，中期上升行情确立。2013 年 1 月 8 日 MA19 金叉 MA43，是为“升越艮山”形态，“安全地带”由此构建。从 6.50 元底部买入，持股 29 个交易日，到达 2013 年 1 月 16 日 8.78 元“射击之星”顶部，宜卖出股票，此段获利 35.07%。

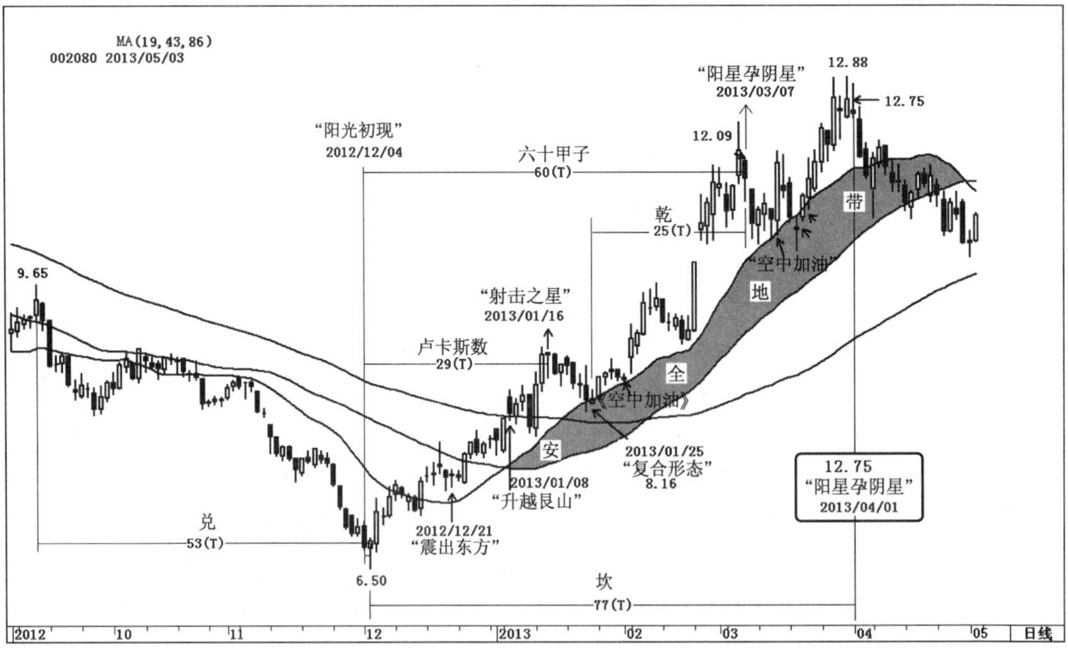

图 13.5.1　中材科技

该股见顶回调7个交易日，至2013年1月25日下踩MA19时站稳收阳，最低价为8.16元，是一根"复合形态"，可重仓买入。事实上，翌日跳空高开，展开拉升行情，仅用24个交易日，即见12.09元。2013年3月7日低开低走，收阴，出现最高价为11.49元的"阳星孕阴星"顶部形态，宜卖出股票，此段升幅为40.80%。这个顶部亦可不卖出继续持股待涨，理由是"震出东方"形态确立中期行情之后，一直在MA19上方运行，走势稳健。至2013年3月29日出现12.88元顶部之前，一直受到MA19的有效保护，多次回调时触该线被拉起，神奇却又见惯。这是"安全地带"在起作用。

从2012年12月4日6.50元底部买入后，运行子午线坎卦数77日，到达2013年4月1日，当天是一根"阳星孕阴星"顶部形态，高点出现在上一交易日阳线之12.88元（卢卡斯数76日），升幅为98.15%，接近1倍。上升时间也算够长了，且又是子午线上重要的卦数77日见顶，宜清仓离场观望。

二、安琪酵母（600298）

如图13.5.2所示，安琪酵母从20.52元顶部下跌33日兑卦倍数，至2012年12月4日产生12.10元"阳光初现"底部形态，可试探性买入。翌日收一根中阳K线，底部基本确立，可增资买入该股。12月14日，MA19勾头上行，当日从最低价之13.74元拉升，收一根长阳K线，是"震出东方"与"空中加油"重叠的"复合形态"，不但是中期行情确立的信号，而且是可以重仓买入该股的指令。从此，股价在MA19上方震荡上行。从12.10元底部运行28日（兑卦数），到达2013年1月16日17.78元"阳星孕阴星"见顶形态，上一交易日最高价为17.89元，升幅已达47.85%，宜卖出股票。见顶后下跌8日（坎卦数），于2013年1月25日出现17.75元"曙光之星"见底形态，可大胆以较大资金量第二次买入。依据是，此股在12月14日出现"震出东方"中期行情的确立信号，又于2013年1月4日出现"升越艮山"形态，由此构建"安全地带"，股价受到MA19与MA43的双线保护。2013年1月25日17.75元"曙光之星"底部仍然受到安全地带下沿MA43之有效保护。买入该股后的第二日，又见中阳K线。上一交易日的17.75元底部成立。

二次买入后的第15个交易日（离卦数），到达2013年2月22日，与50日大衍之数重叠，发生周期共振，产生19.77元"射击阴星"顶部形态。这是一个"生命繁衍"周期（50）与子午线水火相冲（离火15）而形

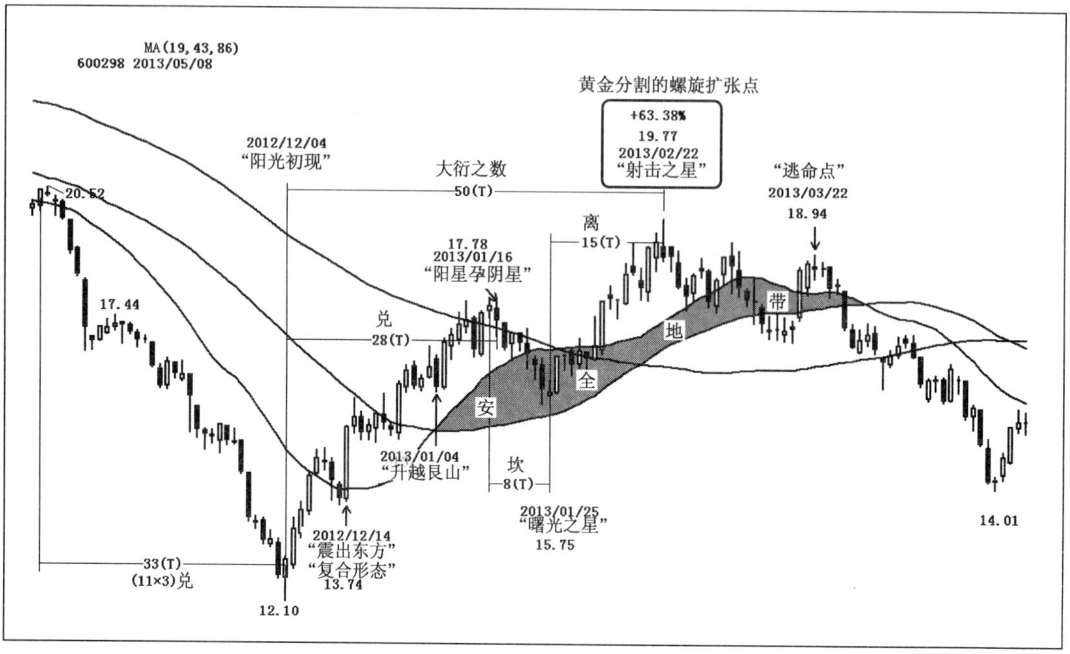

图 13.5.2　安琪酵母

成之顶，而且又恰好产生于黄金分割的螺旋扩张点上——升幅 0.633 倍，清仓离场没商量。

三、曙光股份（600303）

如图 13.5.3 所示，曙光股份从 5.60 元顶部下跌 55 个交易日，从 5.05 元顶部下跌 29 个交易日，天地之数和卢卡斯数交叠于 2012 年 12 月 4 日，产生 3.65 元“阳光初现”见底形态。翌日，出现一根一阳吞数阴 K 线之“突破底平台”形态，这是强烈的做多信号，可以重金在当日抢买该股。2012 年 12 月 24 日出现“震出东方”形态，中期行情确立。之后数天，围绕着 MA43 窄幅震荡。这是 BG 均线系统的常态表现，只看不动。2013 年 1 月 9 日，MA19 金叉 MA43 出现“升越艮山”形态，“安全地带”由此构建，进一步确认中期行情。可是，信号出现后的第二个交易日，该股低开低走，瞬间下跌至 4.04 元，先后跌穿了 MA19 和 MA43 两条均线，这是罕见的现象，“安全地带”不安全了吗？答案是，这只是庄家耍的花招，股价立即被一只无形之手拉起，全日缓缓上升，最终收市于 MA19 上方。4.00 元的股票带着 0.28 元的长下影，倒是为有胆识的投资者提供了很好的买入机会。这根长下影星线很好地彰显了“安全地带”的保护作用。此后的股价重上 MA19 上方运行，上升过程中，曾有 3 次跌穿 MA43，但第二天又被拉起，重归“安全地带”运行。技术上看未有效跌破 MA43，至出现本轮行情的顶部为止。这种有惊无险的走势，是“安全地带”的固有保护作用所致。技术上，只要 MA19 和 MA43 两条均线一直处在上行状态中，MA19 未向下勾头就是定心丸，是持股的重要依据。

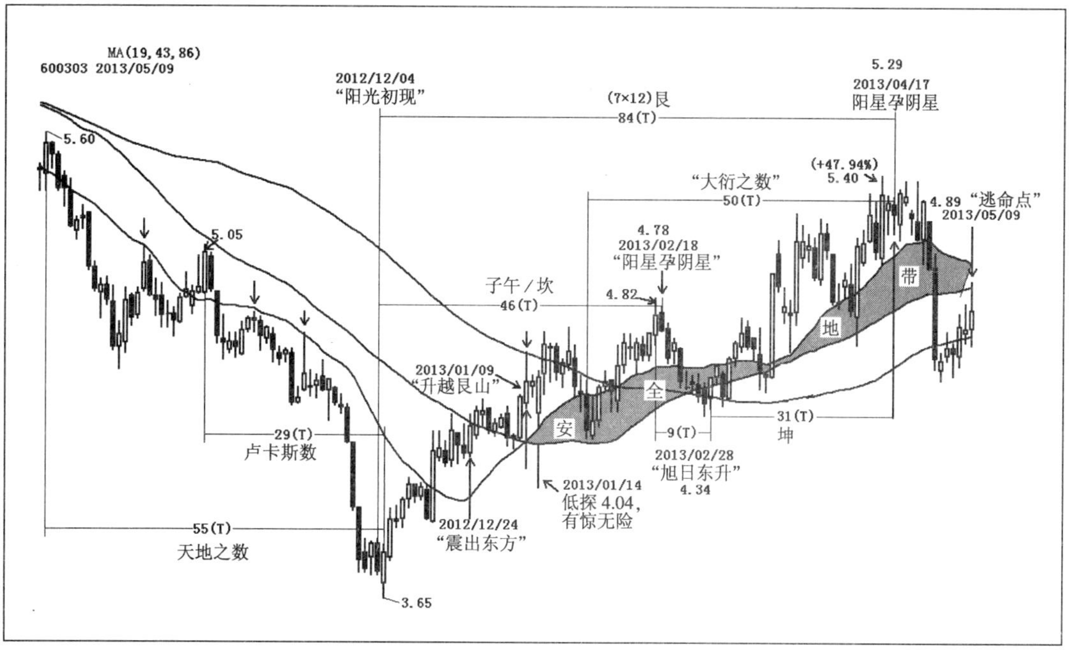

图 13.5.3　曙光股份

本例从 2012 年 12 月 4 日 3.65 元底部运行 84 日，到达 2013 年 4 月 17 日出现 5.29 元“阳星孕阴星”见顶形态，当日又是 50 日的螺旋射点日，又有坤卦数 31 日叠加在一起。换言之，即是大衍之数与艮卦数 7，及坤卦数 31 日三者汇聚之日（见图中标示），这就得特别关注了。在如此重要的长中短周期交融之日出现顶部形态，特别是坤为老阴，老阴而造顶，不合时宜，清仓离场是稳妥的选择。这是一次性操作，此时的升幅是 44.90%。也可以分两段操作，从 2012 年 12 月 4 日 3.65 元底部买入股票后，持股 46 日到达 2013 年 2 月 18 日 4.78 元“阳星孕阴星”见顶形态。一般来说，从底部上升 40～50 日，这期间出现的顶部多会是次中级顶部，出货观望是稳妥的做法。特别是 46 日是子午线坎卦之数，处在水火相冲的时点上，极容易做顶，因此出货为宜。尽管还有“安全地带”的保护，现金在手，更容易进退自如。此段行情的升幅是 32%。出货后下跌 9 日终了之数，在 2013

年2月28日4.34元“旭日东升”见底，此处再买入，持股坤卦数31日，到达本轮行情的顶部，此段行情的升幅是24.42%。两次操作累计升幅为76.20%，高于一次操作的44.93%。由此可见，熟悉K线形态的、熟悉卦位数周期的投资者，可分二次操作为佳。

见顶之后，MA19很快就勾头向下，证明了此前高位为本轮行情的顶部，清仓是正确的选择。MA19勾头向下之后的第一个反弹高点是2013年5月9日的4.89元，这里是“逃命点”。后知后觉者，在此逃命仍可安全获利33.97%。

四、九龙电力（600292）

如图13.5.4所示，九龙电力从12.20元顶部下跌坤卦数13日，在2012年12月4日产生9.88元“阳光初现”底部形态，可试探性买入。翌日出现“突破底平台”形态，一阳吞数根K线，确认上一日的底部形态，可增资买入该股。

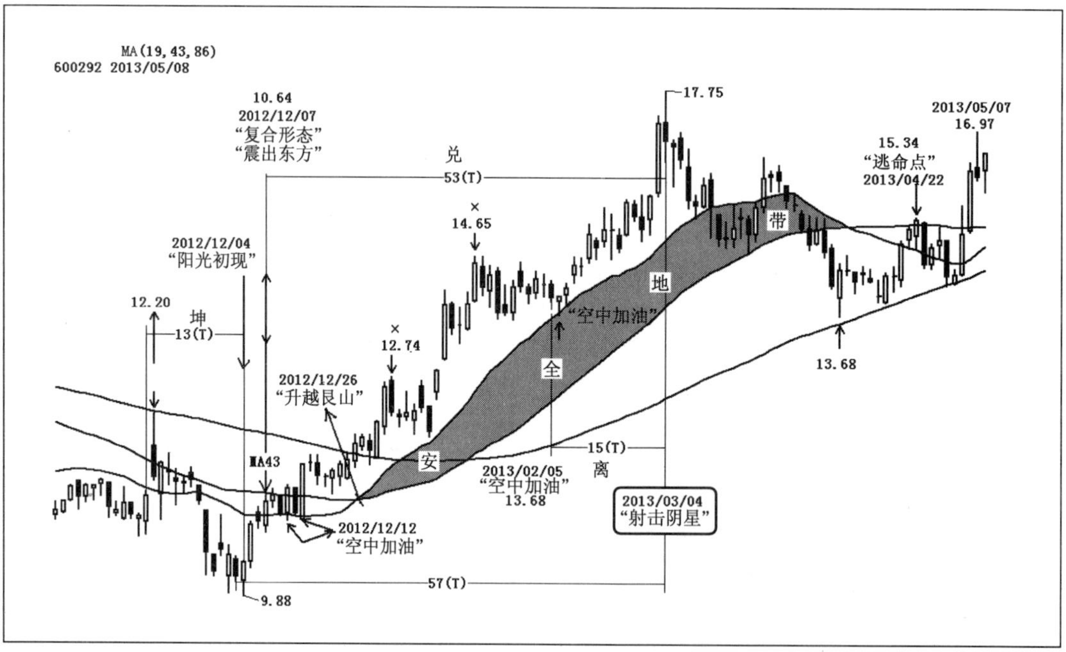

图13.5.4 九龙电力

2012年12月7日，出现“震出东方”形态，中期行情确立。当日还是一个“复合形态”的安全买入点。买入后因受到MA43均线的回压，发生数日窄幅调整，但都未能跌穿 MA19，这是 BG 均线系统的常见走势，可持股观望。或者说，几天来的调整每次触及 MA19 都是“加油”的好机会。2012 年 12 月 12 日，连续出现两个“空中加油”形态，这些形态充分彰显 MA19 的支撑力，都是很好的加仓机会（见图中方框之处）。2012 年 12 月 26 日，出现“升越艮山”形态，由此构建“安全地带”。本例的特点是，此后的走势直到 17.75 元大顶为止，一直稳当地运行在 MA19 上方。因为这个缘故，上升途中曾出现 12.74 元和 14.65 元两个顶部（图中打“×”的位置），我们都可以做“不操作”处理，倒是图中标示的 2013 年 2 月 5 日“空中加油”形态可以加筹码。

本轮之顶出现于 2013 年 3 月 4 日 17.75 元的“射击阴星”，从原始底部 9.88 元买入起算，至此运行坤卦数 57 日。我们常说，坤为老阴，老阴而造顶，不合时宜。这样的顶部宜清仓离场。事实上，此顶还有 53 日兑卦数和 15 日离卦数群落于此，多卦位数交融共振诱发顶部。此波升幅是 0.7965 倍，接近老子－斐波纳契数之 0.809 比率。表现为“时、空、价”三维交融，清仓是对的。逃命点在 2013 年 4 月 22 日的 15.34 元，至于后边的 16.97 元高位，是可有可无的。

五、南岭民爆（002096）

如图 13.5.5 所示，南岭民爆是一只弱势的个股，因为作者是随手选的股，也就用它来说吧。

12.59 元顶部下跌巽卦数 17 日，在 2012 年 11 月 30 日出现 9.71 元“一柱擎天”底部形态，可试探性买入。2012 年 12 月 12 日出现“震出东方”形态，中期行情确立。图中用方框框着的走势是在“震出东方”形态出现前后发生的，表现为阴阳相间震荡上行。这是因为该股要上升，却又受到 MA19 和 MA43 回压所致，这是 BG 均线系统的常见现象。可持股观望或在低点加码该股。

2012 年 12 月 28 日出现“升越艮山”形态，“安全地带”也由此构建。之后的走势就变得简单了，股价一直在 MA19 上方运行，只有在 2013 年 1 月 11 日调整时下触过 MA19 一次，翌日又报以一根长阳，显示走势有惊无险。从 9.71 元“一柱擎天”底部运行离卦数 34 日，到达 2013 年 1 月 21 日 14.60 元“阳星孕阴星”顶部。34 是中国 A 股的 DNA 核数，周期应验的例子举不胜数。为什么呢？因为 34 处在著名的子午线上，因水火相冲之故，上升趋势时，遇之为顶；下降趋势时，遇之为底。至此的上升幅度为

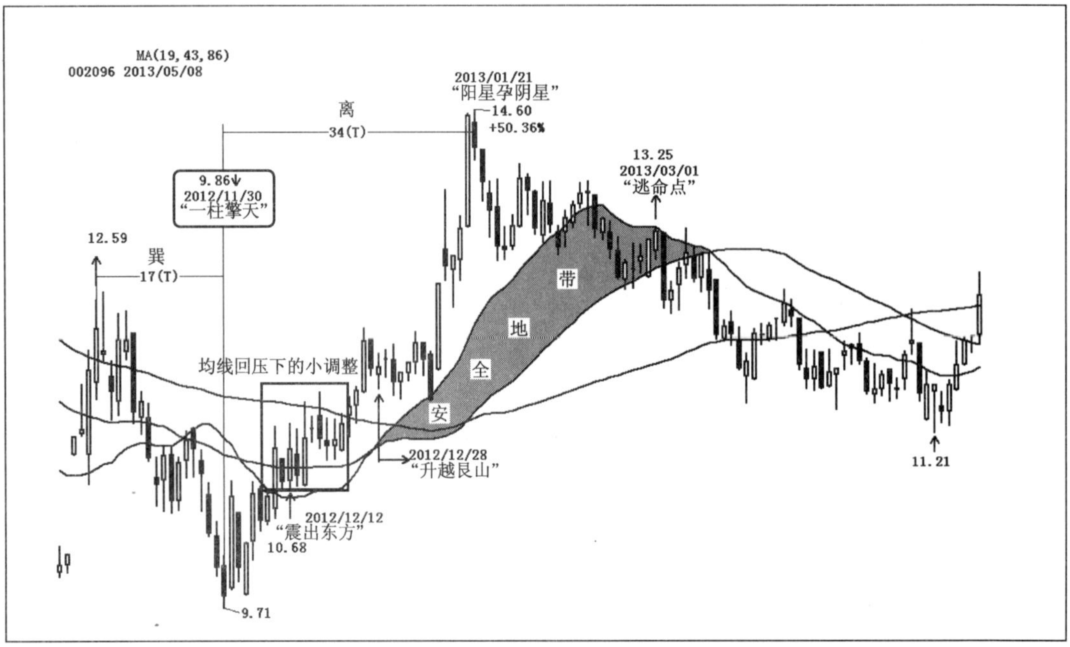

图 13.5.5　南岭民爆

50.36%，0.5 比率的重要性等同于 0.618，所以，宜清仓离场。见顶后的“逃命点”在 2013 年 3 月 1 日的 13.25 元出现，赶紧逃跑，后边则跌跌不休。事实上，见顶后下跌离卦数 61 日，在 2013 年 4 月 25 日 11.21 元见底，从高位跌去 29.88%。

六、*ST 南化（600301）

如图 13.5.6 所示，*ST 南化走势中有两个“安全地带”，因此分两段操作。从图中左端的 4.71 元顶部下跌子午线坎卦数 23 日，在 2012 年 8 月 3 日产生 2.83 元“单针探底”形态，这里可试探性买入股票。8 月 28 日，当天涨停板，同时产生“震出东方”形态，中期行情确立。当日因受 MA86 的回压而调整，因为下边又有 MA43 的支撑，调整空间甚小，可持股观望。后市很快又重拾升途。2012 年 9 月 13 日，MA19 升越 MA43，产生“升越艮山”形态，“安全地带”由此构建。“升越艮山”出现后，仍未摆脱 MA86 的阻力，因此又再做回档整理。对于这次调整，可出货观望，也可持股不动。理由是，既然已经出现“震出东方”和“升越艮山”两个中期行情信号，即该股已经在上升趋势中运行，不会这么快就见顶结束，且受 MA86 阻力而回调整理，是 BG 均线系统的常见现象。料调整幅度不大，不足为虑，顶多就是下踩MA43而已。果然后市在短暂击穿MA43后，立即被一只无形之手强势拉起。9月26日，出现“空中加油”形态，以一根长阳K线拉开了快速拉升的序幕。2012年10月17日，出现7.07元“高开阴盖阳”见顶形态。此时，从底部运行艮卦数43日，艮山阻升，于是顶部显现。升幅已见1.498倍，约近1.5重要比率。稍懂技术者，当日不问价位，清仓观望。这是第一段操作。

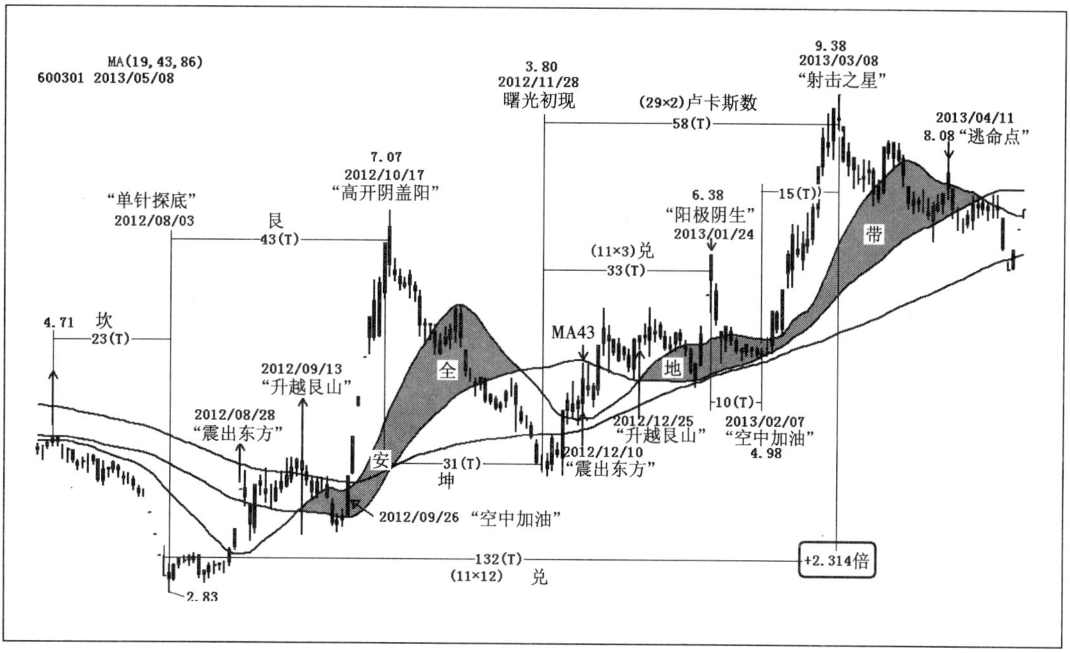

图13.5.6 *ST南化

见顶后下跌坤卦数31日，在2012年11月28日出现一根3.80元的“曙光初现”底部形态，这个形态的特征是经历31日深跌，当日又再向下跳空开市，但很快就被拉起，并且能收一根在缺口下方的小阳K线，即“曙光初现”形态，揭示抛压已尽，空方力量已经衰竭，可以试探性买入股票。翌日再收阳线，可以加码买入该股。这是第二段操作的买入点。买入后，在12月10日和15日先后出现“震出东方”和“升越艮山”形态，中期行情确立，第二个“安全地带”由此构建，后市将受到MA19和MA43的双线保护。

从“曙光初现”底部运行58日（卢卡斯数29的倍数周期），至2013年3月8日9.38元“射击之星”见顶，本段行情的升幅有1.468倍。如果从2012年8月3日2.83元底部起算，已经运行了132日兑卦数，升幅为

2.314倍，清仓离场是必须的。在第二段上升行情中，出现了一个运行兑卦数33日的6.38元“阳极阴生”顶部形态，此时升幅已有67.89%，可以先出货再观望。因为这个时段内，市场仍然在“安全地带”的护航下运行，MA43是其有效支撑。后市果然在6.38元见顶后调整10日，即2013年2月7日在MA43稍上方出现“空中加油”形态，当日最低价为4.94元，这是个出货后的再买入点。买入后持股离卦数15日，到达2013年3月8日9.38元顶部，升幅为88.35%。持股15日，日均获利5.89%。这应该归功于“安全地带”MA43的有效支撑，归功于“空中加油”信号。“逃命点”出现在4月11日的8.08元顶部。

七、特锐德（300001）

如图13.5.7所示，特锐德从12.48元顶部下跌54日，至2012年12月4日产生8.80元“旭日东升”底部形态，买入持股54日到达2012年3月7日出现14.24元“阳星孕阴星”见顶形态，这个顶部出现于54日×2的时间对称点上。作者常强调，“对称是短暂的，不对称是常态。对称点是市场波动趋势的临界点”。在趋势的临界点上出现顶部形态，你闭着眼清仓离场，保证不会错。这是运行时间与K线形态的综合判断。从底部上升至此，升幅是0.618倍，准确的黄金分割率，标准的螺旋线扩张点！这么多“巧合”都凑到一起了，出货是必须的。

2012年12月4日8.80元“旭日东升”底部买入后，该股震荡上行，12月21日MA19勾头向上，出现“震出东方”形态，中期行情确立。12月26日，股价受阻于MA86而回调。因为中期行情确立的信号“震出东方”才出现3天，这样的调整是不用怕的，可继续持股。2013年1月7日MA19金叉MA43，出现“升越艮山”形态，“安全地带”由此构建。之后该股一直稳妥地在“安全地带”上沿的MA19上方运行，市场感觉良好。因为受到MA19与MA43的双线保护，因此上升途中出现的顶部形态，都不过是庄家洗盘而已，可以不予理会。一直持股至上面指出的时间对称点上和螺旋扩张点上出现的顶部形态才清仓离场。这段操作简单极了。

如果你看不懂这个顶部形态而没有出货，那么2013年3月22日的“逃命点”就不应再错过了。

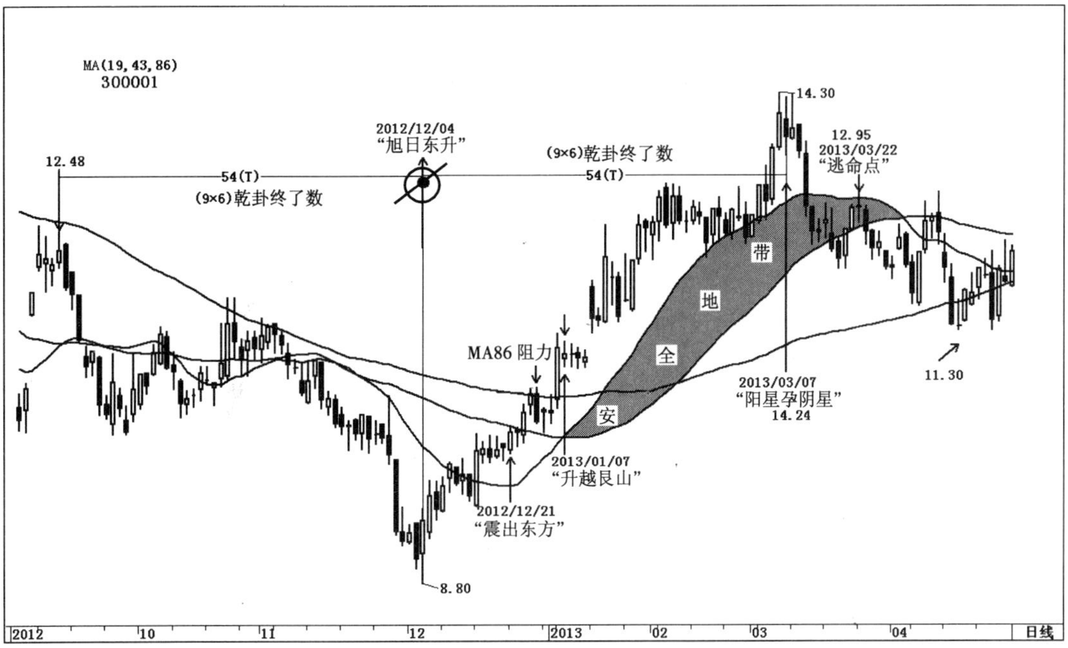

图 13.5.7 特锐德

八、乐普医疗（300003）

如图 13.5.8 所示，乐普医疗的走势显示，坤阴造底好事来，老阴见顶快躲开。本例与上例特锐德一样，顶部形态出现于时间对称点上，清仓离场，别无选择。对称点的中位即“太极中心”，即 2012 年 12 月 4 日 7.65 元“旭日东升”底部，当日为买入点。关于运行时间为 57 日的读数法，涉及到太极的用与不用，即太极不用读为“0”；用太极读为“1”。用与不用，读者自主决定。

要特别指出的是，本例 2012 年 12 月 13 日出现的“复合形态”是“震出东方”与“空中加油”的重叠形态。本章各例中亦有出现，并指出这是一个“最安全、最能赚快钱”的最佳买入点，买入之后，股价立即拉升，10 个交易日后到达 12 月 27 日 9.51 元顶部，升幅达 17.84%，日均获利 1.78%。

见顶前的上一交易日，刚刚出现“升越艮山”形态，“安全地带”由此构建。因此，这个顶部继续持股比卖出更稳妥。稍后的 2013 年 1 月 21 日和 31 日，先后出现“阳极阴生”“阳星孕阴星”两个顶部形态，我们都可以不予理会。理由还是老调重弹，该股已进入“安全地带”运行，股价受到 MA19 与 MA43 的双线保护，且这两个顶部非常稳健地运行在 MA19 上

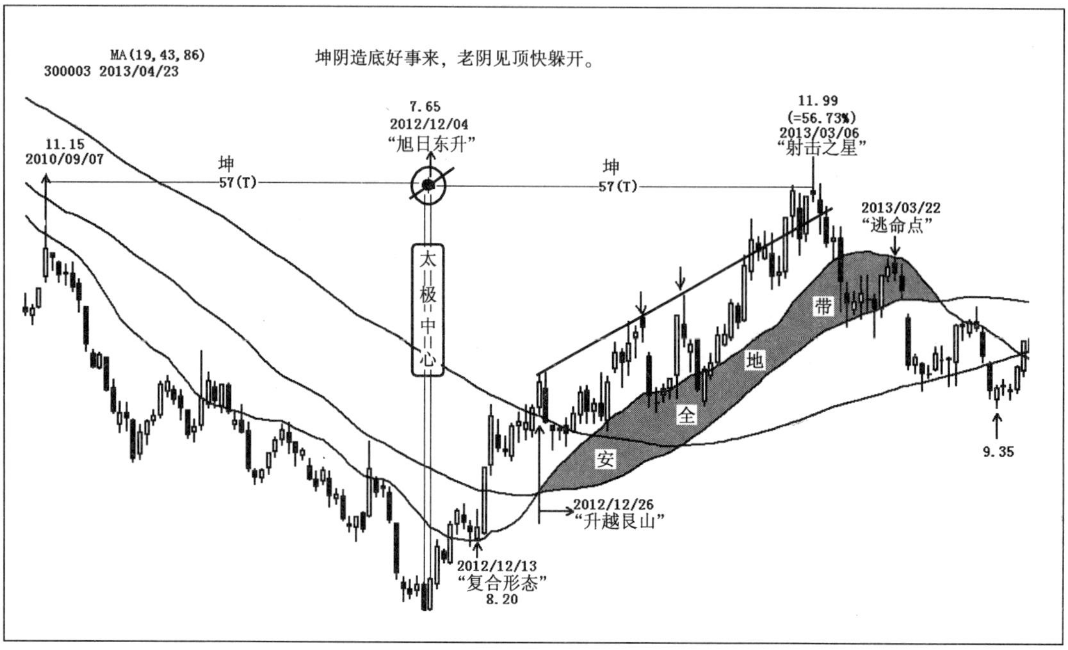

图 13.5.8　乐普医疗

方，与 MA19 保持着合理的乖离度（见图中的下箭头指向，即两个顶部）。换言之，本例在原始底部买入后，持股 57 日才卖出，一路稳稳当当，有惊无险，安全获利 56.73%。

九、南风股份（300004）

如图 13.5.9 所示，南风股份继续前边连续两个时间对称点上的见顶故事。南风股份又一个坤卦数 31 日见底；一个 31 日见顶。无须再多说，清仓离场观望，再寻战机就对了。要特别提到的是，从 2012 年 12 月 5 日 13.56 元“一柱擎天”底部到 2013 年 1 月 21 日 24.54 元顶部，底与顶之间的数学关系是老子－斐波纳契数比率 0.809！上升比率中规中矩。还要特别一提的是，1 月 21 日的 K 线形状是长长下影线的小阳锤头，因为出现在顶部区域，把下影线读为上影线，这是技术分析的惯例，并非作者胡为。故当日是一根典型的顶部形态——上（下）影线长度为 1.11 元的“射击之星”。该形态的市场背景是，经过数日拉升及涨停板之后，市场已经进入高价区域运行，空方伺机反扑，多空双方搏杀激烈。翌日一根向下跳空开市的阴线，宣告“空方胜”！这是时间对称点上，老子－斐波纳契数比率所产生的顶部，是三维交融的产物。清仓观望没商量。

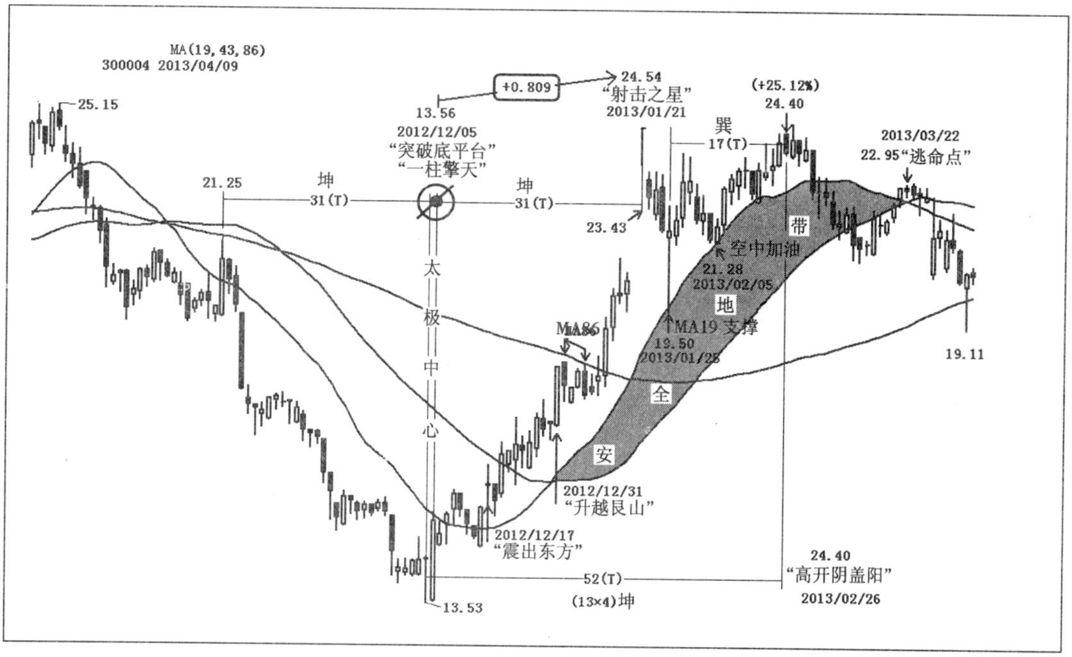

图 13.5.9 南风股份

不过，话说回来，由于进入“安全地带”时段运行，股价受到了MA19和MA43的双支撑。1月25日当该股下跌至19.50元时，触及MA19即被一只无形之手拉起，当日收一根长长下影线的十字阳星，即为“单针探底”买入形态，再演MA19的神奇！买入后，持股巽卦数17日，到达2013年2月26日24.40元“高开阴盖阳”顶部，单计此段升幅，就有25.12%，应清仓离场。两次操作收获1.06倍利润。“逃命点”在2013年3月22日的22.95元。

十、莱美药业（300006）

如图13.5.10所示，首先说明，莱美药业走势自“安全地带”构建之后，曾出现过6～7次顶部形态，因为受到MA19及MA43的双线支撑，这些顶部都属可出货也可持股的状态。如果持股不动，就要有调整时股价下踩MA19，乃至MA43的心理准备。对于一般不太善于短线操作的人，还是持股好于卖出。比如图中标示的“顶、顶、顶”，如果都做卖出、买入分析，就太烦琐了，且不容易把握。因此，本文对这些顶部做选择性搁置不提，先从本轮由2012年7月12日13.70元“单针探底”原始底部至2013年3月18日25.13元“高开阴盖阳”说起，上升时间为117个交易日。这里向读者再介绍一下，117是9与13的积，是“终了之数”，在中国A股，“117”是DNA核数，此数曾是市场中长期趋势的转折点。例如998点至6124点，就是运行117周。这里又遇上了“117”，正确选择是清仓离场。此波升幅为83.43%。

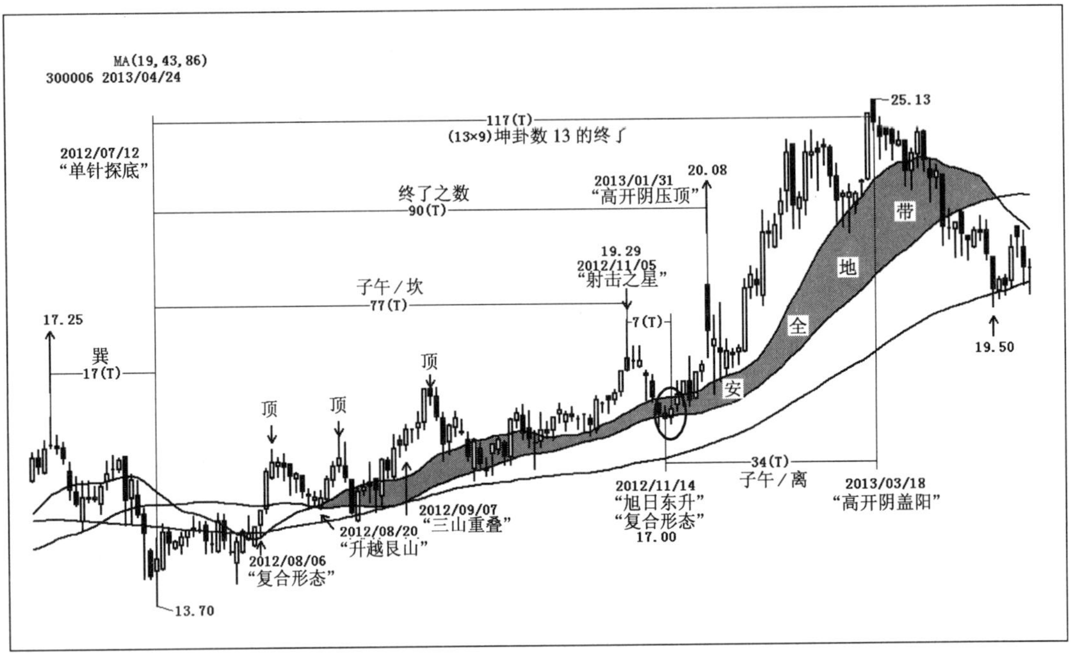

图13.5.10　莱美药业

事实上，从2012年11月14日17.00元“复合形态”买入，持股34日（子午线离卦数），就到达上述之25.13元顶部。换言之，此顶是长期117日与中期34日共振产生的。这一段的升幅是47.82%。

2012年11月5日的19.29元“射击之星”顶部，是从原始底部13.70元运行坎卦数77日而成，可以在这里先卖出股票，升幅也有40.80%。两次操作加起来的盈利空间是88.62%。如果只做一次操作，升幅是83.43%。两者相比较，差距不大，而后者更清闲许多。

第六节　实战“复合形态”10例

“复合形态”有两种类型：一类是BG均线系统形态如“震出东方”“升越艮山”“三山重叠”“空中加油”的重叠，称之为“复合形态”。一类是K线底部形态与“空中加油”的重叠，亦称之为“复合形态”。K线底部形态共有六种，如“单针探底”“阳光初现”“旭日东升”“突破底平台”等。“复合形态”的核心是“空中加油”，其特点是，“复合形态”出现的当天，股价一定要触及MA19、MA43或MA86三条均线中的一条。例如本节之图13.6.1莱美药业。此例标示了三个“复合形态”。其第一与第二个“复合形态”，都是“空中加油”与“震出东方”形态的重叠。第三个“复合形态”是“空中加油”与“阳光初现”的重叠形态。又如图13.6.2华测检测2013年4月16日的“复合形态”，是“空中加油”与“旭日东升”的重叠形态。当天的最低价触及上行状态中的MA86（尚差0.05元。因MA86处在上行状态中，0.05元的差距忽略不计，算为“触及”）。

“复合形态”是一个安全的买入点。特别是“空中加油”与“震出东方”形态重叠的“复合形态”是绝对的安全买入点。因为40日附近是一个中期波浪的运行周期，所以，在“复合形态”买入后持股30~40日左右卖出是合理的选择。超过40日出现的顶部形态，就更要清仓离场了。本节10个案例中（图13.6.1至图13.6.10），就有4例是40日见顶的，43日和52日见顶的各一例，34日见顶的有两例，少于30日见顶部形态的是极少数，可结合升幅决定卖出或持股。一般升幅少于20%，而该股又在MA19上方运行的，可以继续持股观望。

股市没有绝对的事，什么意想不到的情况都会发生。特别是顶部形态的判断上，“顶上有顶”并不少见，只要卖到一个相对合理的价位就可以了，不要追求完美。

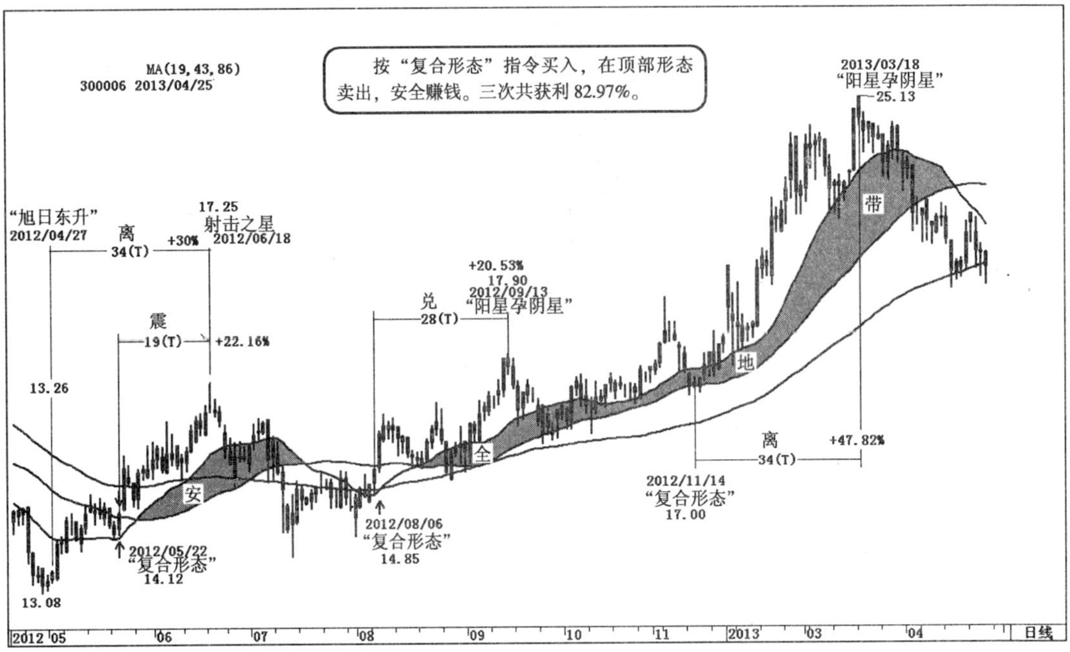

图 13.6.1 莱美药业

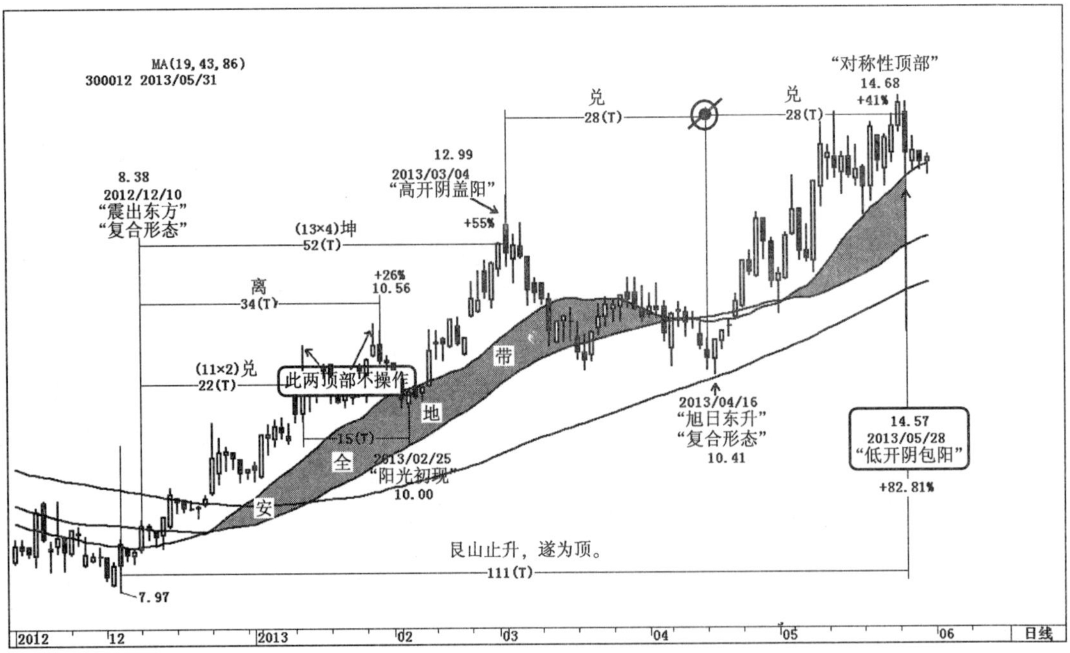

图 13.6.2 华测检测

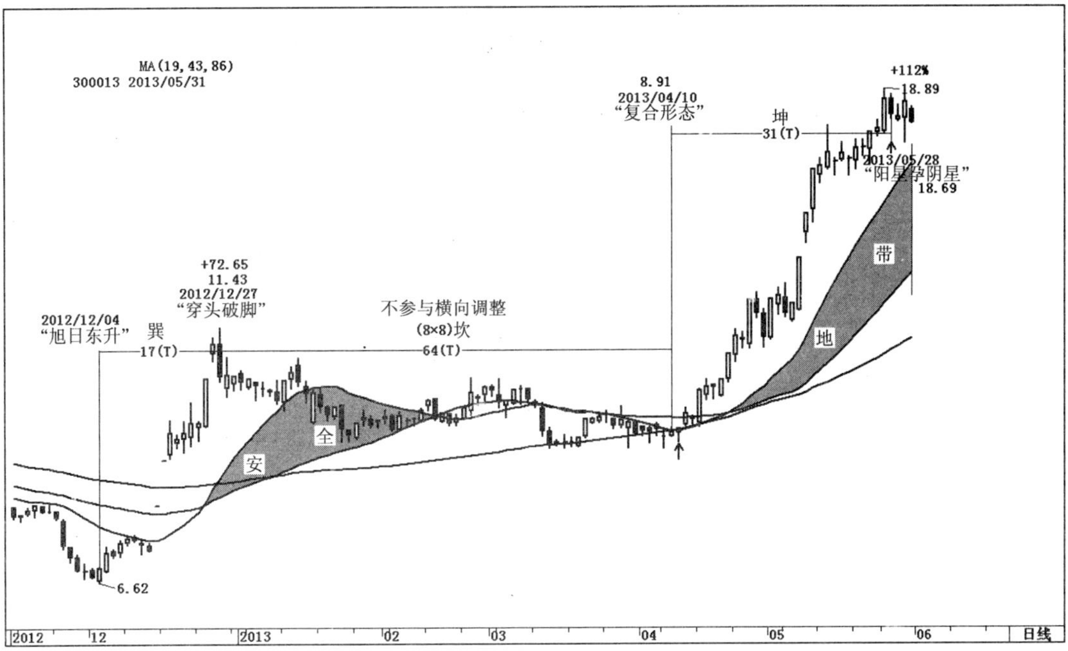

图 13.6.3 新宁物流

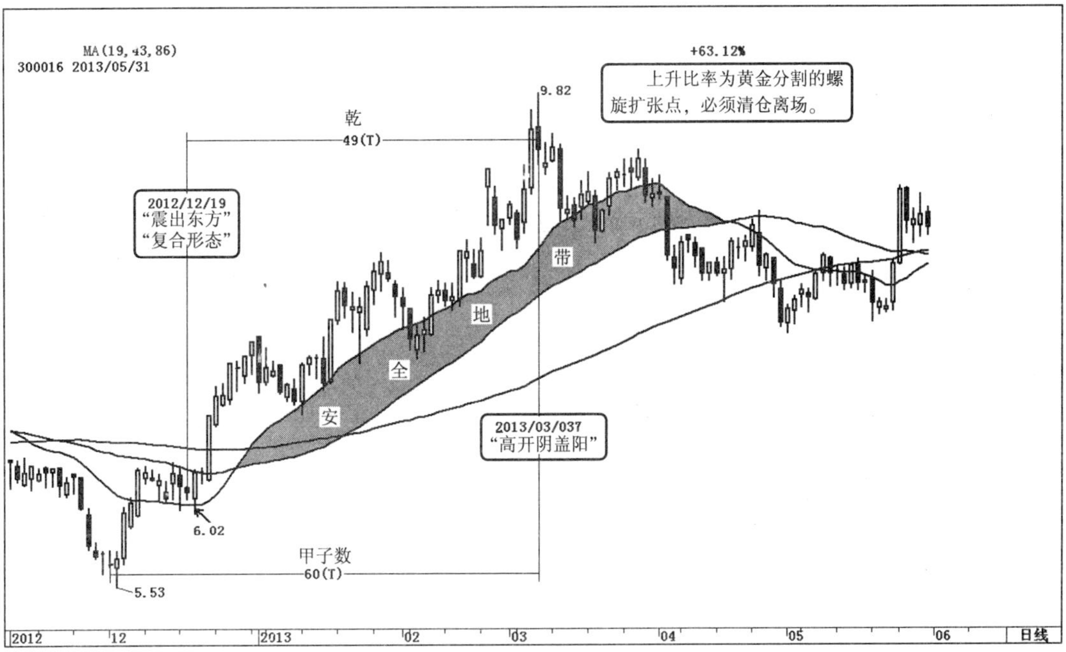

图 13.6.4 北陆药业

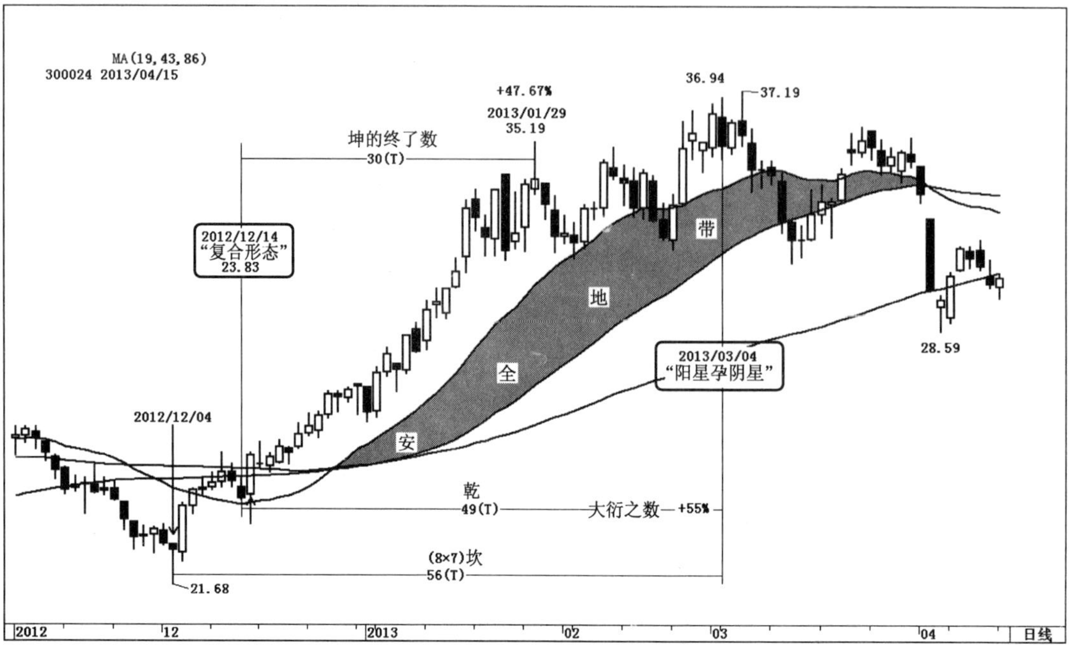

图 13.6.5 机器人

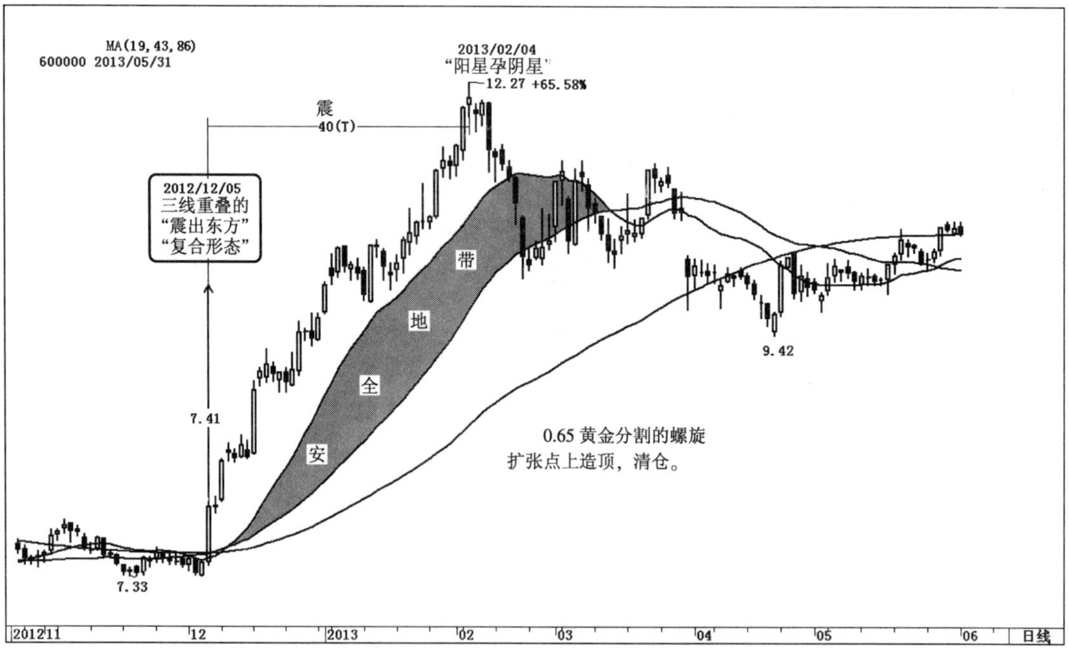

图 13.6.6 浦发银行

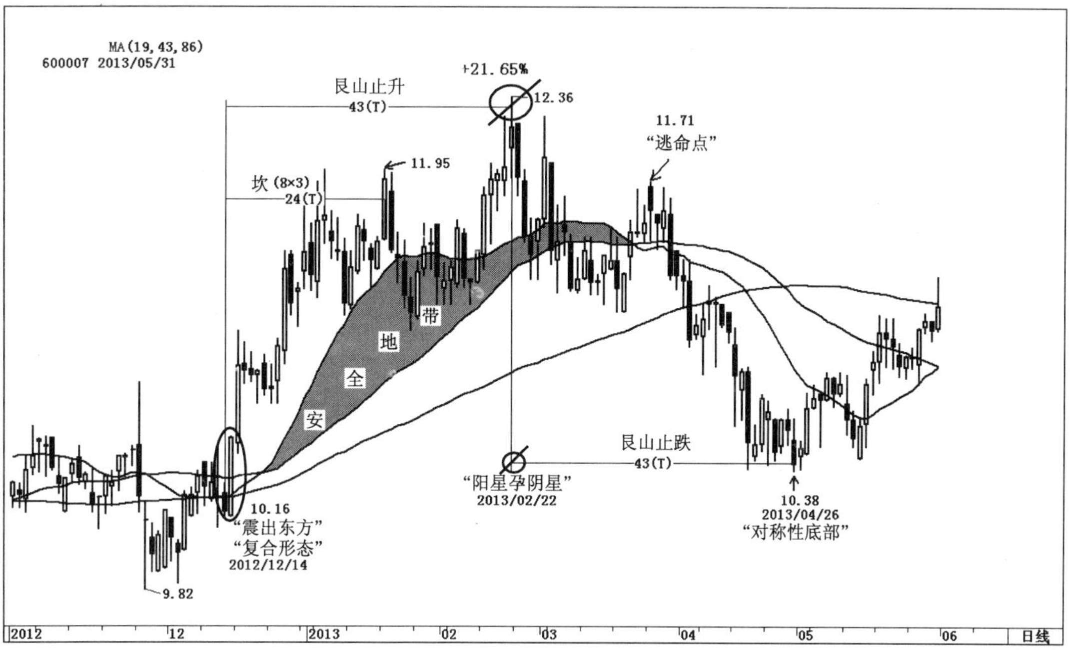

图 13.6.7 中国国贸

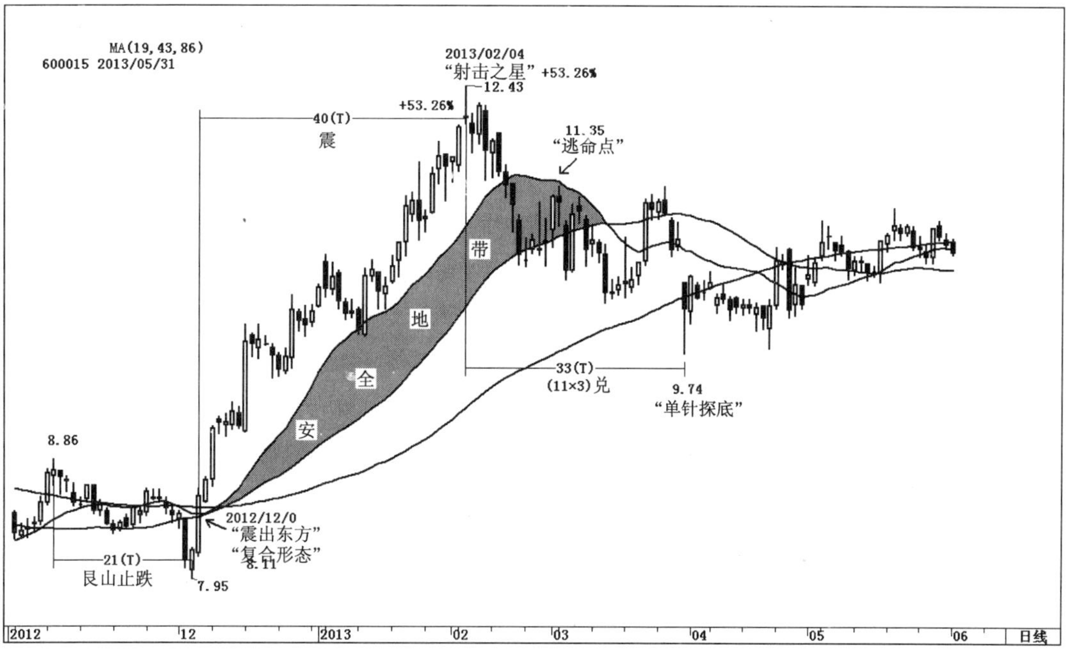

图 13.6.8 华夏银行

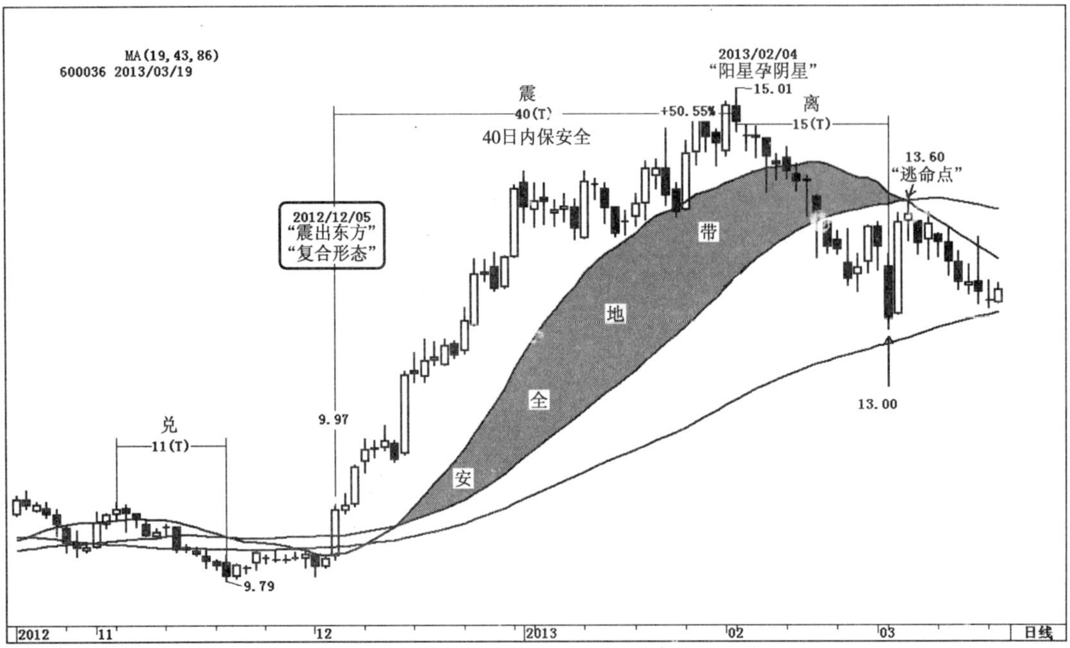

图 13.6.9 招商银行

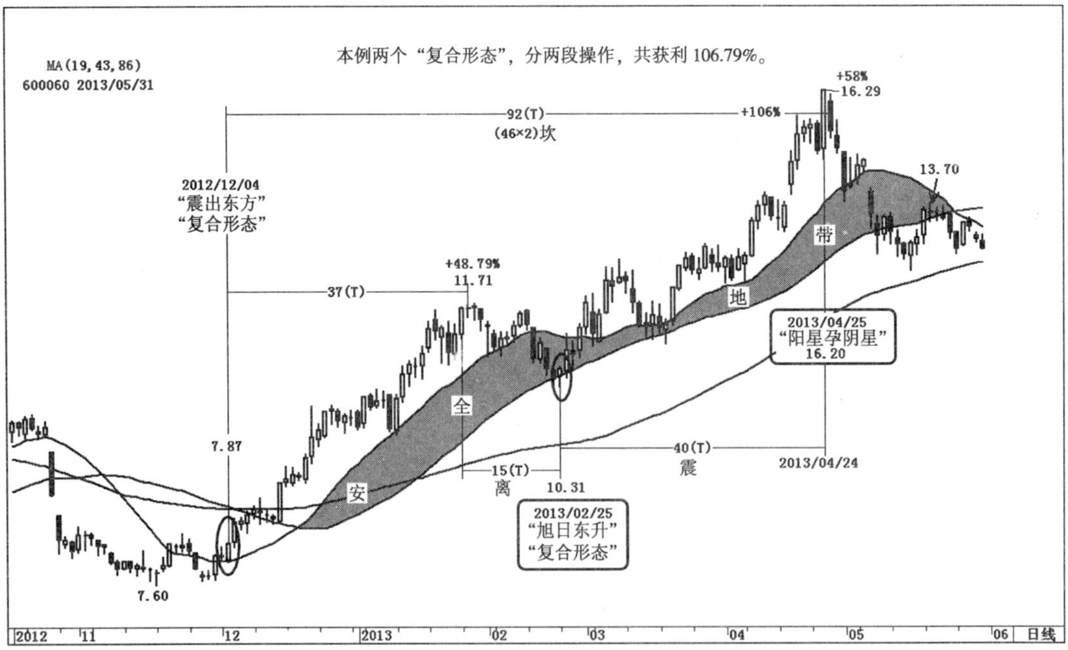

图 13.6.10 海信电器

第十四章 BG均线系统操作总结

BG均线系统，是K线形态与八卦均线形态的综合应用。K线形态有六大底部形态和七大顶部形态，其功能在于第一时间发现买入点和卖出点，是一轮行情的始点和终点。要想获得最大利润，就一定要靠底部形态和顶部形态的及时发现。然而，事物总有两面性。K线形态的优点在于“第一时间”，而缺点则是常会出现假信号。底部形态出现了，可后市底下还有更低的底；顶部形态出现了，可顶上还有更高的顶。而八卦均线系统的形态功能在于“确认”，确认先前的K线底部形态。如果K线底部形态出现后不久（一般为10个交易日左右），又见“震出东方”形态，那么，此前的底部形态就被确认为一轮中级上升行情的始点。从始点起算，上升时间一般不会少于40个交易日。

“震出东方”为震卦数19日从下行状态中勾头向上的第一日，而40日亦为震卦之数，“震落西山”则是顶。所以，从行情的始点买入股票，持股约40日左右而见K线顶部形态，则卖出股票观望。40日后是艮卦数43日、坎卦数46日和乾卦数49日，如果在这些日子里出现K线顶部形态，那更应该是出货离场没商量。经常见到在天地之数55日和大限之数100日（含99~101日）出现顶部形态，那就更加要“清仓离场”了。

倍数生成是股市生命繁衍的一种常见模式，即“代代相传自相似”，表现为运行时间的“自相似”，或叫“对称点”。基于“宇宙不守恒定律”，对称是短暂现象，不对称是常态。所以，股市的对称点亦即是趋势的临界点，说得通俗点儿就是市场的转向点。对称点上出现顶部形态，清仓离场是正确选择。反之，在对称点上出现底部形态，买入股票就对了。

在上篇中，作者介绍了股市生命繁衍的三种模式，即上面提到的“代代相传自相似”“隔代相传自相似”“交叠相传自相似”。凡是三种“自相似”所对应的“时点”，若见底部形态则买入，若见顶部形态则卖出。

时间和空间是股市运行的两大要素。空间则包括K线形态和比率，而老子－斐波纳契数比率如0.236、0.382、0.5、0.618、0.764和0.809常见于股市，特别重要的是0.5和0.618黄金分割点（在股市实践中，从0.6～0.66属于黄金分割范围）。当市场出现顶部形态时，第一是量度运行时间，看看到达了哪个“卦位数”；第二是计算比率，有没有指向上述的老子－斐波纳契数比率，特别是0.6～0.66的黄金分割点。因为这个比率同时是螺旋线展开的扩张点，如果在顶部形态遇上黄金分割点，那么，就该清仓离场了。另外，还有一个著名的三分法比率，即0.33和0.66，也是股市的常见比率。在顶部形态遇上这两个比率，亦应出货回避风险。

在BG均线系统中，有两个安全赚钱的买入点，这就是“空中加油”形态和“复合形态”。“复合形态”分两大类，一是“空中加油”与均线系统的某一形态重叠；另一类是“空中加油”与某一K线形态的重叠（见第十三章第六节“复合形态”实例）。只要在电脑的走势图上设上MA19、MA43和MA86三条均线，这两个形态都是好找好认的。我们要养成每天收盘后复盘的习惯，用上半个小时，随手翻阅个股，主要目标是寻找“空中加油”和“复合形态”。如果用上半个小时，都找不着“空中加油”和“复合形态”，那你就该好好休息了。持股的持股，持币的持币，按兵不动是大原则。

我们常说，80%以上的个股随大市而动，逆大市之势而动的是极少数。2012年12月4日，上证指数在1949点见底，你可以翻阅2012年12月4日之后的10天之内，所有个股中，“震出东方”与“空中加油”形态重叠的“复合形态”比比皆是，随便挑选一只，都可以安全赚钱。上证指数上升到2444点就调整了，只有约25%的升幅。如果你找到当时的热点银行股，获利50%以上没问题。本书第十三章中挑选了浦发银行、华夏银行和招商银行，从“复合形态”出现当日起算至顶部卖出，分别获利65.58%、53.26%和50.58%。如果从行情开始时的原始底部计算，还不止这个数。读者注意了，浦发银行运行40日震卦数，获利65.58%，这是黄金分割率的螺旋扩张点上出现的顶部形态“阳星孕阴星”——清仓离场没商量；而华夏银行和招商银行的运行时间都是震卦数40日，升幅都约在0.5附近。

再重复一次，养成每天收盘后复盘的习惯，用上半个小时，随手翻阅个股，主要目标是寻找“空中加油”和“复合形态”。如果用上半个小时，都找不着“空中加油”和“复合形态”，那你就该好好休息了。

这里要提醒读者的是，一轮上升行情通常分成三个上升波段：第一上升波段出现的“空中加油”或“复合形态”，其安全性是100%的；第二上升波段出现的“空中加油”或“复合形态”，其安全性也是100%的；第三上升波段出现的“空中加油”或“复合形态”，如果在初始阶段（底部以来10个交易日以内），是相对安全的，如果是在末端出现的“空中加油”形态，就只能“只看手勿动”了。

“升越艮山”形态的出现是中期上升行情的第二次确认，安全地带由此同步构建。所谓“安全地带”，是指由MA19和MA43两条均线限定的区域是安全的。一般而言，MA19就有很强的支撑力，上升途中的调整，常常在下跌触及MA19时又被拉起，重拾升途。如果跌穿了MA19，则下边的MA43仍会有很强的支撑。实际交易中很少出现一次就跌穿MA43的情况。换言之，MA43未被有效跌穿之前，上升行情还会继续。

后 记

本书的脱稿时间是2013年6月，绝大部分内容写于这个时间之前。因种种原因，脱稿后已一年多，2014年8月仍未能与读者见面。上篇中有些预测已成为过去时，其中有些是预测对了的，有些并没有兑现，这并不奇怪。因为任何预测都不可能100%之正确。

编辑瞩我再次最后自审稿件，趁着这个机会，将2013年6月后的内容补上，用最新近的市场实际检定书中预测的准确程度、概率高低。某些补充图文，是对2014~2016年市场走向的肯定性判断，但愿这是正确的，冀有助于读者更好地把握市场。再重复三点：

一、关于6124点后第一轮大调整结束的时间

6124点后第一组A、B、C调整在2012年11月完成。12月4日在1949点启动上升新周期，这是一个非常重要的判断，对于指导中期后市的预测，乃至实际操作，起着提纲挈领的作用。

从循环周期上看，这个上升周期的转向点是老子－斐波纳契数交合的生命螺旋展开点。在双螺旋的交合点上发生重要的市场转向，是股市循环周期的一条规律。历史上所有中级以上的转向莫不如此。

以周线级图表分析：6124点历史大顶至2012年11月底运行208周。208是老子数13的16倍。13是DNA核数，本书多有介绍。更重要的是，这里还是斐波纳契数的黄金分割点——从重要的反弹顶部3478点太极出发，运行至2012年11月底，是170周。斐波纳契数47乘以3.617＝170。数据表明，这里是斐波纳契数的黄金分割点。在老子数的“倍数生成”和斐波纳契数的“黄金分割”交合点上产生中长期循环低点，是时间因素的不寻常表现。

时间是决定市场波动的第一要素，但不是唯一的。只有波浪形态、波

浪比率交会在一个特定的时点上，才会诱发三维交融，从而推动市场转向。2012 年 11 月底（至 2012 年 12 月 4 日）这个特定时点，正好满足了三维交融的需要。

从波浪形态看（图 1）：（历史大顶为 6124 点）其后展开相应的长期大调整可以划分为：

A 浪，6124—1664 点；B 浪，1664—3186 点；C 浪，3186—1949 点。

C 浪是一个延伸浪，内部结构呈明晰的 5 波形态：

C1——3186—2661；C2——2661—3067；C3——3067—2132。

C4——2132—2478；C5——2478—1949。

从浪与浪的比率上看：

（1）C 浪底部与 B 浪顶部呈黄金分割的比率关系。

1949/3186 = 0.61（作者注：0.60 ~ 0.66 属黄金分割范畴）。

（2）C 浪底部与 C2 浪顶部呈黄金分割的比率关系。

1949/3067 = 0.635。两个浪与 C 浪之间都呈黄金分割的比率关系，是划浪的最为经典的依据。

结论，2012 年 12 月 4 日的 1949 点，“时间、形态、比率”三维交融，结束长期调整，产生极为重要的中期趋势转向。这个上升周期能走多远，首先从时间上探讨。

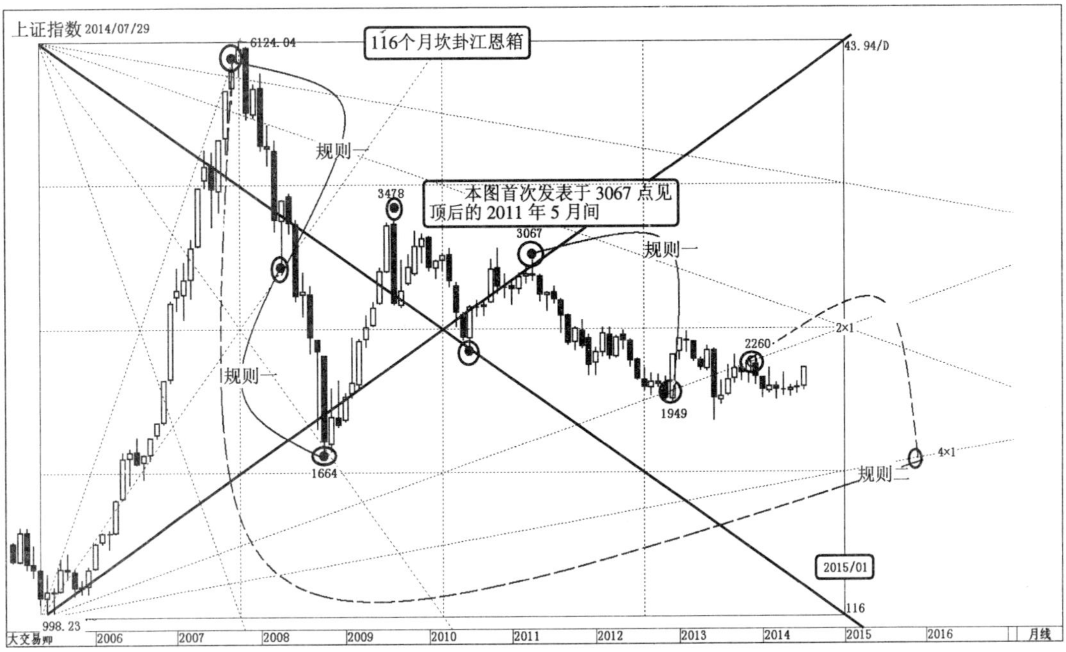

图 1　116 个月坎卦江恩箱

从年周期看，以6124点历史大顶为太极，多年来，以老子－斐波纳契数列为主线，展开生命螺旋。数据表明，每逢运行至老子－斐波纳契数列时，市场都会发生重大逆转。比如，太极后的第1年，2008年，产生1664点底部。第2年，2009年，产生3478点顶部。第3年，2010年，产生2319点底部和3186点顶部。周期效应为顶部转向，从这里开始，市场再次陷入长期深度调整。

太极后的第5年，即2012年，在当年的12月4日产生趋势转换之1949点底部。5，是个成数，生成6124点之后的第一轮大调整底部。

太极后的第8年，是2015年。作者认为，姑不论反弹是否在当年结束（不排除走得更远），但在2015年产生一个显著的，重要的顶部是大概率事件，因为当年的年周期数是“8”。

行文至此是2014年8月上旬，作者预料，2014年12月至2015年2月，是个重要的时间之窗。理由是2014年12月是3186点后的50个月，亦是25×2的对称时点，而26则是DNA13的倍数。

2015年中的重要月线周期是1～2月，4～5月和12月。

二、关于角度线的应用

在江恩角度线一章中，图表上有大量关于角度线应用规则的预测。市场目标指向图中标示的某一个“点”，这个“点”就包含了目标时间和目标空间。绝大部分的“点”都被市场兑现了，但有些例子并没有兑现，显示对于这些“点”的预测失败了，或者这个图表的有效时空不太适用了。尽管如此，这并不能否定江恩角度线的应用规则，而只表示这个江恩箱的特定时空只对某些预测点有效，却并不能涵盖某些预测目标。对此，我们也应随机应变，探索并适应新的有效时空，重新绘制新的江恩箱。这样，江恩角度线的应用规则又会起新的指引作用了。

举例：如图1的116个月坎卦数江恩箱（2005年6月至2014年12月）所示。绘制并发表时间：这个图绘制并首次发表于2011年5、6月间（见作者当年的股评）。绘制的理由是，2010年7月2319点触下降1×1线反弹。数月来沿着上升1×1线上下波动，但未能有效摆脱1×1线。2010年10月再次跌穿1×1线，1月在2661点再次反弹，其后3个月，反弹触及1×1线即回落，彰显1×1线强大的阻力作用。至4月，以3067点第四次触1×1线显著回落并收带上影的月阴线，技术上确认又将展开新一轮下跌。于是绘制本图，以角度线的应用规则指导中期后市。根据规则一，后